Die Personen und deren Zuordnung in der Familien- und Firmenstruktur

Die drei Wedel Brüder, ihre Schwester und die enge Familie

Fritz Wedel   ältester Sohn, Landwirt

Barbara Wedel   Molkereibesitzerin, Ehefrau von Fritz

Hubert Wedel   2. Sohn, ehemaliger Offizier

Ursula Wedel   Leiterin Grundschule, Ehefrau von Hubert

Gert Wedel   3. Sohn, Landmaschinen- und Kfz Meister

Doris Kerner   Verlobte von Gert, Kauffrau

Christina Wedel Arzthelferin,in der Hebammenausbildung

Hartmut Meier   Verlobter von Christina, Banklehrling

Heinrich Wedel   Landwirtschaftsmeister, Hofbesitzer, Vater

Malwine Wedel   dessen Ehefrau und Kauffrau, Mutter

Ludwig Huber Patenonkel von Hubert,Staatssekretär Finanzen

Sonja Huber   Ehefrau von Ludwig, Schwester von Malwine

Der engere Kreis

Joachim Fischer GF bei Hubert, gelernter Steuerberater

Heinz Dolle   Bauingenieur, ehemaliger Pionieroffizier

Heinz Becker   ehemaliger Jagdflieger, Immobilienverwalter

Gertrud Nicolai Chefin Vorzimmer,Sekretärin u. rechte Hand

Jochen Bodeehem. SS Offizier, Ltr. Fahrbereitschaft, Freund

Karl Kokoschka   Chef der Logistik im Betrieb

Egon Mielke   2. Ingenieur bei Dolle, Außendienst

Joachim Purzer   Tierarzt

Martin Weber   Reitlehrer, Koordinator Reiten bei Turnieren

Georg von Klagenheim Reiterkamerad von Hubert,Industrieller

Hans Ehrlich   Cousin, Chef der Reinigungsfirma

Dr. Britta März   Frauenärztin

Dr. Max Hartig   allgemeiner Arzt in Cremlingen

Die Engländer

Oberstleutnant Allen   Stadtkommandant BS

Sergeant Woods Chef der Kriegsgefangenen, Allrounder, Tauschpartner

Im Laufe der Erzählung kommen ständig weitere Personen dazu. Bewohner des Dorfes, Heimkehrer aus der Kriegsgefangenschaft, Flüchtlinge sowie Vertreter von Ämtern und Behörden.
Zum Freundeskreis gehören die Jagdkameraden mit ihren Ehefrauen, sowie die entsprechenden Förster.

Bibliografische Information der Deutschen Nationalbibliothek: Die Deutsche Nationalbibliothek verzeichnet diese Publikation in der Deutschen Nationalbibliografie; detaillierte bibliografische Daten sind im Internet über dnb.dnb.de abrufbar.

Die automatisierte Analyse des Werkes, um daraus Informationen insbesondere über Muster, Trends und Korrelationen gemäß § 44b UrhG („Text und Data Mining") zu gewinnen, ist untersagt.

Verlag: BoD · Books on Demand GmbH, In de Tarpen 42, 22848 Norderstedt.
Bei Titeln mit eigener ISBN entfällt diese Zeile.

Druck: Libri Plureos GmbH, Friedensallee 273, 22763 Hamburg

ISBN: 978-3-7693-0038-3

Vorwort

Mit dem vorzeitigen Ende des Krieges für die beiden
älteren Brüder der Familie Wedel beginnt eine Zeit des
Überlegens, was nach dieser Zeit des Krieges für sie
beruflich zu tun sein wird. Für den älteren Bruder Fritz
ist das unproblematisch, als ausgebildeter Landwirt und
geplanter Hofnachfolger ihrer Eltern ist sein Weg
vorgezeichnet. Ähnlich ist es beim jüngeren Bruder
Gert, der nach den beiden nach Hause kommt und
seiner Liebe zum Motor und zur Technik nachgehen
will. Für den mittleren Sohn Hubert Ist ein Studium
erstrebenswert, allerdings ist ihm nicht klar, in welchem
Bereich. Während bei den anderen Brüdern sich die
Berufswünsche relativ schnell in geordneten Bahnen
bewegen, ergibt sich bei Hubert eine andere Lage.
Mehrere Ereignisse bringen ihn in die Situation, seine
erworbene und bewährte Führungsfähigkeit praktisch
anzuwenden und daraus ergibt sich erst langsam, dann
immer schneller, die Möglichkeit beruflich in die
Situation eines Firmenchefs hineinzuwachsen.
Allerdings geht das nur mit der Unterstützung der
Familie und mit guten Mitarbeitern, die er gewinnen
kann.

Recht schnell ändern sich bei den drei Brüdern die
persönlichen Situationen, wie bei ihrer jüngeren
Schwester. Alle drei Brüder finden Ehefrauen und
gründen eigene Familien, die Großfamilie findet sich
und hält sehr gut zusammen. Andere
verwandtschaftliche Beziehungen fördern den Erfolg des
aufstrebenden Unternehmens Huberts, dazu kommt
eine gute vertrauensvolle Zusammenarbeit mit den
britischen Besatzern. Zu Hilfe kommt den Brüdern die
ungeordnete allgemeine Situation nach dem Kriegsende

und die Entdeckung von lukrativen Überbleibseln der vergangenen Herrscherkaste. Die Nutzung dieser Möglichkeiten für den Aufwuchs der beiden Firmen und des Agrarbetriebes erweist sich als sehr hilfreich und führt zu einem wirtschaftlichen Erfolg. Mögen manche Wege nicht gerade und üblich sein, sie sind jedoch hilfreich für den gesamten Familien – und Firmenverbund.

Nach der ersten Konsolidierung der Bau – und Transportfirma, kommen bei Hubert weitere Leidenschaften hinzu, das Reiten, die Pferdezucht und die Jagd. Hier entwickeln sich neue Freundschaften, alte werden wiederbelebt und tragen zum weiteren Wachsen der Firma bei. Ein zweiter Wohnsitz zum Urlauben und Entspannen kommt in der Heide hinzu und bietet ein wenig Luxus in dieser Zeit. So oft es geht, nimmt sich die Familie Hubert Wedel die Zeit und Gelegenheit sich dort zu entspannen und die Familie zu genießen.

Neben der wirtschaftlichen Weiterentwicklung verändern sich die familiären Situationen, Nachwuchs kündigt sich an, zur Freude der Großeltern. Als erster wird der ältere Bruder Fritz Vater von Zwillingen, weitere Geburten in der Familie und dem nahen Umfeld stehen heran. Auch bei der Familie Hubert und Ulla Wedel ist Nachwuchs angesagt und wird geboren. Allerdings werden die Probleme vor und nach der Schwangerschaft mehr und belasten etwas das Verhältnis zwischen beiden.

Trotz vieler Probleme, die sich durch den verlorenen Krieg, die Aufdeckung der vielfältigen Missstände der alten NS Zeit, der ungeklärten politischen Situation, der noch fehlenden eigenen Exekutive, der Not der

Bevölkerung und einer heranstehenden Währungsreform ergeben, verläuft das Leben der Protagonisten sehr spannend, abwechslungsreich und letztendlich erfolgreich. Damit bildet diese Familie eine Ausnahme in dieser schwierigen Zeit. Hinzu kommt der unerwartete Erfolg der Firmen und der Betriebe, die dazu gehören. Neben den Erfolgen im wirtschaftlichen Bereich kommen erste Erfolge im reiterlichen Bereich hinzu. Die kriegsbedingte unterbrochene Karriere Huberts als Springreiter nimmt wieder Fahrt auf.

Bedingt durch gute Beziehungen kommen Aufträge zum Räumen von nach wie vor vorhandenen und getarnten Überbleibseln des alten Regimes hinzu und verbessern die wirtschaftliche Situation. Unabhängig davon konsolidiert sich die Firma auf einem guten Niveau.

Die Geburt

Als Hubert am nächsten Morgen beim Frühstück saß, kam Ulla im Bademantel in die Küche.

„Hubert, ich spüre die ersten Wehen, sie sind leicht, das wird sich länger hinziehen."

„Ich fahre dich sofort in die Klinik."

„Nein, nein, noch nicht, erst wenn sie stärker werden. Geh in den Betrieb, ich rufe dich an, wenn ich dich brauche. Momentan ist alles ruhig."

„Hast du alles gepackt?" „Ja, der Notfallkoffer steht an der Garderobe."

Besorgt fuhr Hubert in den Betrieb. Seine Mädels im Vorzimmer merkten sofort, dass etwas nicht stimmte und fragten besorgt nach. Hubert erklärte ihnen, was Ulla gesagt hatte. Monika nickte:

„Ich kenne das, habe es dreimal hinter mich gebracht. Mach dir keine Sorgen, sie kennt das vom ersten Kind, wird rechtzeitig Bescheid sagen!"

„Danke Monika, übrigens, wie war es am Wochenende in der Heide?"

Die lächelte: „Sehr schön, so etwas hatte ich bisher nicht erlebt, ich meine ein paar Tage woanders ohne Sorgen und Hektik. Die Flasche Wein, die du uns mitgegeben hast, haben wir abends in Ruhe leer gemacht."

Sie machte eine kurze Pause, sagte: „In ein paar Wochen heiße ich übrigens Tietz mit Nachnamen und meine Kinder auch!"

Gertrud klatschte in die Hände: „Das freut mich, Glückwunsch!"

Es kam der Bote seines Onkels, um die Sachen des SS Führers abzuholen. Nacheinander kamen die anderen zum Vortrag. Zuerst Fischer, der ihm mitteilte, dass die Firma zwei der Trümmerhäuser kaufen würde. Der Wiederaufbau würde nach und nach erfolgen, als Arbeitsreserve.

„Ich habe hier einen Stapel Abrechnungen, bzw. ein Kassenbuch über mehrere Jahre. Es besteht der begründete Verdacht, dass hier Gelder geschickt verschoben wurden. Wenn Regina Zeit hat, könnte sie sich damit beschäftigen," sagte ihm Hubert anschließend.
„Kein Problem, ich glaube, die mag so etwas sehr gern. Werde ich ihr geben." Fischer und Lindner gaben sich die Klinke in die Hand.
„Ich habe den Neuen genau überprüft und mich in den letzten Tagen intensiv mit ihm unterhalten. Sein Soldbuch habe ich mir genau angeschaut. Der war durchgängig in der Truppe im Einsatz, bei keiner Wacheinheit oder ähnlichem. Man hätte zwar im Kameradenkreis hin und wieder über die KZ gesprochen, aber Genaueres hätte niemand gewusst oder es nicht gesagt. In der langen Zeit im Lazarett hat er viel davon mitbekommen und fühlt sich von der gesamten Führung verraten, offensichtlich hat ihm Bode einiges erzählt, was ihr hier herausgefunden habt, was ihn weiter zum Denken gebracht hat. Ich sage es mal so: Der Junge versteht schnell und hat ein Händchen für die Organisation, ich möchte ihn behalten!" „Tu das, wenn du davon überzeugt bist, teile das bitte Fischer mit."

Mühsam kämpfte er sich durch zwei Unterschriftenmappen, seine Gedanken schweiften oft ab zu seiner Frau. Zwischenzeitlich erschien Becker. Der hatte mit der Frau gesprochen, der die Ruinen am Nordbahnhof gehörten.
„Zwei Fliegen mit einer Klappe. Zuerst wollte sie für jedes Grundstück 75.000 RM haben. Aber nach zähen Verhandlungen am Samstag bei ihr daheim, haben wir uns auf 55.000 RM pro Grundstück geeinigt. Danach ging es an die Renovierung der drei anderen Häuser. Mielke hat die sich am Samstag angeschaut und ihr ein mündliches Angebot gemacht. Offenbar war das um einiges günstiger, als die anderen beiden Angebote und

deshalb hat sie uns erst mal zugesagt. Der schriftliche Kostenvoranschlag wird gerade erstellt und ihr zugesandt. Was machen wir jetzt mit diesen Grundstücken?" „Ich werde die kaufen. Mach das klar." „Die Sache mit der Villa müssen wir etwas nach hinten schieben, die Briten haben die nicht endgültig freigegeben." Hubert grinste: „Das wird sich in den nächsten Tagen entscheiden. Das wird klappen, warte es ab. Wenn ich etwas erfahre, melde ich mich." „Gut, erst klären wir den Rest, da gibt es genug zu tun." Er machte sich wieder an seine Arbeit und war froh, dass das Telefon klingelte. „Dein Onkel ist dran!" „Hallo, mein lieber Neffe. Du hast etwas sehr Gutes geschickt. Ich habe alles weitergegeben an die Militärgerichtsbarkeit der Briten. Die waren hocherfreut, das hilft ihnen sehr beim anstehenden Prozess gegen den Mann. Ich gehe davon aus, den werden wir nicht mehr in Freiheit erleben. Du hast bei denen einen großen Stein im Brett, die Akten von dem Richter werten sie aus. Das wollte ich berichten, wie geht es Ulla?" „Denke mal, die werde ich heute ins Krankenhaus bringen." „Alles Gute, wir halten die Daumen." Hubert bedankte sich und legte auf. Stillsitzen konnte er jetzt nicht mehr. „Ich gehe zu Gert rüber, da kann man mich erreichen."

Nachdem er Gert erklärt hatte, was er für Wittingen bräuchte, sagte der ruhig: „Ich werde mit Weber drüber sprechen, du hast momentan andere Probleme!" Hubert nickte und sagte ihm, dass es bei Ulla jeden Moment losgehen könnte. „Kümmere dich da drum, wir bekommen das schon hin. Bruder Fritz hat da bestimmt eine Idee!" „Du hast recht, macht ihr das so!" Als er aus der Werkstatt trat, kam Anja ihm entgegengelaufen. „Bei Ihrer Frau geht es los, sie möchte ins Krankenhaus!"

Genau vor dem Hauseingang hielt er an und geleitete Ulla vorsichtig auf den Beifahrersitz, wo sie leicht stöhnend Platz nahm, lud den „Notfallkoffer" auf die Rückbank und fuhr zügig, aber sehr vorsichtig, in die Klinik. Nach der Anmeldung wurde sie von Christina und Frau Doktor März übernommen und er war überflüssig, fuhr wieder in die Firma, erledigte seinen Papierkram. Ganz offensichtlich machten alle einen Bogen um ihn, niemand kam mit irgendwelchen Fragen oder Bitten um eine Entscheidung.

Wieder daheim bewegte er seine beiden S-Pferde und die junge Stute. Junior war die nächsten Tage bei seinen Eltern, das hatten Ulla und Malwine so ausgemacht. Beim Abendessen leisteten ihm Sieglinde und Richard Gesellschaft. Anschließend holte er zwei der neuen Kartons, die Bode aus der Villa mitgebracht hatte und begann sie zu sortieren. Die Nacht verlief ruhig, nichts geschah. Bis gegen 09:00 Uhr am nächsten Morgen blieb das so, bis sein Telefon klingelte, Christina war dran. „Es gibt ein Problem, komm bitte sofort vorbei." Natürlich tat er das und wurde sofort zu Frau Doktor März geführt, die ihm erklärte: „Das Kind liegt falsch, wir können es nicht drehen, eine normale Geburt ist nicht möglich." „Und nun?" „Wir müssen einen Kaiserschnitt durchführen, ich erkläre das." Das tat sie ausführlich.

„Wie sicher ist das für Mutter und Kind?" fragte Hubert. „Sehr sicher, ich habe damit große Erfahrung." „In Ordnung, wann soll es losgehen?"

„Nach unserem Gespräch, alles ist vorbereitet." „Kann ich meine Frau sehen?" „Na klar, kommen Sie mit." Ulla lächelte tapfer, als er zu ihr kam. Sie war zwar schon sehr erschöpft, aber mutig.

„Ich bleibe hier, bis alles vorbei ist", sagte er, wurde sofort er aus dem Zimmer komplimentiert.

Vor dem Krankenhaus war eine Imbissbude, dort gönnte er sich zwei belegte Brötchen und einen Kaffee, die Nervosität stieg. Nach einem längeren Spaziergang um die Klinik, ging er wieder hinein, setzte sich auf eine Bank vor der Entbindungsstation und wartete und wartete. Wie lange, wusste er nachher nicht mehr. Gerade, als er aufstand, um ein paar Schritte zu gehen, öffnete sich die Tür, eine Krankenschwester kam heraus. „Herr Wedel?" „Ja." „Sie möchten bitte zu Frau Doktor März kommen!"

Alles Mögliche ging durch seinen Kopf, als er deren Büro betrat. Die Ärztin saß an ihrem Schreibtisch und rauchte eine Zigarette.

„Setzen Sie sich!" Hubert setzte sich zögernd. „Wie sieht es aus?" Die Ärztin grinste: „Herzlichen Glückwunsch zur Tochter!"

„Und meine Frau?" „Alles in Ordnung, den Umständen entsprechend. Die Operation verlief gut. Sie hatte einen hohen Blutverlust, aber nach der Transfusion ist das jetzt in Ordnung, sie braucht Ruhe. Aber wir haben ein Problem. Ihre Frau hatte mir gesagt, dass sie öfters Probleme hatte, Schmerzen an den Eierstöcken. Das haben wir überprüft und dort eine Entzündung festgestellt. Also mussten wir die herausnehmen. Das bedeutet, sie wird keine Kinder mehr bekommen können." Hubert schnaufte durch. „Wird das wieder?" „Aber klar", grinste die Ärztin und bot ihm eine Zigarette an. „Ich sage mal so burschikos: Sie werden zukünftig keine Kondome mehr benötigen. Aber sie bedarf vor solchen Aktionen sehr der Ruhe und Heilung!" Hubert rauchte und sagte: „Aha, daran hatte ich zwar überhaupt nicht gedacht, aber gut, dass Sie mir das sagen. Darf ich beide sehen?" „Ihre Tochter nur durch eine Scheibe, die Ehefrau momentan nicht, sie befindet sich im Aufwachraum."

Beide gingen im Flur zu einer großen Glasscheibe. Dahinter stand Christina mit dem Baby im Arm. Lächelnd drehte sie sich so zu ihm, dass er ihr ins Gesicht schauen konnte, sie schien zu schlafen. „Wann kann ich meine Frau sehen?" „Morgen ab 18:00 Uhr." „Darf unser Sohn mitkommen?" „Ja, ausnahmsweise!"

Hubert verließ die Klinik, setzte sich in das Auto und schnaufte tief durch. Jetzt kam die Freude über die gut überstandene Geburt zum Ausbruch. Er fuhr zu seinen Eltern. Vor der Haustür stand Malwine, sagte nur: „Und? Erzähle!" „Mutter und Tochter gesund!" lachte er.

„Endlich eine Großtochter, prima. Komm rein, das Essen ist auf dem Tisch. Deine Brüder sind da!"

In der Küche beglückwünschten ihn Heinrich, Fritz und Gert. Mitten darin kam Junior aus der Schule. Der freute sich über sein neues Schwesterchen und dass es seiner Mutter gut ging. Neben seinem Vater sitzend, hörte er beim Essen aufmerksam zu, als Hubert alles berichtete. Die „technischen Daten" des Mädchens hatte Christina auf einen Zettel geschrieben und ihm geben können.

Während des Essens sagte Heinrich: „Heute Abend lassen wir deine Tochter pinkeln. Das muss gefeiert werden, wir haben alles vorbereitet. Fritz und ich kümmern uns um das Bier und Essen, Sieglinde weiß Bescheid und richtet alles her. Lass dich überraschen. Wie soll das Kind eigentlich heißen?" „Hannelore, darauf haben wir uns geeinigt, Junior fand den Namen gut!" Der strahlte über das Lob. Nach dem Essen gab Hubert Heinrich 200 RM. „Für heute Abend und wenn du mehr brauchst, sag es!"

„Ach was, das reicht, kein Problem!" Junior blieb bei seinen Eltern, würde nach den Hausaufgaben mit Onkel Fritz auf die Felder fahren. Im Büro schauten ihn alle erwartungsvoll an und natürlich berichtete er freudestrahlend.

„Alles Gute, wir freuen uns, dass es so gut abgegangen ist. Wir haben bereits einiges vorbereitet. Danzer kommt gleich, mit ihm sprechen wir alles ab", sagte Gertrud, brachte ihm seine Mappe und frischen Kaffee.

Kurz darauf erschienen beide. Der hatte einen Entwurf für eine Anzeige in der Zeitung und für eine Karte dabei, die an alle Bekannten und Geschäftsfreunde zu versenden war. Der Name des Kindes wurde eingesetzt, das Geburtsdatum, Danzer brachte alles in Form und kurz darauf fuhr Monika bereits zur Druckerei. Außerdem bestellte Hubert über Anja bei deren Mutter einen großen Blumenstrauß. Vier Seiten voll mit Adressen hatte Gertrud vorbereitet, die Hubert durchsah und absegnete. Er machte sich an seine Arbeit, aber das ging immer nur kurz gut, denn immer kam jemand zum Gratulieren. Nacheinander kreuzte seine gesamte Führungscrew auf. Als er schließlich auf seinen Hof kam, wurde er von allen freudig empfangen und beglückwünscht. Heinrich war bereits hier und hatte viel vorbereitet. Weber hatte Biergartengarnituren geholt und eine Zapfanlage. Gläser. Teller und Messer hatten Sieglinde und Richard besorgt.

Das Telefon im Haus ging ein paar Mal, sodass er gar nicht mitbekam, wie unter der Regie von Malwine und Heinrich vor dem Stall aufgebaut wurde. Die ersten Gäste und Gratulanten waren da. Manche blieben länger, manche machten nur ihre Aufwartung bzw. gratulierten. Vor allem kamen viele mit ihren Frauen, oder ihren Gefährten. Einige der Frauen fragten nicht lange, sondern unterstützten bei der Bewirtung, so wie Regina, Anne, Monika und Gertrud.

Während einer kurzen Pause, sagte Regina zu ihm: „Ich habe die Unterlagen durchgesehen, das ist ein Paradebeispiel für Fälschung und persönliche Bereicherung. Ich bin nicht fertig, aber das zeige ich dir demnächst ganz genau." Hubert nickte. „Das habe ich mir gedacht, aber so fit bin ich nicht in Buchhaltung und die Zeit hätte ich nicht." Später kamen Frings und sein Cousin Hans zum Gratulieren. Natürlich war Junior dabei. Der freute sich schon am nächsten Tag seine Mutteund das neue Schwesterchen besuchen zu können.

Ziemlich spät kamen Christina und Hartmut. „Das alles war sehr knapp, lieber Bruder und wenn die Ärztin das nicht so gut gemacht hätte, würden wir heute nicht feiern. Ulla geht es gut, sie ist aus der Narkose aufgewacht." „Danke, das war meine große Sorge. Danke für eure gute Arbeit!" Christina lachte. „Gern

geschehen, mach weiter Werbung für unsere Station, wir freuen uns über jeden Neuzugang."
Es war schon dunkel, als die Letzten gingen. Hubert ging ins Haus, war froh, endlich ins Bett zu kommen. Nüchtern war er nicht mehr.

Erst als er sich am nächsten Morgen zuerst unter den heißen, dann kalten Wasserstrahl gestellt hatte, ging es im besser. Sieglinde hatte ihm ein Frühstück vorbereitet, was er in aller Ruhe genoß und später in die Firma fuhr. Hier lag eine Menge an, die letzten Tage waren aufzuholen.
Während er sich durch die Vorgänge kämpfte, versorgten ihn seine Mädels mit frischem Kaffee, außerdem klingelte das Telefon öfters. Als erste rief Barbara an und sagte ihm, dass sie zusammen mit Malwine die Nachmittagsbesuche bei Ulla koordinieren würde, Gertrud würde dabei helfen. Das freute ihn sehr, denn er selber hatte sich die Abendtermine vorgenommen. Später riefen Onkel und Tante nacheinander an und gratulierten, Malwine hatte ihnen das mitgeteilt. Sie sagte dazu: „Deine Unterlagen habe ich erhalten, wir sind am Arbeiten, genaueres kann ich dir in der nächsten Woche sagen!" „Ich habe etwas, das wird gerade von einer Spezialistin geprüft, scheint vielversprechend zu sein. Wenn ich Genaueres weiß, melde ich mich." Das lief gut, noch besser war das, was sein Onkel ihm mitteilte.
„Du hast den Briten sehr geholfen bei ihrer Anklage gegen diesen SS Lagerführer. Man will sich erkenntlich zeigen. Du willst die Villa von dem kaufen, da kommen sie dir entgegen und wollen nur 90.000 RM dafür haben. Wegen des Kaufens melden sich die örtlichen Besatzer bei dir."
„Sehr gut, danke. Wie laufen die Vorbereitungen für euer Turnier?" „Planmäßig, nächste Woche bekommst du die Ausschreibung." „Gut, über die Woche proben wir die Quadrille wieder." „Das wird gegen Abend

geplant. Während der drei Tage kannst du bei uns übernachten."

Anjas Mutter brachte zwei wunderschöne Sträuße, einen großen für Ulla und einen kleineren für die Ärztin. Außerdem hatte er heute Morgen ein Paket für die Station zusammengestellt. Monika hatte von der Druckerei die Karten mit den Umschlägen geholt, die jetzt im Vorzimmer beschriftet und versandt wurden. Becker wurde über den neuen Preis der Villa informiert. Fritz kam vorbei und teilte mit, was er mit Weber abgesprochen hatte für die Bestellung Wittingen. Ein Trecker mit zwei Anhängern, einer davon mit hohen Bracken. Dazu eine Heupresse. „Dein Einverständnis vorausgesetzt habe ich deine beiden Traktoren mit Weber und Richard eingesetzt. Die mähen gerade das Grummet. Den Rest besorge ich mit meinen Leuten. Ich nehme das Grummet komplett für die Kühe und die Reiterstaffel, dafür bekommst du drei Wagenladungen Heu vom ersten Schnitt, danach sind die Erbsen dran. Dafür brauche ich viele Helfer von den Flüchtlingen. Aber das macht unser Vater." Schwarz kam und berichtete ihm von den Vorbereitungen für das Zeltlager mit den Waisenhauskindern. „Nach letzten Informationen sind es 21 Jungs und zwölf Mädchen zwischen 13 und 15 Jahren."

Zum Mittagessen fuhr er zu seinen Eltern. Malwine erklärte ihm, wer wann zu Ulla fahren würde. Sie selber würde morgen mit Barbara den Anfang machen. „Ich hole Hans-Wilhelm heute um 16 Uhr ab, wir beide fahren ins Krankenhaus", sagte er ihr anschließend. Während Junior seine Hausaufgaben erledigte, fuhr er zum Hof, sammelte seine Mitbringsel ein und besprach sich mit Weber, der gerade vom Mähen zurückkehrte. „Morgen mähe ich in Völkenrode im Lager und in der ehemaligen Forschungsstätte, damit sind wir durch. Wenn Fritz das Grummet eingefahren hat, werden wir Mist streuen, davon haben wir momentan genug." „In

Ordnung, was liegt an mit Turnieren am Wochenende?"
„In Gifhorn ist ein kleines Turnier, da wollte ich mit den
Leuten, die bisher L gegangen sind, hin. Ein M-Springen
ist da. Niemann kommt mit, Harald und Peter wollten
Ullas Pferde da reiten. Nächste Woche ist in Bad
Harzburg ein Turnier. Da solltest du mit den S-Pferden
reiten. Ein Jugendspringen ist dabei und ein
Mächtigkeitsspringen, da will Fiete zum ersten Mal
seinen großen Springer testen."
„Gut, da können wir Junior beschäftigen. Wenn es dort
ein L-Springen gibt, würde ich meine junge Stute gerne
einsetzen." „Da ist eines dabei, können wir problemlos
tun." „Wenn ich nachher von Ulla komme, werde ich auf
alle Fälle meine S-Pferde reiten."

Aus dem Vorzimmer holte er die Blumensträuße und
holte Junior ab. Auf dem Weg zum Krankenhaus
erklärte er ausführlich, was es mit der Geburt auf sich
hatte und der hörte aufmerksam zu, fragte nach, bis er
alles verstanden hatte. Beim Pförtner meldeten sie sich,
sagten, dass ihnen von der Ärztin gestattet sei, heute zu
kommen. Nach einem kurzen Telefonat war dieses
bestätigt und gemeinsam gingen sie zu Frau Doktor
März. Sie freute sich über den Blumenstrauß und das
Paket für die Station. Junior saß artig und still neben
Hubert, hörte gespannt zu.
„Ihrer Frau geht es besser, sie hat gut geschlafen und
isst bereits wieder. Die Folgen der gesamten Operation
bedürfen eine Woche der Behandlung und
Beobachtung. Wenn alles gut verläuft, könnte es sein,
dass sie Ende der nächsten Woche eventuell mit der
Kleinen entlassen wird. Aber sie bedarf länger der
Schonung und der Ruhe. Schwester Christina ist von
mir beauftragt, sich nach der Entlassung intensiv um
Mutter und Kind zu kümmern. Das gehört zu ihrer
Ausbildung. Sehr gut geht es dem Kind, es ist bereits
auf den Namen Hannelore amtlich gemeldet. Ich bringe
Sie jetzt zu Ihrer Frau und Mutter." Ganz am Ende
betraten sie ein Zweibettzimmer, in dem Ulla im Bett lag

und sie anlächelte. Als erstes gab Junior seiner Mutter einen langen vorsichtigen Kuss, danach war Hubert dran. „30 Minuten kann ich Ihnen geben, dann müssen sie wieder gehen", sagte Frau Doktor März und ging hinaus. Ulla machte einen guten Eindruck, fand Hubert, als sie sich unterhielten und dabei Junior einbezogen. Eine Krankenschwester brachte eine Vase mit Wasser für die Blumen, Junior übergab sein selbstgemaltes Bild und Hubert holte aus seiner Jackentasche eine Schachtel. Neugierig öffnete sie diese und nahm die Hände vor ihr Gesicht.

„Hubert, wo hast du denn den her, der ist ja wunderschön." Es war ein Weißgoldring mit einem großen blitzenden Stein. Sofort probierte sie ihn am linken Ringfinger, er passte hervorragend. Heimlich hatte er bei dem Juwelier im Magniviertel den Ring auf ihre entsprechende Größe bringen lassen. Bevor sie jedoch weiter darüber reden konnten, öffnete sich die Tür, Christina kam mit Hannelore. Als sie in den Arm der Mutter gelegt wurde, gähnte sie herzhaft und blinzelte, öffnete die strahlend blauen Augen und gähnte wieder. „Sie ist vorhin gestillt worden und jetzt müde", erklärte Ulla.

Mit Christina wechselte sie einige Worte über das Kind, die übernahm es wieder und brachte es hinaus.

„Hubert, ich werde hier gut behandelt, macht euch keine Sorgen, alles läuft gut." „Malwine und Barbara organisieren deine Besuche in Absprache mit mir. Wenn es einen oder zwei weitere Abendtermine gibt, mache ich die, nachmittags sind die anderen dran."

„Ja macht das so. Beim nächsten Besuch kannst du mir alles erzählen, was daheim passiert, du natürlich auch mein Junge. Aber momentan brauche ich etwas Ruhe."

„Völlig klar, wir müssen jetzt verschwinden, unsere Zeit ist um. Ist ja ein Sonderfall, dass wir heute hier sein dürfen."

Wieder daheim überließ Hubert es Junior, Malwine ausgiebig über den Besuch zu berichten, er fuhr wieder ins Büro und erledigte dort seine Arbeiten.

Anschließend bewegte er seine vier Pferde und setzte sich daheim an den Schreibtisch, um zu überlegen, was er am Freitag Woods mitgeben sollte. Als nächstes notierte er, was er zu erledigen hatte. Morgen würde er sich auf alle Fälle mit Dolle zusammensetzen, um die Bauvorhaben abzusprechen. Dabei trank er ein Bier und aß die geschmierten Brote, die Sieglinde ihm hingestellt hatte.

Am nächsten Morgen im Büro erhielt Becker das Geld für den Kauf der beiden Trümmergrundstücke und die Villa. Kokoschka war der nächste, der ihm berichtete, dass die Zusammenfassung der Lager auf dem Gelände von Bauer lief, allerdings wäre es gut, dort ein weiteres Lager in einer Halle zu installieren. Das notierte er sich, um es mit Dolle zu besprechen. Nachdem er die Post erledigt hatte, kam Dolle. Der hatte Mielke mitgebracht und die Liste, wer wo arbeitete. „Wir müssen als nächstes Tietz und Alberts neue Aufträge geben. Hellwig ist so gut wie fertig mit dem Haus des Oberschlachters und Schubert ebenfalls an der Fallersleber Straße." Mielke ergänzte: „Vorbereiten müssen wir Aufträge für Fink, das Depothaus sieht schon gut aus, ist bald fertig und Graf kommt sehr gut voran. Als nächstes sollten die Blöcke an der Berliner Straße dran sein, für Alberts. Für Tietz sollten wir die zwei Häuser am Steinweg nehmen, da gibt es ein neues Konzept des Stadtbaurates mit viel Stahlbau."
„Das ist sinnvoll. Was haben wir noch für Aufträge?"
„Gert sprach mich an, Doris möchte die Baracke durch ein größeres, festes einstöckiges Haus ersetzen. Das wäre kein Problem, das geht recht fix, das hatten wir schon konstruiert", sagte Dolle.
„Da wäre zu überlegen, ob man Olbrich für seine Zimmerei nicht ein neues Gebäude gibt." Das hatte Hubert schon länger überlegt.
„Um diese beiden Sachen, Metall und Zimmerer, zu bauen, müssen wir drei Baracken abbauen. Das wäre kein Problem, denn mit dem neuen Haus im Depot

können wir alle, die darin wohnen, dort unterbringen", schlug Mielke vor.

„Nehmt Fink für die Neubauten und den Abbau der Baracken", entschied Hubert. „Eine der Baracken sollten wir an die Sandkuhle bringen, die anderen zwei nach Cremlingen als Lagerräume", schlug Dolle vor. „Gute Idee, so machen wir das, hiermit beschlossen." „Fehlt nur der Anschlussauftrag für Hellwig." „Da sprecht ihr bitte mit Becker, der hat die Verbindung zu der ehemaligen Besitzerin der Häuser am Nordbahnhof. Die will drei beschädigte Häuser renoviert haben. Das wäre genau das Richtige für Hellwig."

Fischer war der nächste. Dem erzählte er, was bautechnisch geplant war und wie es mit den weiteren Zukäufen aussah.

Der notierte eifrig mit und sagte: „Ich kümmere mich um die Kostenvorschläge und die Abrechnungen. Willst du die Neubauten hier auf dem Gelände zahlen? Das Depothaus übernimmt die Firma." „Doris zahlt ihr eigenes Gebäude und ich übernehme die beiden anderen."

„In Ordnung. Ich habe in der Zwischenzeit den Handel mit den Heringen, dem Obst und dem Kohl weitergemacht und etwas intensiviert. Dazu läuft das mit dem Thomasmehl sehr gut, das ist recht lukrativ. Nebenbei stehe ich in Verbindung mit der BKB, um denen Briketts abzukaufen. Die sollten wir zwischenlagern und im Winter gut verkaufen." Hubert grinste „Solange das für die Firma Erträge bringt, mach das weiter, aber verzettele dich nicht." „Keine Sorge, seit Regina da ist, habe ich einen Teil an sie abgegeben, die macht das sehr gut. Wenn du damit einverstanden bist, erhöhe ich ihr Gehalt etwas."

Es war Mittag und Hubert beschloss, sich mit Prinz die Beine zu vertreten. Als erstes ging er zu dem Platz am äußeren Rand des Geländes, wo die Zelte für die Feriengäste errichtet wurden. Sieben Zelte waren es und ein großes für die Essenszeit und andere

Versammlungen. Schwarz wies ihn ein, sagte: „Ich habe mit meiner Frau gesprochen und die machte mir einen sehr guten Vorschlag. Wir können von ihr die Mittagsverpflegung bekommen, das würde uns den Aufwand des Kochens ersparen. Zu dem Zeitpunkt läuft keine Schulspeisung, da hat sie Kapazitäten frei," sagte Schwarz.

„Was würde uns das kosten?" „Sie schlägt vor: Kein Geld, dafür zwei Schweine und einen Jungbullen."

Hubert lachte: „Lebend?"

Schwarz lachte mit: „Nein, nein, schon geschlachtet. Du kennst doch den Schlachter, kannst du den fragen?"

„Das mache ich, kein Problem. Den kann ich fragen wegen Wurst, meine Mutter wegen Marmelade und den Bäcker wegen Brot und Brötchen." „Dann fehlen uns nur Margarine und Käse."

„Den Käse und Butter bekommen wir von Barbara. Tee und Getränkepulver habe ich im Vorrat." „Eine Frau, die sich darum kümmert, haben wir. Toiletten können wir bei Gert benutzen, müssen die aber säubern. Einen Wasserwagen zum Waschen habe ich selber im Bestand, mit dem baue ich eine Waschanlage." Weitere Sachen besprachen sie, schließlich ging er weiter zu Grings. Der saß vor seiner Werkstatt, trank einen Kaffee und plauderte mit Bauer, dem er das Gelände abgekauft hatte. Stolz erzählte Bauer, dass er mit Grings zusammenarbeiten würde. Gemeinsam wären sie dabei, ältere Möbel aufzuarbeiten. Grings nickte lächelnd. „Ich muss mich um die Werkstatt kümmern, da haben wir genug zu tun. Harald macht sich gut. Der bekommt den richtigen Schliff, damit können wir ihn zur Meisterausbildung schicken."

Schließlich ging er bei Gert vorbei und sagte dem, dass der Wunsch seiner Frau in Erfüllung gehen würde, das Gebäude sei in der Planung.

„Sie hat einen hohen Bedarf an Änderungen, mittlerweile arbeiten zehn Frauen daran, das ist alles zu eng." „Sie sollte mit Dolle reden, wie sie das haben will."

„Werde ich ihr sagen, da hast du völlig recht." „Wie läuft es sonst bei dir?"

„Sehr gut. Drei PKWs und ein Laster stehen als Arbeitsvorrat hinter der Halle. Wir sind voll ausgelastet. Übrigens, 39.350 RM kostet deine Bestellung für die landwirtschaftlichen Geräte, die kommen am Montag." „Das Geld gebe ich dir morgen. Könntest du mir einen Opel bringen?" „Steht zum Feierabend bei dir auf dem Hof."

Er machte mit Prinz einen Bogen zum Haus, was als Letztes hergerichtet wurde. Fink zeigte ihm alles. „Das sieht gut aus, wie lange braucht ihr?" „Ende nächster Woche sind wir fertig. Klempner und Elektriker sind mit dem Rest dran, gestrichen werden muss es noch."

Als er zurückkam, lachte Gertrud laut auf. „Du hast ungefähr zehn Anrufe bekommen, die zur Geburt gratulierten, ich habe sie aufgeschrieben. Die nächsten stelle ich durch." Hubert studierte die Liste, das war sehr erfreulich, mehrere Geschäftspartner waren dabei. Kaum saß er, als es klingelte. Rudi der Schlachter war dran und gratulierte im Namen seiner Frau. Er bedankte sich und sagte: „Gut, dass ich dich dran habe, wir haben eine Bitte." Kurz erzählte er ihm, was Schwarz vorgeschlagen hatte. „Kein Problem. Bring die Schweine und das Rind vorbei, wir schlachten die, die können zerlegt abgeholt werden." Mit der Wurst gab es keine Probleme. „Das bekommst du so, ich brauche nur eine Bestätigung, damit ich es bei der Steuer als Spende absetzen kann." Sieben weitere Anrufe bekam er, notierte alle, um Ulla das weitergeben zu können. Zwischendurch erledigte er die Post und beschloss um 15:30 Uhr zu gehen.

Zuerst ritt er seine S-Pferde, danach die beiden anderen. Mit denen übte er zweimal das blitzschnelle Umsitzen von Sattel zu Sattel. Anschließend unterhielt er sich mit Weber, der seine Reitstunde beendet hatte. Nachdem die landwirtschaftlichen Fragen geklärt waren, kamen sie zu den Turnieren am Samstag. Weber wollte Tietz, Gertrud, Petra und Regina mitnehmen für das L-Springen. „Wenn das geht, bin ich mit der jungen Stute dabei und beim anderen Springen mit den beiden M-Pferden." „Klar geht das, Gertrud kann nachmelden." Junior hatte zugehört und wollte mit, was ihm Hubert zusagte. Nachdem er mit Weber die Termine für das Vorüben der Quadrille besprochen hatte, ging Hubert auf die hintere Terrasse des Hauses und sah eine Weile dem Treiben auf dem Springplatz zu. Später machte er sich daran, die Sachen für Woods zu packen. Ein Mocca-Service mit NS-Symbolen wurde verpackt, dazu neben anderen kleinen Dingen folgten sechs Jagdmesser aus dem Göringschen Bestand, zwei kostbare Revolver kamen dazu. Drei Fliegerjacken kamen auf den zweiten Karton und morgen würde er zwei Schrotgewehre dazu legen. Bis kurz vor 09:00 Uhr ließ er es am nächsten Tag im Büro ruhig angehen, plauderte mit den Mädels, gab Becker das Geld für die zu kaufenden Grundstücke und ließ Anja das Geld für die Geräte zu Gert bringen. Pünktlich stand er mit seinem Opel in der Nähe des Tors zur MUNA und wartete auf Woods, kurz nach 09:00 Uhr erschien der. Als sie ausstiegen sagte Woods lächelnd: „Bevor wir zum Geschäft kommen, herzlichen Glückwunsch zur Tochter. Wir, mein Chef und ich, möchten dazu etwas an Stelle von Blumen überreichen." Aus dem Führerhaus holte er zwei 2.5 Liter fassende Flaschen. „Das ist für die Mutter", dabei zeigte er auf den Whiskylikör, „und das ist für den Vater!" Das war dieser feine schottische Whisky. Hubert lachte. „Dafür bedanke ich mich ganz herzlich im Namen meiner Familie." Nun musste er Woods die „technischen Daten" des Kindes erklären und die Umstände der Geburt. Schließlich kamen sie zum Geschäft. „Hier ist das Geld für die alten Sachen. Hat zwar etwas gedauert, aber dafür lohnt es sich!" Hubert steckte den Umschlag ein und zeigte Woods sein Angebot. „Sehr gut, das geht gut! Wenn du weitere Bücher hast, die würde ich nächstes Mal gern nehmen." Anschließend schob Woods mehrere

Kartons auf den Opel. Hubert brachte das Auto auf den Hof und bat Frank, die Kartons in die Garage zu stellen. Während er später seine Post bearbeitete, kamen weitere Anrufe und Gratulationen. Gertrud hatte ihm die heutige Zeitung zur Post gelegt, dort stand die Geburtsanzeige. Die schnitt er aus, steckte sie in seine Brieftasche, um sie Ulla zu zeigen, dazu kam die Karte, die verschickt worden war. Heute machte er wieder mittags mit Prinz einen Spaziergang, dieses Mal allerdings zu seinen Eltern zum Essen. Dort traf er Fritz, den er um die zwei Schweine und den Jungbullen bat. „Klar helfen wir dabei. Einen Teil der Leute kann ich bei der Ernte brauchen, geht das?" „Wir wollen die tagsüber aufteilen in alle Bereiche, du bekommst ständig welche. Zur Ernte setzen wir die mit ein."

Von Junior ließ er sich anschließend über seinen Schulalltag berichten und sagte ihm, dass er heute zu seiner Mutter fahren würde.
„Ich habe ihr ein Bild gemalt, nimmst du ihr das bitte mit?" „Willst du nicht mitkommen?" Der Junge schnaufte kurz durch. „Heute wird damit begonnen, das Grummet reinzuholen, da möchte ich gern mit Opa Heinrich fahren. Meinst du, dass Mama traurig wäre?" Huber strich ihn lächelnd über den Kopf. „Nein, das glaube ich nicht. Kann mir gut vorstellen, dass du nicht so gern mit ins Krankenhaus willst. Außerdem ist das Grummet sehr wichtig für die Tiere, das versteht Mama ganz sicher!" „Ich hole schnell das Bild." Als er damit zurückkam, sagte Hubert: „Morgen früh musst du pünktlich am Stall sein. Ab 07:00 Uhr wollen wir verladen." „Kein Problem, sag es Oma Malwine." Sicherheitshalber sagte Hubert den Termin seiner Mutter und fuhr ins Büro, die wöchentliche Besprechung musste er vorbereiten.

In der wöchentlichen Besprechung bedankte er sich für die Glückwünsche zur Geburt der Tochter und übermittelte den Dank von Ulla.

Danach erläuterte er die Ferienaktion des Waisenhauses und sagte dazu: „Wir werden das Angenehme mit dem Nützlichen verbinden. Neben der Erholung für diese Waisen steht das Kennenlernen der Berufswelt auf dem Programm. Je nach den Wünschen und Interessen der Einzelnen werden wir sie den einzelnen Gewerken zuteilen. Landwirtschaft und die Werkstatt von Gert werden hinzukommen. Doris und die Verwaltung sind beteiligt, wie Schule und Kindergarten. Wenn es uns gelingt, hier zukünftige Lehrlinge zu gewinnen, haben alle Seiten etwas davon."
Ein weiterer Punkt war die Erläuterungen für ein paar Tage Ferien im Häuschen in der Heide. Hier erklärte er genau, wie das geplant war.

Bis 17:30 Uhr zog sich die Besprechung hin, danach packte er die Unterlagen für Ulla in seine Aktentasche und fuhr ins Krankenhaus. Erfreut stellte er fest, dass es ihr besser ging. „Morgen soll ich das erste Mal einen kleinen Spaziergang machen!" erklärte sie lächelnd. Gemeinsam sahen sie sich die Post an und redeten über die Anrufliste. Christina brachte die Kleine zum Stillen, Hubert dabei dabei sein. „Aber keinem verraten", lächelte sie, „das ist sonst nicht erlaubt!" „Nein, nein, ich bin ganz still, Schwesterherz."

Kurz vor 20:00 Uhr war er daheim und bat Richard die junge Stute zu satteln, er wollte sehen, wie gut sie drauf war vor ihrem ersten Turnier. Zufrieden sattelte er sie nach einer halben Stunde wieder ab und brachte sie in die Box. Für den nächsten Tag war alles vorbereitet und er ging ins Haus, duschte und aß anschließend. Dabei schaute er nach, was in dem Umschlag von Woods steckte: 75.000 RM, zufrieden legte er das Geld in den Safe. Gerade hatte er sich einen guten Schluck des edlen Whiskys eingegossen, als das Telefon klingelte. Seine Tante war dran.
„Guten Abend Partner, störe ich?" „Nein, bin allein und trinke gerade einen Whisky." „Das machst du alles

richtig. Wie geht es Frau und Tochter?" Hubert schilderte den letzten Stand, sie sagte: „Das freut mich, drücke alle Daumen, dass Ulla bald nach Hause kommt. Dieser Eingriff war nicht ohne. Aber ich habe etwas für dich. Es ist mir gelungen, das Konto und das Wertfach dieses SS-Offiziers und seines Kameraden zu räumen. Nach Abzug aller Unkosten verbleiben 150.000 RM, 60 Aktien einer großen deutschen Firma im Wert von 40.000 RM und einige sehr gute Schmuckstücke. Ich habe mir überlegt, das aufzuteilen. Wenn du 60.000 RM und die Aktien nimmst, verbleiben mir 90.000 RM und der Schmuck. Was hältst du davon?" „Hört sich gut an. Den Schmuck kannst du gerne haben, die Aktien und das Geld nehme ich." „Sehr gut. Ich fahre am Sonntagmittag zu meiner Schwester und kann es dir übergeben." „Das ist eine gute Idee, da bin ich sowieso."

Fertig angezogen für das Turnier frühstückte er am nächsten Morgen. Sieglinde hatte einige doppelte Brote für beide eingepackt. Er berichtete ihr von seinem gestrigen Besuch bei Ulla. „Wenn du unterwegs bist, bereite ich alles vor für die Ankunft der Kleinen."
Auf dem Hof herrschte bereits ein emsiges Treiben. Junior war dabei, half beim Verladen. Pünktlich war alles erledigt, mit beiden Transportern, einem Käfer und Huberts Lieferwagen erreichte die kleine Kolonne das ländliche Turnier in der Nähe von Gifhorn. Während sich Weber um die Starterliste kümmerte und sich den Parcours anschaute, wurden die Pferde für das L-Springen abgeladen, gesattelt und vorbereitet.
Während alle anderen ihr Programm vor dem Start absolvierten, hatte Hubert damit zu tun, seine junge Stute an die neue Situation zu gewöhnen. Ihm war völlig klar, dass er in diesem Springen nicht um den Sieg reiten würde, die Stute sollte das heute kennenlernen. In aller Ruhe und Gelassenheit ging er so in den Parcours und nahm es in keiner Weise übel, dass sie vor lauter Hektik zwei Fehler machte. Beruhigend klopfte er ihr beim Hinausreiten mehrfach den Hals, was sie

28

schnaubend zur Kenntnis nahm. Mit Weber sah er bei
den anderen Startern zu.

Tietz legte einen sauberen Ritt hin, fehlerfrei und in sehr
guter Zeit. Gertrud hatte einen Fehler, Petra ebenfalls
und eine Zeitüberschreitung. Regina schaffte es
fehlerfrei, aber langsamer als Tietz. Gespannt stand der
neben ihnen und fieberte bei jedem Ritt mit, aber
niemand blieb nach Regina fehlerfrei, er war Sieger.
Strahlend nahm er jede der jungen Frauen in die Arme,
als die ihm gratulierten. Gemeinsam gingen Weber und
Hubert zu ihren Transportern. „Hubert, wir haben ein
Problem, Irene hat sich die linke Hand verstaucht und
kann nicht in der Quadrille reiten. Wer soll die
ersetzen?" Hubert überlegte kurz. „Wir nehmen Regina,
die macht eine gute Figur auf dem Pferd. Aber sie sollte
das Pferd von Irene reiten, weil das die Sache mit dem
Damensitz kennt. Kümmere dich bitte darum?" Huberts
Pferde für das M Springen waren fertig, aber vorher
machte er mit Junior eine Brotzeit. Beide saßen auf der
Rampe eines Transporters, aßen ihr Brot, er trank
Kaffee aus einer Thermoskanne und Junior eine Flasche
Limonade. Beide hörten sie, wie die Siegerehrung lief.
Petra war Siebte, Gertrud Vierte und Regina Zweite,
Tietz Erster. Plötzlich ertönte neben ihnen eine Stimme.
„Entschuldigen Sie bitte die Störung, sind Sie Herr
Wedel von der gleichnamigen Baufirma?" Neben ihnen
stand ein Mann um die 50 in einer Kombination. „Ja,
der bin ich, gibt es ein Problem?" Der Mann lächelte.
„Ich bin Thomas Frühauf, der Besitzer einer Firma, die
auf Straßenbau spezialisiert ist, komme aus Meine."
Hubert erhob sich. gab ihm die Hand. „Was kann ich für
Sie tun?" „Ich wollte fragen, ob wir zusammenarbeiten
könnten. Habe eine Kolonne von zwölf Mann, darunter
vier Pflasterer und habe bisher hier in Gifhorn und im
Landkreis gearbeitet. Wir würden gern Aufträge aus
Braunschweig übernehmen. Aber dazu bräuchte ich
Hilfe beim Transport der Baumaterialien und habe
leider keine Kontakte zu den jeweiligen vergebenden
Stellen." „Das hört sich gut an, da sollten wir drüber

reden, grundsätzlich habe ich Interesse an solch einer Zusammenarbeit. Was halten Sie davon, wenn Sie mich nächste Woche bei uns in Lehre besuchen, da haben wir unsere Fachleute dabei." „Sehr gern, rufen Sie mich bitte an, hier ist meine Telefonnummer." Er gab Hubert seine Karte und erhielt dafür die von ihm. „Hier im Kreis Gifhorn habe ich sehr gute Kontakte, das wäre vielleicht für Sie interessant", lächelte er. „Ja klar, daran sind wir interessiert."

Harald hatte das Gespräch mitgehört, sagte lächelnd: „Das hört sich gut an, das fehlt in der Firma. Wenn das klappt, hast du einen Joker!"

Richard bewegte den Schwarzbraunen und Hubert wärmte seinen Schimmel auf. Aber irgendwie steckte bei dem heute der Wurm drin, er war unkonzentriert. Erst als er ihn energisch aufmunterte, wurde es besser. Peter gesellte sich auf Ullas Schimmel neben ihn und sagte halblaut:

„Schau dir mal die blöde Kuh auf dem Fuchs da an. Das Pferd macht alles richtig und ist wirklich gut. Aber sie fällt dem beim Sprung ins Kreuz, die kann nicht reiten. Und überhaupt, warum muss man dem armen Pferd beim Springen eine Kandare verpassen?"

Unauffällig schaute Hubert zu der Frau. Schnell sah er, das Pferd hatte sehr gute Anlagen, das war einer für hochklassige Springen. Aber sie konnte wirklich nicht reiten, machte Fehler über Fehler. Hubert verdrängte das und konzentrierte sich auf seinen Ritt. Aber der war gar nicht konzentriert, zwei leichte Fehler und alle Siegchancen waren dahin. Er saß um auf dem Schwarzbraunen und in dem Moment riss die Frau mit dem Fuchs das gesamte Probehindernis um. Kopfschüttelnd konzentrierte er sich auf den nächsten Ritt und der lief sehr gut. Richtig aufmerksam war sein Schwarzbrauner, ging schnell, sicher und null Fehler. Niemann und ein anderer Reiter waren ebenfalls fehlerfrei angekommen, das bedeutete ein Stechen um den Sieg. Junior setzte sich auf den Wallach und

bewegte ihn im Schritt. Vom Turnierplatz ertönte ein Raunen. Die Frau war nach ihm eingeritten, hatte dreimal verweigert und war ausgeschieden. Mit hochrotem Kopf galoppierte sie in Richtung Parkplatz. Peter und Harald hatten sich jeder einen Fehler eingehandelt, aber waren trotzdem zufrieden, standen rauchend am Transporter, Niemann kam dazu, während Petra sein Pferd bewegte. Neben dem zweiten Transporter wurde es plötzlich laut. Harald sah dort hin und sagte laut: „Das fasse ich nicht." Alle drehten sich hin und erstarrten. Die Frau hatte dem Fuchs an den Anhänger gebunden, traktierte ihn wütend mit einer langen Peitsche. Wiehernd wollte der fliehen, konnte es aber nicht. „So nicht, du blöde Kuh!" schrie Peter, warf seine Kippe weg und stürmte dorthin. Weber, Niemann, Harald, Richard und Hubert rannten hinterher. Peter hatte die Frau erreicht, riß ihr die Peitsche aus der Hand, schrie: „Lass das Pferd in Ruhe, du bist schuld, weil du nicht reiten kannst." Die schrie zurück: „Misch dich nicht ein, du Mistkerl, morgen kommt der zum Abdecker!" Bevor Peter handgreiflich werden konnte, schob sich Hubert zwischen die beiden. „Bevor der zum Abdecker kommt, nehme ich ihn, was soll der kosten?" „Nehmen Sie die Krücke und brechen sie sich mit ihm den Hals. Nie wieder will ich dieses Scheißpferd sehen!" „Nochmal: Was soll er kosten?" „Wenn sie mir 300 geben, können Sie den Anhänger gleich mitnehmen, ich habe zwei andere." Hubert griff in seine Jackentasche, holte seine Brieftasche heraus, hielt ihr 300 RM hin. In diesem Moment kam der Turnierveranstalter dazu. „Was haben Sie eben mit dem Pferd gemacht?" „Ausgepeitscht habe ich ihn, weil er dreimal verweigert hat." Der Veranstalter funkelte sie an. „So etwas macht niemand in meinem Bereich, packen Sie Ihre Sachen und verschwinden Sie auf der Stelle."
Die Frau japste nach Luft, aber Hubert kam ihr zuvor. „Wir haben das Pferd gerade mit dem Anhänger gekauft. 300 RM für beide, alle sind hier Zeugen, wir konnten das nicht mit ansehen!" Der Mann nickte: „Danke, wir

reden nachher darüber. Und Sie verschwinden jetzt sofort!"

Mit einem hässlichen Fluch drehte sich die Frau um, raste mit Vollgas vom Gelände. Ein jüngerer Mann stand ratlos neben dem Anhänger.

„Wer sind Sie?" „Ich bin ihr Pferdepfleger, jetzt habe ich ein Problem." „Stimmt", sagte Peter, „warum hast du sie nicht daran gehindert?"

„Ich war bei den Zuschauern. Als ich zurückkam, prügelte sie auf das Pferd ein und schon wart ihr da. Ich hätte sowieso morgen gekündigt, das ist eine Hexe."

„Sind Sie schon lange bei ihr gewesen?" „Eine Woche, kam aus der Gefangenschaft, brauchte Geld und einen Job, habe sonst niemanden mehr." Hubert mischte sich ein. „Was sind Sie von Beruf?" „Maurer, war bei der Wehrmacht in der Division „Großdeutschland"."

Niemann lachte auf: „Da haben wir schon einen von! Sie kommen mit, bekommen bei uns eine Stelle als Maurer." „Ich kann es ja kaum glauben, da würde ich zu Fuß hingehen!" „Aber nicht heute. Richard kümmere dich um das Pferd, hängt den Anhänger an meinen Lieferwagen, ich muss jetzt reiten, Niemann du auch!"

Voll konzentriert ritt Hubert als letzter der Drei ein. Der erste hatte einen Abwurf, Niemann war fehlerfrei, aber langsam, das konnte sein Schwarzbrauner locker schaffen und er tat es. Sicher, schnell und aufmerksam beendete er den Parcours als Bester. Großer Applaus begleitete ihm beim Ausreiten. Kurz darauf erfolgte die Siegerehrung. Peter und Harald waren Sechster und Siebter geworden, so standen vier Mann der Wedeltruppe in der Reihe der Platzierten. Als es um Hubert ging, sagte der Vorsitzende am Mikrofon ein paar Sätze. Er bedankte sich bei Hubert für sein vorbildliches Verhalten und beschrieb den Ehrenpreis: Ein ganzer Rucksack voll mit Wurstkonserven, zwei Mettwürsten und einer Kugel Rotwurst, gestiftet vom Schlachter des Ortes. Der überreichte die Schleife, steckte sie an das Zaumzeug und beglückwünschte Hubert ausdrücklich. Dabei sagte er: „Hier ist meine Karte, ich brauche ein neues Schlachthaus, rufen Sie mich an." „Sehr gerne", lächelte Hubert, setzte sich den Rucksack auf den Rücken und brach auf zur Ehrenrunde, unter großem Beifall der Zuschauer. Als er absaß, sprang ihm Junior jubelnd um den Hals. Hubert nahm ihn hoch und drückte ihn lachend. Der Rest begann abzusatteln und die Pferde zu verladen. Gerade hatte er sich wieder den grauen Kittel angezogen, als der Veranstalter mit seiner Frau zu ihm kam. „Ich möchte mich bei Ihnen bedanken. Diese Frau ist bekannt als eine bösartige Hexe. Mit dem heutigen Tag wird die hier in der Region bei keinem Turnier mehr starten. Aber etwas ganz anderes. Meine Frau und ich haben hier einen größeren Betrieb im Ort. Dank einer Erbschaft wollen wir uns vergrößern und verstärkt Kartoffeln anbauen. Dazu brauchen wir zwei neue Hallen, könnten wir ins Geschäft kommen?"

„Aber ja, sehr gerne. Hier ist meine Karte, rufen Sie mich an, wir machen einen Termin und sprechen in Ruhe darüber. Brauchen Sie eventuell landwirtschaftliche Maschinen?" „Ja, ich weiß aber nicht genau welche." „Mein Bruder hat die Hanomagvertretung, der würde sich freuen, ebenfalls mit Ihnen ins Gespräch zu kommen." „Wunderbar, das kann man in einem Gang erledigen! Hier ist meine Karte."

„Ich muss mich verabschieden, meine Mannschaft und mein Sohn wollen nach Hause." Richard kam zu ihm. „Das Pferd ist verladen, der Anhänger angekuppelt. Völlig verängstigt ist das arme Tier. Der Pfleger und Petra sitzen jetzt bei ihm im Wagen und beruhigen ihn." „Gut, lass uns fahren, daheim gebe ich was von der Wurst aus und wir trinken ein Bier." Regina brachte Sattel und Zaumzeug zum Lieferwagen. „Regina, siehst du heute Herrn Graf?" „Ja, der wartet auf mich im Stall." „Ich habe einen neuen Mann für seine Kolonne, den kann er gleich übernehmen und er soll mit in den Stall kommen, es gibt etwas zu essen und zu trinken." „Oh, sehr schön, da kommt er bestimmt mit."

Auf dem Rückweg erzählte Hubert seinem Sohn die ganze Geschichte. Der war ganz entsetzt. „Um das Pferd müssen wir uns jetzt kümmern."
„Da hast du völlig recht, da wird Richard für sorgen."
Frank erwartete sie bereits, Graf stand neben ihm. Richard kümmerte sich um den völlig verschreckten Fuchs, brachte ihn in eine freie Box. Der Pferdepfleger kam mit einem Rucksack zu Hubert. „Ich möchte mich bei Ihnen ganz herzlich bedanken, Sie nahmen mich mit, ohne lange zu fragen. Dafür bin ich sehr dankbar." Weiter kam er nicht, hinter ihm ertönte die Stimme von Graf. „Mensch Winkler, altes Rübenschwein, was machst du denn hier?" Der drehte sich um, sah Graf an und sagte halblaut: „Ich fasse es nicht. Graf du alte Rakete, was machst du denn hier?" Beide umarmten sich lachend. Graf sagte: „Regina sagte mir, dass sie einen Neuen für mich haben. Das ist Jürgen Winkler, Unteroffizier aus der Nachbarkompanie und bester MG Schütze des gesamten Regimentes. Mit zwei seiner MGs hat er mir und meinem Zug den Arsch gerettet!" „Dafür hast du mich und meine Leute zweimal herausgehauen." „Stimmt, ich freue mich. Jürgen Winkler, EK II und Verwundetenabzeichen in Gold, sei mir willkommen, Herr Wedel, der kommt zu mir!" Hubert hatte lächelnd zugehört, diesen Kampfgeist kannte er. „Klar bleibt er bei Ihnen, dafür müssen Sie ihn unterbringen. Aber jetzt wollen wir etwas essen und trinken. Alle ins Reiterstübchen." Sieglinde war tätig geworden. Vier Dosen mit Dauerbrot standen auf dem Tisch. Dazu war je eine Dose von jeder Wurst geöffnet, eine Mettwurst aufgeschnitten und ein großes Stück Käse vom letzten Dienstag standen auf dem Tisch. Frank hatte aus dem Keller zwei Kisten Bier geholt und Hubert stellte zwei Flaschen Weinbrand und drei Flaschen Wein für die Frauen auf den Tisch. Nacheinander kamen Frau Weber, Franks Freundin, Birte und Monika dazu, wollten eigentlich ihre Männer abholen, wurden aber mit an den Tisch geholt, mussten

mitessen und –trinken. Gegen 20:30 Uhr kam Heinrich mit dem Rad, um Junior abzuholen. „Morgen Nachmittag gehen wir schwimmen, mein Sohn." „Toll Papa, da freue ich mich drauf."

Schließlich kam Jochen Bode und Fiete, um Gertrud abzuholen. Die Gespräche kreisten um das Turnier und die Aktion mit der wütenden Frau.
„Da hast du ein richtiges Schnäppchen gemacht," sagte Niemann, „das Pferd ist ein gutes und der Anhänger ist alleine die 300 RM wert!"
„Was ist eigentlich mit dem Sattel und dem Zaumzeug?" fragte Peter. „Das haben wir mitgekauft", grinste Hubert, erntete fröhliches Gelächter.
Kurz nach 22:00 Uhr begann sich die Gesellschaft aufzulösen. Hubert verabschiedete sich, verabredete sich dabei mit Bode, Fiete und Weber für morgen 09:00 Uhr zu einem Ausritt. Während das letzte Bier und der letzte Weinbrand getrunken wurde, kam Peters Freundin mit dem Motorrad, um ihn abzuholen und der Rest brach auf. Sicherheitshalber gingen Hubert und Richard in den neuen Stall, um nach dem Fuchs zu schauen. Als sie vor seiner Box standen, drängte er sich in die hinterste Ecke und schnaufte heftig. Ruhig öffnete Richard die Boxentür und betrat die Box. Dabei murmelte er halblaut Worte, die Hubert nicht verstand. Ganz langsam näherte er sich dem Pferd, dass aufgeregt zuckte. Aber es ließ Richard näherkommen und als der seine Hand auf dessen Widerrist legte und beruhigend weitersprach, wurde es ruhiger, das Zucken hörte langsam auf. Sanft streichelte Richard ihn, ging wieder hinaus. Jetzt stand der Wallach ruhig da und sah beide an. Dann senkte er den Kopf und begann, am Heu zu knabbern. „Da brauchen wir Geduld, bis der wieder normal wird." „Das denke ich. Wen sollten wir ihn anvertrauen?" „Ich dachte an Regina, das ist eine ähnlich verletzte Seele", sagte Richard lächelnd. „Aber du überwachst das!"

35

Frisch und ausgeschlafen trafen sich die vier im Stall zu
einem längeren Ausritt. Nach einem großen Bogen in
der Feldmark, mit zwei Galoppstrecken, ritten sie an der
Försterei von Fietes Eltern vorbei, wurden dort freudig
begrüßt und ritten weiter in Richtung Wagner. Dabei
nahmen sie den steilen Abhang, den die Pferde sehr gut
meisterten. Bei Wagner stand Kaffee für sie bereit.
„Woher wusstest du, dass wir kommen?" Wagner lachte.
„Förster untereinander halten zusammen!" Durch den
Wald nahmen sie eine weitere Galoppstrecke, dann
erreichten sie die Häuser im alten Depot und ritten im
Schritt zu Hubert auf den Hof. Frank und Richard
hatten bereits einen Schlauch vor den Stall gelegt. Die
Pferde wurden gründlich abgespritzt und abgerieben,
kamen in die Boxen. Die Männer verabschiedeten sich,
jeder ging nach Hause. Nach der Dusche zog sich
Hubert ordentlich an und fuhr mit dem Rad zu seinen
Eltern zum Essen. Hier war heute seine Tante, für die er
ein Paket mitgenommen hatte. Hauptgesprächsthema
beim Essen war die Geburt, erst später kam es zu den
Vorfällen beim gestrigen Turnier, von denen Junior
seinen Großeltern berichtet hatte. Ein allgemeines
Kopfschütteln war das Ergebnis. Das Gespräch lief
weiter, nur Huberts Tante blieb schweigsam und schien
zu überlegen. Plötzlich sagte sie: „Hubert kannst du mir
die Frau beschreiben und das Auto, was sie fuhr?"
Hubert kam der Bitte nach und sie überlegte, sie
schüttelte den Kopf. „Ich kann mich völlig täuschen,
aber ich glaube zu wissen, wer diese Frau ist. Die ist
bekannt für derartige Eskapaden. Ich denke, das ist die
Frau eines verstorbenen SS Obergruppenführers, der
lange im Protektorat in Böhmen und Mähren tätig war.
Unter der Hand wurde immer schon getuschelt, dass er
daher ein größeres Vermögen besaß. Sein Tod wurde nie
restlos aufgeklärt." Alle schwiegen, nur Junior löffelte
weiter seine Portion Wackelpeter. „Na ja, was soll es,
irgendwann wird die ihre gerechte Strafe bekommen",
sagte Hubert und kümmerte sich um seine Nachspeise.
Nach dem Essen gab es Kaffee im Garten, hier übergab

ihm seine Tante eine kleine Collegemappe mit den Worten: „Wie abgesprochen!" „Danke, für dich steht ein Paket in der Diele."Verschwörerisch grinsten sie sich dabei zu. Lange blieben sie jedoch nicht sitzen, Malwine wollte mit Barbara zu Ulla fahren. Daher verabschiedete sich Malwines Schwester, wollte zu ihrer Freundin nach Braunschweig. Hubert und Junior fuhren mit dem Rad zum Hof und suchten ihre Badesachen zusammen. Mit dem Motorrad fuhren sie zum Firmengelände und gingen zum Teich dahinter. Gert hatte dort eine Umzäunung bauen lassen, so dass man hier abgeschieden war. Dolle war mit seinem Sohn dort und kurz danach kamen Tietz und Monika mit deren jüngeren Kindern. Alle genossen das warme Sommerwetter, plauderten miteinander, während die Kinder im Wasser mit einem Ball tobten. Hubert hatte von Malwine eine große Schale mit Kirschen mitbekommen und Dolle selbstgebackenen Kuchen dabei. Die Thermoskanne voll Kaffee von Monika passte gut dazu. Gegen 17:00 Uhr waren beide wieder auf dem Hof und gingen in den Pferdestall. Junior half beim Füttern, Hubert besuchte seine eigenen Pferde, verwöhnte sie mit trockenem Brot. Sogar der verängstigte Fuchswallach nahm nach längerem Zögern etwas. „Den habe ich heute Nachmittag auf einen Paddock gelassen, das fand er sehr gut, hat sich dort ordentlich ausgetobt!" sagte Richard, der mit dem Futterwagen in den Stall kam.„Regina kommt nachher vorbei, die will mit ihm Verbindung aufnehmen. Ich bin da, kann ihr helfen."
Junior wollte wieder zu den Großeltern. „Ich hole dich morgen um 17:00 Uhr ab, wir fahren zu Mama." „Prima, das ist toll," sagte er, schnappte sein Fahrrad und fuhr los. Nach einem Spaziergang mit Prinz holte sich Hubert seine geschmierten Brote aus der Küche, Sieglinde wusch dort ab. „Hubert, ein Drittel der Dosen wurden gestern verbraucht, den Rest und eine Mettwurst habe ich in die Speisekammer gebracht. Deine Mutter hat vorhin Sachen von Ulla mitgebracht, die wasche ich

morgen. Neue Sachen habe ich in eine Tasche gepackt und neben deinen Schreibtisch gestellt. Nimm die morgen bitte mit." Er nahm den Teller mit dem Brot, dazu einen Krug mit Bier voll und setzte sich vor das Haus in der Abendsonne an den großen Holztisch.

Es dauerte nicht lange, dann kamen Gertrud und Fiete verschwitzt vom Reitplatz, spritzten ihre Pferde ab. Während Gertrud beide trocken rieb kam Fiete zu ihm. „Wir haben ein wenig trainiert, jetzt werden wir Schwimmen gehen. Kommst du mit?" „Nein, danke, da war ich heute Nachmittag schon länger mit meinem Sohn." „Hoffe mal, dass wir dort alleine sind." „Hast du neuerdings Angst vor anderen Menschen?"

Fiete kicherte: „Nein, überhaupt nicht, aber ich wollte mit ihr nackt baden, da ist es schon besser, man ist allein." Huber grinste. „Hast du alles dabei? Handtücher und so?" „Liegt alles im Auto, sie weiß es nicht!" Grinsend verabschiedete sich Fiete, verschwand mit Gertrud. Kurz darauf kam Richard aus dem neuen Stall und setzte sich zu Hubert. „Gleich kommt Regina mit dem Fuchs, warten wir es ab", sagte er und zündete sich eine Zigarette an. „Morgen kommen übrigens die neuen Sachen für Sigurd. Könntet ihr ihm die am Dienstag bringen?" „Ein Trecker und ein Anhänger?" „Ja, dazu eine Presse." „Das kriegen wir hin, bespreche ich morgen mit Weber." Als Hubert mit zwei Flaschen Bier aus dem Haus kam, ging Regina mit dem Fuchswallach über den Hof. Am Stallhalfter hatte sie einen Führstrick und führte ihn über den Hof, klopfte ihm dabei öfters auf den Hals, redete mit ihm. Als beide hinter der Eiche zum Platz verschwanden, sagte Hubert: „Momentan ist er ja ganz friedlich, hoffentlich bleibt das so." „Warten wir es ab", kam die lakonische Antwort von Richard. „Was ich dich schon immer mal fragen wollte, reicht euch die Wohnung eigentlich aus?" „Ja bisher schon, warum fragst du?" „Na ja, momentan werden so viele Kinder geboren. Könnte ja sein, dass dieses auch bei euch geschieht, dann würde es eng." Richard lächelte. „Wir sind es gewohnt, so zu wohnen, aber wenn das

geschehen würde, melde ich mich." Regina kam mit dem
Pferd zurück. „Der kommt jetzt wieder in die Box, für
heute ist genug, morgen versuche ich, ihn zu longieren."
Beide Männer nickten. Als sie wieder zurückkam, bat
Hubert sie sich zu ihnen zu setzen. „Wie geht es Graf
und seinem alten Kameraden?" „Ich glaube, die haben
die halbe Nacht geredet, sind erst gegen 09:00 Uhr wach
geworden. Jetzt zeigt er ihm alles hier." „Sag ihm bitte,
der Neue soll sich morgen früh bei Fischer melden und
seinen Arbeitsvertrag abholen." „Gerne, mache ich. Die
Aufzeichnungen habe ich fast ganz durchgerechnet. Da
wurde einiges auf drei andere Konten verschoben. Ganz
genau kann ich das aber erst Ende der Woche sagen."
Nachdem Regina mit dem Fahrrad gefahren war und
Richard zum Essen ging, verzog sich Hubert ins Haus
und leerte die Collegemappe seiner Tante. Wie
besprochen, stimmte alles, er legte alles in den Safe.

Die Ruhe änderte sich am nächsten Morgen. Während
der Stabsbesprechung gab er die Karten weiter, die er
gestern erhalten hatte und sagte einiges dazu. Neben
Dolle war Fischer sofort hellwach. „Möchte der
Kartoffeln verkaufen? Wenn ja, habe ich da einige gute
Ideen." „Lass den hierherkommen und dabei reden wir
gemeinsam mit ihm." Weitere Dinge wurden geklärt,
danach fand er auf dem Schreibtisch weitere
Glückwünsche anlässlich der Geburt, die er Ulla
mitbringen würde. „Der stellvertretende Leiter des
Ausbesserungswerkes bat um Rückruf", sagte Gertrud.
Kurz darauf hatte er den am Hörer. Er wünschte ihm
und seiner Familie alles Gute und kam zu etwas
anderem. „Wir hätten hier einige Bauvorhaben, das
würde ich gern mit Ihnen vor Ort klären. Hätten Sie
heute Zeit?" „Habe ich, am frühen Nachmittag, bin um
14:30 Uhr bei Ihnen." Kurz fuhr er mittags zu seinen
Eltern zum Essen, erledigte im Büro weitere Sachen.
Vor 14:00 Uhr fuhr er ins RAW. Zwei Packungen
Zigarren und eine Flasche Wein hatte er im
Handgepäck. Freudig empfing ihn der stellvertretende

Leiter, bedankte sich für die Sachen, die sofort in seinem Schreibtisch verschwanden.

„Es geht um zwei Aufträge. Neben dem Werk sollen vier weitere Häuserblöcke für Bedienstete der Bahn entstehen, das wäre der erste Auftrag."

„In Ordnung, dafür schicke ich Ihnen morgen einen unserer Ingenieure. Was gibt es sonst?" „Wir brauchen mehr Abstellgleise für die Masse der Schadloks, die hier ständig angeliefert wurden. Allerdings sind vier der benötigten Abstellgleise mit Schutt voll, der muss geräumt werden, je schneller, je besser." „Das sollte kein Problem sein, kann ich mir das anschauen?" Beide gingen in das weitläufige Gelände. Hinter der riesigen Reparaturhalle lagen die Gleise, auf zweien standen hintereinander Schadloks. „Es geht um die Fläche dahinter", sagte der Mann.

Zwischen den abgestellten Lokomotiven gingen sie hinüber. Vier Abstellgleise waren dort, aber auf denen lagen mehrere Schuttberge, einer bestand aus guten gebrauchten Ziegeln. Hinter den Schutthaufen konnte man die Dächer von Güterwagen erkennen. „Kommen die nicht raus?" fragte Hubert und deutete dahin. „Doch schon, aber damit haben wir ein Problem. Die sind voll mit Bekleidung der Reichsbahn, waren für Berlin vorgesehen. Allerdings haben die Sachen die alten NS Symbole drauf, damit können und dürfen wir sie nicht mehr verwenden." „Was geschieht damit?" Der Mann zuckte mit den Achseln: „Keine Ahnung." „Ich schlage Ihnen ein Geschäft vor: Ich übernehme die, lasse sie leeren und Sie sagen mir, was Sie dafür bekommen." Der Stellvertreter überlegte, sagte: „Das Problem dabei ist, offiziell haben wir das Zeug ja gar nicht, also kann ich dafür kein Geld nehmen." Hubert bot eine Zigarette an und beide rauchten. Plötzlich grinste der Mann. „Ich habe eine Idee, sie bauen doch Wohnhäuser." „Ja, da sind gerade wieder welche im Entstehen." „Mein Sohn wohnt mit seiner Familie, zwei Kindern, bei uns. Hätten sie für den vielleicht eine Wohnung?" „Ja, eine

Vierzimmerwohnung, die bauen wir gerade." „Das wäre
was, damit wäre uns allen geholfen."
„Abgemacht, es wird sie der anrufen, der für diese
Sachen zuständig ist." Jetzt wurde der Mann mutig.
„Darf ich eine zusätzliche Bitte äußern?" „Ja klar, nur
Mut!" „Der Sohn meiner Vorzimmerdame ist zurück aus
der Gefangenschaft, wohnt mit dem Bruder in der
Dreizimmerwohnung der Eltern und hat keine
Anstellung." „Was hat er bei der Armee gemacht? Hat er
einen Führerschein?" „Er war Unteroffizier in einer
Versorgungseinheit und fuhr dort Lkw, also ja." „Den
kann ich brauchen, unterbringen kann ich ihn. Ich gebe
ihnen die Telefonnummer meiner Spedition, da soll er
sich morgen melden." „Danke, damit helfen sie sehr.
Weiter dahinter stehen zwei Kesselwagen, einer mit
Benzin und einer mit Diesel. Beide kann ich nicht
brauchen, die lasse ich ihnen an die anderen hängen."
Beide gaben sich die Hand. „Morgen meldet sich einer
meiner Ingenieure, um die anderen Bauvorhaben
abzusprechen, die Schuttabholung veranlasse ich
selber. Schieben sie die Wagen bei uns an die Rampe?"
„Ich denke, am Mittwoch werden die dort sein, da
müssen wieder zwei Loks nach der Reparatur geprüft
werden, das machen die dann." Langsam gingen sie
zurück und verabschiedeten sich vor dem
Verwaltungsgebäude. „Ach, da fällt mir etwas ein. In der
nächsten Zeit bekommen wir vier ehemalige
Sonderzüge, aus denen größere Stäbe ihre Truppen
befehligt hatten oder Mitglieder der ehemaligen
Regierung durchs Land fuhren. Die müssen abgerüstet
werden. Wir sind aber so voll mit Arbeit, dass wir das
kaum bewältigen können. Darf ich damit auf sie
zurückkommen?" „Ein wenig Erfahrung haben wir
damit schon, können wir machen. Rufen sie mich an."

Als Hubert zurück in der Firma war, setzte er die
Sachen von eben um. Erst wurde Krummrich über den
neuen Fahrer informiert. Lindner erhielt den Auftrag,
schon morgen Jurka zum RAW zu schicken und

schnellstmöglich mit den Arbeiten dort zu beginnen. Mit Dolle sprach er ab, dass Mielke sich morgen dort wegen der vier Blöcke melden würde. Pünktlich war er bei seinen Eltern, um Junior abzuholen. Die Tasche mit Ullas neuen Sachen und die letzten Glückwünsche hatte er dabei, als sie bei Ulla das Zimmer betraten. Fröhlich wurden sie von ihr begrüßt. „Heute wurde ich untersucht, man ist mit der Heilung sehr zufrieden", berichtete sie den beiden. „Morgen muss ich das erste Mal aufstehen und auf dem Gang etwas marschieren." „Keine Hektik, lass dir Zeit", erwiderte Hubert, ließ Junior erzählen. „Das habt ihr richtig gemacht mit dem Pferd, hätte ich genauso getan, was gibt es bei dir Neues?" Jetzt berichtete Hubert von seinen geschäftlichen Dingen, vor allem vom Besuch beim RAW. „Gebt viel an Doris. Wenn Sachen für Frauen dabei sind, lass sie in das Lager am Nordbahnhof bringen, darum kümmere ich mich später." „Machen wir. Alles was für die Firma brauchbar ist, lasse ich bei Klatte einlagern." Sie besprachen weitere Punkte, bezogen dabei Junior ein. Kurz vor Ende der Besuchszeit wurde Hannelore gebracht. Zum ersten Mal sahen Vater und Bruder ihre großen blauen Augen länger. „Hubert, die hat sie von dir", lächelte die Mutter während sie das Kind in die Arme nahm. Lange sah das Baby die beiden männlichen Wesen an und verzog den Mund zu einem Lächeln. „Papa schau, sie lächelt", sagte Junior leise. Hubert nickte still und lächelte. Kurz darauf wurden beide hinauskomplimentiert.„Das muss ich unbedingt Oma erzählen!" sagte der Junge aufgeregt auf dem Weg zum Auto.

Am nächsten Morgen hatte er einiges zu organisieren. Gertrud sollte den Kartoffelbauern anrufen und als Termin Mittwochvormittag 09:00 Uhr vorschlagen. Rübke wurde eingewiesen, seine Truppe für Mittwoch einsatzbereit zu haben. Kokoschka wurde über die Tankwagen informiert und machte sich sofort an die Arbeit, um die zwei fast leeren Tankwagen, ganz zu entladen, damit die gleich abgeholt werden konnten. Außerdem stellte er Lagerkapazität für die neuen Sachen zur Verfügung. Als Gertrud ihm mitteilte, der Termin am Mittwoch um 09:00 Uhr sei in Ordnung, informierte er Dolle, Gert und Fischer, dass die bei dem Gespräch im Besprechungsraum teilnehmen sollten. Fischer wurde über die anderen Punkte, die aktuell waren, informiert. Zusätzlich hatte er Gert gebeten, dass Doris heute Abend bitte bei ihm vorbeikommen möchte, wegen der Lieferung am Mittwoch. Richard und Frank waren mit dem neuen Traktor und einem Auto nach Wittingen unterwegs. Gegen Mittag informierte ihn Lindner, dass Jurka erkundet hatte und mit einem Bagger und drei Kippern bereits unterwegs war.

Nach dem Mittag kam er zurück und traf Gertrud im Gespräch mit Regina im Vorzimmer. „Oh, gut, dass ich euch beide hier treffe, ich wollte euch einen Vorschlag machen. Am Sonntag ist in Bad Harzburg auf dem Turnier ein Springen für Amazonen. Da wollen wir euch und Petra melden. Die reitet einen der Füchse und ich möchte euch vorschlagen, meinen Schimmel und meinen Schwarzbraunen zu reiten." Beide schauten verblüfft. „Traust du uns das zu?" fragte Gertrud. „Ja klar, ihr müsst sie aber vorher reiten, am besten heute und Donnerstag. Du reitest den Schwarzbraunen und Regina den Schimmel." „Danke, das ist eine Ehre, reitest du nicht?" fragte Regina. „Doch, aber mit den beiden anderen das S-Springen und mit der jungen Stute das L-Springen. Das wird sonst zu viel." „Da fangen wir heute mit an", freute sich Gertrud.

Nachdem er seine erste Mappe fertig hatte, kam Gertrud herein, nahm sie ihm ab und sagte: „Herr Schmitz möchte dich gerne sprechen."
Als der vor seinem Schreibtisch saß, fragte Hubert als erstes: „Wie geht es, was macht die Krankheit?" „Es wird besser, zwar sehr langsam, aber der Arzt sagt, nicht die Geduld verlieren, das würde zu Rückschlägen führen. Bin nicht mehr so schnell kaputt." „Das freut mich zu

hören, was gibt es?" „Ich habe einen Plan erstellt, wie
wir die einzelnen Dinge in den Griff bekommen können.
Als erstes die Ausbildung zum Sanitätshelfer. Mit dem
Arzt habe ich abgesprochen: sechs kurze Termine à acht
Teilnehmer. Jede Kolonne sollte einen haben, einer hier
im Stab und in der Kfz-Werkstatt. Die Kurse würden
immer Samstag stattfinden und ab August beginnen.
Jede Kolonne soll eine Erste-Hilfe-Tasche haben und
hier in den Gebäuden auf jeder Etage ein Erste-Hilfe-
Kasten vorhanden sein." „Bei mir im Stall bitte ebenfalls
einen!" „Gut, notiere ich, frage dazu Fritz. Jedes Auto
sollte so einen kleinen Kasten haben." „Daran habe ich
gar nicht gedacht, macht aber Sinn" „Feuerlöscher
sollten wir auf jeder Etage anbringen und wenn es
gewünscht wird, in den Ställen." „Und bei mir daheim
im Haus." „Ein paar werden wir brauchen, um den
Leuten zu zeigen, wie sie damit umgehen müssen." „Die
Ausbildung dazu wird von dir geleitet?" „Ja, hatte ich so
vor." „In Ordnung. Mittelfristig müssen wir dran denken,
die großen Wohnhäuser und die einzelnen Hallen damit
auszustatten." „Ja, nacheinander, ich mache mich
schlau, wo was benötigt wird." „Die Beschaffung klären
wir anschließend, kommen wir zur
Motorsägenausbildung." „Jede Kolonne sollte nach
meiner Meinung zwei ausgebildete Männer dafür
haben." „Korrekt, dazu alle Zimmerleute, Dachdecker
und Tischler und die Kolonne von Rübke. Von mir
einer." „Das wäre gut. Ich habe als Ausbilder dafür
Schwarz und Olbrich, sowie deren Stellvertreter. Die
Technik dazu macht „Iwan"." „Wie viele Kurse werden
das?" „Vier, ab September. Holz bekomme ich von
Schwarz und Olbrich." „Und du koordinierst das alles?"
„Ja, so war das doch vorgesehen." „Genau. Bleib mal
sitzen, jetzt geht es um die Umsetzung dieses Planes."
Er rief: „Gertrud, kannst du bitte Fischer und
Kokoschka zu mir bitten, du und Monika dazu." Bis alle
da waren, plauderte Hubert mit Schmitz, alle vor seinem
Schreibtisch standen. Hubert erläuterte das Vorhaben,
was Schmitz vorgestellt hatte.

„Dazu teilen wir jetzt ein. Kokoschka besorgt in Absprache mit Schmitz die Feuerlöscher, Gertrud erfasst die einzelnen Termine, verkünden werden wir die am Freitag. Bitte ruf meinen Freund den Apotheker an, der sollte uns die Erste-Hilfe-Sachen beschaffen. Monika würde die abholen, prüfen und Schmitz zur Verteilung übergeben. Von ihr wird Buch geführt, wann das gesamte Zeug überprüft werden muss. Prüfer Sanitätssachen ist Monika, Prüfer Feuerlöscher Schmitz. Herr Fischer, bezahlen wird das die Firma."
Grinsend antwortete der: „Das habe ich mir schon gedacht, aber das muss sein, ist sinnvoll." Damit waren alle entlassen, hatten genug zu tun. Kurz darauf rief Becker ihn an. „Ich habe beim Ausbesserungswerk angerufen und mitgeteilt, dass ab 01.07. eine Vierzimmerwohnung in den Häusern, die Müller gebaut hat, frei und bezugsfertig ist. Der Mann kommt morgen zu unserer Zweigstelle auf den Bauerschen Bauhof und unterschreibt den Mietvertrag. Mir wurde mehrfach gedankt und ich soll dir mitteilen, der Zug wird morgen gegen 13:00 Uhr zu uns hereingeschoben!"

„Ich reite meine beiden S-Pferde und die junge Stute, wenn du mit der Abteilung fertig bist, besprechen wir das Wochenende", rief er Weber zu als er auf den Hof kam. Verstehend hob der die Hand und Frank fragte bereits: „Wen zuerst?" „Sandro!"
Schnell merkte er, dass Sandro sehr gut drauf war, gut erholt und unternehmungslustig. Bei der Hitze wollte er ihn nicht unnötig anstrengen, wechselte nach 30 Minuten auf seine Trakehnerstute, die Frank brachte. Mit der verhielt es sich ähnlich, also reichten hier etwas mehr als 30 Minuten. Als er auf die junge Stute umstieg, sah er, dass Junior das zweite neue Pony ritt. Neben den normalen Hindernissen probierte er heute mit der jungen Stute zum ersten Mal den Wassergraben und das nachgebaute „Pulvermanns Grab".
Später saß er aber vor dem Haus und besprach mit Weber das Turnier am Wochenende. Für das L-Springen

am Samstagmorgen hatte er drei seiner Schülerinnen dabei und Dietlind. Im Jugendspringen würde Petra auf ihrem Braunen reiten und Junior mit beiden Ponys. Er selber setzte sich mit der jungen Stute beim L-Springen hinzu. Das Mächtigkeitsspringen würde Fiete mit dem großen Wallach bestreiten. Für das Amazonenspringen wurden gemeldet: Gertrud, Regina und Petra mit den entsprechenden Pferden und für das große S-Springen Hubert mit seinen beiden und Fiete. Schließlich sollte Cremer bei einer M-Dressur am Sonntagmorgen starten. „Für morgen habe ich etwas anderes für dich, Frank und Richard. Euch drei brauche ich morgen gegen 13:00 Uhr mit je einem Laster an der Rampe im Betrieb, nehmt Sackkarren mit." Er erzählte ihm von dem Zug und dessen Inhalt. „Ah, verstehe, die Sachen sollen erst eingelagert und später gesichtet werden?" „Genauso, nachher kommt Doris und mit der werde ich weitere Details absprechen."
Bevor Weber antworten konnte, kam Sieglinde aus dem Haus, brachte einen Teller mit Frikadellen und für jeden eine Flasche Bier.
„Guten Appetit. Christina hat vorhin angerufen. Die Frau von deinem Freund Joachim hat entbunden, ein Mädchen, liegt jetzt neben Ulla."
„Ach wie nett, dann kann ich der am Donnerstagabend gratulieren. Danke Sieglinde." Hubert bat Petra, seine S-Pferde am Nachmittag zu longieren, Doris fuhr auf den Hof. „Da bin ich, lieber Schwager. Bin schon ganz gespannt, was du für mich hast." „Liebe Schwägerin, schön dich wieder zu sehen, nimm Platz. Möchtest du etwas trinken?" Bevor die etwas sagen konnte, kam Sieglindes Stimme aus der Tür. „Ich habe einen Kaffee für sie." „Mensch Sieglinde, du bist einfach toll. Wenn sie dich nicht mehr wollen, komm zu mir, dich kann ich immer brauchen." Beide lachten. Hubert erzählte ihr von der Fracht, die morgen kommen würde. Gespannt hörte sie bis zum Ende zu. „Mit was für Sachen rechnest du da?" fragte sie schließlich. „Also ich denke, es werden in erste Linie Uniformen sein, männliche und

weibliche. Zum Schluss gab es jede Menge Frauen bei der Bahn. Wenn wir Glück haben Wintersachen, wie Mäntel, Schals, Handschuhe und so weiter. Aber ich glaube auch Arbeitsklamotten für die Rangierer, Lokführer und so weiter, also die gesamte Bandbreite." „Und davon willst du mir etwas abgeben?" „Ja natürlich, was sollen wir damit. Deine Frauen können von den Uniformen und Mänteln die alten NS Abzeichen abtrennen und du kannst sie in deinem kleinen Laden verkaufen." „Das habe ich mir überlegt. Denke im Herbst und Winter wird die Not so groß sein, das den Leuten egal ist, was sie tragen, Hauptsache warm. Wenn da Schuhe und Stiefel dabei wären, noch besser." „Die kann ich für meine Leute brauchen, das sollten wir uns brüderlich/schwesterlich teilen." „Also gut, ich gehe davon aus, dass du bei der Entladung dabei bist und das entsprechend aufteilst. Mein eigener Fahrer mit seinem Opel wird dort sein und ich werde Gert bitten, mir zusätzlich einen Fahrer mit Laster zu stellen. Alles was für mich ist, kommt in das Lager in Mascherode." „Das sind sechs Waggons, wohin soll der Rest, wenn das voll ist?" „Nach Cremlingen in das zweite Feldhaus, wir werden das anschließend sortieren." „Gut, so machen wir das. Bekommst du das alles bearbeitet?" „Das werde ich sehen. Zur Not stelle ich weitere Frauen ein." „Dein Bau ist genehmigt, wird nächste Woche begonnen. Für die Heizung schlage ich dir Ölöfen vor. Heizöl können wir gut beschaffen." „Sehr gut, du musst mir das bitte in Rechnung stellen." „Das macht Fischer, keine Sorge. Wie laufen deine Geschäfte sonst?" „Sehr gut, wir bewegen uns in die Pluszone. Ich werde deinem Beispiel folgen und das Haus kaufen, in dem mein erster Laden ist. Darüber kann man vier Wohnungen ausbauen, das wird dein Auftrag." „Danke, das wäre etwas für den Winter." „Der Schlachter, der Bäcker und der Juwelier erwägen ähnliches, ich werde dich informieren." „Eine Hand wäscht die andere. Einige der Mädchen aus dem Waisenhaus wollen bestimmt bei dir schauen, ob das etwas für sie wäre." „Nichts lieber als das, ich habe zwei

47

Meisterinnen, die dürfen Lehrlinge ausbilden." „Gut, das werden wir berücksichtigen." „Halt, dabei fällt mir etwas ein. In einer der kleinen Wohnungen über meinen Laden im Magniviertel wohnt ein Ehepaar, beide so um die 40. Das sind Baltendeutsche, stammen aus Litauen. Als die Russen das 1939 besetzten, sind die abgehauen und haben hier gearbeitet. Der Vater der Frau besaß dort eine Art Pfandleihe, bei der sie lange mitgearbeitet hat. Die Kommunisten schlossen den Laden sofort, das passte nicht in ihre Welt. Der Mann ist ein exzellenter Tüftler und Handwerker. Beide schlagen sich mit Gelegenheitsarbeiten durch, ich beschäftige sie gelegentlich. Die Frau kennt sich sehr gut aus mit Schmuck und Ähnlichem, die weiß, was echt ist und was nicht, vor allem kennt sie die Preise dafür. Das wäre die richtige Frau für dich und ihn kannst du bedenkenlos einstellen. Ach ja, einen Führerschein hat er." „Das hört sich gut an, die könnte ich brauchen für die Wäsche- und Tauschkammer. Klatte schafft das nur mühsam, so könnte er sich auf seine Schuhreparaturen beschränken, da hätte er genug zu tun. Und ihn kann ich in die Metallwerkstatt stecken, die brauchen wen. Gut. Rede mit denen und wenn sie wollen, kann ich sie im renovierten Depothaus unterbringen."
„Du hörst von mir, dass bekommen wir gebacken." „Ach, ich habe weiteres für euch!" Er stand auf, holte von seinem Schreibtisch eine Stange Zigaretten und eine gute Flasche Wein. „Das ist ja nett Schwager, die werde ich nachher mit meinem Mann genießen."
Langsam ging die Sonne unter. Junior war mit dem Rad zu Oma und Opa gefahren, nacheinander kamen die Reiter zurück, als letzte Gertrud und Regina. Martin Weber kam hinter ihnen, sah zu Hubert und hob lächelnd den Daumen nach oben. Also war alles in Ordnung. Nachdem die Pferde im Stall waren, kam Gertrud zu ihm. „Das war richtig gut, am Donnerstag wollen wir sie wieder reiten." „Macht das, wo ist Regina?"

„Die will den Fuchswallach gründlich striegeln." Als Gertrud mit dem Rad gefahren war, kam Regina mit dem Pferd, band ihn an der Stallwand an und begann ihn gründlich zu striegeln. Dabei redete sie leise mit ihm. Dem Pferd schien das zu gefallen, sichtlich entspannt stand es da und ließ sich bearbeiten.

Bereits früh saß er am nächsten Morgen an seinem Schreibtisch. Vorher war er im technischen Bereich gewesen, hatte zugeschaut, wie die einzelnen Kolonnen sammelten und losfuhren. Dabei hatte er mit einigen geplaudert, sich sagen lassen, was heute anlag. Er hielt das für sehr wichtig, dass seine Leute ihn so früh sahen und merkten, dass er sich für ihre Arbeit interessierte. Er informierte Gertrud darüber, dass wahrscheinlich ein Ehepaar unterzubringen sei. Monika bereitete im Besprechungsraum alles vor, es würde Kaffee geben.

Kurz vor 09:00 Uhr waren Fischer, Dolle und Gert da und kurz darauf kam das Ehepaar, das seinen Betrieb vergrößern wollte. Der Schlachter, der ein neues größeres Kühlhaus brauchte, war mitgefahren. Alle hatten sie Pläne von ihren Grundstücken dabei, die sie Dolle zeigten. Der studierte die und sagte, dass morgen ein Bautechniker und ein Vermesser sich melden würden, um alles vorzubereiten.

„Dann zeichnen wir das, besprechen es mit Ihnen und wenn Sie damit einverstanden sind, beantragen wir den Bau bei ihrem zuständigen Bauamt. Wenn die Genehmigung vorliegt, fangen wir an."

Gert fragte als nächster nach ihren Bedürfnissen im Bereich der landwirtschaftlichen Maschinen und Zubehör. Spontan schlug er vor, ihnen einiges vorzuführen, was man gerne in Anspruch nehmen wollte. Vorher meldete sich jedoch Fischer und fragte nach, ob sie bereits jetzt Bedarf am Verkauf von Kartoffeln hätten. Als das bejaht wurde, bot er an, sie über den Weg ins nasse Dreieck mit Transport zu unterstützen. Darüber würden sie gesondert telefonieren. Anschließend ging die Gesellschaft zu Gert, um sich die Geräte anzuschauen. Hubert, Dolle und

Fischer verabschiedeten sich, Gert übernahm die
Führung. Hubert ging wieder an seinen Schreibtisch
und war um kurz vor 13:00 Uhr an der Rampe.

Reichsbahnbekleidung

Alle waren da, seine Leute mit Lastern, zwei Laster von
Doris, Rübke mit seiner Mannschaft und zwei Lastern.
Den Anwesenden spendierte Hubert eine Zigarette und
erklärte: „Die Endladung muss recht schnell gehen, die
Lok muss mit den Wagen heute weg. Zwei Stunden
kann sie nur hierbleiben. Als erstes werden die Wagen
entladen, da dürften jede Menge Pakete und Kisten drin
sein. Ich beschrifte die jeweils mit einem Fettstift. D für
Doris, K für Klatte, W für Wedel. Die jeweiligen Fahrer
wissen somit, wo sie die Sachen hinbringen sollen." Alle
nickten verstehend. „Also Männer, alles raus aus den
Waggons." Kokoschka kam mit einer Tankerbesatzung,
um die leeren Kesselwagen abzuholen und die neuen
vollen an deren Platz zu schieben. Um 13:15 Uhr war es
soweit, ein lauter Pfiff und die Dampfwolke hinter den
Bäumen kündigten den Zug an. Als der Zug an der
Rampe stand, kümmerte sich Kokoschka um das
Umsetzen der Kesselwagen, alle Türen der Güterwagen
wurden geöffnet, in fünf von ihnen stapelten sich große
Kartons in sechs Gitterboxpaletten. Weber bekam den
Auftrag zu prüfen, was darin war. Sofort hatte Hubert
registriert, dass sie zu wenig Transportmittel hatten.
„Frank ruf bitte sofort von Gert aus Krummrich an, wir
brauchen zwei Laster." Alle großen Pakete mit
Wintermänteln, männlich und weiblich, sowie die
Winteruniformen für Männer, erhielten ein D.
Damenröcke, Blusen und Hosen ein W. Bei den
Schuhen behielt Hubert immer zwei Pakete für sich,
ebenso die komplette Unterwäsche Damen und zwei für
Herren, dazu zwei mit Schals und Handschuhen.
Schnell waren die Laster für Doris voll und brachten
ihre Fracht nach Cremlingen. Frank fuhr bereits los.

Weber hatte für jeden seiner Leute einen
Flüchtlingsjungen geholt, da ging das Abladen schneller.
Zwei Waggons waren bereits leer.

Kokoschka kam: „Die beiden Kesselwagen sind vor dem
Zug, die neuen tarnen wir nachher. In den nächsten
zwei Waggons befinden sich Kälte- und Nässeschutz für
Rangierer und Lokpersonal. Dazu Stiefel aller Art.
Übernachtungsbettwäsche für fremdes Personal und
Decken mit Kissen sind dabei." Kokoschka übernahm,
was mit K gekennzeichnet war und ließ das mit den
neuen Lastern und einem von Rübke in die Halle der
alten Klempnerei bringen. Weber kam aus dem sechsten
Waggon. „Jede Menge Schmierstoffe, Werkzeug,
Petroleum, Leuchtmittel, Elektrokabel,
Eisenbahnlaternen, Putzmittel, Schmierseife und
Putzwolle. In zwei Boxen sind Hemmschuhe." „Die
lassen wir drin, sag bitte Gert, er soll sich das alles
anschauen und nehmen, was er braucht." Beim fünften
Wagen stand auf dem Laufzettel: Direktion Berlin.
Kokoschka sah sich die Kartons an. „Vier Kisten
Büromaterial." „Stabsgebäude", sagte Hubert trocken.
„Fünf große Kartons mit Geschirr und Besteck für
Kantinen." „Die behältst du." Es folgten zwei Kisten mit
Fleischdosen, drei Kartons für den Vorstand der
Direktion, drei mit Bürokleidung und zwei mit
Bestpreisen. Alle kamen auf den Laster von Weber.
Währenddessen war Gert mit einem Stapler gekommen
und ließ aus den letzten Waggon alles herausholen.
Gemeinsam mit Kokoschka verteilten sie die Gitterboxen
an die einzelnen Werkstätten, die Betriebsstoffe an das
Tanklager.

Hubert ging vor an die Lok, aus dem der Lokführer und
sein Heizer herausschauten und alles interessiert
beobachteten. Jedem gab er eine Schachtel mit
Zigaretten und sagte: „Im ersten Wagen sind zwei
Gitterboxen mit Hemmschuhen, denke, die könnt ihr im
Werk selber brauchen." Der Lokführer nickte: „Das gebe
ich so weiter. Sind das Ihre Leute, die den ganzen
Schutt bei uns wegräumen?" „Ja, die gehören zu uns."

„Die arbeiten richtig gut, zwei Abstellgleise sind bereits wieder frei. Wird Zeit, ab morgen bekommen wir wieder kaputte Loks und verschiedene Züge, die irgendwo herumstanden und jetzt geborgen werden." „Da habt ihr ja jede Menge zu tun. Wir sind gleich fertig, ihr könnt bald los." Die Rampe war voll mit Kartons und Kisten, die Türen der Waggons wurden geschlossen, die Lokomotive zog den kleinen Zug hinaus.

Im Vorzimmer informierte er Gertrud über das Büromaterial, was in den Kellergang gebracht wurde. Bevor er in sein Büro ging, bat er darum, Klatte zu ihm zu schicken. In seiner Mappe fand er einen Steuerbescheid über diverse Grundstückserwerbungen von fast 6.000 RM. Das würde er morgen Monika geben, damit die das einzahlen konnte. Klatte erschien. „Setz dich bitte, ich muss etwas mit dir besprechen. Ich weiß, dass du eine Menge zu tun hast. Es kommt mir so vor, dass es ein wenig viel ist, was du da oben alles hast."Klatte holte Luft. „Ich habe mich aber nicht beschwert, bin froh, dass ich hier wohnen und arbeiten kann. Aber so langsam wird es schon ein wenig viel, die Schuhreparaturen und die Lederbehandlungen leiden sehr darunter." „Genau das habe ich mir gedacht. Ich hätte die Möglichkeit, jemanden zu bekommen, der dir die ganze Ausrüstungssachen und die Wäsche abnehmen würde. Du könntest dich auf deine Schuhe und das Leder konzentrieren. Heute haben wir wieder jede Menge Klamotten bekommen, die zu dir müssen. Regen- und Kälteschutz. Ist dort oben Platz dafür?" „Genug, nur Regale bräuchte man dazu." „Das werde ich veranlassen, dass die dort hinkommen. Also hättest du nichts dagegen, wenn ich dir das abnehmen würde?" „Nein, im Gegenteil, wäre froh, wenn das so ginge."

Becker kam als nächster.
„Das Haus in der Fallersleber Straße ist so gut wie fertig. Mit dem Bäcker habe ich den Mietvertrag geschlossen, der lässt den Laden von Grings ausbauen,

ist ein guter Anschlussauftrag. Für die Villa des ehemaligen Richters habe ich einen Interessenten, den Geschäftsführer der Braunschweiger Hüttenwerke. Wenn es gut läuft, habe ich bald einen Interessenten für die neue Villa."
„Wunderbar. Müssen da Reparaturen gemacht werden?"
„Ja, ein paar Kleinigkeiten, aber das macht mein Haustechniker, da brauchst du dich nicht drum kümmern."

Es war mittlerweile kurz nach 16:00 Uhr. Gerade beschloss er auf den Hof zu fahren, die Sachen von Woods endlich wegzuräumen und die neuen Reichsbahnsachen zu überprüfen, als das Telefon klingelte. „Doris ist dran", sagte Monika. „Hubert, nur kurz, ich habe mit dem Ehepaar gesprochen, die können sich das sehr gut vorstellen, die Arbeit und das Wohnen. Ich bin morgen Vormittag gegen 10:00 Uhr in meiner Zweigstelle im Betrieb, will mir anschauen, was alles gekommen ist, da kann ich sie mitbringen. Du redest mit ihnen und ich kann sie mittags wieder mit zurücknehmen." „In Ordnung. 10:00 Uhr bei mir, danke!" Auf dem Weg nach draußen ging er bei Lindner vorbei und erählte ihm von den Fähigkeiten des Mannes. „Gute Idee, die sind voll beschäftigt, helfen bei Gert mit. So einen vielseitigen Tüftler können wir immer brauchen."
„Morgen komme ich mit dem vorbei."

Mit Hilfe von Frank kamen die großen Kartons mit Zigaretten und Whisky auf den Dachboden des Hauses, dazu zwei mit den Fruchtkonserven. Die zwei mit Schokolade, Kaugummi und anderen Süßigkeiten in den Keller unter dem Stall. Davon packte er sich eine kleine Kiste für die Verteilung an die Hindernisjungen und für die Mädels im Büro. Frank erhielt eine Stange Zigaretten, Kaffee und Tee. Gertrud ebenfalls eine volle Kiste, die musste ihren Vorrat zum „Schmieren" auffüllen. „Richard hat den Trecker mit Zubehör zu

Sigurd gebracht. Der dortige Förster wollte wissen, ob er den alten Traktor mit Anhänger abkaufen könnte. 300 RM wollte er dafür ausgeben," teilte ihm Weber mit „In Ordnung, soll Sigurd machen, den Förster brauchen wir da draußen ständig, das ist in Ordnung. Weißt du was Fritz gerade treibt?"

„Oh, die sind dabei und ernten die Erbsen. Heute Morgen kam sein Lehrling mit einem Trecker und Anhänger aus dem Flüchtlingslager, da saßen eine Menge Frauen und Kinder drauf zum Ernten. Fritz wollte wissen, ob wir Mohrrüben für die Pferde brauchen. Ich habe gesagt, zehn Säcke nehmen wir gerne." „Sag ihm bitte von den Futterrüben und den roten Rüben nehmen wir sehr gern welche." „Paul wollte wissen, ob sein Lehrling im Stall mitarbeiten könne, das sollte er lernen. Harald bringt ihm das Reiten bei, dafür nehmen wir den Wallach von Fritz, der von der Armee." „Das passt. Nimm in den nächsten Tagen Regina unter deine Fittiche, die soll lernen, für die Quadrille im Damensitz zu reiten." „Wann willst du üben?" „Anfang August ist das Turnier in Hannover. Ich hole den Kalender, da legen wir die Turniere fest. Gertrud, benachrichtigt alle. Vorher sollten wir aber Klatte unser Sattel –und Zaumzeug überprüfen lassen und die Metallbeschläge putzen." Nachdem sie ein paar andere Punkte geklärt hatten, sagte Hubert: „Du kannst mir bitte helfen. Hole eine Schubkarre, wir treffen uns unter dem Schauer, wo du die Sachen abgeladen hast." Mit seinem Jagdmesser öffnete Hubert den ersten Karton mit den Fleischkonserven.

„Nimm bitte an und merke dir für wen. Je zwei für die Stallbesatzung. Drei für Monika/Tietz, eine für Gertrud, zwei für Bode, zwei für Purzer, drei für Fritz, zwei für Gert, zwei für Harald, zwei für Peter. Den Rest verteile ich selber. Kannst du dir das merken?". Weber grinste. „Gerade so!" „Versteck die irgendwo im Stall und verteil die später. Die restlichen kommen in den Keller hier." Zwölf Stück legte er in eine andere Schubkarre, die unter dem Schauer stand. Anschließend transportierten sie die drei Direktionskisten und die zwei mit den Bestpreisen ins Esszimmer.

Nachdem er geritten war, packte er die zwölf Fleischdosen in seinen Lieferwagen, die würde er morgen im Dienst verteilen. Er plauderte ein wenig mit Sieglinde, die ihm fertig geschmierte Brote hingestellt hatte und gab ihr drei der Konserven für die Speisekammer. „Richard hat zwei für euch. Wenn du willst, kannst du dir zwei Dosen mit Früchten nehmen." „Danke, das mache ich morgen. Ich werde im Garten einiges ernten und einkochen. Erbsen und Möhren sind so weit."

Als sie gegangen war, duschte er, zog seinen Trainingsanzug an, nahm sich ein Glas Rotwein und begann im Esszimmer die Kartons für die Direktion zu öffnen. Im ersten waren zwölf Weingläser aus edlem Kristall, zwölf Cognacschwenker, ein zwölfteiliges Kaffeeservice aus Fürstenberg und schließlich zwölf Sektgläser, ebenfalls aus Kristall. Die Bücher darunter waren edle Jahresbücher der Reichsbahn, fünf Bildkalender 1946 und acht Bildbände der Reichsbahn. Die Bücher stellte er in das Regal hinter seinem Schreibtisch, die Kalender würde er mit in den Betrieb nehmen. Der zweite, sehr schwere Karton enthielt vier flache Holzkisten. In der ersten lagen sechs Flaschen Rotwein, in der zweiten sechs Flaschen Weißwein, in der dritten vier Flaschen französischer Cognac und in der vierten sechs Flaschen mit französischem Champagner. Alle Kisten brachte er in die Kellerbar, stellte sie dort auf den Tresen. Der dritte Karton enthielt Aschenbecher und kleine Blumenvasen mit der Aufschrift „Mitropa", sowie sechs Teegläser und eine Teekanne mit der gleichen Aufschrift. Darunter kam eine Schicht mit vier Zigarrenkisten, eine Lage mit Zigaretten und ganz unten befanden sich zehn Pakete mit Kaffee und zwei mit Tee. Die Zigarrenkisten und die Zigaretten kamen ebenfalls in das Regal unten, Kaffee und Tee stellte er auf den Küchentisch.

Die beiden Kisten mit den Bestpreisen würde er am nächsten Tag anschauen.

Ein neues Baugebiet

Als erstes erhielt Monika am nächsten Morgen das Geld, für die Steuern. Anja bekam einen Zettel mit Namen, zu denen die Fleischdosen aus seinem Auto gebracht werden sollten. Gertrud berichtete über ihre Spätschicht mit Anja, in der sie das gesamte Büromaterial verstaut hatten.

„Alle Regale sind voll, da passt nichts mehr hinein. Das für den täglichen Gebrauch haben wir hier bei uns in den Schrank gelegt."

„Gut gemacht. Hier habe ich einiges an Material für unsere Leute zum Tauschen und Schmieren. Der Kaffee ist für uns." Kaum hatte er seinen Kaffee und seine Mappe erhalten, kam Dolle, um Aktuelles zu berichten. „Mein Vermesser und ein Bautechniker sind unterwegs, um die neue Kühlhalle mit Schlachtraum und die neuen Hallen für die Kartoffelbauern zu vermessen. Gestern haben wir die Unterlagen für das große Baugebiet hier im Ort an den Bürgermeister übergeben. 50 Baugrundstücke können das werden. Niemann hat ihm das genau erklärt und jetzt stellt er es dem Gemeinderat vor. Vorher will er aber mit dir reden, ob die Firma Grundstücke davon kaufen will." „Hat er schon gesagt, wann er mit uns sprechen will?" „Nein, aber ich kann dir die Preise vorab geben und den Plan dazu. Bisher weiß ich von Niemann, dass er etwas kaufen will, Birte hat wohl von dem geretteten Geld einiges erhalten." „Wir sollten das im eigenen Bereich halten und nicht damit nach außen gehen."

Kurz vor 10:00 Uhr erschien Doris mit dem Ehepaar, wie sie es versprochen hatte. Mit denen setzte sich Hubert an den kleinen Tisch und erklärte, was er mit ihnen plante. Dabei stellte er schnell fest, die Frau war diejenige, welche redete, der Ehemann hörte ruhig zu.

Bei den Aufgabenbereichen sagte er ihr, wozu er sie zusätzlich einsetzen würde. Sie nickte und sagte: „Solch eine Ausgabestelle zu verwalten und sorgsam mit den mir anvertrauten Sachen umzugehen, mache ich sehr gern und die zusätzliche Aufgabe sie bei der Begutachtung von Tauschobjekten zu beraten, liegt mir im Blut. Sicherlich haben Sie erfahren, dass ich im Geschäft meines Vaters, wo so etwas geschäftlich gemacht wurde, ausgebildet wurde und das lange gemacht habe. Als die Russen 1939 kamen, haben sie das sofort verboten und den Laden geschlossen, wir konnten nur wenig retten. Als kurz danach meine Eltern starben, haben wir beide uns nach Deutschland durchgeschlagen. Meine Vorfahren sind sogenannte Baltendeutsche und wir beide sprechen von Geburt an deutsch. Während der Kriegszeit haben wir uns mit Beschäftigungen in der Rüstungsindustrie durchgeschlagen. Wir wollen unbedingt etwas Neues beginnen und hierbleiben." Der Mann hatte dabei genickt, sagte jetzt: „Nach der Schule habe ich immer im Metallbereich gearbeitet, denke ich kann da sehr viel. Wir möchten endlich sesshaft werden und arbeiten. Hätten Sie eine Wohnung für uns?" „Ja, sogar gerade ausgebaut, zwei Zimmer, Küche, Bad." „Das würde uns völlig ausreichen. Sagen Sie uns, wann wir anfangen sollen, wir holen unsere paar Möbel, ziehen um und fangen an. Wir haben keine Verpflichtungen, unsere Miete für den Monat ist bezahlt, da können wir jederzeit raus." Hubert lachte. „Sie sollten sich das anschauen, kommen zurück und sagen mir endgültig Bescheid. Ich hörte, Sie haben einen Führerschein. Wenn Sie wollen, bekommen Sie einen Opel Blitz von uns zum Umzug." Lindner und Klatte warteten im Vorzimmer. Die übernahmen die beiden und zeigten ihnen ihre Bereiche.

Gertrud wurde instruiert, wenn die beiden zurückkämen und endgültig zusagten, die Personalien aufzunehmen, denen die Wohnung zu zeigen und einen

Opel Blitz zu verschaffen. Monika mischte sich ein. „Ich mache das alles, die müssen sowieso zu mir kommen."
„In Ordnung, mach du das, ich wollte zu Kokoschka, um zu erfahren, was gestern alles dabei war." Das tat er und ließ sich von dem sagen, was alles dabei war.
„Wir können die gesamte männliche Belegschaft mit Regen- und Kälteschutzjacken und –hosen ausrüsten. Dazu passende Unterwäsche, Strümpfe und Winterstiefel. Schuhe und Stiefel mit Metallschutzkappen dürften wir für jeden haben. Soll das alles bei mir bleiben?"
„Nein, das kommt alles auf den Boden zu Klatte. Ich bin gerade dabei, eine Verwalterin dafür einzustellen. Die wird das alles sortieren und bei Bedarf ausgeben. Was hältst du davon, wenn ich dir die und Klatte unterstelle, so hast du den aktuellen Überblick darüber." „Ja gerne, da kann ich bei Bedarf nachsteuern. Mit der spreche ich ab, wann das Zeug dorthin gebracht werden soll." Als er zurückkam, wurde ihm mitgeteilt, das Ehepaar hätte begeistert zugesagt, Monika hatte ihnen den Opel Blitz geholt, mit dem sie sofort umziehen wollten.
„Wagner hat angerufen und bittet um Rückruf", sagte Gertrud. Schnell hatte er den am Hörer. „Hubert was machst du heute Abend?"
„Vermutlich reiten und weiter weiß ich nicht." „Lass deine Pferde im Stall, ich hole dich um 18:00 Uhr ab. Vor drei Tagen habe ich in der Wohld einen Bock geschossen, gestern zwei Überläufer und einen jungen Keiler. Einen Bock hätte ich frei, den kannst du haben!"
„Sehr schön. Ich stehe ab 18:00 Uhr abmarschbereit vor der Tür." Fröhlich pfeifend fuhr er zu seinen Eltern zum Essen und traf dort Junior.
Hier erzählte er jedoch nichts von seinem Vorhaben, sondern ließ sich berichten, was in der Schule vor sich ging. Demnächst würde es Zeugnisse geben und da wollte er wissen, wie es bei ihm aussah. Schließlich fragte er seinen Sohn: „Willst du morgen Abend mit zu Mama ins Krankenhaus?" „Ne morgen nicht. Ich wollte mit Onkel Fritz zwei Anhänger mit Erbsen zur

Konservenfabrik bringen." „Schau dir das dort gut an. Nachher gehst du reiten?" „Ja, ich wollte beide Ponys reiten, damit wir am Sonntag fit sind."

„Das ist gut so. Schau bitte nach, ob am Zaumzeug und Sattel alles in Ordnung ist und lass dir von Frank zeigen, wie man Bandagen wickelt."

Kurz vor 17:00 Uhr fuhr er nach Hause, zog sich seine Jagdsachen an und bereitete sich zur Jagd vor. Vor dem Haus rauchte er eine Zigarette, dabei fuhr Wagner vor. Nachdem sie das Auto abgestellt hatten, gingen sie zu einem der neuen Hochsitze. Vorher hatten sie alles abgesprochen, oben saßen sie nebeneinander, aber nur Hubert hatte sein Gewehr schussbereit, Wagner beobachtete. Gemeinsam suchten sie mit ihren Gläsern die Waldränder ab, es herrschte Ruhe, nur einige Vögel lärmten. Langsam verging die Zeit, die Sonne sank allmählich.

Plötzlich hörten sie den Bock und kurz darauf trieb er eine Ricke aus dem Wald auf die Lichtung vor ihnen. Vorsichtig setzte Hubert sein Gewehr an und versuchte ihn durch das Zielfernrohr zu folgen. Als die Ricke stehen blieb und zu äsen begann, stand der Bock etwas hinter ihr und witterte zu ihr. Das genau war der entscheidende Moment, der Schuss brach unversehens und laut. Zwei Sprünge machte der Bock, bevor er fiel. Völlig erschreckt war die Ricke in den nahen Waldrand gesprungen. „Ein sauberer Blattschuss", lächelte Wager und setzte sein Glas ab.

„Waidmannsheil!" „Waidmannsdank!"

Beide packten ihre Sachen zusammen und stiegen hinunter, gingen durch das hohe Gras zu der Stelle, wo der Bock lag. Als erstes erhielt Huber den Bruch, den er sich an den Hut steckte. Anschließend weideten sie den Bock aus und trugen ihn zum Auto. Dort genehmigten sie sich einen großen Schluck aus Huberts Flasche und rauchten in aller Ruhe eine Zigarette. „Du brauchst dich um nichts kümmern, der kommt bei mir in den Kühlraum, wo die anderen geschossenen Tiere hängen.

Morgen kommt Purzer und schaut sich alle gemeinsam an. Einer meiner Leute nimmt die aus dem Fell und du bekommst alles in den nächsten Tagen." Während der Rückfahrt plauderten sie über andere Dinge und daheim auf dem Hof übergab ihm Hubert als Dank eine Flasche Whisky.

Nachdem er seine Sachen in den Waffenschrank gebracht hatte, setzte er sich vor das Haus, reinigte gründlich sein Gewehr und das Jagdmesser. Junior hatte seine beiden Ponys geritten und setzte sich neugierig zu ihm. Ausführlich erklärte er dem Jungen, wie ein Gewehr funktionierte und wie man es handhabte. Weber und Regina kamen aus dem Stall, saßen auf. Grinsend verfolgte er, wie Regina sich zum ersten Mal im Damensattel orientierte. Dabei gab ihr Weber ruhig und sachlich Hilfestellung. Nachdem Junior zu den Großeltern gefahren war, kam Richard zu ihm und beglückwünschte ihn zum Jagdglück. Hubert bedankte sich und setzte das Gewehr wieder zusammen.

„Ich würde morgen früh gern deine beiden S-Pferde etwas bewegen und am Samstagvormittag wieder."

„Da wäre ich dir sehr dankbar, denn morgen Abend will ich zu Ulla in die Klinik. Vielleicht könnte Frank morgen meine junge Stute bewegen, mit der will ich am Samstagmorgen beim L-Turnier starten."

„Das sage ich ihm, kein Problem. Für Samstag und Sonntag ist alles eingeteilt, ich bleibe hier, versorge den Stall, Frank fährt dieses Mal mit. Fiete will mit dem großen Wallach tatsächlich beim Mächtigkeitsspringen starten. Meinst du, der schafft das?"

„Ich habe neulich von der Veranda zugeschaut, wie der den trainiert hat. Beide machen das gut. Ich bin gespannt, was die bringen. Wenn er meint, dass packen sie, lass sie reiten. Fiete hat genug Erfahrung, um das zu beurteilen."

„Schade, dass ich das nicht sehen kann, aber du wirst mir berichten."

Nachdem er drinnen gegessen hatte, machte er sich an die beiden Kisten mit dem Bestpreisen und Andenken.

Acht kleine Kartons waren darin, jeweils mit unterschiedlichen Inhalten. Fünf dieser Kartons legte er nach der Durchsicht zur Seite, das waren alles Dinge mit NS Insignien und Beschriftungen. Die drei letzten betrachtete er genauer. In einem befanden sich sehr gute Taschenmesser mit der Beschriftung „Reichsbahn", in der nächsten Taschenlampen mit den Wechselmöglichkeiten weiß, rot und grün, ebenfalls mit der „Reichsbahn" Beschriftung und in dem letzten kleinsten Karton lagen Armbanduhren, auf deren Ziffernblätter verschiedene Lokomotivfotos gedruckt waren. Diese drei Kartons kamen in das Regal hinter seinem Schreibtisch. Ganz am Boden befand sich ein größerer Karton, den er vorsichtig herausholte. Als er den Deckel öffnete, schaute er verblüfft, trug den Karton auf seinen Schreibtisch, machte dort Licht und öffnete ihn vorsichtig. Ganz behutsam nahm er das erste Teil heraus und stellte es unter die Schreibtischlampe. Es war ein Acrylquader in dessen Mitte eine Lokomotive der Reichsbahn sich auf Schienen befand. Von allen Seiten konnte man sich die so betrachten, die Lokomotive selber war sehr fein gearbeitet und entsprach weitestgehend dem Original. Hubert war fasziniert und packte die anderen Quader aus. Insgesamt zwölf aktuelle Lokomotiven der Reichsbahn waren in dieser Form vorhanden. Ausführlich betrachtete er jede einzeln. Diese Sammlung würde er persönlich behalten. Vorsichtig legte er alle Acrylquader zurück in den Karton, stellte ihn in sein Regal hinter dem Schreibtischstuhl. Gut, dass auf den Quadern nur das Logo der Reichsbahn war, so konnte man die Sachen anderen zeigen.

Anja brachte ihm am nächsten Morgen zwei Blumensträuße, einen für Ulla und den anderen für Joachims Frau. Mit Schwarz redete er über die Vorbereitungen des Sommerlagers für die Waisenhauskinder und erklärte dem den Plan für die Häuser bzw. Grundstücke, der heute im Gemeinderat behandelt werden sollte. Der hörte sich das genau an und sagte: „Meine Lebensgefährtin und ich haben Geld weggelegt. Es wäre gut, da was zu kaufen, wenn die Währungsreform kommt, dürfte das weg sein." Prompt rief kurz darauf sein Onkel der Bürgermeister an und fragte ihn, ob sie sich über den zu beschließenden Bebauungsplan unterhalten könnten. „Da habe ich ein großes Interesse dran. Aber erstens wird der ja heute erst beschlossen, das sollten wir das nächste Woche tun." „Was hältst du von Montagnachmittag 14 Uhr bei mir?" „Passt, da reden wir darüber."Gertrud bekam den Termin und Fischer den Auftrag zu prüfen, wie viele Grundstücke die Firma kaufen wollte.

Beim Mittagessen bei den Eltern nahm er sich Zeit für Junior und anschließend trank er mit Fritz einen Kaffee. „Wie sieht es aus bei dir?" fragte er ihn. „Gut, heute Nachmittag sind die Erbsen endgültig fertig, ich bringe die letzte Fuhre mit deinem Sohn zur Konservenfabrik. Der Preis dafür ist sehr gut, Mutter hat einiges abbekommen, das verkauft sie auf dem Markt und kocht ein. Wenn das Wetter so bleibt, ist Ende nächster Woche, der Winterweizen dran." „Habt ihr getestet, wie das mit dem Mähdrescher funktioniert?"

„Mit dem Getreide nicht, aber fahren tut er und alles funktioniert. Wenn wir den zum ersten Mal einsetzen, ist Gert mit seinem Team dabei. Unser Neffe macht sich bei Gert sehr gut, der geht in dem Landmaschinenwesen auf, macht nach Feierabend die eigene Landwirtschaft." „Ganz alleine?" „Ne, manchmal helfen sein Vater oder unser anderer Onkel. Nur die Pferde wird er bald nicht mehr brauchen." „Setzt Gert den Mähdrescher bei anderen ein?" „Wenn er bei uns nicht gebraucht wird gegen Entgelt. Ich werde deine Geräte bei der Getreideernte brauchen."

„Kein Problem, rede mit Weber, der koordiniert das."

Bis zur wöchentlichen großen Besprechung hatte er Zeit um sich vorzubereiten. Schwerpunkt war dieses Mal die Ankündigung und Umsetzung der Maßnahmen von Schmitz. Kurz sorgte die Ankündigung für Verblüffung,

aber als er diese begründete, nickten alle verstehend.
Vor allem die Sachen mit den Motorsägen begründete er
umfassend. „Wenn wir im Winter nicht auf den
Baustellen arbeiten können, gibt es nur zwei
Alternativen. Entweder Arbeitslosigkeit bis zum
Frühjahr oder Einsätze im Wald. Weil ich aber alle bei
uns beschäftigten Leute weiter in Arbeit halten will,
müssen wir uns diese Option offenhalten."
Gegen 17:30 Uhr war die Besprechung beendet und
anschließend fuhr er zu Ulla ins Krankenhaus.
Nachdem er seine Frau liebevoll begrüßt hatte,
gratulierte er Joachims Frau und überreichte ihr den
zweiten Blumenstrauß. Ulla sagte: „Ich soll mich
bewegen, wollen wir in den Park gehen? Frau Doktor
März hat gesagt, dass sollte ich tun, aber langsam." „Ja
gerne, es freut mich, dass du wieder so weit hergestellt
bist. Gibt es eine Prognose, wie lange du hierbleiben
musst." „Am Montag findet eine umfassende
Untersuchung statt und danach entscheidet es sich."
Er half ihr in den Bademantel, bot ihr seinen Arm als
Stütze an und langsam gingen sie über die langen Flure
zum Parkausgang. „Das ist richtig angenehm, wieder so
gehen zu könne. Ich habe keine Schmerzen mehr."
„Langsam, langsam, der Kreislauf muss sich daran
gewöhnen. Lass uns auf die Parkbank in die
Abendsonne setzen." Das taten sie und Hubert
berichtete ihr von allen vorgefallenen Sachen.
„Gut, dass die Sachen im Lager am Nordbahnhof sind,
von dort können wir sie aufteilen. Bürokleidung liegt
unter dem Schauer?" „Ja, die kannst du als erste
nehmen, aber bitte nichts heben, es gibt genug Leute
zum Tragen auf dem Hof." „Nein, nein, keine Sorge. Aber
erst werde ich mich nach der Rückkehr um das Lager
mit den Waisenhauskindern kümmern." „Schwarz hat
mir heute Morgen den Stand vorgetragen, da kann ich
dir aktuell berichten." Das tat er, kam danach auf das
neue Baugebiet im Ort. „Du hast einiges auf deinem
Gehaltskonto, da sollten wir zufassen. Was hältst du
von einem größeren Grundstück, um da Reihenhäuser

hinzustellen?" „Das hört sich gut an." Ulla sah auf die Uhr.

„Oh, wir müssen wieder hoch, unsere Tochter kommt gleich zum Stillen!" Als sie wieder im Zimmer waren und Ulla es sich im Bett bequem gemacht hatte, wurde das Kind gebracht. Einen Blick erhaschte er auf das gähnende Kind, schnell wurde er hinauskomplimentiert, mit dem Hinweis: „Frau Doktor März möchte mit Ihnen sprechen." Zu der ging er und sagte lächelnd, als sie ihm eine Zigarette anbot: „Nein danke, ich bin dran, nehmen sie bitte eine von meinen!" Das tat sie, öffnete das Fenster hinter sich und ließ sich Feuer geben.

„Ihrer Frau geht es sehr gut, dem Kind ebenfalls. Erstaunlicherweise ist ihr Heilungsprozess schon sehr weit fortgeschritten. Am Montag erfolgt eine Untersuchung und wenn da nichts Gravierendes entdeckt wird, wovon ich ausgehe, können Sie beide am Dienstagvormittag abholen."

„Oh, das freut alle, eine gute Nachricht!" „Das denke ich mir, aber ich möchte Sie auf etwas anderes hinweisen. Ihre Frau sagte mir, dass sie bei der Geburt ihres Sohnes lange Zeit mit der hormonellen Umstellung zu kämpfen hatte. Das kann dieses Mal durch die zusätzliche Operation ebenfalls länger dauern. Man muss wissen, dass dieser Eingriff einiges im Intimbereich Ihrer Frau in Unordnung gebracht hat. Seien Sie bitte großzügig, wenn sie sich in der nächsten Zeit etwas merkwürdig und vielleicht abweisend ihnen gegenüber verhalten wird. Bitte stehen sie da drüber, das legt sich wieder. Es gibt ja andere Möglichkeiten sich von bestimmtem Druck zu befreien." Verstehend lächelten sich beide an.

„Sonst gibt es keine Probleme mit beiden, die Hebamme haben sie in der Nachbarschaft, die wird die Betreuung weiterführen." „Frau Doktor März, ich bedanke mich für die offenen Worte, wünsche ihnen weiterhin viel Erfolg." „Danke Herr Wedel, das wünsche ich ihnen ebenso!"

Auf dem Rückweg beschäftigte Hubert das geführte Gespräch. Allerdings wusste er nicht wirklich, was er davon halten sollte und wie er sich jetzt verhalten müsste. Aber mit der Einfahrt auf dem Hof verdrängte er alles, jetzt musste er sich um die Vorbereitungen für das morgige Turnier kümmern. Mit Weber besprach er das vor dem Stall. „Wir fahren mit einem Pferdeanhänger und zwei Transportern um 07:00 Uhr morgens los. Regina will mit ihrer jungen Stute beim L-Springen mitmachen, die Stute und deine kommen in den Anhänger, den müsstest du mitnehmen, dazu Regina. In den Transporter kommen der große Wallach von Fiete, die beiden Ponys von Hans-Wilhelm und einer der Füchse für Petra. In den zweiten Transporter kommen drei Pferde von meiner Abteilung für das L-Springen. Den fahre ich, Frank den anderen. Dein Vater bringt deinen Sohn nach der Schule zum Turnier, er kann ab 10:00 Uhr dort verschwinden. Meine Leute werden von ihren Eltern gefahren." Nachdem Weber unterwegs war, um zu prüfen, ob das Geschirr seiner Schüler vollständig und in Ordnung war, sprach Hubert mit Richard. „Wie geht es meinen Pferden?" „Alles in Ordnung. Mit Sandro gab es keine Probleme, der ist fit, mit der Stute hatte ich ein längeres Gespräch, bis sie willig ging."Hubert grinste: „Die Dame hat einen eigenen Kopf und ordnet sich ungern unter, aber du hast das ja hinbekommen." „Das war ein richtiges Stück Arbeit, schweißnass war ich nachher." „Und die junge Stute?" „Kein Problem, Frank hat das sehr gut gemacht, sie ist sehr aufmerksam." „Danke, ich werde schauen, wie es meiner Verrückten geht!"
Als er die Box der Stute betrat, kam die sofort zu ihm, schnaubte leise und schubberte ihren Kopf an seiner Schulter. Hubert kraulte sie am Hals und gab ihr ein trockenes Stück Brot. Genüsslich kaute sie das und stupste ihn leicht an. „Oh, meine Liebe, noch eines? Das scheint dir zu schmecken, mein verrücktes Huhn!" Natürlich hatte er ein weiteres Stück für sie, ging zu den anderen drei und gab denen das Gleiche.

Bad Harzburg

Nachdem am nächsten Morgen alles Zubehör verpackt und die Pferde verladen waren, setzte sich die Kolonne in Bewegung. Hubert fuhr gemütlich hinter dem zweiten Transporter her. Regina neben ihm war auffallend still. „Mädchen, was ist los? Lampenfieber?" Sie schüttelte den Kopf. „Nein, nein, das habe ich nicht, das kommt erst beim Einreiten in den Parcours." „Aber irgendetwas ist doch, du bist sonst nicht so schweigsam." Sie seufzte tief, sagte erst nichts, aber dann fing sie an. „Ich hatte ein Gespräch mit Jürgen Graf. Er kam zu mir mit einer Flasche Wein und bat mich um ein Gespräch. Wir saßen an meinem kleinen Tisch und redeten über alles Mögliche, später fragte er mich ganz plötzlich, ob ich mir vorstellen könnte, irgendwann seine Frau zu werden." Hubert sagte nichts, sah geradeaus, lächelte aber leicht. Sie redete weiter.

„Ich war völlig verwirt, an so etwas hatte ich gar nicht gedacht. Er merkte das schnell, nahm meine Hand und sagte: „Es tut mir leid, wenn ich dich damit überfahren habe, aber ich wollte ehrlich sein und nicht ständig drum herumreden." Ich wusste nicht, was ich sagen sollte, als er fortfuhr: „Wir beide sind allein, haben niemanden außer uns selbst, aber wir sollten nicht allein bleiben." Ich habe ihm erzählt, wie meine Vergangenheit war und er hat aufmerksam zugehört. Dazu sagte er: „Das war sehr schlimm, das tut mir alles sehr leid. Bei mir war es so, dass ich vier Jahre Soldat war, immer im Einsatz, habe Tod und Elend genug gesehen, ich möchte endlich jemanden haben, mit dem ich über andere Dinge reden kann, den ich liebhaben, mit dem ich eine Familie gründen kann." Das war so nett und anständig, da sind mir die Tränen gekommen. Er hat sein Taschentuch, ein sauberes, herausgeholt und hat mir die Tränen abgewischt. Das hat er so lieb und vorsichtig gemacht. Und er hat mich fest in die Arme genommen und wir haben uns geküsst."

Stille folgte, dann sagte sie: „Und jetzt?" „Moment, ich muss hier in Burgdorf nur vorsichtig den Berg runter und die enge Kurve nehmen."

Als das geschafft war, sagte Hubert: „Ja und, das ist doch alles nicht schlimm!" „Das war das erste Mal, dass ein Mann mir so etwas sagte und mich geküsst hat." Hubert lächelte: „Nun ja, einmal ist immer das erste Mal. War es so schlimm?" Stille, sie sagte halblaut: „Nein, das war sogar sehr schön." „Na, bitte, ich frage mal nach, was geschah später?" „Er ging in sein Zimmer und ich ging ins Bett. Konnte kaum schlafen, so aufgeregt war ich." „Du befindest dich in sehr guter Gesellschaft, jedem von uns ging es beim ersten Mal so. Aber, was soll nun weiter geschehen?" „Ich weiß nicht, ich finde ihn ja sehr nett und möchte ihn nicht verlieren." „Na also, das solltest du ihm vielleicht sagen. Wann siehst du ihn wieder?" „Heute Morgen hing ein Zettel an meiner Tür darauf stand: „Viel Erfolg, hole dich heute Abend am Stall ab." „Das macht der Junge gut, dem liegt wirklich etwas an dir! Ihr bekommt heute Abend eine Flasche Wein von mir und miteinander!" Sie schniefte leicht.

„Meine Güte, wie sehe ich denn nachher aus, der bekommt doch einen Schock." „Ach quatsch, bleib so, wie du bist und jetzt sind wir gleich da, konzentriere dich auf deinen ersten Ritt!" Regina berührte seinen rechten Oberarm: „Danke!"

Kurz darauf fuhren sie auf den Turnierplatz und die Arbeit begann. Wie sonst übernahm Weber das Organisatorische, alle anderen begannen, die Pferde zu entladen und zu satteln. 48 Starter waren es, kein Stechen, Wertung nach Fehlern und Zeit. Während sich Weber um seine Schüler kümmerte, bereiteten Hubert und Regina ihre Pferde vor. Schon beim Aufwärmen stellte Hubert fest, dass seine junge Stute gut drauf war. Sie ließ sich durch nichts ablenken, kam mit null Fehlern und sehr schnell ins Ziel. Regina ging es ähnlich, nur ihr Pferd war langsamer. Eine von Webers jungen Frauen machte das ebenfalls sehr gut, wurde letztendlich Achte, Regina Vierte und Hubert Zweiter. Das war ein schöner Erfolg und ein guter Beginn des Turnieres.

Während des Springens war Heinrich mit Junior und Gertrud gekommen. Beide Ponys hatte Frank vorbereitet und während Hans-Wilhelm sein älteres Pony aufwärmte, machte das Gertrud mit dem neuen. Hubert und Regina waren auf dem Abreiteplatz, warteten auf die Siegerehrung. Frank kümmerte sich um Junior. Petra war mit dem Fuchswallach dort, arbeitete konzentriert, Heinrich sah sich die Siegerehrung an. Als zweiter erhielt Hubert eine große Flasche Kräuterlikör, die er vom Pferd Heinrich übergab. Schon während der Ehrenrunde wurde der Parcours umgebaut. Mit dem neuen Pony war Junior der Dritte. Später kam Petra und ganz zum Schluss das ältere Pony. Alle, die zum Wedelclan gehörten, sahen zu, wie Junior die erste Runde drehte. Zwei leichte Fehler machte die Stute, aber das nahm man hin, es war ihr erstes Turnier. Frank war derjenige, der sich um Junior kümmerte, ihm Ratschläge gab, die der Junge aufmerksam zur Kenntnis nahm. Petra ging ohne Fehler sehr schnell, vom ersten Platz war sie nicht mehr zu verdrängen, auch von Junior nicht, der ohne Fehler blieb, aber langsamer war. Der dritte Platz war ein Riesenerfolg für ihn. Stolz ritt er zur Siegerehrung ein. Dort erhielt er neben der obligatorischen Schleife eine Mettwurst als Preis und da er der jüngste Teilnehmer war, wurde er besonders geehrt und bekam eine Kiste Limonade, die Frank für ihn abholte. Auf dem Abreiteplatz war viel los, die Teilnehmer des Mächtigkeitsspringens bereiteten sich vor, dabei Fiete mit dem großen Wallach.

„Was ist das denn für ein riesiges Pferd?" fragte Heinrich, als Fiete an ihnen vorbeiritt. „Den haben wir als unreitbar geschenkt bekommen und er hat ihn wieder reitfähig gemacht", antwortete Hubert. Abgesattelt standen die gerittenen Pferde im Schatten hinter dem Transporter und grasten. Hubert, Junior

und Heinrich teilten sich eine Brotzeit, die Malwine mitgegeben hatte, tranken Kaffee und Junior seine Limonade, als jemand Hubert auf die Schulter tippte. „Mensch Lässig, was für eine Überraschung und Freude!" Hubert stellte seine Tasse hin und umarmte den Förster. Die beiden anderen schüttelten ihm die Hand. „Ich wollte zuschauen, wie ihr euch schlagt, das lief schon ganz gut." „Ja, aber morgen ist erst der Großkampftag." „Da bin ich hier, das will ich sehen."Junior und Heinrich verabschiedeten sich, wollten beim Mächtigkeitsspringen zuschauen. „Hubert, ich werde bald deine Hilfe brauchen." „Schieß los, was gibt es?" „Die Briten wollen als Reparationsleistung den halben Oberharz abgeholzt und auf die Insel transportiert haben." „Ach du Scheiße, ab wann soll das gehen?" „Ab Ende Oktober. Das Holz soll in Goslar und Bad Harzburg auf die Bahn verladen werden. Damit wird es an die Küste gebracht." „Und da fehlen dir Leute, Maschinen und Rückepferde!" „Das hast du richtig erkannt. Wir müssen danach beginnen, wieder aufzuforsten. Das allein wird eine Riesenaufgabe." „Hast du schon genaue Daten dazu?" „Die letzten Details werden wir morgen bei einer Besprechung mit den Briten festlegen."
„Gut, kannst du Montagmorgen um 08:00 Uhr bei mir in der Firma sein?" „Ja, ich muss am Nachmittag im Forstamt Braunschweig sein, da geht es um das gleiche Problem." „Lass uns das mit meinen Leuten in der Stabsrunde besprechen, da kann ich dir Genaueres sagen."
Mit dem Gehörten beschäftigt, ging Hubert hinüber zum Springen. Drei große Hindernisse standen in der Bahn. Ein Steilsprung, ein gewaltiger Oxer und eine breite Mauer. Das Reglement war ganz einfach. Wer einen Fehler machte, schied aus und nach jedem Durchgang wurden der Oxer und die Mauer erhöht. Der vierte Durchgang begann und von den ursprünglichen 30 Paaren waren acht derzeit dabei. Und wieder flogen die Stangen und Teile der Mauer, es blieben nur drei

fehlerfreie Paare, unter ihnen Fiete mit seinem Riesenwallach. Die Stimmung war ausgezeichnet, das Publikum ging bei jedem Reiter voll mit. Nach dem vierten Durchgang blieben nur zwei Paare übrig, Fiete und ein Reiter mit einer mittelgroßen Stute, die aber ein sagenhaftes Sprungvermögen hatte. Staunend sah Hubert zu, wie für den fünften Durchgang wieder erhöht wurde. So etwas konnte man nur mit besonderen Pferden springen, seine Sache war das nicht. Fiete kam als erster in die Bahn. Den Oxer schaffte sein Wallach, aber die Mauer riß er. Der andere war dran. Den Oxer nahm die Stute, aber vor der Mauer blieb sie stehen, auch beim zweiten Versuch verweigerte sie. Der Reiter machte das einzig Vernünftige, er hob eine Hand und gab auf, nahm aber als Gehorsamkeitssprung den Steilsprung, außerhalb der Wertung. Fiete war Sieger. Als Siegerpreis bekam er einen großen Schinken und der zweite eine große Flasche Kräuterschnaps. Gemeinsam ritten die beiden hinaus. Vor ihrem Wagen hielten sie an, Gertrud durfte den Riesenwallach trocken reiten. Heinrich stand vor seinem Käfer und hatte einen Korb voll Bierflaschen. Fiete brachte den anderen, der zweite geworden war, mit und alle genehmigten sich ein Bier, während Regina begann, die Pferde zu verladen. „Wie alt ist die Stute?" fragte Hubert interessiert. „Neun Jahre, hat schon zwei Fohlen gebracht, ist eine Holsteinerin!" antwortete der Mann. „Gehen Sie mit der auf Turniere?"

„Hatte ich vor, aber das wird nichts. In drei Wochen geht das Schiff nach Australien. Mein Onkel hat dort eine große Ranch und züchtet Pferde. Ich wandere aus, meine Eltern sind verstorben. Der Hof ist zu klein zum Wirtschaften. Er hat mir das angeboten und ich nehme das an."

„Was geschieht mit dem Hof und dem Pferd?" Der Mann lachte: „Es sind drei, die beiden Töchter sind tragend. Und um die Flächen streiten sich die Nachbarn. So wie es aussieht, werde ich die nicht alle los, den Hof ebenfalls nicht. Mal sehen, was geht." „Wo ist denn der

Hof?" „In Cremlingen, nahe Sickte." „Kennen wir, wir kommen aus Lehre." „Ach gehören sie zu den Wedels?" „Ich bin Hubert Wedel." „Ihre junge Stute hat das vorhin gut gemacht, Respekt." „Ist erst ihr zweites Turnier, die wird langsam aufgebaut. Was wollen Sie für die drei Pferde haben?"

Der Mann lachte und nahm einen tiefen Schluck. „Also wenn Sie die drei haben wollen, dann kommen sie in gute Hände. 1000 RM!"

Hubert reichte ihm die Hand: „Abgemacht, Montag holen wir sie und bringen das Geld!" Der andere schlug ein. „Wenn Sie mir 1.400 RM geben, können sie dazu den Transporter und alles an Sätteln und Zaumzeug haben!" „Abgemacht, nehme ich."

Wieder ein Handschlag, Heinrich mischte sich ein. „Sind Sie morgen hier?" „Ja, ich wollte mir das S-Springen anschauen." „Mein älterer Sohn kommt, mit dem und mir sollten wir über den Hof mit Flächen reden." „Oh, das wäre wunderbar. Klar, können wir machen, ich sehe Sie ja und komme zu Ihnen!" Gemütlich tranken sie das Bier, Hubert erfuhr, beide Stuten waren von einem erstklassigen Hengst gedeckt worden.

Es wurde es Zeit, den Rest zu verladen und nach Hause zu fahren.

„Da hast du ein echtes Schnäppchen gemacht", sagte Fiete grinsend, Weber fügte, ebenfalls grinsend, hinzu: „Du solltest überlegen, welchen Stall du vergrößerst!" Lachend zog Hubert seinen Kittel an, lud Sättel und Zaumzeug in seinen Lieferwagen und war abmarschbereit.

Bevor alle einstiegen rief er laut: „Den Kräuterlikör trinken wir heute Abend!" „Ich bringe Bier dazu!" fügte Heinrich hinzu, die Kolonne fuhr los.

Als sie daheim auf den Hof fuhren, stand Graf mit Richard in der Tür und winkte ihnen zu. „Er ist wirklich da, meine Güte was mache ich?" sagte Regina hektisch. „Zuerst ausladen, danach mit ihm ins Reiterstübchen gehen, dort bekommst du von mir die Flasche Wein und

anschließend tust du das, was dir dein Gefühl sagt!"
antwortete Hubert und stoppte neben den Transportern.
Schnell waren die Pferde in ihren Boxen, das Sattelzeug
aufgehängt und das für den nächsten Tag gepackt. Fiete
würde den Lieferwagen mit Sätteln und Zaumzeug
fahren, beide Transporter reichten, Hubert den Opel mit
Junior dabei. Heinrich hatte Fritz mitgebracht, der
neugierig war, was es mit dem Hof in Cremlingen auf
sich hatte. Heinrich und Hubert sagten, was sie im
Gespräch mit dem Mann erfahren hatten.
„Ich komme morgen mit und höre mir das an. An dem
Hof habe ich kein Interesse, aber an den Ackerflächen,
und wenn möglich, am Wald."
„Stell fest, was da alles zugehört und lass eine
Preisermittlung von der Landwirtschaftskammer
machen. Wenn du das hast, können wir uns nochmal
über den Hof an sich unterhalten." Heinrich stimmte
dem zu: „Da hat Hubert recht. Auf alle Fälle solltest du,
wenn vorhanden, eine Feldscheune behalten und auf
dem Hof die Scheune und eventuell die Stallungen, die
können wir immer nutzen." Aus den Augenwinkeln
hatte Hubert gesehen, wie nett sich Graf um Regina
bemühte, das sah hoffnungsvoll aus. Jochen Bode kam
vorbei, um seine Ausrüstung für morgen zu überprüfen,
trank natürlich einen Schnaps und ein Bier mit. Ebenso
Christina und Hartmut. „Geh davon aus, dass du am
Dienstag deine beiden Mädchen abholen kannst. Die
Kleine ist quietschfidel und Ulla geht es von Tag zu Tag
besser. Aber bitte achte darauf, dass sie nichts anpackt,
sie braucht Schonung!" sagte Christina. „Da werde ich
aufpassen. Ich überlege ernsthaft, ob ich sie nicht ein
paar Tage nach Wittingen in das Haus fahre, mit der
Kleinen." „Das wäre sehr gut. Rede mit deinem Freund
Joachim, ob dessen Frau mitkommen will, das wäre für
beide gut und sie hätten Gesellschaft." „Du hast gute
Ideen, das werde ich machen."
Als er Weber und Jochen Bode von seinem Gespräch
mit Lässig berichtete, schüttelten beide den Kopf. „Als
Sieger kannst du dir das leisten, so etwas zu machen.

Die haben ihre Wälder schon lange abgeholzt!" sagte
Jochen. „Das wird aber ein riesiges Unternehmen, das
dauert bestimmt länger als nur über den Winter",
überlegte Weber.„Das sehe ich genauso. Mal sehen, was
man sich alles einfallen lässt. Aber für uns wäre das
eine ideale Überbrückung im Winter, wir können alle
Leute und Maschinen beschäftigen." „Aber hier sind eine
Menge Holzarbeiten zu machen und in Wittingen
ebenfalls, sagst du!" „Das ist wahr, da müssen wir
genau schauen, dass wir unsere eigenen Sachen nicht
aus den Augen verlieren." Regina kam zu ihm: „Können
wir Herrn Graf morgen mitnehmen zum Turnier?"
Hubert lachte: „Klar, wenn er mit anfasst, gerne. ."

Alle waren am nächsten Morgen fit, die Verladung war
schnell erledigt und pünktlich setzte sich der Tross in
Bewegung. Als erstes stand in Bad Harzburg das
Springen für Amazonen auf dem Programm, 36 Frauen
hatten gemeldet, es war viel Bewegung auf dem
Abreiteplatz.
Hubert selber hatte Zeit, sich um Regina und Gertrud
zu kümmern, die seine beiden M-Pferde ritten. Nachdem
er sich den Parcours angeschaut hatte, gab er den drei
jungen Frauen einige Tipps. Es war ein Mittelding
zwischen L- und M-Springen, also nicht ganz so einfach.
Der Schimmel wirkte etwas sehr schläfrig, aber als ihm
Regina mit ihrer Gerte klar machte, dass sie damit nicht
einverstanden war, wurde er hellwach und sehr
aufmerksam. Grinsend verfolgte Hubert das, er kannte
seine Pferde, das war genau die richtige Reaktion. Petra
war als erste an der Reihe. Bei der zweifachen
Kombination machte sie einen Galoppsprung zuviel, das
konnte der Fuchs nicht mehr ausgleichen und räumte
das Hindernis ab. Die Zeit wurde angehalten, sie ritt
wieder an und dieses Mal klappte es. Enttäuscht kam
sie auf den Abreiteplatz und wollte erklären warum und
wieso. Aber Hubert sagte nur ernst und kurz: „Keine
Diskussion. Junge Frau, ich habe dir vorher genau
gesagt: Drei Galoppsprünge. Warum tust du das nicht?

Reite jetzt dein Pferd trocken und hole dir etwas zu trinken bei dieser Hitze." Mit knallrotem Kopf und zusammengebissenen Lippen ritt sie ganz hinten auf den Abreiteplatz. Ihr Vater hatte alles mitbekommen und sagte nur: „Völlig richtig! Die fühlte sich viel zu sicher, der Dämpfer wird ihr guttun." Gertrud mit dem Schwarzbraunen machte ihre Sache sehr gut, null Fehler, sehr gute Zeit. Lange war sie an der Spitze, schließlich kam Regina. „Wenn du siegen willst, musst du den Schimmel gleich am Anfang richtig in Schwung bringen", sagte Hubert ihr kurz vor dem Start. Sie nickte stumm, und tat es engagiert. Drei Sekunden war sie schneller als Gertrud. Stolz nahmen beide die Schleife und die Preise für die ersten beiden Plätze in Empfang. Überglücklich stieg Regina auf dem Abreiteplatz vom Pferd und fiel Jürgen Graf in die Arme, der ihr Pferd halten wollte. Jetzt musste er Regina halten, aber Frank griff grinsend blitzschnell zu und hielt den Schimmel. Alle anderen drehten sich lächelnd weg, endlich hatten sich die beiden gefunden.

Heinrich und Fritz hatten den Mann gefunden, der nach Australien auswandern wollte, saßen mit dem an einem Tisch, hatten ein Bier, sowie eine Bratwurst vor sich, redeten miteinander. Hubert mischte sich nicht ein, er würde morgen die Pferde holen lassen.

Das große Springen wurde aufgebaut, die Tribünen und Zuschauerränge waren voll, eine Kapelle spielte während des Aufbaus. Er hatte Glück, mit Sandro würde er früh starten, mit der Stute fast am Ende. 44 Teilnehmer waren genannt, einige wie er mit zwei Pferden. Nach der Parcoursbesichtigung hatte er einen genauen Plan, wie er reiten musste. Junior hatte Sandro im Schritt bewegt. Als Vierter ging er in die Bahn und kam mit null Fehlern zurück. Frank brachte Sandro in den Schatten, lockerte den Sattelgurt und er stieg auf seine Stute. Schnell merkte er, wie griffig die heute war. Aber es dauerte länger, bis sie endlich hineinreiten durften. Sieben Reiter waren vor ihm mit Null gegangen und er war der Achte. Das Stechen musste über den

Sieg entscheiden. Nach dem ersten Stechen waren sie zu viert fehlerfrei, Hubert mit beiden Pferden, Fiete und ein Reiter aus Hornburg. Vor dem nächsten Stechen sprachen Hubert und Fiete kurz miteinander. „Ich gehe jetzt auf Sicherheit", sagte Fiete, „der andere will schnell sein, der macht bestimmt einen Klotz." „Ich gehe mit Sandro auf sicher und die Stute lasse ich laufen!" Sandro ging ruhig und sicher, null Fehler. Fiete anschließend ebenfalls null, aber etwas schneller. Gespannt beobachteten beide den Ritt des anderen Reiters. Das lief bei dem ebenfalls gut, nur beim Aussprung aus der dreifachen Kombination wurde sein Wallach zu flach, er riss. Vier Fehlerpunkte. Junior stand neben der Stute auf der Hubert saß und auf den Einritt wartete. „Papa, wie reitest du jetzt?" Hubert beugte sich vom Sattel zu ihm herunter und streichelte seinen Kopf. „Ich lasse sie laufen, die ist richtig heiß." „Viel Glück!" sagte der Junge. Hubert ritt ein, ritt eine Volte und als die Glocke erklang, ließ er sie laufen und das tat sie. Unter dem Beifall der Zuschauer ritt er durch das Ziel, fehlerfrei und mit einer grandiosen Zeit. Strahlend ritt er unter dem Beifall der Zuschauer hinaus. Auf dem Abreiteplatz kam einer der Richter zu ihm. „Herr Wedel, Sie sind ja mit dem zweiten Pferd vorn platziert. Normalerweise wird dieses Pferd reiterlos zur Siegerehrung geführt. Wir möchten heute davon abweichen, könnte ihr Sohn das Pferd reiten, dabei können wir ihn ehren als jüngsten Teilnehmer." „Das macht er ganz bestimmt, aber ich muss ihn eine Reitkappe verpassen." Junior saß auf dem Rücken von Sandro, den er im Schritt bewegt hatte. Hubert ritt zu ihm. „Hans-Willhelm, die Richter haben gefragt, ob du Sandro zur Siegerehrung reiten könntest, traust du dir das zu?" Mit offenem Mund staunte ihn der Junge an. „Zu der großen Siegerehrung?" „Ja, jetzt gleich." „Aber ich habe keine Jacke und keine Kappe." „Du kannst meine haben", sagte Gertrud von unten und gab ihm ihre. „Bei der Ehrenrunde bleib ganz ruhig, Sandro macht das schon, bleib hinter Fiete und halte ihn kurz."

Der Junge nickte. Es war soweit, die Teilnehmer wurden zur Siegerehrung aufgerufen und ritten in der Reihenfolge der Plätze ein. Fiete ritt vor Junior, drehte sich lächelnd um: „Kopf hoch und grinsen, bleib hinter mir, und später neben mir, das klappt schon." Als sie auf dem Platz ritten, erklärte der Turniersprecher, warum der Junge als Dritter ritt. Sofort kam Applaus auf. Der sah nur auf Fiete vor ihm und als der eindrehte, tat er das ebenso und schluckte, so viele Leute! Weber war hinter ihnen in die Bahn gegangen und stand am Kopf von Sandro. „Alles gut, lächle mein Junge!" und der versuchte das. Huberts Stute wurde ein Kranz aus Eiche umgehängt, an dem sie gleich knabberte, ein glänzender Pokal und ein großer Schinken waren seine Preise. Fiete bekam eine große Flasche Kräuterlikör. Zwei Mettwürste waren für den Drittplatzierten und so ging es weiter. Schließlich wurde Junior als jüngster Reiter des Turniers ein Ehrenpreis übergeben, ein Fahrrad. Weber nahm den Pokal, von Hubert den Schinken, die Würste und den Kräuterlikör, es folgte die Ehrenrunde. Junior sah nicht rechts oder links, nur auf den Rücken von Fiete vor ihm, alles klappte. Draußen stand Frank, nahm ihn und Sandro in Empfang. Gertrud bekam ihre Kappe zurück und Heinrich gab dem Jungen eine Flasche Limonade, die er sofort leer trank. Alle klopften ihm auf die Schultern, er war stolz wie ein Großer. Mit Weber ging er zum Wettkampfbüro, um sein Fahrrad abzuholen. In der Zwischenzeit packten alle an beim Verladen. Hubert fragte Heinrich: „Wie sieht es aus mit dem Hof?" „Wir sind uns einig. Zuhause erklären Fritz und ich dir alles.."

Daheim ging das Ausladen schnell, heute wollte keiner mehr den Kräuterschnaps probieren, alle wollten nach Hause. Hubert hatte Sieglinde gesagt, dass Heinrich und Fritz vorbeikämen und die machte einen großen Teller mit Broten, frischen Tomaten und Gurken. Dazu gab es für jeden zwei Frikadellen und ein kühles Bier.

Die beiden kamen und setzten sich zu ihm an den Holztisch vor dem Haus. „Glückwunsch, da habt ihr gut abgeräumt!" sagte Fritz und öffnete die Bierflasche. „Ja, das lief gut und Jochen Bode hat seinen achten Platz verkraftet, war ja sein erstes S-Springen." „Habe gerade gehört, dass Peter und Harald die ersten zwei Plätze in Grasdorf geholt haben", sagte Heinrich und nahm sich eine Scheibe Brot. Alle drei griffen zu und nach der ersten Scheibe sagte Fritz: „Also, wir sind mit dem Mann einig geworden, wir übernehmen den kompletten Hof mit allen Flächen. Um wieviel Geld es letztendlich geht, muss der Sachverständige der Landwirtschaftskammer festlegen. Der Hof an sich ist nicht sehr groß, Scheune, Stallungen und das Wohnhaus, dazu ein Garten von zwei Morgen.60 Morgen Ackerfläche, zehn Morgen Wiese und Weide, zwölf Morgen Wald, fünf Kühe, sechs Schweine, davon eine Sau und Ferkel, Federvieh, Kaninchen und zwei Kaltblüter. Ach, und eine große Feldscheune, die momentan leer ist." „Was ist da angebaut?" „Weizen, Hafer und Rüben. Heu von diesem Jahr ist eingefahren, Grummet nicht." „Das muss zum Bodenpreis dazu gerechnet werden." „Sehe ich so, aber das wäre das geringste Problem. Malwine und ich würden das Viehzeug übernehmen und die Feldscheune." „Für die Kaltblüter hätte ich eine Verwendung", sagte Hubert.
„Die Flächen mit dem Wald kann ich übernehmen, sagte meine Frau!" grinste Fritz. „Also geht es jetzt um den Hof.!" „Richtig. Wenn du das machen könntest, wäre das sehr gut" „Also gut, aber ich will den Bauzustand überprüft haben. Das machen morgen ab Nachmittag meine Leute mit Olbrich dem Zimmermann, der kennt sich aus mit Fachwerk. Das Ergebnis muss in die Bewertung einfließen." „Völlig klar, du könntest die Scheune für Stroh und Heu für dich nutzen." „Das gibt Sinn. Wie soll das ablaufen?" „Vater und ich fahren morgen dort hin und schauen uns alles an, sagen dem, dass deine Leute morgen Nachmittag kommen." Als die Sonne unterging brachen die beiden auf. Hubert brachte

das Geschirr ins Haus, ging duschen. Er las ein wenig und ging zu Bett.

Der Montag begann arbeitsreich. Kokoschka berichtete über den Umzug der beiden Balten, sie hatte bereits am Samstag die Kleider- und Wäschekammer übernommen. Nach und nach würden sie jetzt die Kälte- und Nässeschutzsachen zu ihr transportieren, mehrere neue Regale aufbauen und danach die Schuhe, Stiefel und die anderen Wintersachen bringen. Zur Stabsbesprechung ließ er alle, dazu Gert, zusammentrommeln, Fritz hatte er gestern Bescheid gesagt, der kam ebenfalls. Vor dieser Besprechung erhielt Dolle den Auftrag, den Hof in Cremlingen zu überprüfen und Olbrich daran zu beteiligen. Lässig kam und erhielt einen Kaffee. Gemeinsam gingen sie zur Besprechung. Zuerst wurden kurz und bündig die normalen Themen abgehandelt, darunter der mögliche Erwerb des Hofes in Cremlingen. Nun war Lässig an der Reihe. Sachlich und ohne Schnörkel stellte er sein Problem dar. Es war eine riesige, fast unvorstellbare Fläche, die zur Abholzung vorgesehen war, er zeigte das auf einer großen Landkarte.
„Und jetzt komme ich zum eigentlichen Problem. Momentan laufen die Vermessung und die endgültige Festlegung der Flächen, das wird zwei Monate dauern, vermutlich ab Mitte November, wird die Arbeit beginnen. Alle meine Leute kann ich dort nicht einsetzen, einige brauche ich in anderen Bereichen. Die obere Forstbehörde kann mir momentan nicht helfen, sie fangen gerade an, entsprechende Arbeiter und Forstgehilfen auszubilden, das wird bis März nächsten Jahres dauern. Ich habe nicht genügend Maschinen und Rückepferde, um das Holz zu den Verladestellen nach Harzburg und Goslar zu transportieren, da brauche ich eure Hilfe. Die Bezahlung ist gesichert durch die Forstdirektion, ich bekomme Sonderzuweisungen an Betriebsstoff, Material und Verpflegung. Als mögliche Unterbringung, steht die alte

Luftwaffenkaserne in Goslar zur Verfügung, das habe ich erreicht. Ab dem Frühjahr habe ich mehr eigene Leute, muss mich von da an um die Aufforstung kümmern. Das ist der große Rahmen."

Ein kurzes Schweigen folgte, spontan sagte Becker: „Meine Güte, das ist ein Mammutprojekt, das bedarf der exzellenten Planung!" Alle nickten. Hubert übernahm wieder die Gesprächsführung. „Ich kenne das Problem bereits seit Samstag und konnte mir dazu Gedanken machen. Natürlich ist das eine Sache, mit der wir unsere Leute über den Winter beschäftigen können und dabei Geld verdienen. Wir haben aber selber einige Forstbereiche, in denen wir anpacken müssen, das dürfen wir dabei nicht vergessen. Drei oder vier Kolonnen könnten wir dort beschäftigen, dazu die nötige Technik. Das Problem der Rückepferde bekommen wir in den Griff, schon vorher. Zuerst ist zu bedenken, dass wir zwei Leute brauchen, einen der das im Harz vorbereitet und einen, der das hier in der Gegend tut. Für den Harz kann ich mir sehr gut Karl vorstellen, der kann so etwas, hat die Erfahrung dafür. Problem ist dabei sein Studium." Sofort meldete sich Dolle.

„Kein Problem, der kann erst zum nächsten Sommersemester anfangen, der Uni fehlen Professoren und Dozenten, um im Herbst zu beginnen."

„Sas würde ja passen. Und für den Einsatz hier in der Region halte ich meinen Bruder Fritz für den Mann, denn die Landwirtschaft ruht in dieser Zeit und seine Leute müssen beschäftigt werden." Fritz nickte: „Das mache ich."

„Sehr gut, Herr Lässig, wir sind bei dir im Boot und helfen. Die entsprechenden Verträge mit der Forstdirektion macht Fischer, die Versorgung regelt Kokoschka. Bei der gesamten Technik bitte ich dich, Gert, zu unterstützen und zu helfen." Alle nickten, Gert sagte grinsend: „Endlich mal wieder ein neues Abenteuer!" Einige Fragen gab es anschließend, dann musste Lässig los und sie besprachen den neuen Bebauungsplan im Ort, der durch den Ortsrat am

Freitag beschlossen war. Schnell stellte sich heraus, dass einige daran dachten, sich Grundstücke dort zu sichern. Fritz zwei, Gert drei, Dolle zwei, Becker zwei, Schwarz zwei und Kokoschka ebenfalls zwei. Niemann kam mit drei hinzu. Fischer wollte für die Firma acht Grundstücke kaufen. Hubert drei und Ulla vier. Für das Gespräch mit dem Bürgermeister notierte sich Hubert alles, kam auf 31 Grundstücke.

Heute fiel das Essen bei seinen Eltern aus, es gab im Büro eine Menge zu tun. Kurz nach 13 Uhr rief Christina an: „Morgen um 10:00 Uhr kannst du deine beiden Mädchen abholen, Untersuchung war positiv, aber bitte weiter Schonung!" Um 14:00 Uhr war er beim Bürgermeister in dessen Dienstzimmer. Als erstes erklärte der ihm den Beschluss des Ortrates. „45 Braugrundstücke sind es insgesamt, wir haben einen Kaufpreis von 12 RM festgelegt pro Quadratmeter, da ist die Erschließung mit Wasser und Strom, sowie Abwasser fest eingeschlossen. Der Straßenausbau wird von der Gemeinde bezahlt." „Das ist günstig, wann soll der Verkauf starten?" „Ab nächsten Monat, Reservierungen sind sofort möglich. Ich habe für mich drei, meinen älteren Bruder zwei und für deine Eltern drei Grundstücke reserviert." „Prima, ich habe Anfragen für 31, macht zusammen 39 Grundstücke, bleiben sechs übrig!" „Drei werden wahrscheinlich aus dem Dorf kommen, bleiben drei übrig." „Lass die bitte für mich reservieren, ich kenne ein paar Leute, die kaufen würden:" „Ich habe deine Leute beauftragt, alles für den Verkauf vorzubereiten, das zahlt die Gemeinde. Mit der Erschließung wirst du beauftragt." „Danke, für die Straßen und Wege habe ich eine gute Firma, die mit uns zusammenarbeitet, aber das bekommst du alles mit dem entsprechenden Angebot von uns schriftlich."

Der Bürgermeister wechselte das Thema. „Mein Junge scheint sich bei Gert richtig wohlzufühlen, seine Arbeit auf dem Hof macht er zusätzlich sehr gut. Wenn alles klappt, nutzten wir den Mähdrescher gern mit, das zahlen wir, ähnliche macht es mein älterer Bruder. Die Rübenernte läuft so wie im letzten Jahr?"

Daheim auf dem Hof sprach er mit Sieglinde über die morgige Ankunft seiner „Mädels". „Ich habe alles mit Ulla abgesprochen. Im Kinderzimmer der Kleinen ist ein schönes Sofa, da kann Ulla schlafen, wenn sie nachts zum Stillen zu ihr muss." Hubert schaute verblüfft. „Schläft sie nicht mehr im Schlafzimmer?" „Doch, doch, aber solange die Kleine nicht durchschläft, muss sie ja immer hoch, wenn sie Hunger hat. Das ist nur jetzt so." „Aha, na gut, wenn sie es so will, soll sie es machen." „Sie will dich nachts nicht stören, wenn die Kleine weint!"

Im Stall war er schnell bei anderen Gedanken. Richard und Weber begleiteten ihn zu den neuen Pferden. Als erste stand dort die braune Stute, die beim Mächtigkeitsspringen Zweite geworden war. Groß, hellbraun mit einer Blesse vorn. Zutraulich ließ sie sich streicheln, machte einen ausgesprochen freundlichen Eindruck. Aus dem Sack mit Mohrrüben gab Hubert ihr eine, genüsslich kaute sie die. Ihre beiden Töchter standen daneben, vom Äußeren entsprachen sie dem Typ der Mutter. Auch die waren freundlich interessiert, ließen sich die Möhren schmecken.

„Ich denke, du willst die Mutter in den Turniersport bringen, aber was machen wir mit den Töchtern? Die sind zwar gedeckt, aber fohlen werden die erst im nächsten Jahr", fragte Weber. „Haben wir für die Sättel und Zaumzeug?" „Ja, alles da und in einem guten Zustand. Den Transporter sollten wir Gert zur Überprüfung bringen", sagte Richard. „Wenn wir für die alles haben, dann ist das gut. Da habt ihr beiden eine Aufgabe!" „Wie meinst du das denn?" fragte Weber. „Die sollten jetzt ausgebildet werden. Kurz bevor sie fohlen, sollten wir sie nach Wittingen zu Sigurd bringen auf die Weide. Ausbilden solltet ihr sie vorher, jeder eine." Richard schaltete ganz schnell: „Ich nehme die jüngere von den Beiden!"

„Wie macht sich Regina mit dem Damensitz?" fragte er Weber. „Gut, wird immer besser, nachher kommt sie wieder und übt."

„Sehr gut, ab nächste Woche fangen wir wieder an zu üben." "Einmal die Woche sollten wir das jetzt tun, wenn das Turnier in Hannover am letzten Juliwochenende ist." „Legt einen Termin fest und sag den Gertrud, die trommelt alle zusammen. Aber jetzt habe ich eine ganz andere Idee, wollen wir jetzt nicht die drei neuen Stuten reiten?"

Als er umgezogen in den Stall kam, war seine Stute bereits gesattelt, die anderen beiden fast fertig. „Frank schick Regina mit Pferd runter zum Platz", sagte Richard und führte seine Stute hinaus. Beide folgten, saßen draußen auf und ritten zum Platz. Kurz darauf kam Regina und drehte unter Beobachtung von Weber ihre Runden. Aus den Augenwinkeln stellte Hubert fest, dass sie das bereits gut beherrschte. Später im Reiterstübchen sagte er ihr das. „Am Anfang war es sehr ungewohnt, aber jetzt geht es gut, ich freue mich schon drauf, mit allen die Quadrille reiten zu dürfen."
Alle drei Stuten, die sie gerade geritten hatten, waren gut und artig gegangen. „Aber mit den beiden Jüngeren müssen wir viel arbeiten, bis die das so können, wie die Mutter", sagte Richard. „Ihr könnt das tagsüber machen, wenn der Rest im Büro oder sonst wo arbeitet."

Viel Zeit blieb nicht am nächsten Morgen, daher ließ er sofort Karl zu sich rufen. „Dolle sagte mir, dein Erstsemester beginnt erst im nächsten Jahr. Ich hätte für dich eine Aufgabe bis dahin, dein Gehalt wird dementsprechend erhöht." Karl grinste ihn an: „Dolle hat schon Andeutungen gemacht, jetzt bin ich gespannt, was das wird." Ausführlich stellte er die geplante Holzaktion im Harz bei Lässig vor. „Du bekommst einen der Käfer, setzt dich mit Lässig in Verbindung und entwickelst einen Plan. Schau dir das vor Ort an und anschließend legen wir in einer Besprechung fest, was du von wem bekommst und welche Kolonnen du dort einsetzen kannst." „Prima, das ist eine Aufgabe, die wir in dem letzten Jahr in anderer Form hatten, gefällt mir sehr, das mache ich gerne."

Es wurde Zeit Ulla und die Kleine abzuholen. Sieglinde hatte ihm einen ausgepolsterten Wäschekorb in den Opel auf die Rückbank gestellt, darin war sie gut zu transportieren. Viertel vor Zehn war er auf dem Parkplatz vor dem Klinikum und nahm den Korb mit zur Geburtsstation. Ulla saß bereits fertig angezogen auf ihrem Bett, hatte die Kleine in einem Kissen auf dem Arm und plauderte mit Christina. Der übergab Hubert einen Korb mit Süßigkeiten, Wein und Zigaretten, bedankte sich für die gute Pflege und Betreuung. Ulla hatte das Kind im Arm und Hubert trug ihre Tasche zum Auto. Dort legte sie die Kleine in den Korb, er verstaute ihre Tasche, sie fuhren nach Hause. Auf dem Weg zurück erzählte Hubert die Neuigkeiten vom letzten Turnier und von dem Erfolg Juniors. Der würde ab heute Mittag zurück auf dem Hof sein. Als sie dort vorfuhren, kam Sieglinde aus der Tür und lächelte erwartungsvoll. Beide stiegen aus und Ulla holte die Kleine aus dem Korb, gab sie Hubert. „Du trägst jetzt deine Tochter hinein, bisher hattest du sie ja nicht auf dem Arm", lächelte sie. Ganz vorsichtig trug Hubert sie hinein, dabei blinzelte ihn das Mädchen an, sie wurde gerade wach. „Und jetzt?" fragte er drinnen. „Leg sie bitte in den Stubenwagen, da liegt sie gut."

Fasziniert sah Huber zu, wie sich das Kind die Augen rieb und gähnte. Ulla besprach sich mit Sieglinde, irgendwie hatte er das Gefühl überflüssig zu sein. „Also, ich fahre wieder ins Büro, da gibt es eine Menge Arbeit." „Alles klar, wir können heute um 17:00 Uhr essen, schaffst du es bis dahin?" „Ja klar, kein Problem." Irgendwie hatte er das Gefühl, dass ab heute Alles anders würde.

Dolle und Mielke trugen ihm die Erkundungsergebnisse der Häuser für das RAW und die Bauten für den

Schlachter und den Kartoffelbauer in der Nähe Gifhorns vor. Die Besitzer waren damit einverstanden, es ging jetzt um die Baugenehmigungen. „Wir schlagen vor, Schubert die Häuser des RAW bauen zu lassen und Fink die Sachen bei Gifhorn zu übergeben. Der Bau von Doris wird diese Woche fertig, danach kann er mit den ersten Arbeiten beginnen, die Baugenehmigung dürfte bald hier sein", sagte Mielke. „Niemann schaut sich das Bauernhaus in Cremlingen an, da werden wir bald ein Ergebnis haben." „Damit sollten wir etwas warten, mein Bruder sollte klären, wie hoch der Preis dafür ist."
„Niemann ist dort mit dem Vertreter der Landwirtschaftskammer verabredet, da werden wir einen reellen Preisvorschlag bekommen!"
„Das hört sich gut an, ich habe keine Lust für einen Trümmerhaufen viel Geld zu bezahlen, Jetzt etwas ganz anderes. Der Verkauf der Grundstücke hier im Dorf beginnt bald. Wir sollten festlegen, wer welches Grundstück haben will und das bei der Gemeinde reservieren."
Dolle nickte: „Ja, du hast recht. Was willst du denn damit machen?" „Ich habe die Idee, auf meinen zwei Grundstücken Reihenhäuser zu bauen. Mit Keller und einem Garten dahinter. Das gleiche gilt für Ulla mit ihren drei Grundstücken. Also müssen diese beiden Baugrundstücke nicht zu klein werden und nebeneinander liegen. Das werden zwar keine Paläste, aber für Leute mit nicht so hohem Einkommen gut zu mieten sein."
„Die Idee finde ich gut. Ich werde dir die Grundstücke heraussuchen und vorstellen, dann kannst du sie bei der Gemeinde anmelden."
Mielke ergänzte: „Wir können mit der Planung der Häuser beginnen. Wenn alles klar ist, könnte man mit dem Bau beginnen."
Nachdem das erledigt war, rief er nacheinander seine Jagdfreunde an und fragte, wer Interesse an den verbliebenen freien Grundstücken hätte. Der Schlachter hatte momentan keinen Bedarf. Der Bankdirektor

überlegte kurz und sagte für ein Grundstück zu. „Aber du musst das in der nächsten Zeit schnell anmelden, sonst sind die weg“, sagte Hubert und er versicherte, dass er in den nächsten Tagen dieses bei der Gemeinde tun würde. Erst zögerte der Apotheker, wollte sich mit seiner Frau besprechen, sie rief kurz danach an und sagte: „Wir nehmen zwei Grundstücke, die kann man uns bei der kommenden Währungsreform nicht mehr nehmen.“ Anschließend informierte er Lindner über die heranstehende Erschließung des neuen Baugebietes. „Müssen wir die Straßen und die Wege dazu bauen?“ fragte der. „Nein, da können wir mit dem Bauunternehmen aus Gifhorn zusammenarbeiten. Die Karte habe ich dir damals gegeben, nimm Verbindung mit dem und mit der Gemeinde auf. Unsere Leute bereiten das Gelände vor, wir sind für Wasser, Abwasser und Strom zuständig.“ „In Ordnung, das können wir problemlos machen, für den Rest habe ich keine Leute.“ Zu diesem gesamten Komplex erhielt Fischer die Aufgabe, alles vertraglich mit der Gemeinde zu regeln. Blieb Becker, der am folgenden Tag den Notartermin für den Kauf der SS-Villa und den Block an der Berliner Straße hatte. Dem übergab er das entsprechende Geld und besprach mit dem anderes. Vor allem informierte er den über das neue Baugebiet und seine Absicht mit den Reihenhäusern. „Gute Idee, so etwas sollte ich auch überlegen. Ich habe übrigens einen Mieter für die Villa. Der Geschäftsführer des Voigtländerwerkes interessiert sich dafür. Ein paar Sonderwünsche hat er, der Kamin muss gängig gemacht werden und außerdem legt er Wert auf eine geregelte Heißwasserversorgung für das Bad und die Küche.“ „Bekommst du das hin?“ „Den Kamin schon, aber bei dem Heißwasser muss ich mich mit Lindner und den Klempnern beraten, das wird etwas kosten.“ „Lass das ordentlich von unseren Leuten installieren, damit wird die Miete etwas höher. Das Geld für den Einbau kannst du von meinen Mietguthaben nehmen, so habe ich etwas zum Absetzen bei der Steuer.“

In der Zeitung hatte Gertrud einen Bericht vom Turnier in Bad Harzburg entdeckt und ihm ein zusätzliches Exemplar besorgt. Junior wurde dort besonders erwähnt, von ihm war ein Bild dabei. Die Zeitung packte er ein, als er gegen 16:30 Uhr nach Hause fuhr. Dort ging gerade der weibliche Besuch, der wegen des Kindes gekommen war. Dolles Frau war dabei und alle Lehrerinnen der Schule. Sie hatten auf der Veranda gesessen und mit Ulla Tee getrunken, das Baby war in seinem Stubenwagen dabei gewesen. Kaum war er im Haus, als er seine Tochter im Arm hatte. Aber jetzt war sie etwas ungnädig, fing an zu weinen. „Habe ich irgendetwas falsch gemacht?" Ulla lachte. „Nein, das Kind muss gereinigt und trockengelegt werden und außerdem hat es Hunger!" Sie nahm ihm das weinende Kind ab. „Ich versorge es. Wenn sie fertig ist, können wir essen." „Vorher gehe ich in den Stall."
Aus dem Sack mit Möhren hatte er sich mehrere mitgenommen und versorgte damit seine Vier und die beiden Stuten. Dabei schaute er genau, ob es ihnen gut ging. Bei Sandro musste ein Hufeisen befestigt werden und bei der neu gekauften Stute musste der ganze Beschlag erneuert werden. Das teilte er Weber mit, der gerade mit seiner Abteilung vom Platz kam. „Paul kommt morgen, dem werde ich das sagen." Junior kam als Letzter und brachte sein Pony in den Stall. „Hast du deine Schwester schon gesehen?" fragte ihn Hubert. „Ja vorhin, aber die schläft ja immer!" Hubert und Weber lachten. „Das ist immer so, wenn die klein sind. Aber da kannst du drauf warten, die wird schon lebendig", sagte Weber. Als sie aus dem Stall kamen, fuhr Jochen Bode auf dem Fahrrad auf den Hof. „Hubert, hast du nachher Lust mit mir eine kleine Runde im Gelände zu machen?" „Sehr gute Idee, aber erst müssen wir essen, in einer Stunde?" „Ja, das passt gut!"

Die beiden gingen ins Haus und dort gleich in die Küche. Sieglinde hatte gekocht, es roch verführerisch.

Der Tisch war gedeckt, als Ulla mit der Kleinen hereinkam und die in den Stubenwagen legte. Jetzt war sie satt und sauber, gähnte und schlief ein. Zum ersten Mal aßen sie wieder gemeinsam seit längerer Zeit und Junior nutzte die Gelegenheit, seiner Mutter zu erzählen, was in der Zwischenzeit geschehen war. Vor allem das letzte Turnier hatte es ihm angetan. „Ich glaube es kaum, du warst bei der Siegerehrung des großen Springens dabei?" sagte Ulla verblüfft.

„Doch Mama, wirklich!" „Ich kann es beweisen, es steht sogar in der Zeitung!" Hubert holte die aus seiner Tasche und legte sie aufgeschlagen vor Ulla. Beide studierten die Zeitung und Ulla schüttelte schließlich den Kopf. „Ich dachte, ihr wolltet mich veräppeln! Aber auf dem Foto seid ihr beide mit unseren Pferden." „Siehst du Mama, es stimmt doch!"

Sie strich ihm lächelnd über den Kopf. „Ich bin stolz auf meine beiden berühmten Männer."

Dabei zwinkerte sie Hubert zu, der das lächelnd verfolgt hatte. Nun wollte Junior seiner Mutter unbedingt das neue gewonnene Fahrrad zeigen. Sieglinde erbot sich, solange auf die Kleine aufzupassen und Hubert zog sich um, wollte mit Jochen Bode einen Ausritt machen.

Der stand bereits mit seinem Pferd vor dem Stall, Frank hatte ihm die junge Stute gesattelt und in der Stallgasse angebunden. Entspannt ritten die beiden in den lauen Sommerabend und unterhielten sich dabei. Hubert interessierte sich für die Entwicklung des Versicherungsgeschäftes von Jochen und der gab bereitwillig Auskunft. Er war gut ausgelastet, vor allem die Feuerversicherungen waren momentan sein Hauptgeschäft.

„Ohne Frau Schmitz im Büro würde ich das nicht schaffen. Ursel fährt zwar bisher den Verpflegungslaster für die Schulen, aber das hat bald ein Ende, so weit ist der Geburtstermin nicht entfernt. Wenn sie frei hat, erklärt Frau Schmitz ihr vieles. Das scheint ihr Spaß zu machen."

„Das ist gut, du kannst sie später mit ins Geschäft nehmen." „Das habe ich überlegt, warten wir ab, wie die Geburt verläuft." Nachdem sie ihre Pferde gut bewegt hatten, ritten sie gemütlich im Schritt zum Hof zurück. „Weißt du, das ist alles sehr schön mit den Versicherungen, aber hin und wieder fehlt mir doch ein wenig das, was wir so angestellt haben." „Du meinst unsere Raubzüge?" grinste Hubert. „Ja, die und die Sache mit der Pferdezurückholung." Also wenn sich wieder etwas in der Richtung anbahnt, denke ich an dich." „Gut, mir wird ein wenig langweilig."

Zufrieden brachten sie ihre Pferde in die Boxen und gingen nach Hause. Ulla plauderte in der Küche mit Sieglinde, die Kleine war bereits in ihrem Zimmer. Junior marschierte mit Prinz durchs Dorf. Gerade wollte Hubert unter die Dusche, als Fritz anrief. „Die Begehung mit dem Schätzer der Kammer lief sehr gut. Niemann war auf dem Hof und zeigte einiges, was dort bautechnisch zu machen ist. Das nahm der Mann auf, es drückt den Preis. Morgen Vormittag hole ich das Ergebnis aus Braunschweig und komme danach bei dir vorbei." „In Ordnung. Wann fangt ihr mit der Getreideernte an?" „Wenn es klappt und das Wetter mitspielt, fangen wir am Freitag an. Die Gerste bei Eltern ist als Erste dran." Unter der Dusche überlegte er, was da jetzt herauskommen würde, aber das wischte er zur Seite, zog sich bequem an und setzte sich an seinen Schreibtisch. Ulla saß ihm gegenüber und sortierte die Glückwunschpost zur Geburt. „Meine Güte, es haben viele geschrieben, einige kannte ich gar nicht. Habt ihr die in den geschäftlichen Verteiler genommen?" „Ja, wir haben das Angenehme mit dem Nützlichen verbunden."
Anschließend schilderte er ihr, was sich in ihrer Abwesenheit ereignet hatte. Sie nickte, als er den Plan mit den Reihenhäusern erklärte.
„Da kann ich das Geld von meinem Gehaltskonto für verwenden, das ist bisher kaum angebrochen." „Wenn

wir wissen, wieviel die Grundstücke kosten, fahren wir gemeinsam zur Bank und überweisen es." „Zwei Dinge wollte ich dir sagen. Erstens werde ich morgen meinen Stiftungsvorstand zu mir bitten, um zu erfahren, wie es mit dem Zeltlager klappt, das beginnt bereits Mitte der nächsten Woche, kurz nach Ferienbeginn." Sie nahm einen Schluck Malzbier, überlegte kurz und fuhr fort. „Hubert, ich liebe dich und werde immer deine Frau sein, mit allem, was dazugehört. Aber ich habe in der nächsten Zeit vermutlich ein Problem, so wie es beim ersten Kind war, meine Hormone werden längere Zeit verrücktspielen. Ich bin froh und glücklich wieder hier zu sein bei dir, aber bitte warte etwas. Irgendwann bin ich damit durch und alles ist wieder beim Alten. Die Frauenärztin wollte mir etwas verschreiben, aber sie wusste nicht, was das für Nebenwirkungen hat. Darauf verzichte ich, es wird schon wieder werden, mein lieber Mann!"

Hubert ging zu ihr, umarmte sie, gab ihr einen Kuss auf die Haare und sagte: „Alles in Ordnung, das bekommen wir hin, lass dir Zeit!" „Danke!"

Er setzt sich wieder und erzählte ihr die Sache mit dem Hof in Cremlingen. „Ich denke, Fritz sollte aufpassen, dass er nicht zu viel hat und sich übernimmt. Schau dir bitte den Hof selber an. Was hast du mit dem vor? „Also, um ganz ehrlich zu sein, weiß ich das nicht. Meine Tendenz geht dahin, den in Ordnung zu bringen und zumindest das Wohnhaus zu vermieten. Aber du hast recht, das sollte ich mir vor Ort anschauen."

„Die Sache mit den Pferden ist sehr schön, aber überlege, wohin sollen die eigentlich alle und von wem sollen die geritten werden? Willst du nicht nur reiten, sondern auch züchten? Die Voraussetzungen haben wir, aber zumindest ein wenig sollte dabei für uns herumkommen an Geld. Unserer Pferde werden von anderen geritten, die das umsonst dürfen. Willst du das so weiter machen?" Hubert schnaufte durch.

„Momentan geht das, aber auf Dauer nicht, stimmt. Ich werde den Winter abwarten, danach werden wir uns etwas Sinnvolles dazu ausdenken."

Eine Zeit lang plauderten sie weiter, bis Ulla aufstand.

„Die Kleine weint, ich werde sie jetzt stillen. Wenn du willst, schau zu."

Zum ersten Mal sah er, wie seine Tochter gestillt wurde. Ulla tat das sehr souverän und geübt, wie das anschließende Säubern und Wickeln.

„Mit den dreckigen Windeln werden wir länger zu tun haben, bis die Kleine stubenrein ist", lachte sie dabei.

Als Hubert am nächsten Morgen aufwachte, lag die Kleine zwischen ihnen, hatte einen Nuckel im Mund, an dem sie kaute und sah ihn mit großen Kulleraugen an. Ulla lag neben ihr und schlief. Lächelnd strich er vorsichtig über die weichen Wangen, deckte sie zu und erhob sich. Leise nahm er seine Sachen und verließ vorsichtig das Schlafzimmer. Lächelnd saß er später beim Frühstück. Das war eine bisher nie erlebte Situation gewesen, aber sehr schön. Gut gelaunt, fuhr er mit dem Motorrad zur Arbeit. Nachdem sich die morgendliche Hektik gelegt hatte, nahm er sein Motorrad und fuhr nach Cremlingen. Der Besitzer fütterte gerade die Tiere und begrüßte ihn fröhlich.

„Gestern kam die Genehmigung nach Australien ausreisen zu dürfen und dabei war meine Schiffspassage. Da muss ich zwar erst hinüber nach England und dort nach Southampton, aber das werde ich schaffen." „Da wünsche ich viel Glück, das wird eine längere Fahrt, hoffentlich ist das Meer ruhig, dann kann man sich erholen. War das gestern in Ordnung mit dem Mann von der Kammer?" „Ja, alles lief sehr fair und ordentlich ab. Die Mängel, die Ihr Bautechniker am Hof feststellte, waren schon länger bekannt, aber immer fehlte Geld, um sie zu beheben. Wollen Sie sich umschauen?" „Ja, deshalb bin ich hier." Der Mann beendete die Fütterung und ging mit Hubert über den Hof. „In Australien spricht man Englisch, können Sie das so gut?" Der lachte. „Ich habe eine

Sprachbegabung, kann dazu Französisch. Nach der Grundausbildung bin ich zur Funkauswertung gekommen, durfte die „Feindsender" und den Funkverkehr der Briten und Amis abhören. Man kann sagen, ich war einer der bestinformierten Männer, für das aktuelle Kriegsgeschehen, sah das Ende leibhaftig auf uns zukommen. Nur weg kam ich von meiner Einheit nicht, dazu wurde unsere Dienststelle zu gut bewacht. Im letzten Moment gelang es mir, im allgemeinen Chaos zu verschwinden und mich nach Westen durchzuschlagen. Lief natürlich prompt den Briten in die Arme. Im Kriegsgefangenenlager war ich als Dolmetscher eingesetzt. Daher hatte ich einen guten Draht zu den Bewachern. Als meine Eltern starben, ließen sie mich laufen, damit ich mich hier um den Hof kümmern konnte!"

Groß war das Hofgelände nicht. Neben der Scheune schloss sich der Kuh- und Pferdestall an, im rechten Winkel, der Stall für die Schweine und das Kleingetier. Dazu zwei Kammern, eine als Werkstatt, die andere für Holz und Kohle. Hinter diesen Stall lag eine mittelgroße Koppel. Gegenüber der Scheune das Haupthaus und daneben ein größerer Anbau für Knechte und Mägde. Im Haupthaus gab es eine obere Etage und einen großen Keller. Hinter dem Haus war ein großer Garten und dahinter ein zusätzlicher Grasgarten mit Apfel- und Birnenbäumen. Die Häuser bedurften dringend der Aufbesserung, das Dach war neu zu decken und die Treppe innen marode. Ähnlich sah es bei den Ställen aus. Gut, dass Niemann sich eingemischt hatte. Er verabschiedete sich von dem Mann, wünschte ihm für die Zukunft alles Gute und fuhr zurück in den Betrieb. Als er durch das Tor fuhr, sah er an der Rampe zwei Kühlwagen stehen, Fischer verkaufte also wieder Fisch. Weber kam ihm auf dem Fahrrad entgegen und hielt an. „Wie sieht der Hof in Cremlingen aus?" fragte er. „Da gibt es einiges zu tun, da werden wir unsere Zimmerleute und Grings gut beschäftigen können."

„Dafür sollte es im Wert nicht so hoch sein. Darf ich mal fragen, was ihr mit dem Hof vorhabt?" „Ja klar, um es mal so zu formulieren: Ich weiß es nicht. Vielleicht vermieten. Aber das wird bestenfalls für das Haupthaus gehen. Der Rest, großes Fragezeichen. Warum fragst du?" „Ich hatte von den Flüchtlingen einige zum Holzspalten. Zwei sind zu den Förstern gegangen. Aber da war ein junges Ehepaar dabei, die ohne zu reden, sehr gute Arbeit geleistet haben. Sehr fleißig und mit dem Blick für die Arbeit. Wenn man die aus den Baracken holen könnte, wäre das eine gute Sache." „Was können die denn beruflich?" „Sie war auf einem großen Gut für die Schweine und das Kleinvieh zuständig und er war im Pferdestall als Kutscher, Gespannführer. Er wurde eingezogen, verwundet und als die alle aus Pommern abhauten und nach Westen flüchteten, hat er sich aus dem Lazarett entlassen und fuhr mit seiner Frau einen Treckwagen, trotz nicht verheilter Schussverletzung, in der linken Schulter. Über die Elbe sind sie gekommen, aber dann war Schluss, der Treck löste sich auf und sie kamen schließlich hier in das Barackenlager." „Ist er denn wieder fit?" „Ja und wie. Papiere und Anmeldung alles in Ordnung. Wenn du die bekommst, hast du zwei loyale Menschen, die sich für dich den Arsch aufreißen." „Haben die Kinder?" „Junge und Mädchen, sehr gut erzogen, höflich und hilfsbereit." „Behalte das bitte im Gedächtnis, ich sage dir sofort, wenn wir wissen, was mit dem Hof geschehen soll."

Im Stabsgebäude war Rübkes Truppe damit beschäftigt, Pakete der Reichsbahnsachen auf den Boden zu bringen. Gertrud empfing ihn mit einem Zettel in der Hand.
„Gut, dass du kommst. Herr von Klagenheim bittet um Rückruf, ebenfalls der Bürgermeister, unser Arzt und das Reichsbahnausbesserungswerk. Becker hat sich zurück gemeldet vom Notar und dein Bruder will sich um 16:00 Uhr mit dem Vertreter der Kammer und dem

Besitzer aus Cremlingen bei uns im Besprechungsraum treffen." „Da haben wir ja genug zu tun. Ich gehe mit zu dem Treffen um 16:00 Uhr im Besprechungsraum. Sag Becker, dass er mitkommen soll. Als ersten den Doktor." Kaum saß er am Schreibtisch, da hatte er den schon am Hörer. „Hubert Wedel, ich habe hier einen jungen Arzt aus der Verwandtschaft, der wird mir helfen, den möchte ich dir gern vorstellen. Hast du Zeit?" „Ja, es ist jetzt 12:30 Uhr, um 13:15 Uhr hier bei mir?" „Wir werden da sein und deinen Kaffee genießen!"

„Jetzt den Bürgermeister!" Das war nicht so wichtig, der wollte ihm mitteilen, dass seine Jagdfreunde sich gemeldet hatten und damit alle Grundstücke reserviert waren. „Könntet ihr meinen Weizen mit eurer neuen Maschine mähen?" fragte er. „Davon gehe ich aus, aber sprich das bitte mit Fritz ab. Ich sage ihm, er soll sich bei dir melden." Von Klagenheim war der nächste. „Hubert, ich habe Samstag in Braunschweig einen Termin mit dem dortigen Schulrat. Da geht es um die Ausstattung von drei Volksschulen. Wenn ich schon in der Gegend bin, würde ich euch gerne besuchen." „Kein Problem, alter Freund, du bist willkommen. Übernachtung und Frühstück inklusive", lachte Hubert. „Danke, das nehme ich sehr gern an. Da ist nur ein kleines Problem, meine Verlobte, die Nichte von Waldeck, wäre dabei." „Das sehe ich nicht als Problem, sie ist ebenfalls willkommen!" „Wir sind gegen 15:00 Uhr am Samstag da."

Fehlte nur der stellvertretende Leiter des RAW. „Herr Wedel, nochmals herzlichen Dank für die Hilfe bei den Reichsbahnwagen und den anderen Sachen. Jetzt muss ich mich aber mit der Bitte um Hilfe an sie wenden." „Schießen Sie einfach los, ich bin neugierig." „Bei der Bahn läuft ja schon seit längerem das große Aufräumen und die Wiederherstellung von Strecken. Drei der Gleise, die Sie freigeräumt haben, sind bei uns voll mit Schadloks und mir fehlen qualifizierte Arbeiter. Viele sind in Gefangenschaft oder können auf Grund von Verwundungen nicht mehr eingesetzt werden. Mit der Reparatur von defekten Brücken und Gleisen kommen wir wieder in Gegenden, auf denen Züge und defekte Loks stehen, die bisher nicht geborgen werden konnten Man schiebt uns solche Züge zu, zum Abrüsten. Zwei davon stehen schon wieder auf dem Hauptgüterbahnhof und ein dritter ist avisiert. Können Sie uns dabei helfen, diese Züge zumindest auszuräumen?"

„Wir haben das ja bereits mit zwei Salonzügen und dem letzten gemacht. Kommt natürlich darauf an, um was es sich handelt." „Also erstes wäre da ein Lazarettzug. Das sind fast alles Personenwagen, die bräuchten wir dringend für den Normalverkehr." „Ich denke, das wäre nicht das große Problem. Wann sollte das denn sein?" „Möglichst schnell, der Platz wird gebraucht. Wenn es passen würde, könnte ich den Zug am Freitagvormittag, schon früh, bei Ihnen hineinschieben lassen." „Ich spreche mit dem DRK und unserem Arzt, der die betreut, ob die unterstützen können. Wenn das nicht passt, rufe ich sie heute bis 17:00 Uhr an, sonst ist das so in Ordnung." „Vielen Dank Herr Wedel, wir stehen in Ihrer Schuld, aber das werden wir ausbügeln."

Das war ja eine irre Sache, überlegte Hubert, als er den Hörer aufgelegt hatte. Aber der Doktor kam ja, das konnte er mit dem besprechen. Pünktlich war der da, in seinem Gefolge ein mittelgroßer drahtiger Mann mit einem festen Händedruck. Hubert bat sie zu den Sesseln und Monika servierte Kaffee für die Drei. Der Doktor erzählte in seiner kurzen trockenen Art, dass der junge Mann, ebenfalls Arzt, aus der amerikanischen Kriegsgefangenschaft entlassen worden sei und jetzt bei ihm, seinem Onkel, sozusagen ein Praktikum als Landarzt absolvieren würde. Hubert hörte interessiert zu und fragte den recht jung aussehenden Mann, wo er seine Kriegszeit verbracht hätte. Der stellte seine Tasse ab und antwortete ruhig: „Ich war Assistenzarzt hier in Braunschweig und von dort hat man mich eingezogen zu den Fallschirmjägern, die hier stationiert waren. Die große Zeit der Sprungeinsätze, wie Kreta, war vorbei,

trotzdem musste ich den Springerlehrgang absolvieren. Danach wurde ich nach Italien versetzt zu den Fallschirmjägern am Monte Cassino. Das war eine harte Zeit für einen jungen Arzt. Aber dann wurde es schlimmer, ich kam zu den Fallschirmjägern in den Hürtgener Wald unter General Student. Das war böse für beide Seiten. Als wir da raus mussten, konnte mein Lazarett nicht mehr rechtzeitig verlegt werden, ich blieb dort bei den Verwundeten, bis uns die Amerikaner gefangen nahmen. Man behandelte uns trotz der erbitterten Kämpfe jedoch human, meine Verwundeten wurden alle versorgt, nicht wie an der Ostfront, wo es diese russischen Exzesse gab. Nun ja, ich wurde jetzt im Mai entlassen und wandte mich an meinen Onkel, um bei dem zu hospitieren. Mittelfristig möchte ich eine eigene Praxis eröffnen." „Soll das hier in der Gegend sein?" Der Onkel antwortete: „Also ich habe meine Praxis mittlerweile voll, die Dörfer rundherum kommen alle zu mir. Ich bin der Meinung, für den Bereich Sickte – Cremlingen fehlt ein Arzt."
„Vielleicht finden wir da etwas." „Hubert behalte das mal in deinem Hinterkopf." „Aber vorher habe ich etwas für euch beide. Für dich als Arzt des DRK und für sie als ehemaligem Truppenarzt, der organisieren und improvisieren kann." Er erzählte die Geschichte vom Lazarettzug, der hier am Freitag hereingeschoben werden sollte. „Und wir können das alles behalten, was da an Bord ist?" fragte der Doktor. „Ja, die Bahn möchte die Wagen möglichst schnell zurückhaben. Was mit den Sachen da drinnen passiert, ist denen egal!" „Damit könnte ich meine Ortsgruppen ausstatten, was ist denn da alles drin?" Der junge Arzt antwortete: „Ich habe mir diese Züge schon mehrfach anschauen können und müssen. Die Masse der Wagen ist für den Transport der Verwundeten hergerichtet mit Betten. Dazu gibt es einen Küchenwagen mit Proviant, ein kleiner OP für Notfälle, eine Apotheke und einen Wagen für die Ärzte und einen Verwaltungsbeamten. Ein Gepäckwagen ist für Krankenstühle und ähnliches dabei." „Das ist eine

Menge Zeug und das soll alles weg?" „So ist es Doktor. Ihr könnt den Zug haben, aber den Wagen für die Ärzte und die Verwaltung würde ich gern untersuchen und ausräumen, die Möbel wären für meine Leute. Für den Wegtransport kann ich euch mit Lastern unterstützen und bei Bedarf mit Handwerkern. Traut ihr euch das zu, das zu wuppen?" Die beiden Ärzte sahen sich an, beide nickten. „Ich setze eine Übung für das DRK an mit verschiedenen Ortsgruppen. Arbeitskräfte hätten wir genügend, nur wohin mit den Sachen?" „Fragt mal den Bürgermeister, dessen Feldscheune ist fast leer und so viel Vieh hat er nicht mehr." „Darum kümmere ich mich gleich, habe nur ein Problem, die Apotheke. So gut kenne ich mich da nicht mit speziellen Sachen aus." „Ich habe einen Jagdkameraden, der hat zwei Apotheken in Braunschweig. Soll ich den anrufen?" „Nicht nötig, wir kennen uns, das mache ich gleich mit", grinste der Doktor. Mehrere Details klärten sie, dann mussten sie los, um die Vorbereitungen zu starten..

Pünktlich um 16:00 Uhr war er im Besprechungsraum. Der Mann der Kammer begann seinen Vortrag. Insgesamt kam er auf einen Kaufpreis von 205.000 RM, wobei der Hof selber mit 80.000 RM zu Buche schlug. Hubert sah Becker an, der nickte leicht, ebenso Fritz. „Was sagen Sie dazu?" fragte der Kammerbeauftragte in die Runde. Der Verkäufer sagte: „Ich bin einverstanden, das ist mein Startguthaben für Australien." Fritz ergänzte: „Ich nehme den ganzen Bereich der Felder, Wiesen und den Wald!" Hubert fuhr fort: „Ich nehme den Hof mit den Gebäuden, den Garten und der Koppel!" „Sehr gut", sagte der Mann und schlug seinen Ordner zu, „also haben wir das. Bleibt Ihnen nur der Weg zum Notar!"
Jetzt meldete sich Becker: „Freitag 10:00 Uhr bei unserem Notar, ich kann alle ab 09:15 Uhr von hier mitnehmen!"
Als der Rest weg war, gingen Fritz und Hubert in dessen Büro. „Was willst du mit dem Hof anfangen?" fragte

Fritz. „Das Haupthaus lasse ich renovieren und will es vermieten. Die Scheune brauche ich für Heu und Stroh. In das Gesindehaus werde ich ein Flüchtlingsehepaar unterbringen, die für den Hof sorgen. Die Kaltblüter werde ich zu Rückepferden ausbilden lassen und in den Harz verkaufen. Willst du die Kühe haben?" „Ne, ich habe genug, kann keine mehr unterbringen, auch unsere Eltern haben genug." „Gut, die werde ich schon los. Mittelfristig will ich dort die Stuten, Fohlen und Jährlinge unterbringen." „Das gibt Sinn. Morgen werde ich Becker das Geld gehen und ihm die Vollmacht unterschreiben. Freitag um 09:00 Uhr wollen wir anfangen mit der Gerste bei unseren Eltern. Schau dir das an, ich bin richtig gespannt."

Den ganzen Tag über war es schon sehr schwül gewesen, aber bisher zeigten sich keine Zeichen für ein bevorstehendes Gewitter. Ulla saß mit der Kleinen auf der Veranda und schnibbelte Bohnen. „Guten Tag, mein lieber Mann", lächelte sie, „hast du heute Morgen unseren Besuch im Ehebett mitbekommen?" „Ja habe ich, wir haben uns beide angelächelt, sie ist eingeschlafen und ich bin leise verschwunden." „Ja, sie ist tatsächlich sehr friedfertig, das ist wunderbar. Nur, wenn sie Hunger hat, meldet sie sich energisch und kräftig." „Geht es euch beiden gut?"
„Der Kleinen sowieso und ich bemühe mich, den Anweisungen der Ärztin zu folgen und mich zu schonen, aber das ist nicht einfach. Heute Vormittag war ich mit ihr im Kinderwagen kurz in der Schule, wollte schauen, was es Neues gibt. Nächste Woche ist da Ruhe wegen der Ferien."
„Wann willst du deine Besprechung wegen des Zeltlagers machen?" „Heute um 18:30 Uhr kommen alle, dann setzen wir uns hier nach draußen. Was gibt es bei dir Neues?" „Es gibt Dinge, die glaubt man nicht, aber der Reihe nach." Sie hörte aufmerksam zu, schnibbelte dabei ihre Bohnen weiter. „Die Idee mit dem Hof finde ich wunderbar, also werden wir doch in die Zucht

gehen. Wenn du dieses Ehepaar aus Pommern bekommen kannst, wäre das gut. Wo willst du die unterbringen?" „Ich dachte, in dem Anbau. Das kann man problemlos für eine vierköpfige Familie herrichten. So lange, bis das fertig ist, kann man sie im Haupthaus wohnen lassen und das anschließend auf Vordermann bringen."

„Wann will der Mann von dort wegziehen?" Hubert lachte. „Eigentlich erst Ende nächster Woche, aber heute nach dem Gespräch sagte er, dass er die Chance nutzen und am Samstag loswollte. Auf dem Weg zum Schiff würde er ehemalige Kriegskameraden besuchen. Mit dem Geld für den Hof will er etwas erleben." „Dann kannst du ja ab Samstag diese Familie dort unterbringen. Wie willst du die bezahlen?" „Das will ich von meinem Geld, das ich monatlich von der Firma beziehe, tun." „Das ist gut so, da kann dir niemand etwas nachsagen. Wenn die Ehefrau den Garten bewirtschaftet, kann sie Geschäfte mit Malwine machen." „Daran dachte ich gar nicht. Die kann das mit den Kleintieren und dem Federvieh tun." „Die Sache mit dem Lazarettzug ist spannend, da musst du mich bitte auf dem Laufenden halten." „Hans-Wilhelm ist gleich da, wolltet ihr essen?" „Ja, Hunger habe ich. Wenn du deine Besprechung hast, kann ich mit Junior einen Ausritt machen, am Wochenende ist kein Turnier, also Ruhe, aber die Pferde müssen bewegt werden." „Du musst mit dem Ehepaar aus Pommern reden." „Da werde ich vorher mit Weber sprechen und den bitten, die nach dem Ausritt auf den Hof zu holen."

Junior war ganz begeistert, mit seinem Vater ausreiten zu dürfen. Weber sichert zu, dass Ehepaar später zu einer Besprechung auf den Hof zu holen. Natürlich nahm Hubert dabei Rücksicht auf den Jungen, nahm die Galoppstrecke nicht so stürmisch wie sonst, der Junge hielt tapfer mit. Ihr Ziel war die Försterei von Wagner. Der saß mit seiner Familie vor dem Haus und genoss den Abend. Nachdem sie über die Organisation des anstehenden Lehrganges für die „Jungjäger" geredet hatten, sagte der: „Für euch beide habe ich etwas, wartet kurz." Er verschwand in seiner Werkstatt und kam mit zwei Sachen zurück. „Hier ist das Gehörn deines Bockes, wir haben es auf einer Holzscheibe angebracht. Und das hier ist für dich, Hans-Wilhelm. Das ist das Fell dieses Bockes. Es ist sauber und gut verarbeitet, du kannst es vor dein Bett legen." Stolz nahm es der Junge in Empfang, betrachtete und befühlte es aufmerksam. „Danke, das ist toll." Wagner lachte. „Dachte ich mir, dass es dir gefällt. Ich habe hier für euch einen alten Rucksack, da könnt ihr alles reinpacken und mitnehmen."

Vor dem Stall stand Weber mit einem Mann und einer Frau, redete mit denen. Hubert gesellte er sich zu den dreien und begrüßte sie. Von Weber wurden sie ihm vorgestellt. „Dieses ist die Familie Klavas. Ich kenne sie bereits von der Aktion Holz. Wir sind danach im Gespräch geblieben." Hubert stellte sich vor und sagte: „Wir setzten uns an den Holztisch vor dem Haus in die Sonne. Trinken Sie ein Bier mit?"
Beide sahen sich kurz an, er nickte und sagte: „Ja gerne, wir möchten Ihnen aber nicht zur Last fallen!"
„Das tun Sie nicht, gar nicht, ich will ja etwas von Ihnen!" Weber war schon unterwegs und brachte vier Flaschen Bier. „Prost", sagte Hubert, trank allen zu und nahm einen tiefen Schluck. Er wandte sich dem Ehepaar zu und erklärte den beiden, dass er den Hof gekauft hätte und was er mit dem vorhatte. Die beiden hörten schweigend, aber aufmerksam zu. Er endete mit den Worten: „Das ist es, was meine Frau und ich vorhaben, nun brauchen wir jemanden, der sich um den Hof kümmert und dort die Arbeit verrichtet."
Der Mann sagte ruhig: „Wir möchten uns vorstellen. Wir sind das Ehepaar Egon und Marie Klavas, haben zwei Kinder, zwölf und zehn, und kommen von einem Gut in Hinterpommern. Dort war ich zuständig für den Pferdestall und meine Frau für die Schweine, das Klein- und Federvieh. Außerdem half sie bei Bedarf in der

99

Küche. Dort haben wir geheiratet und sind unsere Kinder geboren. 1942 wurde ich eingezogen zur Wehrmacht und kam zu einem neuen Panzergrenadierregiment. Dort fuhr ich Munition und Betriebsstoff, als die Laster kaputt waren, mit einem Gespann. Im Herbst 44 wurde ich durch einen Granatsplitter an der Schulter verletzt und kam in ein Lazarett an der Ostsee. Von dort bekam ich mit, dass die große Flucht begann. Ich war zwar nicht vollständig geheilt, wollte aber unbedingt zu meiner Familie und die dort wegbringen. Ein Arzt, der das alles verstand, schrieb mich „nicht mehr kriegsverwendungsfähig" und vermerkte das in meinem Wehrpass. Nach längerem Suchen fand ich meine Familie in einem Treck des Gutes. Gemeinsam zogen wir über die Elbe bei Dömitz, kurz bevor die Brücke gesprengt wurde. Als der Treck aufgelöst wurde, schlugen wir uns durch nach Braunschweig, weil hier Verwandte meiner Frau wohnten. Allerdings waren die in der großen Bombennacht in ihrem Keller erstickt. Das war das Ende, seit der Zeit leben wir in der Baracke."

„Das kommt mir alles sehr bekannt vor. Was halten sie von unserem Angebot?" fragte Hubert. Dieses Mal antwortete sie, ebenso ruhig.

„Herr Weber hat uns das angedeutet. Wir würden das sehr gern machen, wollen raus aus der Baracke und wieder richtige Arbeit haben. Unsere Kinder gehen hier zur Schule, das soll so bleiben. Ich mache sehr gern die Gartenarbeit und arbeite mit den Tieren. Mein Mann kann eigentlich alles in der Landwirtschaft, vor allem, was mit Pferden zu tun hat, außerdem hat er einen Führerschein. Wann sollen wir anfangen? Morgen?"

Hubert lachte. „Nein, der Mann ist bisher nicht weg. Ab Samstagvormittag steht hier für sie ein Opel Blitz, den können sie nehmen, um Ihre Sachen dorthin zu bringen. Aber bitte erst in das Haupthaus, das Haus daneben, in das sie einziehen sollen, müssen wir renovieren. Wenn das fertig ist, ziehen sie dort rein und wir fangen mit dem Haupthaus an. Ihren Lohn erhalten

sie von mir und meiner Frau, über die Miete werden wir uns einig, wenn sie in dem kleinen Haus sind. Vorher zahlen sie nichts. Von den Tieren behalten wir die zwei Kaltblüter, die Schweine, das kleine Getier und das Geflügel, die Kühe werden wir verkaufen. Wissen Sie was Rückepferde sind?" „Ja klar, mit denen haben wir im Wald gearbeitet." „Sehr gut. Die beiden Kaltblüter sollen dazu ausgebildet werden, im Winter sollen die im Wald arbeiten." „Das bekomme ich hin, ich kann das." „Noch besser. Es kann sein, dass mehr Kaltblüter dazu kommen, die ebenfalls so ausgebildet werden sollen. Ansonsten haben sie auf dem Hof und im Garten freie Hand. Wenn sie Baumaterial oder Anderes brauchen, wenden Sie sich bitte an Herrn Weber. Haben Sie weitere Fragen?" Der Mann antwortete ruhig: „Nein, momentan nicht. Ich möchte mich im Namen meiner Familie bedanken für diese Möglichkeit, zurück ins Leben zu kommen und zu arbeiten, Sie können sich absolut, auf uns verlassen." Alle erhoben sich und Hubert gab beiden fest die Hand. „Auf gute Zusammenarbeit!" Die beiden verabschiedeten sich und gingen. „Ich denke mit denen hast du einen guten Fang gemacht!" sagte Weber. „Ja, ich glaube das auch. Für dich habe ich etwas für Freitag." Ausführlich erklärte er ihm die Sachen mit dem Lazarettzug.
„Ich habe die Wagen für die Ärzte und den Verwaltungsteil für mich reserviert. Stell dort bitte die besseren Möbel sicher, die Klamotten, kein medizinisches Zeug und schmeiß alles aus den Schränken in Kartons. Nimm dir von dem Bettzeug, was ihr braucht, für Frank und die Familie aus Cremlingen ebenfalls. Gertrud und Regina schicke ich dir vorbei, die sollen etwas abbekommen. Den Rest verteilst du an unsere Leute. Alles was wertvoll erscheint in Kartons und hier unter das Schauer, das prüfen wir hier. Nimm Rübke und Iwan dazu, die anderen Metaller können dem DRK helfen." Weber hatte sich Stichpunkte in sein Heft geschrieben. „Alles klar, wann kommt der Zug?" „Angeblich recht früh, wenn ich es weiß, sage ich es dir

sofort." Im Haus herrschte Aufbruchstimmung, der Vorstand hatte getagt und brach auf. Als alle gegangen waren, sagte Ulla: „Ich muss die Kleine stillen und fertig machen, bin in ihrem Zimmer. Wenn du willst, komm hoch, ich erzähle dir alles dabei."

Während sie das Kind stillte, berichtete sie, was besprochen worden war. Das Kind ließ sich nicht stören, saugte friedlich, bis es satt war.

„Alles ist sehr gut vorbereitet, das Essen ist so, wie du es mir gesagt hast und irgendwer ist immer in der Nähe, um aufzupassen. Die Einteilung hat Blacky mir gezeigt, fast alle sind beteiligt. Am Mittwoch, wenn die mit dem Bus geholt werden, versammeln wir sie in der Firma im Aufenthaltsraum, da bekommt jeder ein Glas Milch. Ich werde sie begrüßen und alle vorstellen. Danach bringen sie ihre Sachen zu den Zelten und machen einen Rundgang durch die Firma. Anschließend ist Essen und Schwarz übernimmt alle. Hubert, was ist da draußen los?"

Hubert horchte: „Das hört sich wie ein Gewitter an. Du kannst beruhigt sein, seit 14 Tagen haben wir auf allen Gebäuden einen Blitzableiter!"

„Wie tröstlich, ich werde jetzt die Kleine baden und fertig machen." „Wenn du fertig bist, komm runter, dann erzähle ich dir von mir. Ich gehe durch die Ställe, schaue, ob alles ruhig ist." Er zog sich eine Regenjacke an, ging durch den strömenden Regen zum Stall. Dort kam ihm Richard entgegen, der hatte die gleiche Idee gehabt. „Alles ruhig, nur der neue Wallach von Regina war etwas unruhig, aber jetzt ist er friedlich."

Das Gewitter stand genau über ihnen, Blitz und Donner wechselten in kurzer Reihenfolge ab, der Regen kam weiter in gleicher Stärke.

„Jetzt bleiben wir hier und rauchen eine, bis das Gewitter weiterzieht." Das taten sie, bis sich das Gewitter abschwächte. Beide gingen zurück zu ihren Frauen. Ulla saß am Schreibtisch, hatte ein Glas Malzbier vor sich, auf Huberts Schreibtisch stand ein

Glas Whisky. Nachdem er die nassen Sachen aufgehängt hatte, kam er herein und setzte sich. „Oh, das ist aber nett, danke!" Sie lächelte zaghaft. „Hubert, ich würde jetzt so gern das tun, was wir immer so gern gemacht haben, aber irgendwie kann ich es nicht." Er nahm einen tiefen Schluck.

„Jetzt bleib ganz ruhig, das wird schon wieder, ich beschwere mich doch gar nicht!" Sie nickte und begann ihren Schreibtisch aufzuräumen. Hubert notierte sich, was er morgen zu tun hatte und legte das Geld für Becker bereit. Danach sagte er: „Komm, meine Liebe, wir gehen ins Bett, du brauchst Schlaf!" Sie ging voraus, er löschte das Licht, verschloss die Tür und folgte ihr. Als er ins Schlafzimmer kam, lag sie bereits im Bett. Auch er legte sich nieder und streichelte sanft ihren Arm. „Schlaf gut!" Sie drehte sich um, krabbelte unter seine Decke und kuschelte sich eng an ihn. Als er den Arm um sie legte, spürte er, wie sie weinte. Er hielt sie einfach fest, beide schliefen so ein. Am nächsten Morgen lag er allein im Bett. Etwas verblüfft machte er sich fertig und ging in die Küche. Dort saß Ulla vor einer Tasse Tee im Morgenmantel, der Tisch war für ihn gedeckt. „Die Kleine kam so früh, da bin ich gleich aufgeblieben und habe dein Frühstück gemacht." „Danke, geht es dir gut?" „Wieder besser!" Hubert erzählte ihr von den gestrigen Dingen. „Wir sollten am Sonntag dort gemeinsam hinfahren und uns das ansehen." „Ja gerne. Das von Klagenheim am Samstag kommt und hier übernachtet, mit Verlobter, habe ich dir erzählt?" „Ja, das werde ich mit Sieglinde vorbereiten, kein Problem." „Jetzt legst du dich hin und schläfst ein wenig." Sie nickte und gab ihm einen Kuss, als er ging.

Auf dem Motorrad genoss Hubert die frische Luft nach dem Gewitter, schnell kam er auf andere Gedanken. Nachdem er Becker das Geld für den Hof übergeben hatte, ging er zu Dolle und sah sich dort den Bebauungsplan an. Nach seinen Wünschen hatten sie die Grundstücke für ihn und Ulla ausgewählt. Seine beiden Flächen hatten zusammen 986 m² und die von Ulla 1510 m².

„Das macht für dich einen Preis von 11.832 RM und für Ulla 18.120 RM. Aber dabei ist die Erschließung." „In Ordnung, meldet das bitte der Gemeinde. Bei wem muss ich bezahlen?" „Im Gemeindebüro. Wenn alle bezahlt haben, wird das ganze Gebiet bei einem Notartermin übertragen., Becker hat das im Griff." „Weil ich gerade hier bin. Auf dem gekauften Hof in Cremlingen will ich vor dem Haupthaus das Gesindehaus für eine vierköpfige Familie ausgebaut haben, das Haupthaus und der Rest kommt danach. Könntet ihr da bitte jetzt schon drangehen?" „Das sollten wir gleich angehen. Niemann ist vorgesehen für das ganze Projekt, der kann da heute hinfahren." „Dabei kann er Olbrich den Zimmermann mitnehmen, der soll das ja vermutlich machen." „Gut, machen wir. Aber da ist mehr als nur für den Zimmermann, die Klempner und Elektriker müssen dort anschließend arbeiten."

Lindner, den er besuchte, arbeitete mit seinen Leuten an der Planung für die Erschließung des neuen Baugebietes. Die waren mitten in der Planung da wollte er nicht stören, also ging er in sein Büro, da lag genug Arbeit für ihn an. Gegen 15:30 Uhr erschien Regina bei ihm.

„Ich habe alles überprüft und habe herausgefunden, wo, wann und wie Geld abgezweigt und verschoben wurde." „Bitte zeig mir das einmal." Auf drei DIN A4 Seiten hatte sie dargestellt, wann welches Geld wohin verschwunden war. „Er hat versucht, zu verschleiern, aber so ganz klug war das nicht, der muss einen Freund gehabt haben, der da wegsah bei der Überprüfung." „Vielleicht wurde der geschmiert?" „Davon ist auszugehen. Insgesamt wurde das Geld auf drei Konten bei verschiedenen Banken verschoben und sollte da sein, die Konten habe ich hier hingeschrieben und die vermutliche Summe, die dort liegen müsste. Und versteckt lag darin ein Schlüssel mit einer Bankbezeichnung, das kann nur ein

Schließfach sein." „Um welche Summe handelt es sich insgesamt?" „Habe ich hier notiert, nach meiner Rechnung sind es gesamt 432.500 RM." „Oh, das ist eine schöne Menge." „Ja, aber leider kommt man da nicht ran, schade. Was soll jetzt mit den Sachen geschehen?" „Mhm, ich denke, das sollten wir der Finanzverwaltung in Hannover übergeben, vielleicht kommen die da dran."

„In Ordnung. Ich packe das alles zusammen als Paket und du sagst mir, wohin ich das schicken soll." Auf dem Weg nach Hause überlegte er, wie nun mit diesem ganzen Zeug umzugehen sei. Er selber wusste nicht, wie man an dieses Geld herankommen könnte. Vielleicht war es das einfachste, seine Tante anzurufen, eigentlich hatte die immer eine Idee.

Nach dem Essen bewegte er Sandro und die Stute ausgiebig, später setzte er sich an seinen Schreibtisch. Nachdem Ulla Junior ins Bett gebracht hatte, setzt sie sich ihm gegenüber und sortierte einiges. „Was ist los? Hast du ein Problem?" Er erzählte ihr die Sache mit den Buchungen auf andere Konten und sagte, dass er da nicht weiterkäme. „Frag doch deine Tante, die hat bisher immer eine Lösung gefunden."

Schnell hatte er sie am Telefon und erzählte ihr die ganze Sache. Die hörte zu und sagte: „Das ist nicht einfach. Fast glaube ich, ohne die Hilfe deines Onkels kommen wir da nicht weiter. Schick mir das ganze Paket zu und ich werde sehen, was wir damit machen." „Das mache ich morgen, aber es drängt ja niemand." „Das nicht, nein, aber was weg ist, ist erledigt und ich weiß nicht, wie lange wir solche Geschäfte weiter machen können. Übrigens die Verhandlung gegen diesen SS Führer läuft diese Woche. Mord in fast 400 Fällen lautet die Anklage. Ich weiß nicht, ob der das lebend übersteht. Die britische Militärgerichtsbarkeit ist da knochentrocken." Anschließend plauderte Ulla mit ihr und Hubert packte seine Sachen zusammen. „Ich gehe jetzt zu Bett heute bin ich echt müde." „Nimmst du mich mit?" „Aber ja, gerne, Madame!"

„Heute ist Hauptkampftag!" sagte er am nächsten Morgen beim Frühstück zu Ulla, „Heute kommt der Zug." Er zählte auf, was sonst anlag.
„Da wünsche ich dir viel Erfolg. Wir gehen heute an die Kartons mit der Bürobekleidung." „Aber bitte nichts heben!" „Nein, nein, ich hole mir Hilfe."
Wegen des schönen Wetters nahm er heute wieder das Motorrad. Schon kurz hinter dem Hof sah er eine Dampfwolke über dem Bahnhof, war der Zug bereits dort? Auf dem Firmengelände herrschte ein großes Gewusel, die letzten Kolonnen brachen gerade auf und um die Rampe sammelten sich viele Menschen in DRK Uniform. Dort fuhr er hin und ging zum Doktor, Hartig, dessen Neffe, kam ihm lächelnd entgegen.
„Hier ist eine Befehlsausgabe etwas anders, als ich es bisher gewohnt und erlebt habe, aber mein Onkel macht das sehr souverän."
Hubert lachte: „Der Vergleich stimmt, aber wenn es klappt, ist es doch wunderbar. Wie viele Leute habt ihr?" „Er hat vier Ortsgruppen alarmiert und ein paar Spezialisten, das sollte reichen. Von euch haben sich drei Fahrer bei ihm gemeldet, die den Transport durchführen sollen. Die große Feldscheune vom Bürgermeister hat er natürlich sofort bekommen, da soll alles hin. Woher er die Menge großer Regale organisiert hat, die dort gerade aufgebaut werden, kann ich leider nicht sagen." „Manchmal ist es besser, man weiß nicht alles", grinste Hubert und suchte Weber. Der stand mit seinen Leuten am Anfang der Rampe und hob die Hand, als er sah das Hubert zu ihm schaute. Sofort kam der zu ihm.
„Alles zusammen?" fragte Hubert. „Habe Richard dabei, der weiß, was einzusammeln ist", sagte er, „dazu habe ich die beiden Klavas, zwei Flüchtlinge, die nächste Woche bei den Förstern anfangen, vier Leute von Rübke mit zwei Lastern und Iwan mit einem Helfer. Drei Laster

106

stehen zum Transport bereit." „Sehr gut. Meine Mädels aus dem Vorzimmer sollen sich etwas holen, da rufe ich von Gert aus an. Der Zug kommt zwar gerade, aber ich denke, der muss geteilt, an beide Seiten der Rampe herangefahren werden. Bin gleich zurück." Er ging die paar Schritte zur Werkstatt rief im Büro an. Sofort hatte Hubert Gertrud an der Strippe. „Moin meine Liebe. Ich bin hier an der Rampe bei dem Lazarettzug. Sag bitte Monika und Regina, sie sollen mit meinem Lieferwagen, der vor dem Haus steht, herkommen und sich Bettzeug und ähnliches abholen. Das Paket, was Regina verpackt hat, soll sie dir geben. Du beschriftest es mit der Adresse meiner Tante und Anja bringt das heute Morgen zur Post." Er legte auf und ging mit Gert zur Rampe. Der Zug wurde gerade geteilt, um die Hälfte an die andere Seite der Rampe zu schieben. Der Mann, der die Waggons entkuppelt hatte, trug entsprechende Schutzkleidung und kam suchend von der Rampe. „Guten Morgen", sagte Hubert, „suchen Sie vielleicht mich? Ich bin Hubert Wedel." Der Mann lachte: „Guten Morgen, ja genau, Sie suche ich. Mein Chef der stellvertretende Leiter hat mich mitgeschickt, ich soll Ihnen behilflich sein und anschließend etwas ankündigen." „Prima, über das zweite reden wir gleich, aber jetzt zu dem Zug, was ist in welchem Wagen?" „In dem Packwagen hier vorn ist die gesamte Technik für den Zug, in den beiden langen umgebauten Personenwagen dahinter sind die Unterkünfte der Ärzte, Pfleger und Schwestern, ein Besprechungsraum und ein Büro der Verwaltung. Danach kommen die Lazarettwagen, in der Mitte ein kleiner OP mit Apotheke und ganz zum Schluss die Küche und der Wäscheteil." „Alles klar, Moment, ich muss einteilen."
Hartig und Weber rief er zu sich und sagte: „Die ersten drei Wagen hier rechts sind unsere, die anderen eure. Ist der Apotheker schon da?"
Eine Stimme hinter ihm sagte: „Bin gerade gekommen, moin Hubert, ich habe mitgehört, gehe zum Doktor."
Monika und Regina standen neben ihm. „Geht zu Weber

und nehmt euch, was ihr brauchen könnt, denkt an Anja, Gertrud und die anderen Mädels." Regina wollte etwas sagen, aber Monika nahm sie am Arm und zog sie mit, sagte nur: „Alles klar, Chef!" Gert hatte das grinsend beobachtet. „Du hast deine Jungs und Mädels gut im Griff", sagte er. Hubert lachte: „Gelernt ist gelernt. So, jetzt zum nächsten Punkt, was Sie mir mitteilen wollten, Herr Reimann."

Das Namensschild trug der auf seiner Schutzjacke. „Ich bin begeistert, wie gut hier alles klappt. Also, wir haben weitere zwei Züge und ich soll die Entladung und alles drumherum mit Ihnen absprechen. Unser Problemfall ist ein kleiner Truppentransport mit zwei Personenwagen und zwölf Gerätewagen. Auf denen stehen zwei Lkws, Anhänger und vier Kettenfahrzeuge. Dazu drei Güterwagen mit allem Möglichem. Wir bekommen die Lkws und die Kettenfahrzeuge nicht entladen, das kann keiner unserer Leute. Wohin die sollen, wissen wir nicht." Bevor Hubert etwas sagen konnte, sagte Gert: „Ich bin Gert Wedel, einer der Brüder. Ich kann die Sachen entladen und weiß, wohin damit. Daher würde ich das gerne übernehmen."

Reimann schaute Hubert an, der nickte lächelnd: „Das was er sagte, stimmt, das ist Ihr Mann dafür. Der bekommt das gut in den Griff, Sie brauchen nur das tun, was er sagt."

„Also gut, darüber reden wir beide gleich. Jetzt zum dritten Zug, den man in der Heide auf einem gottverlassenen Abstellgleis gefunden hat. 14 Güterwagen, wohl für eine bespannte Einheit vorgesehen. Zehn Wagen voll mit Stroh und Heu, zwei mit anderem Futter und zwei mit Geschirrsachen und anderem Zeug." „Das nehmen wir sehr gerne, den hätte ich gern morgen Vormittag hierher." „Trotz Ernte?" fragte Gert.

„Ich habe heute Morgen im Wetterbericht gehört, nachts zieht eine Regenfront durch, da fällt die Ernte aus, bespreche ich nachher mit Fritz."

„Das würde gut passen. Herr Reimann ich schaue mir an, was an Technik hier im Packwagen ist. Danach gehen wir beide zu mir ins Büro, trinken einen Kaffee und entwickeln einen Schlachtplan für den zweiten Zug."

Hubert zündete sich eine Zigarette an, betrachtete das Gewusel auf und vor der Rampe. Der Doktor und der Apotheker waren nicht zu sehen, aber Hartig, sein Neffe, dirigierte die verschiedenen Trupps, der erste Lkw wurde bereits beladen. Vor dem Personenwagen stand Richards kleiner Laster und ein größerer von Rübke. Monika und Regina kamen voll bepackt aus einem der Wagen. „Regina fährt den Lieferwagen und entlädt, ich hole mir einen Opel Blitz", sagte Monika und schon waren die beiden weg. Weber kam aus dem letzten Wagen, zündete sich eine Zigarette an. Zu dem ging Hubert. „Na wie sieht es aus?" „Monika und Regina haben im Wagen der Schwestern vier Kartons gepackt, die holen sie gleich ab. Richard hat den Bereich der Ärzte durchgekämmt, das sind fünf Kartons auf dem Laster, jetzt ist er im Verwaltungsbereich. Im Besprechungsraum haben wir eine Bar entdeckt, dazu Geschirr und Gläser, wohin damit?" „Die Getränke ins Reiterstübchen, dazu was da fehlt an Gläsern, den Rest teilt ihr unter euch auf. Wo bringt ihr die Möbel hin?" „Alle Sachen, die nicht sofort mitgenommen werden, kommen unter das Schauer bei Schwarz, da kann sich jeder etwas nehmen." „In Ordnung, ich fahre jetzt ins Büro und um 10:00 Uhr zu Fritz, der heute anfängt mit dem Mähdrescher zu arbeiten."
Gert und Reimann kamen plaudernd aus dem Gepäckwagen. „Den Stromerzeuger lasse ich ausbauen die Werkzeuge übernehme ich dazu."
„In Ordnung, viel Spaß bei der Planung." Als Hubert losfuhr, kam Monika mit einem Opel und kurz darauf Regina mit dem Lieferwagen. Im Büro war es herrlich ruhig. „Dein Paket ist bereits weg, Anja muss gleich wiederkommen." „Ich werde jetzt die Post machen,

anschließend rausfahren und mir die Arbeit des Mähdreschers anschauen." „Diese Höllenmaschine habe ich vorhin gesehen, als sie rausgefahren wurde."

Zu dem Feld, wo der Einsatz beginnen sollte, fand er schnell. Die Maschine stand dort bereits, beide Mechaniker sprachen mit Fritz. Auf dem Weg stand ein Traktor mit zwei Anhängern, bei denen die Bracken erhöht waren. Ihr Vater saß dort auf einem Trecker, hatte die Presse dahinter. Fritz kam zu ihm. „Wir fangen jetzt an, das Getreide ist trocken genug." Einer der Mechaniker blieb bei seinem Werkstattwagen, der andere startete den Motor, setzte das Mähwerk herunter und fuhr langsam an. Hubert und Fritz waren zu ihrem Vater gegangen, der ihnen aus seiner Thermoskanne Kaffee gab. Fasziniert beobachteten die drei, wie sich die Maschine durch das Getreide mähte. Unten am Feldrand wendete sie und nahm den nächsten Streifen in Angriff. „Ich hätte es ja nicht geglaubt", sagte Heinrich, „wenn ich überlege, wie wir das sonst gemacht haben." „Vater, du hast völlig recht, daran habe ich gerade gedacht", sagte Fritz. Hubert bot eine Zigarette an und erzählte, was morgen auf sie zukommen würde. „Ich wollte morgen aber eigentlich weiter mähen", sagte Fritz. „Das wird nicht stattfinden, heute Nacht soll es anfangen zu regnen, da geht gar nichts", erwiderte Heinrich, Hubert fügte hinzu: „Das habe ich auch heute Morgen im Wetterbericht gehört."
„Also gut, aber jetzt müssen wir das hier ins Trockene bringen." Hubert nickte. „Das ist klar, lass uns heute Nachmittag darüber reden."
Bei der fünften Bahn hielt der Mähdrescher plötzlich an, der Fahrer winkte aus dem Führerhaus. „Was ist jetzt los, schon kaputt?" fragte Hubert. „Nein, nein, der Bunker für die Körner ist voll und muss jetzt entladen werden." „Wie das?" „Schau es dir an!" Ein lauter Pfiff ließ seinen Lehrling auf den Trecker steigen. Der fuhr er auf das Feld neben den Mähdrescher und hielt an. Der Fahrer schob ein rechtwinkliges Rohr über den ersten

Anhänger, stieg wieder zurück und damit wurde das gedroschene Korn in den Anhänger geblasen.

„Phantastisch, das ist ja toll", sagte Hubert. „So geht das weiter, bis das Feld abgeerntet ist", grinste Fritz. „Und danach komme ich und presse das Stroh", lachte Heinrich. „Und das wird per Hand anschließend aufgeladen und in der Scheune per Hand wieder abgeladen." „Da hätte ich eine Idee, warum nehmt ihr zum Abladen nicht eines der Förderbänder. Zwei Stück haben wir davon," sagte Hubert.

„Wo er Recht hat, hat er Recht", sagte Heinrich. „Fritz jetzt hast du was zu tun, besorg so ein Ding!" „Das mache ich, damit können wir dazu die vollen Säcke transportieren." „Stimmt, frage Blacky, der hat die Dinger."Hubert wartete, bis Heinrich losfuhr und begann, das lose Stroh zu pressen. Als er um 13:00 Uhr wieder an der Rampe war, hatten seine Leute ihre Arbeit schon gemacht, die beiden Personenwagen waren leer. Der Doktor stand mit dem Apotheker an einem Wagen und plauderte.

„Na, wie sieht es aus?" fragte er die beiden. „Sehr gut Hubert", antwortete der Doktor. „Um 12:00 Uhr war tatsächlich die Feldküche des DRK, wie angefordert, hier und alle haben soviel Eintopf bekommen, wie sie wollten. Jetzt haben wir zwei Wagen, die Küche und der Vorratswagen, danach sind wir fertig. Die Sortierung in der Feldscheune wird natürlich dauern." „Hubert, danke, dass du an mich gedacht hast, ein Teil der Sachen kommt in deine Erste-Hilfe-Taschen." „Das passt ja wunderbar, wann wird der Zug hier abgeholt?" „Die Lok kommt gegen 16:00 Uhr wieder und zieht den Zug raus. Der Mann vom RAW ist mit deinem Bruder im Auto unterwegs." Sie verabschiedeten sich und Hubert fuhr ins Büro. Gertrud war ganz allein. „Wo sind die anderen?" „Die haben alles, was sie aus den Wagen geholt hatten, im Keller in den Betreuungsraum gebracht und sortieren. Alle anderen Frauen hier im Block sind informiert und nehmen sich das, was sie brauchen. Da halte ich mich raus. Dafür bin ich heute um 18:00 Uhr bei euch zum Sortieren, Ulla hat angerufen." „Gut zu wissen, dann kann ich in aller Ruhe reiten gehen."

Kurz vor 15:00 Uhr kam Weber vorbei, sie hatten ihre Laster zurückgebracht. „Deine Sachen hat Richard unter das Schauer gestellt. Einen Teil der Möbel sind wir losgeworden." „Morgen haben wir den nächsten Einsatz." Er erklärte Weber, um was es ging. Der hörte ruhig zu und sagte:
„Hubert, das sollten wir genau prüfen, das Zeug liegt schon über ein Jahr in den Wagen. Wir werden das Heu nehmen. Paul kann das Stroh für seine Kaltblüter nehmen und Fritz für seine Kühe. Den Wagen mit dem Pferdefutter und den mit den Geschirren machen wir natürlich leer."
„In Ordnung, aber ich will keinen Streit auf der Rampe, wir brauchen Leute zum Laden und Entladen." „Das regele ich, Ärger und Streit wird es nicht geben, dafür sorge ich."

Gegen 15:30 Uhr erschien Gert, setzt sich grinsend vor seinen Schreibtisch und bekam einen Kaffee.
„Das ist mal wieder ein echtes Abenteuer. Mit Reimann war ich am Güterbahnhof und habe mir den Zug angesehen. Drei Halbkettenfahrzeuge stehen darauf unter Planen. Dazu ein großer und zwei kleine Lkw, fast neu und eine Zugmaschine, recht neu. Da ist ein Gerät drauf, das aussieht wie eine Ramme. Was in dem geschlossenen Güterwagen ist, konnte ich nicht herausbekommen. Anschließend sind wir zu den Braunschweiger Hüttenwerken gefahren und haben dort klargemacht, dass die die Halbkettenfahrzeuge zum Verschrotten bekommen. Gut, dass die einen eigenen Bahnabschluss haben. Morgen zieht das RAW diesen Zug bei sich rein und rangiert die drei Wagen mit den Kettenfahrzeugen aus dem Zug, koppelt den Rest wieder zusammen. Danach fahren sie die drei Wagen zu den Hüttenwerken und ich lade die dort mit meinen Leuten

ab. Am Montag schieben sie den restlichen Zug hier herein. Dein Zug kommt morgen früh gegen 08:00 Uhr hier an."

„Danke, dann haben wir alles geschafft, mal sehen, was morgen da drin ist. Lass uns rüber gehen zur Besprechung!"

Die dauerte heute nur etwas mehr als eine Stunde, was Hubert als sehr erfreulich empfand.

Als er sein Büro verließ, sagte ihm Monika: „Im Keller ist alles wieder gut. Die Betten waren schnell weg und wir haben Anja total eingekleidet."

Auf dem Hof empfing ihn Weber: „Für morgen ist alles klar. Wir fahren mit zwei Treckern und Paul unterstützt mit seinem Lehrling, also mit den Gespannen. Familie Klavas ist mit den Kindern dabei und die zwei Flüchtlinge, die heute geholfen haben. Die wollen dafür nicht unbedingt Geld, lieber etwas zu essen. Könntest du das regeln." „Kein Problem, das mache ich morgen Mittag. Ich werde Sieglinde sagen, sie soll für alle etwas kochen."„Das wird denen sehr gut gefallen. Bode, Fiete und Niemann sind um kurz nach 18:00 Uhr hier und wollen mit dir ausreiten."

Im Haus hatte Ulla gerade die Kleine gestillt und gebadet. „Hubert, wir haben heute eine Menge zu tun, reichen dir ein paar Scheiben Brot?"

„Aber klar, macht mir jetzt ein doppeltes, nachher esse ich ein zweites." „Die Jungs haben mir drei Kartons mit Herrensachen reingebracht von heute, kann ich die mitvergeben?" „Aber klar, was weg ist, ist weg. Sind die vier Kisten an meinem Schreibtisch für mich?" „Ja, die hat Richard gebracht." Kurz nach 18:00 Uhr ging er zum Stall, aß dabei sein Brot. Zu zweit nebeneinander reitend genossen sie die frische Luft in dem aufkommenden Wind, dabei tauschten sie sich munter aus. Mit vollem Schwung nahmen sie die Galoppstrecken und ritten schließlich entspannt im Schritt zurück, um die Pferde abzukühlen. Als sie am Reitplatz vorbeiritten, sah Hubert, dass die Terrasse ihres Hauses gut besucht war. Jede Menge Frauen befanden sich dort und beschäftigten sich mit den Textilien, die sich auf mehreren Kleiderständern befanden.

Spontan sagte er: „Ich gehe nicht nach Hause, reite jetzt meine junge Stute!" Fiete ging es ähnlich: „Und ich muss meinen großen Springer wieder bewegen." „Wollt ihr beide ein wenig reiten?" fragte Hubert die anderen beiden. „Wäre nett, aber wen denn?" sagte Niemann. „Ganz einfach, du reitest meinen Schimmel und Jochen, du Sandro. Die müssen bewegt werden."

Vom Pferd aus hatte Hubert bereits gesehen, dass die Terrasse leer war. Ulla war vollauf zufrieden. „Von den Frauensachen ist fast alles weg, Monika hat den letzten Karton mitgenommen, um es morgen im Betrieb zu verteilen. Von den Herrensachen ist die Masse weg, einige Männer werden heute daheim verblüfft schauen, was ihre Frauen ihnen mitgebracht haben. Der arme Graf wollte nur Regina abholen und wurde komplett eingekleidet. Den Rest bringt Richard morgen zu den Ukrainern von Rübkes Truppe."

„Wunderbar, dann ist das weg. Ich dusche und wenn du mir helfen könntest, die vier Kisten zu sortieren, haben wir das erledigt."

Als er zurückkam, hatte sie bereits mehrere Geldbeutel und Brieftaschen geleert und das gefundene Geld in einen kleinen Bastkorb gelegt.

„Die leeren Sachen pack bitte in einen Korb. Dazu die Brillenetuis und ähnliches. Das bekommen morgen die Kolonnenführer und Meister."

Ein Karton stand für den Abfall bereit. Ulla hatte mittlerweile kleine Schmucksachen, wie Broschen, Manschettenknöpfe und anderen unechten Schmuck in ein weiteres Körbchen gelegt. Vier Reisewecker kamen in den Korb und fünf Armbanduhren. Ein weiterer Korb war für volle Toilettenartikel. In der letzten Kiste fand Hubert drei Pistolen und eine kleine Kassette mit Schlüssel. Die Pistolen kamen in den Schreibtisch,

würden für Woods weggehen. In der Kassette befanden sich 635 RM, drei Ringe und eine Halskette. „Die Sachen lasse ich von der neuen Frau im Magazin morgen prüfen. Mal sehen, was dabei herumkommt." Ulla nickte, sie zählte gerade das Geld im Körbchen. „Mit dem aus der Kassette sind es 1.136 RM!" „Nicht schlecht, behalte das für das Ferienlager." „Danke, das können wir gut gebrauchen."
Letztendlich waren zwei Kisten und ein großer Bastkorb übriggeblieben. „Das lege ich ins Auto und den Müllkarton dazu." Als er die Sachen ins Auto brachte, begann es zu regnen.

Am nächsten Morgen regnete es weiter, ein schöner stetiger Landregen. Um 07:00 Uhr war er im Büro mit den Kisten. Gertrud erklärte er, was damit geschehen sollte, Monika hörte zu. „Alle Kolonnenführer und die Meister können sich etwas aussuchen. Monika sag denen bitte, sie sollen nach dem Lohnempfang hier im Vorzimmer erscheinen. Die Kiste bleibt hier. Die Sachen aus dem Körbchen und der anderen Kiste könnt ihr hier verteilen. Vergesst nicht die neue Frau oben." „Die hat gestern Sachen bekommen und zwei Oberbetten mit Kopfkissen." „Gut. Monika, du bringst ihr diese Sachen, sie möchte die bitte prüfen und sagen, was sie wert sind. Ich mache jetzt Post, trinke einen Kaffee und gehe später zur Rampe zum nächsten Zug." Als alles erledigt war, zog er sich seine Regenjacke mit Kapuze an und ging hinaus. Grinsend stellte er dabei fest, dass jede der drei jungen Frauen bereits eines der Schmuckstücke trug. Es regnete weiter, also fuhr er mit dem Auto zur Rampe. Alle standen dort bereit, die Treckerfuhrwerke und die Gespanne warteten auf den Zug. Verblüfft stellte er fest, dass alle bereits mit Regenschutz von der Reichsbahn ausgestattet waren. „Fritz und ich haben das heute Morgen entschieden, es klappte gut", sagte Weber auf Nachfrage.
Fritz kam zu ihm. „Ich habe eine Bitte, ich bräuchte für die Bullenmast und die Kühe Stroh, könnte ich davon

die Masse haben?" „Klar, wir nehmen das Heu und das Stroh, was übrigbleibt." „Das Heu brauche ich nicht, die Geschirre und Sättel nimm in deine Sattelkammer und das Pferdefutter." Weber hatte mitgehört. „Klappt doch", war sein lakonischer Kommentar.

Der Zug kam, wurde in zwei Teilen an die Rampe rangiert und gebremst. Der Lokführer rief: „Um 15:00 Uhr hole ich alles ab."

Bei allen Wagen wurden die Türen geöffnet, die ersten Gespanne rollten auf die Rampe. Rübkes Männer begannen, das Stroh zu verladen und Webers Leute waren beim ersten Heuwagen. Richard und Frank fuhren einen Opel Blitz an den Wagen, in dem das Geschirr lag und begannen das auf den Laster zu packen. Paul fuhr mit seinem Gespann zu den Wagen, in dem das Pferdefutter war. Zwei der Flüchtlinge brachten die großen Papiersäcke auf Sackkarren heraus und legten sie auf das Fuhrwerk. Hubert durchstöberte den Wagen mit den Geschirren. Hinter denen und den Sätteln lagen Trensen, Leinen und was man sonst so brauchte. Interessanter wurde es, als er sich die großen Kartons und die Kisten anschaute, die auf der linken Seite des Waggons waren. Allein 15 Kisten mit Hufeisen standen dort, zwei mit Hufnägeln und eine große Holzkiste auf der stand: Schmiedebedarf. Drei große Kartons mit Pferdedecken, zwei mit Reitstiefeln und mehrere mit Reitzubehör folgten. Das alles waren Sachen, die man ständig benötigte. „Wie sieht es auf dem Hof mit der Entladung aus?" fragte er Weber. „Drei Männer und eine Frau sind dort zum Abladen."„Habt ihr das Heu überprüft?" „Ja, das ist gut, wo soll das hin?" „In den neuen Stall an die Wände, in die Scheunen kommt nur neues Zeug."

Draußen fuhr Söhnke sein Treckergespann mit zwei beladenen Anhängern zum Hof mit der Bullenmast. Das erste Gespann mit Heu fuhr zum Wedelhof. Weber drückte seinen Treckeranhänger vor den Geschirrwagen. Zu viert luden sie die restlichen Kartons und Kisten dort auf, das kam alles unter das Schauer.

Dieser Wagen war jetzt leer, Hubert schloss die Schiebetür und sah sich um. Paul fuhr gerade mit den Säcken, in denen das Pferdefutter war, los, sein Lehrling fuhr als nächster davor und wurde beladen. Franks Treckeranhänger wurden mit Heu beladen. Das lief alles gut. Immer noch fiel der Regen. Er rückte seine Kapuze zurecht und bot Fritz eine Zigarette an. „Lass uns zum Rauchen in einen leeren Wagen stellen", sagte der und gab Feuer. „Wie weit seid ihr gestern gekommen?" „Wir haben ein zweites Feld mit Gerste gemacht, in Wendhausen, das hat gut geklappt, bis in den Abend hinein. Das Getreide von beiden haben wir drin und das gepresste Stroh ebenfalls."

„Behältst du das alles?" „Ne, das ist fast alles aufgeladen, drei Anhänger voll. Wenn es heute Nachmittag trocken ist, fahren wir das zur Reiterstaffel, dafür gibt es Geld." „Naja, es ist ja abzusehen, dass da wesentlich mehr Stroh kommt. Wie geht es jetzt weiter?" „Wenn es morgen wieder trocken ist, mähen wir in Brunsrode. Das ist ein großer Schlag und dann haben wir die Gerste weg. Als nächstes ist der Weizen dran, aber vor Ende nächster Woche wird das nichts." „Ab der nächsten Woche kannst du ein paar zusätzliche Helfer bei der Ernte haben, von den Jungs im Zeltlager." „Da haben wir uns etwas überlegt, denen zeigen wir alles, was mit Landwirtschaft zu tun hat. Von den Tieren bis zur Ernte. Ich hätte kein Problem, wenn Mädchen dabei wären." „Am Mittwoch geht das los, da werden wir alles vorstellen. Denke mal, die Masse wird sich für die Technik interessieren." Richard und Weber kamen zurück. „Ich übergebe an Weber, muss einiges im Büro erledigen."

Der zweite Heuwagen war bereits weg und das Pferdefutter in den Säcken war abtransportiert. Hubert fuhr zurück ins Büro, wo Gertrud ihm mitteilte, dass die Sachen für die Frauen komplett verteilt wären und Müller als erster Kolonnenführer sich zwei Brillen mitgenommen hätte.

Während er die Post erledigte, kam immer wieder einer der Meister herein, grüßte freundlich und suchte sich etwas aus. „Hubert, der Bäcker ist da, ich wollte Brot kaufen. Anja hält solange die Stellung." „Gut, dass du das sagst, ich soll was kaufen. Hier sind der Zettel und das Geld, kannst du mir das mitbringen?" Während ihrer Abwesenheit machte Anja das sehr gut und charmant, stellte Hubert bei der Bearbeitung der Unterlagen lächelnd fest. Als Gertrud zurückkam, war es kurz vor 12:00 Uhr. Er legte das Brot ins Auto und fuhr zur Rampe. Weber und Fritz berichteten. „Das Heu ist weg und drei Wagen mit Stroh für Paul." „Bei mir ist gleich Schluss, ich schaue durch, ob alles entladen ist und bin um 15:00 Uhr hier, wenn die Lok kommt", ergänzte Fritz. Zu Weber sagte Hubert: „13:30 Uhr gibt es Essen bei uns, sag das bitte allen."
Beruhigt fuhr Hubert nach Hause, lieferte das Brot und die Brötchen ab. Sieglinde hatte zwei große Töpfe mit Eintopf gekocht und einen Kuchen für den Nachmittag gebacken. Der Regen hatte aufgehört, sie würden draußen essen können. Ulla war mit der Kleinen beschäftigt, also ging Hubert auf den Hof und sah sich alles an. In der Sattelkammer lag ein großer Berg von Geschirren, Sätteln und ähnlichem. Die Kisten und großen Kartons standen unter dem Schauer, das würden sie in den nächsten Tagen angehen müssen. Im neuen Stall waren alle Außenwände von innen mit gestapelten Heuballen bis unter das Dach bedeckt. Blieb die Scheune, denn in der Feldscheune war das neue Heu zum Ablagern gestapelt, hier wurde gerade der letzte Wagen mit Heu entladen. Die Säcke mit dem Pferdefutter waren an der rechten Stirnseite auf Paletten gestapelt. Paul und sein Lehrling waren bei den Kaltblütern, die jetzt in den Boxen der Hengststation untergebracht waren. Draußen fuhr Richard den Opel unter das Schauer, stieg aus und sagte: „Da habe ich etwas hinter dem Heu gefunden, musst du dir nachher mal ansehen, liegt alles auf dem Laster." „Mache ich, könntest du mir vorher helfen, ich will die Leute von den

Flüchtlingen mit Essen ausstatten, das ist besser als
nur Geld." Von den großen Dosen mit Fleisch gab ihm
Hubert acht Stück hoch, dazu Dosen mit Früchten und
Gemüse. „Lass das einfach hier stehen, wir verteilen das
nach dem Essen. Ich habe dazu Süßigkeiten und
Zigaretten." Das packte er alles in einen großen Korb
und stellte den in den Hausflur. „Das Essen ist fertig,
wir können anfangen. Teller und Löffel stehen draußen
auf dem Tisch", sagte Sieglinde.
Kurz darauf kamen alle, wuschen sich am Stall und
setzen sich an den Tisch. Bier und Limonade für die
Kinder stellte Hubert auf den Tisch, bedankte er sich bei
allen und wünschte guten Appetit. Kurz darauf kamen
Paul und sein Lehrling, setzten sich dazu. Hubert und
Ulla aßen mit, redeten mit allen und freuten sich, dass
es ihnen gut schmeckte. Anschließend erklärte er ihnen,
dass es kein Geld für die Arbeit gäbe, aber Konserven
mit guten Dingen. Das kam nach kurzer Verblüffung
sehr gut an, als alle sahen, was sie bekamen. Als er die
Süßigkeiten und Zigaretten verteilte, bedanken sich alle
mehrfach. Die Familie Klavas übernahm den Opel Blitz,
um ihren Umzug zu bewerkstelligen. Eine knappe
Stunde blieb Hubert für einen Mittagsschlaf, bis Ulla
ihn weckte.
„Dein Freund kommt gleich."
Auf der Terrasse war bereits der Kaffeetisch gedeckt,
aber erst ging Hubert unter das Schauer und besah sich
aufmerksam die Kartons und Kisten. Kurz entschlossen
holte er sich eine Sackkarre und fuhr den ersten großen
Karton, auf dem „Pferdedecken" stand, in Richtung
Sattelkammer. Dort stand Richard inmitten des
Geschirres von Strängen, Zügeln, Leinen und
Zaumzeug, versuchte das zu entwirren. Acht neue Sättel
hatte er bereits auf eine Hindernisstange gelegt, suchte
jetzt nach den dazugehörenden Trensen und Kandaren.
„Ich wollte schauen, was genau hier in dem Karton ist",
sagte Hubert. Er öffnete den Karton und holte eine
wunderschöne dunkelblaue Pferdedecke heraus. Beide
entfalteten die und zu ihrer Freude war darauf kein

Abzeichen oder eine Beschriftung. „Sehr gut, die nehmen wir für Turniere, die sehen sehr gut aus und sind von bester Qualität", sagte Hubert und Richard pflichtete ihm bei: „Stimmt, hast du mehr davon?" „Ja, einen weiteren Karton voll." „Die legen wir zurück stellen beide Kartons zur Seite." Als er den zweiten Karton in der Sattelkammer abstellte, fuhr Klagenheim auf den Hof und hielt vor dem Haus. Mit ihm stieg eine junge, sehr gut aussehende Frau mit langen blonden Haaren aus. Hubert begrüßte erst ihn herzlich und wurde ihr vorgestellt: „Renate von Waldeck, meine Verlobte, das ist Hubert Wedel, mein alter Kamerad, Springreiter und erfolgreicher Unternehmer!" „Bitte nicht so dick auftragen, mein Lieber!"

Er begrüßte die junge Frau herzlich. Ulla kam aus dem Haus und wurde ebenfalls vorgestellt. Ulla hatte die Kleine in ihrem Stubenwagen neben sich an den Tisch gestellt, natürlich wurde die ausgiebig bewundert und gewürdigt. Schnell kam es bei Kaffee und Kuchen zu einem netten Gespräch. Klagenheim berichtete von seinem Besuch beim Schulrat in Braunschweig. „Wir hatten bereits die Verbindung seit eurem Fohlenbrennen. Das hat sich gelohnt, ich habe heute den Auftrag für die Ausstattung von fünf Volksschulen und zwei Mittelschulen mit Schulmöbeln erhalten, das ist ein absoluter Volltreffer für unsere Firma." Alle gratulierten ihm dazu und er fuhr fort: „Ich hoffe, dass sich das herumspricht und weitere Aufträge nach sich zieht. Den Transportauftrag für diese Möbel erhält deine Firma, Hubert." „Danke, das ist ein echter Treffer für uns." Später kam das Gespräch auf seine Verlobte, die sich ganz locker und selbstbewusst vorstellte.

„Während des Krieges war ich Krankenschwester in einem Lazarett nahe der Ostfront. Zwei Jahre lang. Kurz vor dem Ende schickten uns die Ärzte mit einem Verwundetentransport in ein Lazarett nach Bad Lauterberg, so kamen wir alle gesund und wohlbehalten in den Westen. Als dieses Lazarett aufgelöst wurde, kam ich bei meinem Onkel auf dem Gut unter. Dort brauchte ich eine längere Zeit, um diese ganzen schrecklichen Erlebnisse zu verarbeiten. Der alte Dorfpfarrer und seine Frau halfen mir dabei. Was aus meinen Eltern geworden ist, weiß ich leider nicht, sie hatten in Oberschlesien einen landwirtschaftlichen Betrieb. Im Januar 45 hörte ich das letzte Mal von ihnen. Dann wurde mir aber schnell klar, dass ich jetzt beruflich aktiv werden müsste. Nach einem langen Gespräch mit Onkel und Tante, entschloss ich mich, Lehrerin zu werden und das studiere ich jetzt in Göttingen." Ulla war die erste, die etwas dazu sagte. „Dazu gratuliere ich, ich hatte das schon vor dem Krieg studiert und unterrichtet. Nach der Flucht durfte ich hier anfangen und bin jetzt fast ein Jahr Rektorin der Volksschule hier im Ort, ein sehr schöner ausfüllender Beruf."

Das interessierte die junge Frau sehr und sie fragte einfach drauf los, Ulla gab bereitwillig Antworten. Derweil sagte Hubert zu Klagenheim: „Hast du inzwischen mal wieder auf einem Pferd gesessen?" Der pustete laut aus: „Nein, leider nicht, Die Hüfte ist wieder gut verheilt und voll belastbar. Aber meine ganzen Reitsachen sind verloren gegangen. Ich habe gar nichts mehr, keine Stiefel, keine Hose, nichts. Aber manchmal packt es mich doch wieder. Aber stets kam die Arbeit in der Firma dazwischen." „Wir haben doch Zeit, willst du es hier nicht mal wieder probieren? „ „Wie denn? So in normaler Hose und Straßenschuhen?" „Komm mit, wir haben heute einen guten Fischzug gemacht, das zeige ich dir." Sie entschuldigten sich bei den Frauen und gingen zum Schauer. Hubert schaute in die Kartons, bis er einen öffnete. „Was hast du für eine Größe?" Klagenheim nannte sie ihm und er suchte unter den gestapelten Reithosen, bis er eine fand. „Halt mal bitte, Schuhgröße?" Das vierte Paar hatte die Größe. Das gab er ihm. „Woher hast du das alles? Das ist doch völlig verrückt." Hubert lachte: „Erzähl ich dir beim Reiten, lass uns umziehen." Richard, der die Sattelkammer aufräumte, bat er die neue Stute und Ullas Schimmel zu satteln. Beide zogen sich im Haus um und als Hubert

121

aus dem Schlafzimmer kam, stand Klagenheim in den neuen Sachen da und sagte: „Passt alles." „Hier hast du ein paar Handschuhe, Sporen brauchst du bei der Stute nicht. Aber erst müssen wir den Damen sagen, was wir vorhaben." Die staunten nicht schlecht, als sie die beiden sahen, vor allem Klagenheim. „So habe ich dich nie gesehen, wusste gar nicht, dass du reiten kannst," sagte seine Verlobte lächelnd. Der schluckte kurz. „Naja, ein wenig kann ich das schon, habe es aber lange nicht gemacht." „Das finde ich wunderbar, dann können wir ja mal zusammen ausreiten, ich helfe dir, wenn du Probleme hast dabei!"Jetzt konnte Hubert sich nicht mehr halten, lachte schallend los.

„Habe ich jetzt etwas falsches gesagt?" Ulla grinste breit. „Er war Angehöriger der deutschen Mannschaft im letzten Nationenpreis in Aachen und hat dort das Zeitspringen gewonnen." „Oh, wie peinlich, das ist mir sowas von peinlich!" sagte sie und schlug die Hände vors Gesicht. „Das braucht dir nicht peinlich sein. Erstens ist das länger her und zweitens haben wir uns nie darüber unterhalten." Sie nickte. Ulla rettete die Situation. „So, nun ist gut, verwirrt mir die junge Frau nicht weiter. Holt eure Pferde und reitet los!" Auf dem Weg zum Stall murmelte Klagenheim: „Frauen sind schon merkwürdig, aber was macht man ohne sie?" Beide Pferde standen gesattelt in der Stallgasse. Allerdings musste Ullas Schimmel wieder probieren, ob er seinen Willen durchsetzen konnte. Nach einigen Bocksprüngen folgten zwei harte Paraden und ein kräftiger Schlag mit der Reitgerte, alles war geklärt. Klagenheim hatte das grinsend beobachtet. „Trakehner?" „Stimmt, spurt sonst nur bei seiner Chefin Ulla!"

Gemächlich ritten sie hinaus und dabei erzählte Hubert ihm, woher sie die Sachen hatten. „Ja, das kann ich mir vorstellen, überall stehen kaputte Loks und Wagen herum. Viele Gleise sind nicht benutzbar, das wird länger dauern." Über alles Mögliche plauderten sie, erst auf der langen Galoppstrecke konzentrierten sie sich auf die Pferde. Jetzt zeigte Ullas Schimmel, was in ihm steckte, aber die Stute hielt voll mit.

Auf dem Hof stellte Klagenheim fest: „Die Stute ist eine richtig Gute, die hat Herz und bewegt sich sehr gut. Die ist etwas für den großen Sport."

„Da will ich sie hinbringen. Gleich zeig ich dir meine anderen Pferde." Nachdem er die anderen fünf gesehen hatte, sagte er: „Respekt Hubert, da hast du einen vielversprechenden Beritt. Ich traue dir einiges zu."

Auf dem Hof kam ihnen Regina mit dem verschreckten Fuchs entgegen. Hubert erklärte, was es mit dem Tier auf sich habe. Klagenheim hörte aufmerksam zu, ging dabei zu dem Pferd und kraulte es hinten am Kopf und zwischen den Ohren. Der Wallach stand still und nahm das aufmerksam auf. Er nahm den Kopf herunter und stupste Klagenheim an. „Hattest du Probleme, dem Pferd die Trense aufzuziehen?" „Ja ein wenig schon, irgendwie wollte er die nicht." Ohne das Kraulen zu unterbrechen sagte er: „Habt ihr eine Wassertrense hier?" Richard war dazu gekommen. „Ja, soll ich eine holen?" „Ja bitte, dazu einen von den neuen Sätteln und ein dickes weiches Tuch, etwas kleiner als ein Handtuch."

Richard ging los und kam nach kurzer Zeit mit den gewünschten Sachen. „Jetzt wollen wir dem Guten einen neuen Anzug verpassen", sagte er zu Regina, nahm die Zügel vom Trensenring und legte sie über den Hals des Pferdes. „Hubert, halt mal bitte." Der nahm die Zügel an beiden Enden und sah zu wie Klagenheim dem Pferd die Trense abnahm und die Wassertrense aufzog. Das ließ der Wallach ruhig mit sich machen, begann sogar auf dem neuen Gebiss zu kauen. Die Zügel nahm er herunter, drückte sie Regina in die Hand. Hubert nahm die Longierleine weg und sah zu, wie er den weichen Wolllappen auf den Widerrist des Pferdes legte und darauf den neuen Sattel. Nachdem er den zurecht geschoben hatte, befestigte er den Bauchgurt und maß die Steigbügellänge aus. Immer noch stand der Wallach still. Er nahm Regina die Zügel aus der Hand, legte sie auf den Pferdehals und sagte zu Hubert: „Hilf mir mal beim Aufsitzen." Dabei zog er sein linkes Bein hoch. Hubert ergriff dieses und half ihm so in den Sattel. Regina sagte leise: „Wenn der jetzt durchgeht und sie abwirft!" „Mädchen bleib ruhig. Mich haben Pferde abgeworfen, aber das war immer meine Schuld. Nicht aufgepasst oder zu leichtsinnig. So, jetzt wollen wir mal."

Er drehte das Pferd und ritt im Schritt zum Reitplatz. Alle drei gingen hinterher und sahen zu, was er tat. Hubert und Richard rauchten eine Zigarette und Regina sagte: „Ich fasse es nicht, wie der mit dem Pferd umgeht." „Regina, der Mann hat das goldene Reitabzeichen, war Ausbilder an der Kavallerieschule und hat einen siebten Sinn für Pferde." Sauber ging der Wallach alle Hufschlagfiguren und sprang zum Abschluss drei kleinere Hindernisse problemlos. Am langen Zügel ritt er das Pferd zurück zum Stall, saß dort ab und sagte: „Was ich jetzt sage, ist nicht böse gemeint, nur meine ehrliche Meinung. Das ist ein Pferd für Könner, darf nicht mit Sporen oder Peitsche geritten werden. Wenn er Vertrauen gefasst hat, macht er alles, was man von ihm fordert. Liebe junge Frau, das ist kein Pferd für dich, soweit bist du nicht. Nicht böse oder traurig sein, aber lass dir von Hubert ein anderes Pferd geben, der hat genug Gute. Habt ihr einen, dem du das zutraust, den zureiten?"

Von hinten sagte Richard: „Nur Fiete!" Hubert nickte: „Stimmt!" „Na also, lass uns jetzt ein Bier und einen guten Cognac trinken, Hubert!"

Der hatte Richard ein Zeichen gegeben, sich um Regina zu kümmern. Verstehend hatte der genickt, ging mit ihr und dem Pferd zum Stall.

Im Haus war alles vorbereitet für das Abendessen im Esszimmer. Ulla brachte gerade das Brot auf den Tisch. „Kann es sein, dass das Pferd eben der angeblich unreitbare Fuchs war?" Hubert bestätigte es, berichtete, was Klagenheim dazu gesagt hatte.

„Oh, ist Regina am Boden zerstört? Was willst du jetzt tun?" „Richard ist mit ihr gegangen, mal sehen, was der nachher sagt. Ich könnte ihr die Hannover Rappstute geben. Die ist zwar nicht ganz unproblematisch, aber an der kann sie sich abarbeiten." „Und der Fuchs?" „Wenn er will, kann Fiete den reiten, ich habe mit meinen sechs Pferden genug zu tun." „Aber bitte rede du mit ihr darüber." „Mache ich morgen. Versprochen!"

Klagenheim und seine Verlobte hatten derweil ein ganz anderes Gesprächsthema. Beide Frauen hatten seinen Ritt von der Veranda aus verfolgt und die Verlobte war völlig begeistert von dem, was er gemacht hatte. Bescheiden wehrte er das Lob ab, fragte Hubert, ob er sich irgendwo umziehen könne. „Wenn du möchtest, behältst du das Zeug und umziehen brauchst du dich wegen uns nicht." „Danke, das passt alles sehr gut und ich fühle mich darin sauwohl, wie früher!" Zum Essen hatte Hubert zwei gute Flaschen Weißwein geholt und Ulla konnte endlich wieder ihr bestes Geschirr auf den Tisch bringen. „Was macht eigentlich das Vieh, dass wir dir brachten?" fragte Hubert.

„Oh, dem geht es sehr gut. Mein Vater hat auf seine alten Tage seine Liebe zur Landwirtschaft entdeckt und will das unbedingt ausbauen. Bei uns wohnt ein ukrainisches Ehepaar, das ihn dabei tatkräftig unterstützt." „Ich hätte fünf Kühe für dich, die wir nicht brauchen."

„Also ich denke, die würde er glatt nehmen, ich frage ihn aber erst und melde mich morgen Abend." „Hättest du ein paar Kaltblüter?"

„Sechs Stück, sind ehemalige Pferde der bespannten Artillerie. Recht jung und gut drauf." „Die könnten wir zu Rückepferden ausbilden lassen, aber das muss ich erst nachfragen." Er erzählte die Sache mit den Abholzungen im Harz. Alle schüttelten den Kopf. „Das ist ja völlig irre", sagte die Verlobte, „warum tun sie das?" „Erstens haben sie bei sich in England alles abgeholzt und zweitens sind sie die Sieger. Billiger bekommen sie das nicht!" erwiderte Hubert. „Aber, das muss doch alles wieder aufgeforstet werden, oder?" fragte Ulla. „Ja klar, dass wird ein sehr großer Aufwand, aber anders geht es nicht." Sie diskutierten eine Weile, plötzlich sagte Klagenheim: „Wir müssten unsere Sachen aus dem Auto holen. Wo sollen wir die hinbringen?" „Das Gästezimmer ist hergerichtet, ich zeige es, muss sowieso gleich hoch, um die Kleine fertig zu machen."

„Danke, aber wir sind nicht verheiratet und dann in einem Zimmer?" Hubert grinste. „Also erstens seid ihr hier in keinem katholischen Haushalt, zweitens seid ihr alt genug und drittens springt ihr hier bitte mal über eure adligen Grundprinzipien und verhaltet euch normal menschlich." Klagenheim grinste zurück und sah seine Verlobte an. Die war leicht rot geworden, nickte aber tapfer. „Ich hätte damit keine Probleme!" „So ist ja alles geregelt. Jetzt räumen wir den Tisch ab und Hubert bereitet draußen auf der Veranda den Rest vor", bemerkte Ulla lächelnd. Der Rest stand auf und half ihr. Draußen stellte Hubert vier der bequemen Gartenstühle rund um den hölzernen Tisch, legte Polster darauf und bei zweien Decken. Klagenheim kam dazu und half ihm den Feuerkorb zu befüllen. Bevor er den ansteckte, drückte Hubert ihm zwei kleine flache Sachen in die Hand. Klagenheim sah kurz darauf und grinste: „Danke, daran hatte ich nicht gedacht, aber du hast recht, man weiß ja nie!" Frische Weingläser standen auf dem Tisch, sowie zwei Cognacschwenker mit französischem Cognac. Damit stießen beide an.

„Auf uns!" sagte Hubert. „Ja, auf uns, wir werden aus diesem Schlamassel wieder herauskommen, wie Phönix aus der Asche!" Sie tranken ihren Cognac in aller Ruhe und plauderten, bis die Frauen kamen. Jetzt saßen sie gemütlich in ihren Stühlen, tranken Wein und bedienten sich an den Salzstangen, einer Rarität, die Hubert für solche Gelegenheiten weggelegt hatte. Die

Nacht war mild und erst als das Feuer erlosch, gingen sie ins Bett.

Zum Frühstück am nächsten Morgen traf man sich wieder in der großen Küche, Sieglinde hatte alles vorbereitet. Bald danach fuhren die beiden, er wollte sie zurück zu ihrem Onkel bringen und von dort nach Hause fahren. Ulla und Hubert winkten, als sie vom Hof fuhren.

„Beide hatten heute Morgen einen leicht verträumten Blick", sagte Hubert lächelnd. Ulla grinste zurück. „Ich war kurz bei der Kleinen, ganz leise, da war Bewegung im Gästezimmer." „Es war eine gute Entscheidung, ihm die Kondome zu geben!" Während Hubert seinen Schreibtisch aufräumte, war Ulla in der Küche tätig, kam später zu ihm. „Ich hätte einen Vorschlag. Was hältst du davon, wenn ich jetzt die Kleine fertig mache und wenn die schläft, fahren wir nach Cremlingen. Ich möchte die Leute und den Hof kennenlernen." „Das können wir gern machen."

Nach einer halben Stunde fuhren sie los. Am Hof angekommen, stellten sie das Auto vor dem Hoftor ab und gingen hinein. Frau Klavas kam aus dem Haus und begrüßte sie freundlich, Hubert stellte seine Frau vor. „Haben Sie gut geschlafen in der ersten Nacht?" fragte Ulla. „Ja sehr gut, endlich raus aus der Baracke. Meine Kinder kennen Sie ja bestimmt!"

Ein Junge und ein Mädchen kamen dazu und gaben die Hand. „Ja natürlich kenn ich die, die sind bei uns in der Schule!" Beide Kinder nickten und verschwanden wieder. „Für die Kinder ist es wie im Paradies. Mein Mann kommt gleich, der repariert einen Zaun, der muss immer was zu tun haben", lachte die Frau. „Wahrscheinlich werden die Kühe in der nächsten Zeit abgeholt, aber dafür werden sie ein paar Kaltblüter bekommen." „Das wird meinen Mann freuen, der ist der Pferdenarr in der Familie. Was machen wir mit den Milchkannen?" „Die holt die Molkerei ab." In dem Moment kam ihr Mann mit Werkzeug in der Hand. Er begrüßte sie freundlich. Hubert sagte zu ihm: „Ich muss etwas mit Ihnen besprechen." „Gerne, hatte hinten nur den Zaun repariert." Frau Klavas sagte zu Ulla: „Ich zeige ihnen das Haus und den Anbau, in den wir ziehen werden." Hubert erklärte Klavas, was er vorhatte. Der nickte: „Also soll ich die alle zu Rückepferden ausbilden?" „Mal sehen, wie viele es tatsächlich werden, da muss ich mit den Forstbehörden sprechen." „Drei Boxen sind frei. Wenn Sie die Kühe wegbringen, kann ich im Kuhstall drei Boxen einrichten. Holz liegt dafür hinter der Scheune." „Das wäre gut. Als nächstes möchte ich hier einige tragende Stuten mit Jährlingen unterbringen, dafür wäre genug Platz." „Die Koppel hinter dem Schweinestall kann man gut dafür nutzen." „Aber erst müssen die beiden Häuser in Ordnung gebracht werden. Das große Haus wollte ich vermieten." „Uns reicht das kleinere Haus völlig hin, wenn da einiges gemacht wird." „Das kommt als Erstes dran und zwar recht bald." „Kein Problem, wenn Sie mich während der Ernte mit dem Gespann brauchen, sagen Sie es mir, ich muss immer etwas zum Arbeiten haben." „Da werden wir Sie bestimmt einspannen. Im Winter brauchen wir sie auf alle Fälle zum Holzrücken." „Reichen denn Heu und Stroh für den Winter?" „Das glaube ich nicht, wenn Sie die Kaltblüter hier unterbringen." „Das regeln wir, kein Problem." Einige andere Dinge besprachen sie, vor allem, dass es eine Zusammenarbeit mit Malwine geben könnte, mit den Kaninchen und Federvieh. „Ich denke, die Äpfel und Birnen, die im Garten wachsen, würde sie ihnen abnehmen, da können sie sich ein Zubrot verdienen." „Das sind ja tolle Aussichten, das müssen wir alles verdauen."

Nebenbei hatte Hubert bemerkt, dass Ulla in dem kleineren Haus mit der Frau gewesen war und sich sehr angeregt mit der unterhielt. Beide kamen zu ihnen. „Hubert, wir müssen langsam los, ich möchte die Kleine nicht so lange alleine lassen."

„In Ordnung, wir beide sind weitestgehend fertig, wir können los." Das Ehepaar begleitete sie zum Tor, neben dem ihr Auto stand.

„Melden sie sich morgen bei der Gemeinde an. Wenn es Probleme gibt, wir helfen!" sagte Ulla, beide stiegen in ihr Auto und fuhren los. Während der Fahrt sagte sie: „Hubert, hast du etwas dagegen, wenn ich mich bei dem Umbau der zwei Häuser einmische?" „Nein, mach das, ich werde Niemann und Olbrich sagen, dass sie sich mit dir in Verbindung setzen sollen!"

Wieder zurück auf dem Hof hatte sie eine weitere Idee. „Du hast doch aus der Reichsbahnlieferung jede Menge Geschirr und Besteck, können wir das aufteilen? Eine Hälfte nach Wittingen zu Sigurd und die andere nach Cremlingen auf den Hof?" „Klar, ich weiß sowieso nicht, wohin damit. Steht alles unter dem Schauer, sieh dir das an und entscheide." Anschließend ging Hubert hinüber in den Stall, wo Richard auf ihn wartete. „Moin Richard, na, wie war das gestern mit Regina?" „Oh, oh, das dauerte länger. Zum Schluss waren im Reiterstübchen Sieglinde und Graf dabei. Anfangs war sie total aufgelöst, langsam beruhigte sie sich etwas. Ich habe mit ihr einen Schnaps getrunken, dabei hat sie mir ihr Herz ausgeschüttet, ich kannte ihre Geschichte ja gar nicht, aber das musste sie sich wohl von der Seele reden. Sieglinde war dabei und tröstete sie mehrfach. Als Graf kam, war sie etwas gefasster, aber nach wie vor erschüttert. Der hörte sich alles in Ruhe an, nahm sie in die Arme und küsste sie einfach. Dann streichelte er sie und sagte: „Mädchen, es ist kein Meister vom Himmel gefallen. Du hast dir viel Mühe gegeben, das mit dem Pferd richtig zu machen, das haben alle gesehen. Aber solch ein Tier zu reiten, ist eine ganz andere Sache. Der Freund von Hubert Wedel hat dich ganz bestimmt nicht kränken oder beleidigen wollen. Aber so wie ich es mitbekommen habe, muss er wohl ein wahnsinnig guter Pferdemann sein. All das kannst du werden, das trauen wir dir alle zu, aber der Sprung von deinem jetzigen

Können dahin, wäre vielleicht nicht so gut gewesen. Was wäre passiert, wenn du den nicht hättest reiten können? Du hättest total an dir gezweifelt. Das wäre viel schlimmer geworden. Wir machen jetzt einen Spaziergang und morgen früh eine kleine Fahrradtour, da kommst du auf andere Gedanken!"

Sie beruhigte sich und die beiden gingen Hand in Hand." „Na gut, da bin ich ja gespannt, ob sie heute auftaucht und was sie sagt." „Die kommt ganz bestimmt heute vorbei, wollte üben, im Damensitz zu reiten, denn ihr übt ja am Dienstagabend wieder." „Sag mir bitte Bescheid, wenn sie da ist, ich wollte ihr die hannoversche Stute geben, die etwas problematisch ist." „Da kann sie sich gut dran abarbeiten, denke mal, das kann sie. Aber eines muss ich loswerden. Ich dachte, ich verstehe viel von Pferden, aber gestern habe ich gelernt, das war schon sehr beeindruckend!"

„Das ging mir gestern ebenso. Der Mann hat einen siebten Sinn für Pferde, das hat der einfach im Blut, das kann man nicht lernen. Seine Art dabei ist gewöhnungsbedürftig, da ist er gnadenlos ehrlich. Aber er ist ein sehr kameradschaftlicher Mann und ein sehr guter Freund."

„Das kann ich mir vorstellen. Willst du heute reiten?" „Heute Nachmittag aber erst. Werde jetzt im Keller aufräumen."

Das tat er, bis zum Essen gerufen wurde. Die Bar sah besser aus, zwei Kisten hatte er für Gertrud und deren Tauschvorrat zusammengepackt. Die nächsten Tage würde er an den Boden und die Kammern über dem Schuppen gehen müssen. Nachdem er sich nach dem Essen, eine Stunde auf dem Sofa gegönnt hatte, wurde er geweckt. Seine Tochter lag plötzlich neben ihm, sah ihn groß an und saugte an ihrem Nuckel.

„Ich decke den Kaffeetisch, so lange muss sie bei dir bleiben", rief Ulla und verschwand. Zärtlich strich er mit dem Zeigefinger über die Stirn und die Wangen des Kindes, das war ein völlig neues Gefühl für ihn, so weich und zart. Ihr schien das zu gefallen, sie strampelte und saugte intensiver an ihrem Nuckel. Bald darauf kam Ulla, legte die Kleine in ihren Stubenwagen, sie tranken Kaffee und aßen vom gestrigen Kuchen. Bevor sie ihre Vorhaben in den nächsten Wochen absprachen, berichtete er ihr von dem Gespräch, was er mit Richard geführt hatte.

„Wenn Regina erscheint, nimm sie in den Arm und erkläre ihr das. Ich denke, wenn sie die Stute erhält, wird sie ganz schnell drüber hinwegkommen."

Am Montag und Dienstag wollte Ulla aus dem Lager am Nordbahnhof mehrere Pakete holen und die überprüfen. „Ab Mittwoch beginnt das Zeltlager und um das werde ich mich vermehrt kümmern." „Nimm dir in der nächsten Zeit den Opel, da bist du beweglicher und ich fahre Motorrad oder den Lieferwagen." Anschließend machte er sich daran, die Kammern und den Schuppen sinnvoll umzusortieren. Ulla war mit Kind und Hund unterwegs, so konnte er sein eigenes System verwirklichen. Als alles erledigt war, kümmerte er sich um seine exotischen Hühner, reinigte deren Stall und sah der Glucke zu, die zum ersten Mal mit ihren Küken unterwegs war. „Regina ist da und reitet im Damensattel", teilte ihm Richard mit. „Ich ziehe mich um, will nachher die junge Stute reiten, bin gleich da und werde mit ihr reden!" Er brachte sogar etwas Kaffee in der Thermoskanne und zwei Tassen auf den Tisch vor dem Haus, als Regina vom Platz zurückkam. „Moin, hast du Zeit für mich?" rief er ihr zu. „Ja, muss nur das Pferd in die Box bringen." Als sie aus dem Stall zu ihm kam, stand er auf und nahm sie in den Arm. „Das hätte ich gestern schon tun wollen, aber das passte nicht so ganz." Sie schnupfte leicht. „Danke, das hat mir gutgetan." „Setz dich und trink einen Kaffee mit mir." Während sie den Kaffee genossen, erklärte er ihr das gestrige Geschehen mit Klagenheim ausführlich.

„Ich entschuldige mich für seine etwas schroffen und direkten Worte, aber so ist er halt. In Bezug auf Pferde und Reiter ist er gnadenlos ehrlich. Aber er hat nicht an deinem Können gezweifelt, was ich dir unbedingt sagen möchte. Ich tue das ebenfalls nicht, deshalb möchte ich dir ein Angebot machen. Die etwas problematische hannoversche Stute möchte ich dir zum Reiten geben!" „Die kleine Hexe?" „Ja genau die, traust du dir das zu?" „Mit ein wenig Übung schon, das würde ich gern tun, die kann gut springen." „Wenn man sie im Griff hat, schon. Ich möchte dich um etwas anderes bitten." „Ja gerne, sag es einfach." „Du weißt, dass Graf seine letzte Prüfung zum Meister machen muss, die steht im nächsten Monat heran. Da möchte ich dich bitten, ihn dabei zu unterstützen. Wir alle halten viel von ihm und möchten ihn fördern."

„Das tue ich sehr gern. Momentan sitzt er in seinem Zimmer und lernt. Ich werde ihn fragen, ob ich ihn abhören kann. Dass er seine Meisterprüfung besteht, halte ich für sehr wichtig." „Gut, das freut mich. Wenn du jetzt diese Stute reiten willst, kannst du das gerne tun, die braucht Bewegung." „Hubert ich möchte mich bei dir bedanken und dafür entschuldigen, dass ich mich gestern wie eine 14jährige benommen habe. Im Nachhinein bewundere ich den Mann und kann heute sagen, er hat recht!" Hubert lächelte. „Alles gut, das Thema ist erledigt, du hast eine neue Aufgabe, dabei wünsche ich dir viel Erfolg."

Anfangs waren beide allein auf dem Platz, aus den Augenwinkeln beobachtete Hubert Regina. Die hatte anfänglich schwer zu kämpfen mit der Stute, aber mit der Zeit wurde es immer besser. Hin und wieder gab er ihr einige Tipps, die sie sofort umsetzte. Schließlich kamen andere, unter anderem Gertrud und Fiete. Als Regina zum Stall wollte, lobte Hubert sie, schränkte das aber ein: „Trotzdem hast du mit ihr genügend zu tun!" „Ja, ich weiß, aber das bekomme ich hin." Graf stand am Eingang und winkte ihnen zu. „Übrigens, geht doch mal baden hinter der Werkstatt von Gert, das ist doch bestimmt sehr angenehm." „Oh dürfen wir das denn? Das wusste ich gar nicht!" „Natürlich dürfen dort alle hin, viel Spaß!" Als sie weg war, ritt er neben Fiete und erzählte dem die ganze Geschichte. Der hörte ruhig zu und sagte: „Vielen Dank für das Vertrauen. Ich werde mich mit dem Pferd beschäftigen und ihn reiten. Aber vorher werde ich darüber mit Richard reden." „Tu das, geh ganz vorsichtig ran, keine Sporen, keine Peitsche!"

Als er ins Haus ging, kam Junior mit seinem neuen Fahrrad auf den Hof gefahren. „Na, wie war es?" fragte er ihn. Der nahm seinen Rucksack ab und sagte: „Gut, wir haben den ganzen Nachmittag auf dem Platz an der Schule Fußball gespielt." „Da sollten wir mal zwei Tore hinstellen? Hast du Lust, mit mir vor dem Essen Schwimmen zu gehen?" „Au ja, ich hole meine Badehose." Hubert tat das ebenfalls, zog seinen Trainingsanzug an, Ulla gab ihnen ein paar Handtücher mit. Auf dem Motorrad fuhren sie zum Baden hinter Gerts Werkstatt. Allerdings waren sie dort nicht die einzigen. Regina und Graf waren da, ebenfalls Monika mit Tietz und den beiden Jüngsten. Schnell waren sie im Wasser, allerdings hatte Hubert Mühe, Junior wieder aus dem Wasser zu bekommen, weil man dort mit den anderen Kindern so schön toben konnte.

Die übliche Stabsbesprechung am nächsten Tag lief recht schnell ab, anschließend fuhr Hubert zur Rampe, um zu schauen, was sich dort tat. Eben wurde gerade eine Zugmaschine abgeladen, die Flachwagen waren bereits leer. Gert stand neben dem Zug und sah sich alles in Ruhe an.
„Wie sieht es aus?" fragte Hubert. „Bis jetzt gut, alle Autos sind runter, außer der Zugmaschine ein großer Lkw mit Anhänger, drei Kleinere, dabei einer mit Anhänger. Der Anhänger des großen Lasters ist voll mit Wolldecken, ganz neue. Kannst du die brauchen?" „Einige schon, den Rest können wir dem Waisenhaus übergeben." „Ich lasse den beladen vor dein Stabsgebäude fahren." „In Ordnung. Was gibt es sonst?" „Zwei kleinere Lkw mit Werkzeug, das lasse ich ins Magazin bringen. Der große Laster ist voll mit neuen Kabeln jeglicher Größe und Länge." „Das wäre etwas für

Kokoschka und die Elektriker." „Dachte ich mir, ich habe den anrufen lassen, der kommt. Ach so, was wir nicht sahen, zwei Funkwagen sind dabei und eine Feldküche." „Die Funkwagen lassen wir von Frings abrüsten und die Feldküche können wir eventuell im Winter brauchen. Kannst du die Funkwagen zu Frings bringen?" „Ja, aber nicht heute. Zwei Güterwagen sind da, die wir ausräumen müssen. Zwei mit Kfz-Ersatzteilen, Werkzeug und Schmierstoffen sind bereits leer. Ich gehe zum Öffnen, willst du mitkommen?" „Ja klar, besser als im Büro zu sitzen!" Während sie auf die Rampe gingen, fragte Hubert: „Woher kommt der Zug eigentlich?" „Der stand auf dem Abstellgleis bei Bad Lauterberg. Ein Teil der Wagen sollte nach Nordhausen gehen." „In dieses unterirdische Werk dort?" „Glaube ich, auf ein paar Zetteln stand „Mittelbau"." „Da könnten ein paar Überraschungen dabei sein."
Mit einem Hammer schlug Gert die Türverriegelung hoch und gemeinsam schoben die beiden das Wagentor auf. „Oh, was ist das denn?" fragte Gert überrascht. Der ganze Wagen war dick mit Stroh ausgepolstert, vier große Holzkisten standen darin, gegeneinander mit Stroh geschützt. Auf allen Kisten stand in großen Buchstaben: „Vorsicht Glas!". „Was ist das?" fragte Gert. „Gute Frage", antwortete Hubert und zuckte mit den Achseln. „Da sind zwei kleine Kisten, eine mache ich mal auf!" Gert öffnete mit einem großen Schraubendreher eine Kiste. „Schau mal, irgendwelche Konstruktionspläne!" Beide sahen hinein und zogen ein paar Schnellhefter heraus. „Das sagt mir alles nichts!" sagte Hubert und Gert nickte. „Wir sollten das alles den Briten übergeben. Ich will mich damit nicht belasten, wer weiß, was das ist." „Du hast Recht Gert. Ich rufe nachher bei denen an. Kannst du die Kisten vorsichtig unter das große Schauer bringen lassen?" „Mache ich, aber erst schauen wir uns den anderen Wagen an." Nachdem der Wagen offen war, standen beide davor und staunten. In mehreren Reihen standen dort Werkzeugkisten gestapelt. Alle Kisten waren aus Holz

gearbeitet, grün gestrichen und trugen vorn in weiß eine Aufschrift, was darin war. Werkzeugsätze für Feinmechaniker, Optiker, Modelltischler, Elektriker und andere waren hier gestapelt. Sogar ein Werkzeugsatz zur Kalibrierung für Schusswaffen befand sich dabei. An der linken Stirnwand standen Holzkisten mit Kettensägen und zwei mit dem dazugehörigen Ersatzmaterial. Auf der anderen Stirnseite standen drei Holzkisten ohne Beschriftung. In einer lagen sechs Pistolen und vier Maschinenpistolen, in der zweiten sechs nagelneue Sturmgewehre. In der dritten befanden sich Batterien aller Größen. „Ich habe meinen Lieferwagen hier, da packen wir die Waffen rein, die dürfen wir niemanden zeigen", sagte Hubert. Schnell stand das Auto vor der Wagentür und gemeinsam wuchteten sie die beiden Kisten mit den Waffen hinein. „Die werde ich diese Woche los", sagte Hubert und schnaufte durch. „Sieh zu, dass das Zeug verschwindet!" sagte Gert.

Die Kisten waren Eigenbedarf. Frings, die Elektriker, Mielke mit dem Kalibrierzeug und Grings würden es bekommen. Der Rest ins Magazin.

„Halt, eine Kiste Feinmechaniker nehme ich für Jochen Bode mit, der bastelt gern. Ich fahre jetzt ins Büro und rufe die Briten an." Das tat er und hatte schnell Lisa am Telefon. „Wir haben hier mehrere Kisten mit Sachen sichergestellt, die vermutlich für das unterirdische Werk in Nordhausen vorgesehen waren. Ich denke, eure Wissenschaftler könnte das sehr interessieren. Dazu Kisten mit Konstruktionsplänen." „Ich trage das Allen vor und melde mich später." Kurz nach 14:00 Uhr rief Lisa an. „Schöne Grüße von Allen, morgen Vormittag gegen 09:00 Uhr kommen zwei der Wissenschaftler und schauen sich das an. Er wollte wissen, ob ihr das bei Bedarf in die Forschungsstätte bringen könntet?" „Das bekommen wir hin!" Das würde er mit Gert absprechen. Der hatte ihm mitteilen lassen, der Zug sei entladen und würde gegen 13:00 Uhr abgeholt, er sei aber da in den Hüttenwerken, um mit zwei Helfern die Halbkettenfahrzeuge dort abzuladen.

Mielke kam vorbei, um ihm zu sagen, dass die Baugenehmigungen für die beiden Betriebe bei Gifhorn vorlägen und Fink ab Donnerstag dort beginnen würde. Die Pläne für die drei Wohnhäuser beim RAW seien fertig und mit der Bauleitung der Bahn besprochen. Sie wären jetzt in der Genehmigung und Schubert würde sich auf den Bau einstellen. „Graf wird in 14 Tagen fertig sein, da müssen wir schauen, was der als nächstes machen soll." „Nehmt euch die Häuser von der Freundin meiner Tante vor. Ich glaube, das sind zwei, die nur teilweise wieder aufgebaut werden müssen." „Gut, wir planen ihn dort ein und sprechen das mit Lindner und Schwarz ab."
Mit Hilfe von Frank brachte er die beiden Kisten in den Tauschkeller und verschloss den anschließend. Vor dem Haus stand Doris Auto mit offener Ladeklappe. Mit Sieglinde trug sie mehrere Kartons hinein und schloss die Klappe wieder. „Hallo Hubert, deine Frau hat sortiert und ich habe alles das geholt, was sie für mich vorgesehen hat. Jetzt haben meine Näherinnen genug zu tun. Die Miete für das Lager in der Südstadt habe ich dir auf den Schreibtisch gelegt." „Danke, wie geht es sonst?" „Das Geschäft läuft gut, wir sind damit beschäftigt, die Wintersachen für beide Geschäfte herzurichten." „Eventuell haben wir einen Laster für dich, sprich mit Gert."
In der Küche standen Kaffee und zwei Stücken Kuchen für ihn. Während er sich hinsetzte und das genoss, kam Ulla mit der Kleinen im Arm.
„Fünf große Kartons haben wir gesichtet. Einiges habe ich in meinem Wäschezimmer oben zurückgelegt, Blusen, Unterwäsche, Schals, Handschuhe. Den Rest, die Uniformen mit Rock oder Hose habe ich Doris gegeben. Einige der Röcke sind bei mir. Am Donnerstag machen wir damit weiter, Mäntel, Schuhe und Stiefel." „Wieviel ist denn da?" „14 große Kartons sind da. Mal sehen, was ich finde. Aber morgen ist der Empfang der

Kinder wichtig." „Meine Leute wissen Bescheid, sind pünktlich zur Vorstellung da."

Kurz darauf unterhielt er sich mit Weber. Seit Sonntag war Fritz mit seiner Mannschaft wieder am Mähen und das würde die nächsten Tage so weitergehen, wenn es trocken blieb. „Die Gerste haben sie bereits herunter, ab morgen gehen sie an den ersten Winterweizen. Heute sind sie alle auf den Feldern bei Mascherode. Er hat uns angeboten, zwei Wagen mit Gerstenstroh zu holen, die stehen auf dem Hof in Hordorf. Morgen können wir drei Wagen mit Weizenstroh aus Mascherode holen, ab Mittag, das wird vormittags gepresst." „Müssen wir das selber laden?"
„Ja, die pressen nur und bekommen unsere Presse dazu." „Hast du genug Leute dafür?" „Unsere neue Familie aus Cremlingen ist komplett dabei, dazu zwei Ehepaare von den Flüchtlingen." „Am besten ist, ihr holt das Gerstenstroh heute, da können wir alle mit anfassen beim Abladen. Ich fange hier alle ein, die reiten." „Ich fahre mit Richard los und hole die. Wo sollen die hin?" „In die Feldscheune."
Erst ritt er Sandro und als der wieder in seiner Box war, sammelte er seine Helfer. Gertrud, Regina, Anne und Niemann waren sofort bereit, zu helfen, später kam Cremer dazu. Gemeinsam fuhren sie mit den Forken bewaffnet zur Feldscheune und warteten dort auf Weber und Richard. Kurze Zeit später kamen die beiden, zu Huberts Verblüffung saß Junior bei Richard auf dem Traktor. „Als ich losfuhr, wollte er unbedingt mit, also wurde er mein Beifahrer." Alle fassten beherzt an, recht schnell waren die beiden Fuder entladen. Vor dem Haus gab es anschließend kühles Bier für alle und die Warnung, dass am Dienstag das Gleiche anstünde.

Am nächsten Morgen meldete sich Woods kurz nach 09:00 Uhr im Büro. Dabei waren drei britische Ingenieure, die in der ehemaligen Versuchsanstalt arbeiteten. „Ich habe die Herren hierhergebracht, damit sie sich das anschauen können, was ihr entdeckt habt." Hubert begrüßte sie und ging mit ihnen zum Schauer, unter dem die Kisten standen. Gert hatte auf eine der großen Kisten Werkzeug legen lassen, damit diese geöffnet werden konnten. Aber zuerst kümmerten sie sich um die Kisten mit den Papiern. Einer übersetzte den anderen, um was es dabei ging, offensichtlich um Raketentriebwerke. „Der Mann spricht aber gut deutsch", sagte Hubert zu Woods. Der grinste und antwortete:

„Der ist eigentlich Deutscher. 1933 sind seine Eltern mit ihm und seinem Bruder nach England ausgereist, weil sie Juden sind und ahnten, was da kommen würde. Bei uns wurde er Ingenieur und steht jetzt im Dienst der Armee." Dieser Mann kam jetzt zu ihnen und fragte: „Wohin sollten die Sachen gehen? Wissen Sie das?" „An dem Güterwagen stand Nordhausen. Ich vermute also Mittelbau?" „Das tue ich auch. Es sind Berechnungen und Produktionsanweisungen für Fliegerabwehrraketen. Wir haben zwar einige dieser Raketen gefunden, aber kannten nicht die Entwicklungsgrundlagen. Das ist eine kleine Sensation und äußerst hilfreich für uns." Hubert nickte und sagte zu Woods: „Hast du Zeit für ein Gespräch in einer anderen Sache?" „Klar, ich bin nur der Fahrer, lass uns etwas zur Seite gehen und eine Zigarette rauchen." Das taten sie und als die Zigaretten brannten, sagte Hubert: „Wie ist der Markt für Wehrmachtshandwaffen?" „Bei den Briten nicht groß, aber bei den Amerikanern besteht hohes Interesse. Da gibt es Freaks, die richtig Geld zahlen. Hast du welche?" „Ich kann welche besorgen."

Er sagte ihm was und wie viel. Woods nickte: „Danach wird gesucht und es wird sehr gut dafür gezahlt. Drei Leute hätte ich, die darauf sofort anspringen würden." „Dazu hätte ich vier Pistolen aus SS Beständen mit der entsprechenden Kennzeichnung." „Die würde ich sofort für sehr gutes Geld loswerden." „Du kommst am Freitag, soll ich die besorgen und dir mitgeben?" „Unbedingt, denke, dafür kannst du dir anschließend zwei neue große Mietshäuser kaufen." Beide lachten, damit war alles geklärt, sie gingen zurück, wo die drei die Kisten geöffnet und deren Inhalt angesehen hatten. Der Mann deutschen Ursprungs kam zu ihnen. „Das sind alles Sachen, die wir genauer untersuchen müssen. Dinge, von denen wir vermuten, was es ist, von denen wir gehört, aber nie gesehen haben. Könnten Sie die Sachen zu uns in die ehemalige Forschungsanstalt bringen lassen?" „Aber klar, Moment." Einer von Gerts Leuten ging gerade vorbei, den bat Hubert Gert zu sagen, er möge bitte herkommen. Es dauert zwei Zigarettenlängen, Gert erschien. Hubert sagte ihn, um was es ging. „Kein Problem, wir nehmen den Sonderlaster mit dem Kran, da passt alles drauf. Soll das sofort sein?" „Das wäre gut." „In 15 Minuten steht der hier!"

Hubert ging zurück ins Büro, erledigte seinen Papierkrieg und fuhr anschließend zu den Baustellen. Sowohl zum Siegfriedviertel als auch bei der Posthäusern hielt er sich länger auf, besuchte Baumann an der Berliner Straße. Der hatte zwei Häuser fertig und begann mit dem dritten.
„Wie habt ihr euch in der Firma eingelebt? Gibt es Probleme?" „Nein, überhaupt nicht, man musste sich allerdings an die neuen Wege gewöhnen. Am Anfang war ich skeptisch, aber jetzt läuft das gut." „Das freut mich, ist die Organisation so wie sie ist, brauchbar für euch?" „Ja, sogar sehr. Man muss allerdings immer mitdenken und die entsprechenden Wege einhalten, wie zum Beispiel Lindner, damit der weiß, wann seine Handwerker angreifen müssen und zu Schwarz, wenn man bestimmte Maschinen oder einen Kran braucht. Aber da hat mir Mielke sehr gut geholfen und mir das erklärt. Besonders gut ist die Zusammenarbeit mit dem Nachschubbereich." „Gut, wenn irgendetwas ist, was nicht läuft, einfach zu mir kommen, meine Tür ist immer offen." „Das habe ich gehört. Eine Bitte hätte ich, wenn in der Nähe der Firma eine Wohnung frei wird,

würde ich dort sehr gerne mit Frau und Sohn einziehen. Momentan wohnen wir in einer Zweizimmerwohnung und das ist sehr eng." „Ich gebe das weiter an Becker, der ist dafür zuständig."

Gegen 14:00 Uhr war er im Büro an seinem Schreibtisch. In den nächsten Tagen würde er seine Leute häufiger besuchen und mit ihnen reden. Gertrud teilte ihm mit, dass 50 Decken, die im Zug waren, oben im Magazin seien und Schwarz hätte den Rest zum Waisenhaus gebracht.

„Weber hat angerufen, die bringen die vier Anhänger mit Stroh bei dir auf den Hof. Wann sollen wir zum Abladen da sein?" „Um 18:00 Uhr an der Feldscheune." „In Ordnung. Herr von Klagenheim hat angerufen und um Rückruf gebeten." „Stell ihn bitte durch. Wenn das Gespräch zu Ende ist, ruf bitte Lässig in Goslar an." Von Klagenheim bedankte sich für den netten Samstag und sagte: „Mein Vater nimmt die fünf Kühe gerne. Wenn du drei oder vier Schafe dazu hättest, wäre das wunderbar." „Da muss ich mit Fritz reden, aber ich denke, das sollte klappen." „Ruf mich an, wir machen einen Termin aus. Aber jetzt was anderes. Du bekommst von mir dafür die vier Kaltblüter, die gemeinsam im Gespann gingen." „Danke, du bekommst von mir ein Carepaket dazu!" Beide lachten. Kurz darauf war Lässig am Telefon. Dem erklärte er, dass Karl der Beauftragte für den Einsatz im Harz sei und der sich bei ihm melden würde. „Außerdem kann ich zwei Kaltblütergespanne bekommen, die ich zu Rückepferden ausbilden lassen würde. Wäre das etwas für dich?" „Wunderbar, die beiden anderen Gespanne sind schon schwer im Einsatz. Ich könnte sogar ein drittes Gespann brauchen!" „Kläre ich und rufe dich an. Bezahlung wie letztes Mal?" „Genau, brauche aber eine Rechnung, das zahlt die Forstbehörde."

Beim Strohabladen traf er Karl, der mithalf und sagte ihm, was er mit Lässig besprochen hatte. „Den werde ich morgen Nachmittag anrufen und mit ihm einen

Termin ausmachen." „Gut, nimm dir dazu einen Käfer."
Als nächstes wurden Weber und Klavas informiert über
die Kaltblüter.
„Wenn wir den Kuhstall entsprechend herrichten,
können wir die alle unterbringen." „Wir können die Tiere
mit zwei Transportern holen, aber morgen sind wir alle
gebunden mit dem nächsten Stroh, Klavas muss mit
seinem Gespann fahren." „Wo sollt ihr morgen
abholen?"
„Zwei Anhänger von dem Feld in Melverode und später
gehen wir mit den anderen und Klavas erst auf die
Felder in Cremlingen und Schandelah. In Cremlingen
haben die heute angefangen zu mähen." „Sind die zwei
Anhänger für uns?" „Ja, die kommen in die Scheune auf
dem Hof, Klavas lädt bei sich ab. Die Gespanne von
Fritz laden in Hordorf ab, bei ihm und seinem
Schwiegervater in dessen Feldscheune. Paul und sein
Lehrling fahren mit zwei Gespannen in Cremlingen. Ein
Wagen für Klavas und einen hier auf den Hof." „So sind
wir aber bald voll, oder?" „Die Scheunen hier sind voll,
hast du bereits die Feldscheune deines Onkels?"
„Praktisch ja, wir müssen nur den Kaufvertrag machen.
Aber wir können da bereits einlagern. Habe mit dem
Arzt gesprochen, das DRK hatte da seine Sachen aus
dem Zug gelagert, aber das ist alles weg."

Anschließend gab es geschmierte Brote, Bier und
Limonade für alle. Morgen würde er die Hilfe aller
brauchen, um wieder abzuladen. Die ganze Bagage
beschloss, nach dem Essen zum Baden in die Firma zu
fahren. Er selber duschte, setzte sich leicht bekleidet
mit Ulla auf die Terrasse. Bei einem kühlen Glas Wein
plauderten sie, bis die Sonne untergegangen war. Dabei
stellte ihm Ulla ihre Begrüßung für morgen vor, die
Kleine würde solange bei Monika und Anja geparkt.
Nachdem er am nächsten Morgen seine Sachen im Büro
erledigt hatte, ging er auf den Boden zu Klatte und Frau
Goldap. Beide waren gut beschäftigt. Sie führte ihn
durch das vergrößerte Magazin und erklärte ihm, wie sie

das organisiert hatte. Alle Sachen standen ordentlich in den Regalen und sie war gerade dabei, alles zu beschriften. Ein größeres Regal war frei. „Heute Nachmittag bekomme ich wieder mehrere Pakete mit Arbeitssachen, die kommen dort hinein. Stiefel und Schuhe liegen im großen Lager, wie die Wintersachen, die brauchen wir momentan nicht." „Wie läuft das mit der Wäsche?" „Gut, die Wäschepakete liegen nebenan und für die dreckige Wäsche habe ich mir einen größeren Verschlag machen lassen, in dem die dreckigen Sachen in Bündeln kommen, jeder Beutel ist mit einem Namen beschriftet. Die dreckigen Klamotten haben alle ein Namensschild, die bekomme ich in der Näherei. Die Bezahlung funktioniert unproblematisch." Hubert entdeckte ein Wäschepaket von Ulla, das bezahlte er und nahm es mit.

Auf dem Weg zurück ins Büro merkte er, dass viel Bewegung im Haus war, überall klappten Türen und gingen Personen nach unten, alle sammelten sich für die Begrüßung und Vorstellung. Im Vorzimmer war Ulla mit der Kleinen, die in einem Korb lag. „Wir können los, die Mädels machen das schon", sagte sie zu Hubert und beide gingen hinunter in den großen Aufenthaltsraum. Fast alle waren bereits da und stellten sich hinten an der Rückwand auf, als letzter kam Fritz. Ulla und Hubert begrüßten alle und plauderte mit den verschiedenen Leuten, bis sich die Tür öffnete und Schwarz fröhlich rief: „Guten Morgen, hier sind unsere Schützlinge. Kommt herein, hier steht für jeden ein Glas Milch."

Hinter ihm kamen die Jungs und Mädels herein, etwas unsicher, nahmen sich ein Glas Milch und setzten sich auf die Stühle. Nachdem sich Ulla bei Schwarz bedankt hatte, begrüßte sie die Kinder, eigentlich waren es schon Jugendliche, die in der letzten Zeit viel erlebt hatten, was eigentlich nicht in diese Phase der Kindheit passte. Einfühlsam umschrieb das Ulla und sagte, dass sich hier einige befänden, die ähnliche Schicksale erlebt hätten. Schließlich kam sie zum Kern ihrer Aussagen.

„Wir wollen euch drei Wochen bieten, in denen ihr auf andere Gedanken kommt. Allerdings ist hier nicht alles nur Spiel und Faulenzen, wir zeigen die verschiedensten Berufe, die für die Masse von euch in Frage kommen würden. Viele von euch können eine Lehre beginnen und da wollen wir euch eine Vielzahl von Möglichkeiten bieten. Schaut euch alles an, macht mit und wenn ihr meint, das wäre etwas, sagt es uns. Wir werden einen Weg finden, dass ihr das machen könnt. Jetzt stellen sich die Vertreter der einzelnen Abteilungen vor und anschließend habt ihr die Möglichkeit, mit ihnen zu sprechen. Danach bezieht ihr das Lager, es gibt Essen und ab morgen geht es los! Wir beginnen mit dem Lehrlingsausbilder der Maurer und Betonbauer."
Müller kam nach vorn, sagte entspannt und ruhig, um was es bei ihm ging. Nacheinander kamen die anderen dran, dazu die Textilmeisterin von Doris, Gertrud für Bürokräfte, Wagner für den Forst, Frings, Grings, Fritz und ganz am Ende Gert. Ulla schloss das Ganze, in dem sie die Schule und den Kindergarten vorstellte.
„Abschließend möchte ich meinen Mann, Hubert Wedel, vorstellen, er ist der Chef des Ganzen und wenn ihr Fragen zu Pferden habt, seid ihr bei dem genau richtig. Und jetzt Feuer frei für eure Frage, sprecht die Leute an." Unsicher schauten sich alle an, das war schon ein wenig viel gewesen, aber zwei ältere Jungs erhoben sich, einer ging zu Gert und einer zu Wagner. Als danach eines der Mädchen zu Gertrud ging, war der Bann gebrochen. Lächelnd sah sich Ulla alles an und beantwortete schließlich jede Menge Fragen zu Schule und Kindergarten.
Alle waren in Gesprächen, bis auf eines der Mädchen, die still auf ihrem Stuhl saß und sich etwas hilflos umschaute. Zu der ging Ulla und setzt sich neben sie. „Na, mein Mädchen, ist für dich nichts dabei?" Zögernd antwortete die: „Das ist alles richtig toll, aber ich würde gern im Haushalt arbeiten und kleine Kinder betreuen. Aber ich weiß nicht, zu wem ich gehen soll." Ulla legte den Arm um sie und lächelte. „Weißt du was, du

kommst einfach zu mir, dich könnten wir gut brauchen. Wie heißt du?" „Susanne." „Gut Susanne, du kommst morgen zu mir auf den Hof. Da reden wir weiter. Wie alt bist du?" „14, werde im Oktober 15." „Schön, wir beide reden morgen früh weiter, jetzt bezieht eure Zelte und esst erst einmal!" Das Mädchen bedankte sich und folgte den anderen, die langsam hinaus gingen. Hubert kam zu Ulla: „Na, alles zu deiner Zufriedenheit gelaufen?" „Ja sehr, heute Nachmittag fahre ich zu den Zelten und schaue mir an, was da passiert."

Bevor er fuhr, hatte er einige kurze Gespräche. Fritz sagte ihm einen Schafsbock und vier Mutterschafe zu. Er war froh die abgeben zu können, weil die Schafe sich so gut vermehrt hatten. Eine trächtige Muttersau und drei Jungsauen gab er dazu, der Platz wurde mittlerweile eng. Grings fragte ihn, ob er die alten Bauernmöbel von Cremlingen abholen lassen könnte. „Ja, aber nicht alles sofort, die Familie Klavas muss damit leben, bis ihr Anbau fertig ist," lautete seine Entscheidung. Frings teilte ihm mit, dass sie dabei wären, die Funkwagen abzurüsten und dass er ihm gerne am Freitag vortragen wolle. „Sei bitte um 14:00 Uhr da," beschied er ihn. Gert teilte ihm mit, der Transport der Geräte zu den Briten sei gut gelaufen und die Entladung der Kettenfahrzeuge hätte ebenfalls geklappt. „Dem Herrn Reimann habe ich eine Stange Zigaretten übergeben, als Dank für seine Hilfe. Der war ganz begeistert und sagte mir, dass er sofort an uns denken würde, wenn so ein ähnlicher Zug auftauchen würde."
Heute fuhr er mit dem Motorrad und besuchte als ersten Kolonnenführer Graf, der das halb zerstörte Haus des ehemaligen Richters wieder aufbaute. Die Mauern waren hochgezogen und die Dachdecker arbeiteten am Gebälk. Grafs Leute waren mit dem Innenausbau beschäftigt.
„Die nächste Woche werden wir brauchen, teilweise können die Elektriker und Klempner bereits anfangen",

berichtete Graf. „Weiß Lindner das schon?" „Habe ich
mit ihm heute Morgen abgesprochen, der steuert das."
Nachdem er sich das Haus innen angesehen und dabei
mit einigen Arbeitern gesprochen hatte, fuhr er in den
westlichen Teil der Stadt, wo Huber auf dem Gelände
der alten Gärtnerei und den darüber liegenden alten
Bauhof vier Blöcke hochzog. Zufrieden stellte er fest,
dass alle Baugruben bereits fertig und betoniert waren,
der erste Block wurde hochgezogen. Hier stand einer der
Kräne, der von Fehrmann bedient wurde. Ruhig und
sachlich erläuterte ihm Huber den Bau, trug seinen
Zeitplan vor. Nach seiner Rechnung würde der Bau
insgesamt nicht vor September fertig werden. Helwig
besuchte er als Letzten. Drei Häuser waren es, die in der
Nähe des Nordbahnhofes wieder hergerichtet wurden.
Eines war nahezu fertig, beim zweiten liefen die
Bauvorbereitungen. Hier herrschte eine gute Stimmung,
was am sehr redefreudigen Polier lag. Gegen 15:00 Uhr
saß er wieder an seinem Schreibtisch, erledigte seine
Post und anderes.
Mit dem Reiten würde es heute nicht viel werden, erst
mussten die Strohwagen entladen werden. Nach den
vier Anhängern mit Stroh war die Feldscheune voll,
Pauls Gespann wurde in die Scheune auf dem Hof
entladen. Dabei kam Hubert mit Paul ins Gespräch.
„Der neue Mann in Cremlingen scheint gut mit Pferden
umgehen zu können, wir unterhielten uns, als wir auf
die Beladung warteten. Wenn du ihm sechs Kaltblüter
hinstellst, wird das für den schon sehr viel. Ich helfe
ihm bei der Ausbildung." „Das ist nett, ja das geht etwas
schneller. Was hast du sonst für einen Eindruck von
ihm?" „Viel reden tut er nicht, aber er sieht genau, was
getan werden muss und da langt er richtig zu, der
gefällt mir. Aber richtig beurteilen kann ich das erst,
wenn wir gemeinsam eine Flasche Korn getrunken
haben!" Beide lachten. „Aber etwas anderes: Wir haben
vorhin mit Fritz und Weber gesprochen, was als
nächstes geschieht! Die haben heute begonnen in
Schandelah zu mähen. Du bekommst davon zwei Fuder.

Eines von mir und eines von meinem Helfer. Und Klavas kann preiswert vom Bürgermeister in Cremlingen fünf Mutterschafe und einen Bock für den Grasgarten bekommen, ob du die nehmen würdest." „Er soll die nehmen, Geld bekommt er von mir."

Beim anschließenden Umtrunk sprachen Weber und Hubert miteinander. Als erstes erklärte Hubert, was alles für Klagenheim zu transportieren wäre und was von dem geholt werden sollte. „Also fahren wir mit zwei Transportern. Morgen sind wir bei Fritz gebunden, aber am Freitag können wir das machen." „In Ordnung, das werde ich ihm morgen mitteilen. Wie sieht es bei Fritz aus?" „Richard und Frank fahren morgen Vormittag jeder mit zwei Anhängern voll zur Polizei, Paul und sein Helfer bringen dir zwei Fuder." „Wer soll die abladen? Wir müssen alle arbeiten und morgen Abend wollen wir zum ersten Mal wieder die Quadrille reiten." „Ich hole mir morgen einen der Siebensitzer, da setzten wir sieben Jungs aus dem Waisenhaus rein, die werden das machen, habe ich mit Schwarz geklärt. Meine eine Abteilung ist pünktlich fertig, also können wir um 19:00 Uhr reiten. Tietz weiß Bescheid wegen der Musik." „Ist Regina fit dafür?" „Reiten klappt sehr gut und den Rest lernt sie in der geschlossenen Abteilung. Bei Söhnke steht ein Fuder Heu, Fritz wollte wissen, ob wir das brauchen können." „Ja, davon können wir nie genug haben. Das Stroh und das Heu kommen hier in die Scheune."
Einige wollten heute reiten, vor allem Fiete, der unbedingt wieder den scheuen Fuchs bewegen wollte. Gertrud leistete ihm dabei auf Huberts Schimmel Gesellschaft und Petra sollte Sandro bewegen. Die Stute, gemeinhin als Zicke bekannt, kam auf einen Paddock, die andere Neue auf den zweiten. Als alle Frauen weg waren, stellten sich die verbliebenen Männer unter den Wasserschlauch vor dem Stall, der eigentlich für die Pferde gedacht war und spülten sich den Dreck herunter. Nur mit einem Handtuch um die

Hüfte und in der Hand die dreckigen Sachen, ging Hubert ins Haus und zog sich bequem an. Anschließend setzte er sich zu Ulla auf die Terrasse und aß sein Brot. „Ich glaube unser Bierkasten ist leer", sagte er lächelnd zu Ulla, die einen Papierblock und zwei Bleistifte vor sich liegen hatte. „Keine Sorge, Heinrich hat heute Nachmittag fünf volle Kästen gebracht. Für sich, uns und für Fritz." „Wunderbar! Wie war es heute im Lager?" „Bisher hat alles gut geklappt. Aber mir sind ein paar Sachen aufgefallen, da lasse ich mir gerade was einfallen. Sowohl die Jungs als auch die Mädchen haben wenig Sachen zum Wechseln, vor allem kaum Unterwäsche, Strümpfe und fast alle nur ein Paar Schuhe. Da werde ich nachsteuern. In unserem Lager am Nordbahnhof liegen diverse Pakete mit solchen Sachen. Damit werde ich die ausstatten."„Du hast doch oben in den Schränken jede Menge Zeug."
„Ja, da muss was weg. Und dann habe ich da etwas, nicht lachen, wenn ich dir das jetzt sage. Fast alle Mädchen kommen vom Land, einige aus kleinen Städten. Ich denke, die sollten wir aufklären in Richtung fraulicher Hygiene und Empfängnisverhütung. Einige denken, man bekommt vom Küssen Kinder!" „Darüber lache ich nicht, aber wie willst du das machen? Wer soll das tun?" „Ich habe mit Christina gesprochen, die redet mit Frau Doktor März. Das war die Empfehlung unseres Doktors!" „Das gibt Sinn, sehr gute Idee! Das wäre bestimmt gut für die Mädels, das sollte man auch mit den Jungs machen!" „Darauf bin ich gar nicht gekommen, ich spreche mit unserem Doktor." Über einige andere Sachen tauschten sie sich aus, plötzlich sagte Hubert: „Schau dir mal Fiete mit dem Fuchs an!" Aus den Augenwinkeln hatte Hubert die bereits seit einiger Zeit beobachtet, aber gerade redete Fiete mit den zwei Jungs, die wie üblich am Platz saßen und zuschauten. Beide gingen zu zwei Hindernisse und erhöhten die ein wenig. Ohne Hektik ritt er den Fuchs dorthin und der sprang, als ob er nie etwas anderes getan hätte, nahm die Hindernisse mit viel Schwung

und Luft souverän. Nach dieser einen Bahn beendete er das Springen und ließ den Wallach am langen Zügel zur Entspannung auf dem Platz im Schritt gehen. „Der kann ja springen, das ist ein richtig Guter", sagte Ulla bewundernd. „Man muss abwarten, wie er das Turniergeschehen nervlich verkraftet. Da muss man ihn langsam dran gewöhnen." „Willst du den nicht reiten?" „Nein, Ich habe fünf Pferde im Beritt, das reicht. Sonst verzettle ich mich!" Die Kleine wachte auf und fing an zu weinen. „Oh, unser Mädchen scheint hungrig zu sein, ich werde sie stillen und danach baden." Ulla ging mit dem Kind hinein. Hubert räumte das Geschirr in die Küche, verschloss die Terrassentür und setzte sich an den Schreibtisch. Während er sich notierte, was morgen zu erledigen sei, klingelte das Telefon, seine Tante war dran. „Guten Abend, mein Lieblingsneffe, hoffe ich störe nicht." „Nein, kein Problem, ich bin ganz Ohr, liebe Tante." Sie lachte. „Wie nett, dass aus deinem Mund zu hören, aber kommen wir zum Geschäft. Die Unterlagen habe ich studiert und bin begeistert. Derjenige, der das so gut herausgefunden hat, ist richtig gut. Gratulation. Ich habe das von einem mir sehr vertrauten Steuerbüro prüfen lassen, die kamen zu dem gleichen Ergebnis. Aber es gibt ein Problem. Mit meinen Helfern komme ich nicht an diese drei Konten. Also habe ich deinen Onkel eingeweiht. Zu deiner Information: der SS Offizier ist wegen zwanzigfachem Mord zum Tode verurteilt und wird nächste Woche hingerichtet. Friede seiner Asche. Nach dessen Tod werden seine Konten freigegeben. Zwei für dich, eines für mich, auf unsere Namen als Verfügungsberechtigte. Frag mich bitte nicht, wie er das hinbekommen hat, aber das hat seinen Preis: ein Reitpferd mit Sattel und Zaumzeug, wenn möglich neu und ein gutes Jagdgewehr! Würdest du das hinbekommen?" „Ja, das klappt!" „Ich bin beeindruckt, aber um so besser. Du bekommst die beiden Konten, die bei deiner Hausbank liegen, gesamt 236.000 RM und ich das Konto hier in Hannover mit 83.000 RM."
„Danke, ich frage gar nicht nach, irgendwann werde ich

das ja wohl schriftlich bekommen. Ab nächste Woche steht das Pferd hier zum Abtransport mit allem Zubehör und das Gewehr. Ein Paket für euch wird dabei sein."
„Du bist ein Schatz. Wenn ich näheres weiß, melde ich mich. Wünsche euch eine gute Nacht."
Zufrieden lehnte sich Hubert zurück, goss sich einen Whisky seiner Lieblingsmarke ein und überlegte. Vom Schlüssel des Schließfachs hatte er gar nichts gesagt, vielleicht lag da ja etwas Schönes drin. Zufrieden ging er ins Bett. Als Ulla dazukam, schlief er bereits tief und fest.

Am nächsten Morgen fuhr er mit Niemann und Schubert nach Cremlingen, weil sie ihm vor Ort zeigen wollten, was sie mit Ulla abgesprochen hatten. Das, was ihm vorgeschlagen wurde, ließ ihn zufrieden nicken. „Wann wollt ihr hier anfangen?" „Das kleine Haus ist fertig geplant, Schubert ist eingewiesen und hat den Plan", sage Niemann und Olbrich fügte hinzu: „Meine Jungs sind eingeteilt, wir fangen morgen an. Den heutigen Tag brauchen wir zum Vorbereiten." Klavas, der auf dem Hof arbeitete, sagte er, dass die sechs Kaltblüter am Freitag kämen.
„Gut, dass ich die Stände für die neuen Pferde vorbereitet habe. Wenn morgen die Kühe weg sind, gehe ich an den Einbau, das schaffe ich, bis die Pferde da sind. Sind aber keine großen Boxen, nur große Stände."
„Das reicht, die werden nach der Ausbildung abgeholt! Hier sind 200 RM für die Schafe." „So viel will der gar nicht." „Kauft ihr für das Restgeld Federvieh. Futter dafür bekommt ihr von mir, dazu Hafer, wenn der geerntet ist."
Die drei fuhren zurück zur Firma, Hubert ging bei Grings vorbei. Zwei Jungs standen bei dem und ließen sich etwas erklären. Grings übergab sie an Harald und kam zu ihm. „Die beiden Jungs sind sehr interessiert, wir werden sie uns genau anschauen. Vielen Dank für die sehr guten Holzbearbeitungssätze aus dem letzten Zug, die haben wir schon in Benutzung. Sehr gutes

Material." „So findet das eine gute Verwendung. Ich war gerade in Cremlingen und habe mir die alten Sachen dort auf dem Boden angeschaut. Die könnt ihr euch holen und bearbeiten. Wenn die Familie umgezogen ist, den Rest." „Das werden wir nach und nach tun. Erst will ich mir das dort ansehen, alles brauchen wir nicht." „Wenn du schon dort bist, schau dir bitte die Treppen dort an. Olbrich arbeitet ab morgen dort, aber ich denke, unsere Zimmerleute werden die kleineren filigraneren Sachen nicht so sehen!" Grings lachte: „Ja, so kennen wir sie!"

Während er in seinem Büro saß und arbeitete, war Ulla tätig gewesen. Die Kleine immer in Reichweite, hatte sie beim Frühstück bereits ein Gespräch mit Sieglinde. Beide tranken einen Kaffee, berieten die kommenden Aufgaben und Ulla erzählte von ihrem Plan mit den Mädchen, den Sieglinde wunderbar fand. „Uns hat niemand so etwas erklärt oder aufgeklärt. Man musste sich da auf den Rat älterer Freundinnen verlassen!" sagte sie. „Mir ging das ähnlich, deshalb will ich ja erreichen, dass die Mädchen wissen, was in ihrem Körper geschieht und was man wie tun sollte oder besser nicht!" Gerade wollte sie anfangen von dem Mädchen Susanne zu erzählen, als es an der Haustür klopfte und die vor der Tür stand. „Komm herein", sagte sie lächelnd und ging mit ihr in die Küche zu Sieglinde, setzte sie mit an den Tisch. „Hast du ordentlich gefrühstückt?" „Ja, das war richtig toll, sogar ein Glas Milch haben wir bekommen!" „Prima, jetzt kannst du uns ja mal von dir erzählen, aber vorher sagen wir beide dir, wer wir sind und wie wir hierherkamen!" Kurz aber umfassend taten die beiden Frauen das und Susanne hörte aufmerksam zu. Sie war an der Reihe.
„Ich stamme aus der Nähe von Insterburg, meine Eltern arbeiteten dort auf einem großen Gut. Mein Vater war Verwalter und meine Mutter arbeitete im Büro der Gutsverwaltung. mein Vater wurde 1942 eingezogen und fiel1943 irgendwo in Südrußland. Meine Mutter hat

das hart getroffen, war sie doch schwanger. Ich ging zur Dorfschule und half im Haushalt des Gutes. Erst war es ruhig, aber im Herbst 44 wurde es immer hektischer, man sagte, die Front würde näher rücken. Erste Vorbereitungen für eine eventuelle Flucht nach Westen worden heimlich getroffen, es war ja verboten, sich damit zu beschäftigen und wir hatten einen fanatischen Dorfvorsteher, der genau aufpasste. Aber es wurde immer enger, die Soldaten, die bei uns einquartiert wurden, rieten uns, bald abzuhauen. Weihnachten kam, die Schule wurde geschlossen und ich kümmerte mich um die kleinen Kinder der Gutsbesitzerin und half im Haushalt. Meine Mutter hatte einen kleinen Jungen bekommen, aber der starb kurz nach Weihnachten an einer Mittelohrentzündung. Als kurz vor Silvester der Dorfvorsteher erschossen im Wald gefunden wurde, begannen die Vorbereitungen zur Flucht richtig. Die Front kam immer näher und trotz des Verbotes abzuhauen, befahl uns ein General der Wehrmacht, der mit seinem Stab bei uns einzog, endlich abzuhauen. Das taten wir. Mit zehn vollgepackten Wagen zogen wir bei Kälte und Schneetreiben los. Sogar ich fuhr ein kleines Gespann mit einem ukrainischen Kriegsgefangenen. Bevor wir losfuhren, schnitt mir meine Mutter die Haare ganz kurz und kleidete mich so ein, dass ich aussah wie ein Junge. Furchtbare Geschichten von Tod und Vergewaltigung hatten Flüchtende uns erzählt. Drei Tage schafften wir, dann gerieten wir in einen Angriff russischer Panzer, welche die Front durchbrochen hatten. Es kam zu einem furchtbaren Massaker, sie schossen auf alles, was sich bewegte. Ich sah, wie meine Mutter auf dem Bock des Wagens vor mir getroffen wurde und auf die Straße fiel. Als ich zu ihr heruntersprang, war sie voll Blut und flüsterte: „Sieh zu, dass du überlebst" und drückte mir eine Brieftasche mit unseren Papieren in die Hand. Sie starb. Der Ukrainer zog mich wieder hoch und wir versuchten vorbeizukommen an den brennenden Wagen vor uns, wurden aber getroffen und ich flog in hohem

Bogen in den tiefen Schnee. Als ich wieder zu mir kam, tobte um mich herum ein Gefecht. Deutsche Panzer kamen von hinten und bekämpften die Russen. Überall brannte und schrie es. Die Treckwagen brannten, sterbende Menschen und Tiere schrien, drei russische Panzer brannten, einer explodierte. Langsam rollten über das Feld einige deutsche Panzer heran, zwei davon schossen auf die fliehenden Russen, erwischten einen. Ich stand neben der Straße im Schnee und war starr vor Schreck, als einer der Panzer neben mir hielt. Von oben rief ein Soldat „Spring auf Junge, hier ist alles tot, wir nehmen dich mit." Hilfreiche Hände zogen mich auf das Ungetüm, sie fuhren zurück in ihre Stellungen. Von dort wurde ich weiter nach hinten gebracht und landete schließlich in einem kleinen Lager, wo viele Frauen und Mädchen zusammengezogen waren und später nach Westen in die Nähe von Magdeburg gebracht worden. Als die Russen dort kamen, bin ich im letzten Winter in einen leeren Güterzug geklettert, habe mich da drin versteckt und kam so bis Braunschweig. Halb erfroren fand man mich und steckte mich in das Waisenhaus. So war es." Mehrfach hatte sie sich bei der Erzählung geschnäuzt und die Augen gewischt. Ulla fasste ihre Hand und sagte: „Hier bist du sicher, wir verstehen dich, vielen von uns ging es ähnlich. Jetzt sag mir, was du gern machen möchtest." Das Mädchen schnäuzte sich. „Ich möchte gern wieder in einem Haushalt arbeiten, mit Kindern umgehen und wieder lachen können." Sanft streichelte Ulla ihre Haare. „Das kannst du hier machen. Bist du fertig mit der Schule?"
„Ja, ich habe das Abschlusszeugnis, aber bisher wollte mich niemand haben!" „Jetzt bleibst du hier und wir sehen, was wir tun können. Aber jetzt müssen wir hier anfangen. Kannst du bitte Sieglinde helfen, ich muss mich um die Kleine kümmern."
Ulla verfolgte ihren Plan, telefonierte mit dem Doktor und anschließend mit Frau Doktor März. Der Doktor hatte zugestimmt, so etwas Ähnliches mit den Jungs zu tun, allerdings würde er seinen Neffen dazu einsetzen.

Für den hatte er die Bitte, bei der Veranstaltung mit Doktor März teilzunehmen., schließlich käme der, als zukünftiger Landarzt, bestimmt in die Situation, Frauen oder Mädchen beraten zu müssen. Als sie das Doktor März vortrug, war die sofort einverstanden, würde Christina mitbringen, als Helferin. „Ich habe am Samstag und Sonntag frei und Christina ebenfalls. Wir könnten das am Samstagnachmittag gegen 16:00 Uhr machen." „Sehr gerne, ich kümmere mich um alles und lade sie ein zu einem gemütlichen Abend anschließend." „Wie schön, da sage ich sofort zu!" Gertrud informierte sie, was die Waisenkinder heute vorhatten und wie viele wohin gingen. Alle waren beschäftigt, sogar bei Barbara war eine. Das hatte Hubert erfahren im Büro und freute sich ebenfalls über das rege Interesse der Jugendlichen. Cremer hatte sechs Jungs um sich gescharrt und fuhr mit denen und Weber in einem die Siebensitzer aufs Feld zum Beladen der Wagen und schließlich auf den Hof, um dort wieder abzuladen. Da die Gespanne noch nicht da waren, zeigte Weber ihnen die Stallungen und berichtete von den bisherigen Turnieren. Dabei erwies sich ein Junge als besonderes interessiert, fragte viel nach und besaß ein sehr gutes Wissen über Pferde und Reiten. „Hattest du mit Pferden bereits zu tun?" fragte Weber. „Ja, mein Vater war Futtermeister im Landgestüt Georgenburg, den habe ich, so oft es ging, begleitet und daheim hatten wir zwei Stuten. Mit denen floh meine Mutter über den zugefrorenen Hoff und versank dabei mit dem Gespann an einer leicht zugefrorenen Stelle, die man nicht sehen konnte. Mein Vater fiel in der Festung Königsberg. Ich war beim Jungvolk. Als alle verschwanden, nahmen mich Soldaten mit und schmuggelten mich in einen Verwundetentransport. Mit dem kam ich bis in den Harz, später haben sie mich hier ins Waisenhaus gesteckt." „Hast du deine Schule fertig?" „Ja, bin seit Ostern fertig, aber wo soll ich hin?" „Warte es ab, vielleicht finden wir was für dich." Söhnke kam mit der Fuhre Heu, die als erste abgeladen wurde. Später kam Pauls Gehilfe und schließlich der

153

selber. Nachdem alles abgeladen war, passte kaum
mehr etwas in die Scheune. Alles, was jetzt kam, musste
in die Feldscheune vor Huberts Onkel gebracht werden.
Richard kam mit seinen zwei leeren Anhängern von der
Polizei zurück, Frank wurde bei Sören Stroh auf beide
Anhänger geladen. Nachdem Richard sich auf dem Hof
zurückmeldete, bat Ulla ihn, einen Opel Blitz zu holen,
um vom Nordbahnhof einige Wäschepakete zu holen.
Als Ulla bei ihm einsteigen wollte, um mitzufahren,
verboten ihr das Richard und Sieglinde energisch. „Ich
weiß, was wir holen müssen. Du bleibst hier, kümmerst
dich um Hannelore und beschäftigst dich mit Susanne.
Diese Woche wirst du dich schonen und keine
körperliche Arbeit verrichten!" sagte Sieglinde und holte
sie aus dem Führerhaus wieder heraus. Als sie zögerte,
sagte Richard: „Ich fahre erst los, wenn du wieder
draußen bist, tu, was sie sagt." „Ist ja gut, ich fühle
mich aber wieder fit", maulte sie. „Papperlapapp! Steig
aus!" kommandierte Sieglinde und sie tat es widerwillig.
Als die beiden gefahren waren, stillte sie die Kleine und
zeigte Susanne, wie man das Kind badete und wickelte.
Als die sie bat, mit dem Kind im Kinderwagen ein wenig
spazieren zu gehen, willigte sie ein und gab ein kleines
Fläschchen Tee mit. Sie legte sich auf die Couch zum
Entspannen und schlief prompt ein, tief und fest.
Sieglinde weckte sie mit einer Tasse Kaffee auf. „Ach ja,
Madam, wir sind ja so fit, wir reißen ganze Wälder aus!"
grinste sie dabei. „Wo ist Hannelore?" „Die ist mit dem
Mädchen draußen und freut sich des Lebens!" Fünf
große Kartons standen im Esszimmer und warteten auf
ihre Sortierung.

Hubert war in der Zwischenzeit zu Jurka gefahren. Der
war mit zwei Baggern und seinen Kippern beschäftigt,
im Auftrag der Bahn, Trümmer auf der westlichen
Bahnhofsseite zu räumen. Eine Fläche war bereits
geräumt, seine Bagger fraßen sich weiter vor, nur er war
nicht zu sehen.

Einer seiner Baggerfahrer rief aus seinem Gehäuse: „Jurka ist weiter vorn und schaut sich alles an, der ist gleich wieder da." Kaum hatte sich Hubert eine Zigarette angezündet und die Bagger bei ihrer Arbeit beobachtet, als er aus den Trümmern erschien. „Oh, der Chef macht Dienstaufsicht!" grinste er und fuhr fort: „Gut, dass du da bist, muss dir etwas zeigen, hätte ich dir sonst heute Abend berichtet!" „Na, jetzt bin ich aber neugierig." „Das Gelände gehört der Bahn und der Verantwortliche hat mich umfassend eingewiesen. Er hat mir den Anfang des Trümmerfeldes gezeigt und das Ende. Dabei hat er gesagt: Alles muss weg, damit wir die Gleise darunter zu den Fabriken da drüben wieder nutzen können. Ich fragte nach: Alles weg bis zu der Einfahrt zu den Lagerschuppen. Das Gelände gehört der Bahn und wird geräumt. Also haben wir angefangen. Aber Vater Jurka ist neugierig, hat sich in der Trümmerwüste umgeschaut und etwas gefunden, was dein Herz höher schlagen lassen wird." Vorsichtig kletterten sie durch die Trümmer, Hubert war froh, dass er seine Sicherheitsschuhe mit den Stahlkappen trug. Durch Betonbrocken, aus denen rostige Stahlstreben herausragten, kamen sie zu einem flachen Gebäude aus Holz, dessen Dach beschädigt war. Die Fenster waren kaputt und eine Stirnseite zerstört. Jurka ging zu einem Tor, das etwas offenstand, öffnete das und winkte Hubert hinein. „Schau dir das an!" Dreifach aufeinander gestapelt standen hier jede Menge Paletten mit Ziegelsteinen. Daneben Zement und Gips, ebenfalls auf Paletten. Es folgten Dachziegel, Dachpappe, Dachrinnen und Rohre. Hinter einer Tür war ein umfangreiches Lager mit Elektrozubehör und Sanitärsachen. „Wem gehört das ganze Zeug hier?" fragte Huber staunend. „Als wir hier anfingen, schauten uns zwei ältere Männer ständig zu. Mit denen habe ich mich unterhalten und die erzählten mir, welche Firmen hier waren. Eine Packung Zigarren später wusste ich, dass der Besitzer dieser Baustoffhandlung hier daneben in einem Haus mit zwei Angestellten wohnte und bei dem

155

Bombenangriff kamen alle ums Leben, erstickten im Keller des Hauses. Erben gibt es keine. Betrachten wir das einfach als Finderlohn!" Beide grinsten sich an. „Und was ist mit den anderen Unternehmen, die hier unter dem Schutt begraben sind?" „Das bekomme ich raus." „Also gut. Wenn du das abholen lässt, bitte nicht auffällig und rede mit Kokoschka, wohin der was haben will." „Mache ich. Aber einige wollen demnächst bauen, können wir für die nicht was abzweigen?" Hubert haute ihm auf die Schulter. „Du Alter Gauner, also gut. Zwei Drittel für die Firma, ein Drittel nach Cremlingen auf den alten Bauhof." „Das ist ein Wort, danke." Vorsichtig kletterten sie durch die Trümmer zurück, Hubert fuhr ins Büro, denn er musste Klagenheim anrufen.
„Ich nehme alle sechs Kaltblüter. Die zwei zusätzlichen bezahle ich. Und dazu brauche ich ein ordentliches Reitpferd ohne große Macken."
„Da habe ich eins für dich. Wann willst du die Pferde holen?" „Morgen am späten Vormittag sind die zwei Transporter mit den Tieren bei euch auf dem Hof, anschließend könnt ihr die Pferde verladen." „In Ordnung. 500 für die beiden Kaltblüter und 300 für das Reitpferd." „In Ordnung, meine Leute haben das Geld dabei!" Es wurde Zeit für seine tägliche Arbeit. Heute ließ er Gertrud die Tür zum Vorzimmer schließen, denn die hatte zwei von den Mädchen bei sich. In aller Ruhe trank er seinen Kaffee und arbeitete dabei seine Vorlagen durch. Kurz nach 16:00 Uhr war er fertig, brachte alles zu Gertrud und sagte: „Denk dran, 19:00 Uhr heute Quadrille, schau dir das bitte an und sag mir, ob es ordentlich war."

Daheim bekam er etwas Warmes zu Essen, Bratwürste und Kartoffelbrei. Ulla und Sieglinde hatten bereits zwei Kartons aussortiert und alles, was den Mädchen passen könnte, herausgelegt. Alle diese Sachen hatten sie auf drei Biergartentische gestapelt, die im Wohnzimmer standen. Jetzt ging es beim dritten Karton um feste Schuhe und Stiefelchen. Hubert beschloss spontan nach dem Essen seine Trakehnerstute zu reiten und anschließend die neue Stute an ein paar Hindernissen zu testen, das besprach er mit Richard und Frank, die würden seinen Schwarzbraunen für die Quadrille vorbereiten. Kurz vor 19:00 Uhr war er mit dem zweiten Pferd am Stall, wo bereits viel Betrieb herrschte. Einige bewegten ihre Pferde auf dem Weg zum Platz, andere saßen auf. Sein Schwarzbrauner stand fertig in der Stallgasse, Frank nahm ihm die Stute ab, er saß ebenfalls auf. Gertrud stand vor dem Stall und beobachtete alles. „Ist Tietz fertig mit der Musik?" fragte er sie. „Der ist unten und startklar, wartet auf ein Zeichen von mir." Kurz sah er sich um, alle waren aufgesessen und warteten auf sein Kommando. „Einmarschformation einnehmen!" rief er laut und ritt langsam an. Hinter ihm reihten sich alle auf ihre Plätze. Weber sah das und ging los. Gertrud hatte das Zeichen gegeben und als Weber kurz vor dem Tor zum Platz war, ertönte die Einmarschmusik. Aus den Augenwinkeln beobachtete Hubert das Verhalten der einzelnen, als erstes fiel ihm auf, dass der Gruß am Anfang nicht ganz einheitlich war. Dann musste er sich konzentrieren auf seine Aufgabe als Reiter an der Spitze. Dafür beobachtete Weber genau und korrigierte lautstark. Nach dem Abschlussgruß sprach er diese Fehler laut an, während sie in einer Linie hielten. „Insgesamt war es für das erste Mal seit längerer Zeit aber gut", beendete er seine Ansprache „Alles was nicht geübt wird, klappt nicht! Also liebe Leute, ausreiten und aufstellen für Durchgang zwo!"

Der nächste Durchgang klappte wesentlich besser, Regina hatte sich vollständig eingefügt. Das stellte Weber anschließend fest. „Nächste Probe, heute in einer Woche, aber in der entsprechenden Kleidung!" „Wie hat es dir gefallen?" fragte Hubert Gertrud nachher. „Gut, das wurde immer besser und Weber hat alles gut angesprochen. Ich hätte da einen Vorschlag: wäre es nicht schöner, wenn Weber als Kommandierender auf einem Pferd sitzen würde? Die passende Uniform dafür hat er ja an." „Das ist eine sehr gute Idee. Und da wir dunkle Pferde reiten, wäre ein Schimmel dafür passend, er kann meinen dafür haben!" Weber war mit dem Vorschlag sofort einverstanden.

Völlig verschwitzt verschwand er unter der Dusche und trug danach mit Hartmut die Waffenkisten auf den Opel, dazu drei weitere Kartons mit Tauschware für Woods, der am nächsten Morgen kommen würde. Mit Ulla besprach er weitere Details des Zeltlagers, beschrieb ihr dabei, wo sich im Lager des Depots die Gitterbox mit dem Pulver für ein mit Wasser anzumischendes Erfrischungsgetränk befand. Als beide später zu Bett gingen, sah er zum ersten Mal die Narbe des Kaiserschnittes, als sich Ulla entkleidete. „Tut es sehr weh?" fragte er sie und deutete auf die Narbe. „Nein, nicht mehr so stark, wie nach der Geburt, es wird besser, ich muss das immer eincremen." „Bitte schone dich weiter, damit das und die Sache im Körper gut verheilt!" „Du hast recht, dazu muss ich mich zwingen, heute hat man mich dazu gezwungen!" Sie erzählte ihm die Geschichte von Sieglinde und Richard. Hubert nickte. „Da bin ich den beiden sehr dankbar. Was hältst du von der Idee, dich eine Woche mit der Kleinen in Wittingen zu erholen. Um Gesellschaft zu haben, könntest du Jochens Frau mit ihrem Baby mitnehmen." „Das hört sich sehr verlockend an, lass mich drüber nachdenken. Aber Ich möchte Hans-Wilhelm nicht vernachlässigen." „Der kann doch mit, tagsüber ist der bestimmt bei Sigurd!" „Stimmt, das werde ich genau überlegen. Oh Hubert, Ich habe ganz vergessen, dir etwas zu sagen. Hans-Wilhelm bat mich, morgen bei dem Pferdetransport mitzufahren und ich habe gesagt, dass ich nichts dagegen habe, Weber versprach, auf ihn aufzupassen."
Hubert lachte: „Lass ihn, ist doch besser, als wenn er hier gelangweilt herumsitzen würde!"

Pünktlich war Woods am nächsten Morgen da und gemeinsam fuhren sie an ihre alte Stelle.

Dort sagte Woods: „Ich habe schon Verbindungen geknüpft, die Waffen werde ich problemlos zu sehr guten Preisen los." „Sehr gut, komm ich zeige sie dir." Auf der Ladefläche öffnete er die Kisten und Woods begutachtete die Waffen gründlich. „Sehr gute, absolut funktionssichere Waffen, das gibt richtig Geld." „Hier sind die drei SS Pistolen!" „Prima und mit der Gravierung. Du kannst schon mal einen Neubau planen!"

Beide lachten und Hubert zeigte ihm die Sachen von den Hermann Göring Werken, die zwei Uniformen und eine Kiste voll mit NS Büchern.

„Hier ist das Geld von neulich und jetzt lass uns umräumen." Sechs Große Kartons mit Zigaretten, Whisky, Kaffee und Süßigkeiten kamen auf Hubert Laster. „Ich habe hier etwas, was keiner brauchen konnte." Er schob drei Rollen mit Stoff auf Huberts Laster. Der erkannte sofort was das war: Uniformstoffe für Heer, Luftwaffe und Marine. „Außerdem hat unser Verpflegungsoffizier sein Lager aufgeräumt und einiges aussortiert, was bei uns nicht gegessen wird." Drei größere Kartons schob er nach vorn. In einem waren Dosen mit Grünkohl, in einem anderen Sellerie und im dritten Erbseneintopf. „Das nehmen wir sehr gern. Den Kohl kannst du nur im Winter essen, so ist das bei uns üblich."

„Macht mal. Wenn er mehr aussortiert, bringe ich das beim nächsten Mal mit." Während sie eine abschließende Zigarette rauchten, sagte Woods: „Soweit ich es mitbekommen habe, sind die Wissenschaftler hoch begeistert über das, was sie von euch geholt haben. Als kleines Dankeschön wird euer gesamter Bereich, was Ernte und Verpflegungsproduktion angeht, unter britischer Kontrolle bleiben und nicht den neuen scharfen Kontrollen der deutschen Verwaltung unterliegen. Gewisse Mengen müsst ihr zu festgesetzten Preisen abliefern, aber die Mengen bestimmen wir und die Kontrollen werden eher oberflächlich sein." „Danke, vor allem Fritz und meinen Eltern hilft das immens!"

Nachdem er mit Kokoschka länger geredet hatte, der trug ihm vor, was vorhanden war und was als nächstes gebraucht wurde, fuhr er zu seinen Eltern. Vorher hatte er Frau Henniges, der Chefin im Nähbereich verständigen lassen, sie möge bitte die Stoffe von seinem Laster abholen lassen. Malwine war alleine auf dem Hof, mit Einkochen beschäftigt, dabei halfen ihr zwei Flüchtlingsfrauen. Den Inhalt der drei Konservenkartons, hatte er zuvor so sortiert, dass für ihn einer blieb mit allen drei Inhalten, der Rest kam in den Keller von Malwine.
In der Küche erzählte er ihr von den verringerten Abgaben, die von den Briten gefordert wurden. „Das haben wir sogar schriftlich, ich hole dir das Schreiben." Hubert las das Schreiben der Militärverwaltung und gab es ihr zurück. „Da steht nur etwas von eurem Hof und dem von Fritz, aber nicht von den anderen Höfen, die jetzt dazu gehören." „Das hat deinen Vater und Fritz sehr verblüfft. Da müssen wir viel weniger abgeben, als erwartet. Gut finde ich, dass wir von der Eierkontrolle ausgenommen sind und wir jetzt wieder die Erlaubnis zur Hausschlachtung haben."
„Wohl wahr, wollt ihr den geernteten Weizen gemäß dieser Forderung gleich abgeben?" „Aber klar, so haben wir Platz, um neuen einzulagern. Dein Vater hat schon 100 neue Säcke bei der Genossenschaft gekauft." „Hoffentlich habt ihr genug Platz zum Lagern." „Da müssen wir auf alle Kapazitäten zurückgreifen, auf den Hof in Hordorf und bei Barbaras Eltern. Ach, Lisa rief mich heute Morgen an und bat mich den Briten einen Hammel für ein Essen zu verkaufen. Das habe ich abgelehnt, sie bekommen den geschenkt!" „Sehr klug, Mutter, das machst du ganz geschickt. Ich will wieder los, habe im Büro einige Termine!"
Frings kam und legte ihm seine aktuellen Geschäftszahlen vor, die vorher durch Fischer überprüft

worden waren. Im Großen und Ganzen stimmten die Zahlen positiv, es blieb abzuwarten, wie sich das weiter entwickeln würde. Hans folgte danach, hier zeigten sich ebenso positive Ansätze. Vor der großen Besprechung kam Fritz vorbei. „Für heute mussten wir das Mähen einstellen. Einen Teil bei Peter haben wir geschafft, aber jetzt streikt der Mähdrescher. Die Mechaniker haben ihn in die Werkstatt von Gert gebracht, da wird jetzt Fehlersuche betrieben. Vielleicht läuft der morgen wieder." „Wie weit seid ihr?" „Die Hälfte bei Peter ist fertig, jetzt kommen unsere beiden Onkel dran, und danach müssen wir an den Elm, zu den gepachteten Flächen." „Wo willst du mit dem ganzen Stroh hin?" „Das, was bei Peter nicht mehr auf den Boden passt, kommt in deine neue Feldscheune. Den Rest müssen wir abwarten. Auf alle Fälle haben wir genug zu tun, das Korn muss umgefüllt werden in Säcke und wir bringen unser gefordertes Kontingent zügig nach Braunschweig. Interessenten für den verbleibenden Weizen habe ich einige, mit denen werden wir verhandeln." „Da ist nur der Hafer draußen, denn Roggen hast du ja nicht angebaut." „Richtig, aber Hafer werde ich sehr gut los." „Du musst mir sagen, wieviel du von mir bekommst." „Das macht meine Chefin, keine Sorge, erst muss der Weizen rein. Krummrich geht heute Abend mit den Jungs schwimmen. Und weil die alle keine Badehosen haben, nackt!" „Oh, da sollte Krummrich für die Dauer des Schwimmens ein Schild draußen hinhängen: Vorsicht, nackt badende Jungen!" Beide lachten und gingen hinüber zur Besprechung.

Dort sagte ihm Gertrud, die für das Protokoll neben ihm saß: „Wir haben eine Bitte um eine Turnierteilnahme nächstes Wochenende erhalten. Der Turnierplan kommt morgen. Das ist in Bortfeld." „Gut, lass uns nachher darüber reden."

Kaum hatte er seinen Opel vor der Garage abgestellt, als Junior schon an der Tür des Fahrerhauses stand. „Papa, ich muss dir unbedingt etwas zeigen!" Vor der

Stalltür standen Weber, Frank und Paul grinsend in der Sonne. Da war doch etwas im Busch. Junior nahm ihn an der Hand und führte ihn in den neuen Stall, hielt vor einer Boxentür. „Das ist das Pferd, was du haben wolltest!" Hubert öffnete die Tür und beide gingen hinein. Ein mittelgroßer Fuchs mit einer großen Blesse. Ruhig ließ er sich streicheln. „Der sieht gut aus", sagte er. „Sieben Jahre ist er und gut geritten." „Sehr schön, jetzt wollen wir mal das Auto abladen." „Nein Papa, jetzt kommt die Überraschung!" Sie schlossen die Boxentür und er zog ihn zur letzten Box. Junior öffnete die Box. „Das ist ein Geschenk für Mama, soll ich dir sagen, weil er zum Besuch und zur Geburt keine Blumen überreicht hat." „Ich werde verrückt!" „Sechs Jahre ist die Stute alt, sehr gut angeritten, kann alles, hat er gesagt!" Hubert strich der Stute über den Hals und Kruppe. „Du bist ja eine ganz Hübsche und sogar eine echte Trakehnerin!" Hellbraun war die Stute und etwas mager, aber freundlich.
„Weiß Mama das schon?" „Nein, wir sind gerade erst wiedergekommen und Richard hat gesagt, ich soll sie dir als erstem zeigen!" „Hol deine Mutter, bin gespannt, was sie sagt." Junior rannte los und er ging zu den anderen. „Hört auf zu grinsen, wie viele Pferde sollen wir denn hier halten", lachte er. Frank erwiderte: „Die hat er vor dem Schlachthof gerettet, Papiere sind dabei. So ein Geschenk lässt man nicht stehen!"
Er klopfte den dreien auf die Schultern. „Na, dann könntet ihr mir bitte beim Abladen helfen?" Während sie die Kartons in die Garage stellten, verschwand Junior mit seiner Mutter im Stall. Hubert verschloss gerade die hintere Klappe, als Mutter und Sohn zu ihm kamen. „Von Klagenheim ist doch verrückt. So etwas verschenkt man nicht einfach. Es ist ja eine richtig Hübsche und sogar Papier sind dabei?" Frank erklärte wieder die Sache mit dem Schlachthof. „Aber so ein Tier kann man doch nicht einfach schlachten!" „Nein, eigentlich nicht. Aber das waren Flüchtlinge, die für das Tier keinen Platz hatten und niemand wollte es haben!" „Unfassbar,

Klagenheim rufe ich gleich an und bedanke mich. Bis ich wieder fit bin, müsstet ihr aber das Pferd bewegen!" Aber Junior hatte ein ganz anders Problem: „Papa, willst du dir nicht mal die neuen Kaltblüter ansehen?" „Doch, du hast recht, das sollte ich tun." „Nimmst du mich mit, wenn du hinfährst?" Alle lachten. „Ja klar, wollen wir mit dem Motorrad fahren?" „Au ja!" „Also gut, ich bringe nur den Karton hinein, danach können wir los!" Neugierig fragte Ulla: „Was ist da drin?" „Ein paar Konserven, die können wir im Keller aufbewahren." Den Karton stellte er auf den Küchentisch und das Couvert von Woods legte er auf seinen Schreibtisch. Mit Junior fuhr er nach Cremlingen. Dort reparierte Klavas gerade den Wagen mit dem er Stroh gefahren hatte.
„Wünsche einen schönen Abend, mein Sohn sagte, ich solle mir unbedingt die Kaltblüter ansehen." Klavas wischte sich die Hände ab und wollte seine Schiebermütze abnehmen. „Nein, nicht die Mütze abnehmen, die Zeiten sind vorbei, das tut hier niemand!" grinste Hubert. „Naja, so was ist von Kindheit drin", antwortete der Mann. „Das denke ich mir, aber ich brauche keine untertänigen Helfer, sondern mitdenkende Mitarbeiter, die ihre Meinung sagen sollen, wenn es um die Sache geht!" Klavas nickte: „Ich werde es mir merken, das gefällt mir viel besser." „Na also, wo sind denn unsere großen Freunde?" „Vier im Stall und zwei auf der Koppel." Die vier im Stall waren rheinisches Kaltblut, alle sehr ähnlich, sehr gut in Schuss und neugierig. Sie gingen hinaus zur Koppel zu den anderen beiden. Blonde Füchse, eindeutig Schleswiger. „Sind beide Stuten, sechs und sieben Jahre alt, wohl von derselben Mutter. Paul hat die Hufe kontrolliert, die waren bei allen in Ordnung." Die beiden Stuten kamen neugierig heran und Klavas gab Junior zwei Augustäpfel. „Das mögen sie, gib sie ihnen einfach." Die beiden Stuten senkten ihren großen Kopf herunter zu dem Jungen, der, ohne zu zögern, jeder einen Apfel auf der flachen Hand anbot. Beide nahmen den Apfel und kauten genüsslich. „Gut gemacht, Junge!" sagte Klavas

und klopfte Junior auf die Schulter. Stolz sah der seinen Vater an, der ihm zulächelte.

Ein Weilchen plauderten sie, dann verabschiedeten sich Hubert und Junior, fuhren wieder zurück. Da es erst kurz nach 18:00 Uhr war, zogen sich beide ihre Reitsachen an und Junior bekam eine Unterrichtsstunde von seinem Vater, der selber ritt. Später kam Fiete mit dem neuen Wallach dazu. Plaudernd ritten sie abschließend zum Stall, dabei erzählte ihm Fiete, dass sie bereits dabei wären, die Bäume zu kennzeichnen, die zur Fällung vorgesehen waren. „Könnten wir mit einer Kolonne zur Unterstützung und zum Abfahren rechnen?" „Darüber müssen wir im Detail reden, dazu über die Rückepferde. Sagt ihr erstmal, was ihr braucht, anschließend stimmen wir das mit Wagner und Wittingen ab, sagen euch, was geht. Die Bezahlung dürfte die gleiche sein, wie im letzten Jahr." „In Ordnung, das werde ich meinen Vater mitteilen und dir unsere Anforderung geben." „Wann geht es weiter mit deiner Ausbildung?" „Im März fängt ein entsprechender Kurs an, zu dem bin ich zugelassen. Mal sehen, was da alles stattfindet, auf alle Fälle werde ich länger unterwegs sein, das wird fast ein halbes Jahr dauern." „Egal, Hauptsache du schafft das. Gertrud wird schon artig auf dich warten", grinste Hubert. „Davon gehe ich aus. Vielleicht klappt es, dass ich die Stelle meines Vaters übernehme, der hat ja nur eineinhalb Jahre bis zur Rente."

Daheim zählte Hubert das Geld von Woods. 49.000 RM waren es. Junior war unter die Dusche geschickt worden und lag bereits im Bett nach dem langen aufregenden Tag. Mit von Klagenheim hatte Ulla telefoniert und sich bedankt.

„Ich habe ihm gesagt, er sei mit seiner Verlobten oder allein, immer willkommen und hab ihm angeboten, den Hof in Wittingen zu einer Erholungspause zu nutzen, denke, das war in deinem Sinne." „Ja klar, hast du dir überlegt, ob und wie du dort mit den Kindern hinfahren

willst?" „Ich habe mit Joachims Frau telefoniert, die
kommt mit ihren Kindern sehr gerne mit. Am nächsten
Wochenende ist das Turnier in Hannover, da würde ich
gern tagsüber dabei sein, Hans-Wilhelm muss mit der
Voltigiergruppe dort hin. Am darauffolgenden Montag
würden wir gerne für eine Woche dort hinfahren. Du
kannst uns am folgenden Wochenende abholen." „Das
können wir gerne so machen, nimmst du den Opel mit?"
„Dachte ich, da kann ich beide Kinder und alle Sachen
verstauen." „Das ist das Beste. Ich werde mich in der
Zeit um neue Kunden und um die Waisenhauskinder
kümmern." „Gut, ich habe eine Dose mit Eintopf, die du
mitgebracht hast, geöffnet, der schmeckt richtig gut.
Ungefähr zwei Teller voll habe ich dir warm gestellt,
möchtest du die jetzt essen?" „Prima, ich habe Hunger
wie ein einsamer Wolf."
Während er aß, erzählte Ulla von den
Waisenhauskindern, besonders von Susanne. „Du hast
doch bestimmt eine Idee im Hinterkopf." „Naja, du hast
recht. Das Mädchen ist nicht dumm, sehr lernbegierig
und fleißig. Ich möchte nicht, dass sie in falsche Hände
gerät. Am liebsten würde ich sie hierbehalten und
hauswirtschaftlich ausbilden. Dabei würden Barbara
und ihre Freundin bestimmt helfen. Wenn sie ein wenig
älter wird, könnten wir sie in einen Beruf bringen, in
dem sie sich wohlfühlt." „Und wie stellst du dir das
vor?" „Man könnte sie in die Kammer einziehen lassen,
die du so schön leergeräumt hast. Ich würde ihr ein
ordentliches Taschengeld geben." „Also, wenn du das
möchtest, ich habe nichts dagegen. Du hast aber mehr
oder weniger drei Kinder!" Ulla seufzte. „Du hast recht,
aber das Mädchen tut mir leid und mein Gefühl sagt,
dass wir sie formen können. Wo soll das Kind denn
hin?" Hubert nickte. „Du hast recht. Wenn du nach
Braunschweig fährst, siehst du erst richtig, was für Not
und Elend dort herrschen. Ich möchte gar nicht daran
denken, was dort im Winter geschieht. Wir sitzen hier
auf einer Insel der Glückseligen, wir haben alles, was
wir brauchen, uns fehlt es an nichts. Also mach das,

was du vorhast." Ulla kam zu ihm und küsste ihn auf die Wangen. „Danke Hubert, ich bin so froh, dass ich dich habe und du so geduldig mit mir bist." Verlegen brummelnd tätschelte er ihren Po. „Schon gut, wo sollen denn die Mädchen am Samstag unterrichtet werden?" „Ich dachte mir bei uns im Partykeller, da ist die Atmosphäre nicht so steril." „Dort sollte ich morgen Mittag aufräumen, aber ich habe Platz geschaffen, im Tauschkeller, da kann ich jetzt jede Menge lagern!"

Am nächsten Morgen rief er Gertrud an und sagte der, er würde erst gegen 08:00 Uhr kommen, da er im Haus etwas umzuräumen hätte.
„Kein Problem, hier ist alles ruhig, nur die zwei Mädchen müssen beschäftigt werden." „Ach so, ja ich soll dir von Ulla sagen, Anja sollte heute Nachmittag bei dem Treffen mit dabei sein." Er räumte im Partykeller auf, verringerte die Anzahl der Kartons, in dem er angebrochene zusammenpackte. Einen mittelgroßen Karton hatte er mit Sachen für Gertruds Vorrat gepackt, dazu Tee und Kaffee. Nachdem er im Büro seinen Papierkrieg erledigt hatte, machte er eine Runde durch das Verwaltungsgebäude und blieb für längere Zeit in der Spedition. Krummrich erzählte ihm, wie er mit den Jungs gestern Abend baden war. „Die schauten etwas verwirrt, als ich mich auszog und nackt ins Wasser ging. Ich wusste ja, dass sie keine Badehosen hatten. Als der Mutigste es mir nachmachte und ebenfalls nackt hineinging, folgten alle. Es war sehr lebendig im Wasser, ich glaube einige haben das vorher nie gemacht, in einem Teich oder See zu baden. Handtücher hatte ich für alle dabei und anschließend saßen wir draußen und die Jungs fragten mich Löcher in den Bauch. Einige scheinen schon klar zu wissen, was sie gern täten. Zwei von Gert und einer von Grings, die wollen dort eine Lehre machen. Bei denen, die bei den Kolonnen mit dabei waren, deuten sich einige Lehrlinge an. Nur einer wollte das alles nicht. Den fragte ich, wozu er Interesse hätte und er antwortete sofort: „Pferde!" Dabei strahlten

seine Augen hell." „Weber hat mir erzählt, dass einer dabei war, der ein fundiertes Wissen über Pferde besaß und sich sehr gut anstellte. Vielleicht sollten wir den herausfischen. Aber jetzt zur Spedition. Was und wohin fahrt ihr gerade." Vor der Landkarte zeigte Krummrich die aktuellen Touren und Fahraufträge. Seine Mädels unterstützten ihn dabei. „Welche Sachen fahrt ihr regelmäßig?" Das waren gut zwei Drittel. „Von Gert haben wir einen großen und einen kleinen Laster bekommen. Gut läuft der Speditionsbetrieb von und zum Güterbahnhof und dem Hauptbahnhof." „Habt ihr genügend Fahrer?" „Ja haben wir. Jetzt fahren die Tanker wieder gut, da gab es ein Loch, weil nichts mehr kam, aber momentan sind die täglich unterwegs." „Wie sieht es aus mit dem Betriebsstoff?" Eine der Frauen zeigte ihm einen Hefter mit dem Verbrauch und sagte: „Mit dem, was wir hier gelagert haben, dürften wir den Winter bis April gut übersehen."

Bei Becker ging es sehr geschäftig zu. Hier lag der Schwerpunkt auf der Vermietung der Wohnungen im ersten fertig gestellten Wohnblock an der Berliner Straße. Von seiner Tante und deren Freundin hatte er die Verwaltung deren Blöcke bekommen und mit Jochens Vater verhandelte er gerade am Telefon. „Ich komme Montag wieder vorbei", sagte Hubert zu dessen Sekretärin, die eines der Mädchen aus dem Waisenhaus gerade betreute und der einiges erklärte. Draußen fuhr der Bäcker vor und die Zahlstelle wurde geöffnet. Hubert ging hinaus und plauderte mit ihm. Der berichtete, dass er jetzt seit kurzem zusätzlich eine Verkaufsstelle in Cremlingen und Weddel hätte. „Zuerst von 08:00 bis 09:00 Uhr in Weddel, dann bis 10:45 Uhr in Cremlingen und jetzt hier, das brummt richtig!" freute er sich. „Und wie sieht es mit dem Geschäft in Braunschweig aus?" „Da kümmert sich mein Vater drum. Ihre Tischler bauen gerade die Innenausstattung ein, Ende der nächsten Woche wollen wir öffnen. Wenn sie eine Verkäuferin dafür kennen oder einen Lehrling,

die nehmen wir sofort." „Das gebe ich so weiter, das könnte etwas werden." Schon bildete sich eine Schlange vor dem Verkaufswagen, da wollte Hubert nicht im Weg stehen, ging hinüber zu Gert. Im Büro der Werkstatt war ebenfalls eines der Mädchen und in der Halle zwei Jungs, die im Blaumann einem der Gesellen folgten. Vor der Tür stand der Mähdrescher, bei dem die Abdeckungen geschlossen wurden. Gert und Fritz standen daneben, sahen zu, wie einer der Monteure in das Führerhaus kletterte. „Jetzt bin ich gespannt", sagte Fritz, als der Fahrer den Motor anließ. „Der läuft doch gut!" sagte Hubert. „Das war nicht das Problem, sonst wäre er nicht hierhergefahren. Aber das Mähwerk ließ sich nicht mehr senken." Der andere Monteur gab dem Fahrer ein Zeichen, das Mähwerk senkte sich. Probehalber ließ er es laufen und Fritz sagte: „Gott sein Dank, jetzt aber nichts wie raus mit der Mühle."
Und schon fuhr der Mähdrescher an. Fritz lief zu seinem Auto und fuhr langsam voraus. „Ruf bei Vater an, der Rest kann losfahren!" schrie er aus dem offenen Fenster. Gert hob verstehend die Hand und rief etwas nach hinten. „So, das haben wir. Mal sehen, wie lange er jetzt durchhält. Das Reparaturauto lasse ich lieber gleich dabei." Tatsächlich stieg der andere Monteur in seinen Werkstattwagen und folgte dem Ungetüm.
„Die zwei Jungs und das Mädchen behalte ich als Lehrlinge, die sind interessiert und sehr eifrig. Wenn das andere wollen, müssen wir überlegen, wie wir die unterbringen." Mit dem Gedanken an dieses Problem, ging er zurück, schaute leicht verwirrt, als neben ihm ein VW bremste und Jurka ausstieg. „Keine Angst, das war kein Mordversuch", grinste der. „Da denkt man mal nach und fast wird man umgefahren!" grinste Hubert zurück. „Ich habe mich heute bis zu der ehemaligen Holzhandlung durchgeschlagen, sehr interessant! Natürlich liegen da überall große und kleine Trümmer, aber wenn man die zur Seite schiebt, sieht man darunter Holzstapel, vor allem Balken. Die oberen sind verkohlt, aber nur die erste Schicht. Die Balken

darunter sind in Ordnung und gut zu gebrauchen."
„Das hört sich sehr gut an. Wann kommt ihr an den
Baustoffhandel und wann an das Holz?" „Heute haben
wir ein Stück geschafft, bis Dienstag werden wir an der
Baustoffhandlung sein und bis nächsten Donnerstag an
dem Holzlager." „Sprich mit Kokoschka, wann das Zeug
geholt und gelagert werden kann. Von Schwarz
bekommst du einen Stapler und Rübke kannst du
vorwarnen, dessen Leute sollen verladen. Wenn das
alles in trockenen Tüchern ist, planen wir das nächste,
das mit dem Holz." „In Ordnung, danach kommt die
Kohlenhandlung."

Die letzten Kolonnen kamen herein und die Männer
gingen zum Lohnempfang zur Zahlstelle. Dort ging
Hubert als letztes hin, redete mit einigen und wünschte
allen ein schönes Wochenende. Im Vorzimmer war es
ruhig, nur Gertrud war da. „Die Mädchen habe ich zum
Essen geschickt, Monika ist beim Lohnauszahlen. Viel
Post ist nicht da. Das ist der Turnierplan für das
nächste Wochenende in Bortfeld. Richard habe ich ein
Exemplar für Weber gegeben. Möchtest du einen
Kaffee?" „Ja gerne. Ich lese das durch und dann machen
wir für heute Schluss." „Ich räume auf. Monika, Regina
und ich helfen heute Nachmittag Ulla bei der
Wäscheverteilung." Schnell hatte er die Vorgänge
erledigt, studierte beim Kaffee und einer Zigarette den
Turnierplan. Samstag vormittags ein L-Springen und
gleichzeitig eine M-Dressur, nachmittags bis in den
Abend ein Mannschaftsspringen der ländlichen
Reitvereine in M. Sonntags eine S-Dressur, ein
Zeitspringen Klasse M und das obligatorische S-
Springen. Das würde er nachmittags mit Weber
besprechen.

Aufklärung

169

Daheim waren die Arbeiten für das Treffen beendet. Für die Mädchen würde es Kuchen und Kakao geben, für die Erwachsenen Kaffee.

„Frau Dr. März wird gegen 14:00 Uhr hier sein, mich und die Kleine anschauen, Christina wird dabei sein. Ich habe sie eingeladen, anschließend einen Wein oder ähnliches zu trinken. Als sie sagte, das wäre nicht so gut für das Autofahren, habe ich ihr angeboten, bei uns im Gästezimmer zu übernachten. Das hat sie dankend angenommen", erklärte ihm Ulla. „Gute Idee, dazu sollte der Neffe vom Doktor mit für den Abend eingeladen werden. Das wäre nicht gut, wenn wir den nach Hause schicken." „Da hast du völlig recht, das werde ich gleich machen, wenn er kommt."

Während er vom gestrigen Eintopf aß, weil der ihm so gut geschmeckt hatte, fiel Hubert auf, dass er eigentlich ab 14:00 Uhr völlig überflüssig war. Also würde er einen längeren Ausritt unternehmen und anschließend seine anderen Pferde bewegen. Vor dem Stall standen Weber und Richard im Gespräch. „Wollt ihr beiden mit mir einen Ausritt machen?" Die sahen sich kurz an. „Wir sollten die beiden neuen Pferde dabei ausprobieren, ich nehme meine Zicke." „Ich reite die Trakistute", entschied schnell Richard. „Also gut, ich den anderen!" grinste Weber.

Als Hubert sich umgezogen vor dem Haus eine Zigarette anzündete, kam Frau Doktor März auf den Hof gefahren. Lachend stieg sie aus.

„Oh, der Herr des Hauses ergreift sicherheitshalber die Flucht?" „Hallo, ja so ist es. Wir machen einen Ausritt und anschließend muss ich meine Turnierpferde bewegen. Darf ich Ihnen eine Zigarette anbieten?" „Ja gern, hier draußen geht das ja, danke." Sie nahm einen Zug und sagte: „Wenn ich das hier so sehe, überkommt mich die Lust, mich wieder aufs Pferd zu setzen." „Sie reiten?" „Das habe ich gemacht. Sie haben ja die Pferde meines Vaters gekauft, die habe ich alle geritten." „Das war aber schon ein höheres Niveau!" „Naja, das ist schon länger her." „Wenn sie wollen, reiten wir morgen

früh aus." Sie lachte. „So im Rock?" „Ach wo, fragen sie einfach Ulla, die hat genug in Reserve." „Na, mal schauen, wünsche Hals- und Beinbruch!" Sie ging hinein und Hubert zum Stall, saß auf, die drei ritten los. Während des Rittes besprachen sie das Turnier am nächsten Wochenende. Weber kam auf die Idee dort mit zwei Mannschaften anzutreten. „Wir haben dafür genug gute Reiter und gute Pferde." „Eigentlich hast du recht, warum sollten wir das nicht tun. Wer sollte dann da reiten?" Richard mischte jetzt mit. Schließlich hatten sie die zwei Mannschaften. In A waren: Peter, Niemann, Karl und Gertrud, in B: Bode, Harald, Fiete und Regina. „Wer soll L reiten?" fragte Richard. „Ich starte da mit meiner jungen Stute", sagte Hubert. „Und von meiner Abteilung werden drei dabei sein", ergänzte Weber. „Das Zeitspringen reite ich mit meiner Zicke und S mit Sandro und der neuen guten Stute, die muss das lernen. Und die Dressurreiter?"
„Dreimal M und zweimal S." „Jetzt haben wir es und können die Pferde bewegen", grinste Hubert.
Sie nahmen die Runde über die beiden Förstereien, ohne dort anzuhalten. Auf der letzten Schrittstrecke zum Hof, merkte man den beiden neuen Pferden die Anstrengung an. Bei der Stute etwas weniger, aber der Wallach pumpte länger, sie waren solche Strecken nicht gewohnt.

In der Zwischenzeit hatte Frau Doktor März Ulla und die Kleine untersucht, Christina war dabei gewesen. „Alles ist gut verheilt, aber nicht endgültig belastbar, also weiter ist Schonung angesagt und daran halten Sie sich bitte. Das Kind ist gesund und völlig normal, was sagt die Hebamme?" „Stimme ich voll zu, in drei bis vier Wochen, wenn die Muttermilch nicht mehr reicht, kann Milumil zugefüttert werden. Tee ist schon möglich." „Fein, ich fühle mich gut, bis auf diese Gefühlschwankungen." „Das kann dauern, ich möchte Ihnen aber keine Tabletten dagegen verschreiben, das ist eine normale Reaktion des Körpers." „Beim ersten

Kind war das ähnlich, ich kenne das. Ich denke mein Mann wird das mit Fassung ertragen." „Ich habe ihm das erklärt und ich denke, das wird er tun."

Gegen 15:15 Uhr kam der Neffe des örtlichen Arztes, stellte sich artig vor und bekam ebenfalls einen Kaffee mit einem Stück Kuchen. Gegen 15:40 Uhr erschienen die ersten Mädchen, die von Sieglinde in den Partykeller geführt wurden. Alle gingen gleich mit, Petra und Regina halfen Sieglinde beim Herunterbringen des Kakaos und des Kuchens. Als alle da waren, begrüßte Ulla die Anwesenden, stellte die beiden Ärzte und Christina vor, sagte abschließend: „Ich habe das hier heute organisiert, weil ich der Meinung bin, dass junge Mädchen und Frauen viel zu wenig über ihren eigenen Körper wissen und in keiner Weise aufgeklärt in Bezug auf den Umgang mit dem männlichen Geschlecht sind. Dem wollen wir heute abhelfen. Ich denke, nach dem, was euch jetzt vorgestellt wird, dürfte allen klar sein, dass man vom Küssen keine Kinder bekommt!"

Leichtes Gekicher kam aus der Mitte der Mädchengruppe. „Anschließend habe ich einige Sachen, die wir später verteilen."

Die Ärztin begann mit ihrem Vortrag. Mit Hilfe von mehreren Schautafeln erklärte sie den Aufbau und die Funktion der weiblichen Geschlechtsteile sachlich, aber nicht abgehoben. Die Menstruation war ein großes Thema, hier schob Christina einiges ein zur notwendigen Hygiene. Abschließend erläuterte sie den Vorgang der Befruchtung und legte besonders Wert auf die Verhütung. Hier wurde der Arzt eingebunden, der ein Kondom zeigte und genau erklärte, wie das zu befestigen sei, damit es nicht zu einer ungewollten Schwangerschaft käme.

Fast eine Stunde hatte das alles gedauert, jetzt herrschte Schweigen im Raum. Ulla stand auf und ermunterte zu Fragen.

„Wir sind hier unter uns und der einzige Mann ist
ebenfalls Arzt, der das unter medizinischen Aspekten
betrachtet. Also: Feuer frei."
Eines der älteren Mädchen stellte die erste Frage und
nun ergab sich eine nette Diskussion, kurz vor 17:30
Uhr verschwanden Sieglinde und Regina nach oben, um
dort mit Gertrud und Monika die Verteilung zu
übernehmen. Es dauerte nicht lange, da erschienen alle
und durften sich etwas aussuchen. Hier verabschiedete
sich der Arzt und ging vor das Haus, wo bereits Hartmut
saß und auf das Ende der Veranstaltung wartete. Beide
waren zum Essen eingeladen, aber das würde dauern.
Hubert hatte seine Pferde geritten und gesellte sich zu
ihnen. „Ich werde uns ein Bier besorgen, das verkürzt
das Warten!" Zu dritt plauderten sie und ließen sich
nicht durch das Stimmgewirr drinnen stören. Als
Hubert eine zweite Flasche Bier holte, stand Sieglinde
mit Susanne in der Küche, beide bereiteten das Essen
vor. Es würde eine kalte Platte mit vielen leckeren
Sachen geben, dazu frisches Brot und Butter. „Wie
lecker! Aber da müssen wir uns wohl etwas gedulden,
oder?"
Sieglinde lachte. „Ich denke, das wird sich gleich
auflösen, fast das ganze Zeug ist verteilt, sogar die
Ärztin hat einiges mitgenommen!"

Tatsächlich leerte sich langsam das Haus und Ulla kam
heraus. „Euch geht es richtig gut, wie man sieht!" lachte
sie. „Bis jetzt ja, könnte ich jetzt gefahrlos duschen?"
grinste Hubert zurück. „Ja klar, alles frei, die scheuen
jungen Damen sind weg. Wenn Hubert duscht, könnt
ihr beiden helfen, die Biergartentische
herauszubringen?" Während Hubert sich duschte und
umzog, brachten die beiden die Tische weg und die
Frauen deckten den Tisch mit den guten Gedecken, die
Ulla wieder benutzen konnte. Hubert fragte nach den
Getränkewünschen und holte die entsprechenden
Gläser dazu. „Ich nehme erst einmal ein frisches Bier,
nach dem langen Reden, danach einen Weißwein", sagte

Frau Doktor März. Hubert und Hartig tranken weiter Bier. Sieglinde und Susanne verabschiedeten sich, man setzte sich zu Tisch. Ganz schnell entwickelte sich ein angeregtes Gespräch, vor allem Hartig erwies sich dabei als sehr eloquent und charmant. Interessant wurde es, als Doktor März ihn fragte, was er zukünftig plane. „Ich möchte in kein Krankenhaus gehen, dazu habe ich im Krieg zu viel Not und Elend gesehen. Lieber möchte ich ein praktischer Arzt mit einer eigenen Praxis werden. Seit ich hier bin, habe ich die Arbeit meines Onkels sehr schätzen gelernt und so etwas möchte ich machen." Sie nickte und sagte bedächtig: „Da ist viel dran. Ich habe eine Sonderrolle als Frauenärztin, möchte nicht unbedingt in der Chirurgie oder Notaufnahme arbeiten. Als Hausarzt kann man eine Menge bewegen, man ist ganz anders an den Menschen dran!" „Also ich muss sagen, Sie haben das heute wunderbar gemacht. Natürlich habe ich durch das Studium Kenntnisse über den Bereich der Gynäkologie, aber heute habe ich einige Zusammenhänge verstanden, die mir nicht so klar waren!" sagte Hartig. „Danke für das Kompliment! Wenn ich mir demnächst in den Finger schneide, komme ich sofort zu Ihnen, denn sie sind der Spezialist bei der Erstversorgung!" entgegnete sie lächelnd.
Alle anderen kicherten, Hartig hob sein Glas, sagte: „Auf Ihr Wohl, werte Kollegin, da sind Sie mir willkommen, das mache ich sehr gern!"
Grinsend tranken sich die beiden zu. Interessiert fragte Hartmut: „Wollen Sie hier in der Nähe eventuell eine Praxis eröffnen?" „Das überlegen mein Onkel und ich schon länger, die Anzahl der Patienten aus der Umgebung ist sehr hoch, da besteht ein großer Bedarf. Aber derzeit fehlt eine geeignete Räumlichkeit für eine Praxis. Die sollte größer als eine Dreizimmerwohnung sein, aber alles ist völlig überbelegt." Hubert hatte interessiert zugehört und stellte sein Glas ab. „Vielleicht können wir helfen." „Wollen Sie neu bauen?" „Nein, aber wir bauen gerade einen Hof um. Wenn ihr euch dafür

interessiert, sollten wir drüber reden, bisher kann man auf die entsprechenden Bedürfnisse baulich reagieren." Hartig sah ihn erstaunt an. „Wo wäre das?" „In Cremlingen." „Darüber werde ich morgen mit meinem Onkel reden, da wäre ich sehr interessiert." „Gut, wir reden wir morgen darüber. Aber jetzt habe ich einen anderen Vorschlag, bevor wir nach draußen auf die Veranda gehen, schlage ich vor, dass wir uns alle duzen! Spricht da etwas dagegen?" Doktor März schüttelte den Kopf: „Nein, ich fühle mich in der Runde sehr wohl, sehr gerne, ich heiße Karin!" Nach dem Anstoßen sagte Christina: „Das ist mir eine sehr große Ehre, aber im Dienst werde ich Frau Doktor sagen, möchte da kein Gerede provozieren." „Kein Problem Christina, so machen wir das."

Das Essen war beendet und alle verlegten nach draußen auf die Terrasse. Nach dem Essen hatte Hubert die Gartensessel dort mit Kissen und Decken hergerichtet und während abgeräumt wurde, entzündete er das Holz im Feuerkorb. Hartmut und Max brachten die Gläser heraus, zur Feier des Tages stellte Hubert eine Schüssel mit Salzstangen auf den Tisch. Für die beiden anderen und für sich holte er Cognacschwenker und stellte eine Flasche französischen Cognac auf den Tisch, die Damen blieben beim Wein. Als alle saßen, sagte Hartig: „Wenn das mit der Praxis klappt, biete ich eine Zusammenarbeit mit der Frauenärztin und Hebamme an." „Darauf, Herr Kollege, komme ich sehr gern zurück!"
Es wurde ein entspannter und gemütlicher Abend, zwischendurch kümmerten sich Ulla und Christina um die Kleine. Themen, um sich zu unterhalten, gab es zur Genüge und lächelnd verfolgte Hubert dabei Hartmut, der sich engagiert und gut informiert an den Gesprächen beteiligte. Der Junge hatte sich sehr gut entwickelt. Schließlich beschloss man, den Abend zu beenden und alle standen auf. „Halt, etwas müssen wir klären. Wie ist es denn nun morgen früh mit einem

175

Ausritt, liebe Karin?" fragte Hubert lächelnd. „Du willst mich doch wohl nicht in so einem Fummel auf dem Pferd sehen, oder?" erwiderte sie grinsend. „Dem können wir sofort abhelfen, du brauchst nur mitkommen und anprobieren!" lachte Ulla. „Also gut, überredet, ich tue das!" „Darf ich mal was fragen?" mischte sich Max ein. „Klar, frag ruhig." „Frage mal ganz ungeniert: Darf ich mitkommen?" „Kannst du reiten?" „Während meiner Studienzeit in Göttingen war ich im akademischen Reitverein, das verlernt man nicht und meine Reitsachen habe ich." „Das ist ja eine echte Überraschung, na klar, herzlich willkommen. Um 09:00 Uhr am Stall, Pferde haben wir genug!" Während Ulla mit der Ärztin die Anprobe durchführte, räumte der Rest alles in die Küche.

Ab 08:00 Uhr gab es am nächsten Morgen Frühstück. Hubert und Karin trugen bereits ihre Reitsachen, was Hans-Wilhelm beeindruckte. Hubert wusste genau, was ihn bewegte. „Junior, möchtest du mitreiten?" „Au ja, ich bin gleich fertig." Schnell trank er seinen Kakao aus und verschwand, mit einem halben Brötchen in der Hand, kauend nach oben. Als Hubert mit der Ärztin in den Stall kam, war er bereits dabei, sein zweites Pony mit Franks Hilfe zu satteln. Zu Richard sagte Hubert: „Machst die beiden Armeepferde fertig, die brauchen unbedingt Bewegung. Ich sattele meine junge Stute selber." Max Hartig stieß dazu und half Richard beim Satteln. Es war ein herrlicher Morgen, als sie losritten. Schnell stellte Hubert fest, dass beide sicher im Sattel saßen und ihre Pferde gut im Griff hatten. Zufrieden kehrten sie zurück und sattelten ihre Pferde ab. Junior verschwand, wollte mit Prinz eine Runde durchs Dorf gehen. Zu dritt standen sie schließlich vor dem Haus und rauchten eine Zigarette. Beide Ärzte bedankten sich für diesen schönen Ausritt. „Ich habe heute Morgen mit meinem Onkel gesprochen, wegen Cremlingen. Der fand die Idee gut, so könnte der Bereich mit Sickte abgedeckt werden. Ich sage zu, würde dort gerne als Mieter eine

Praxis aufbauen. Über die Modalitäten können wir ab morgen reden." „Prima, meine Bauleute werden mit euch Verbindung aufnehmen. Die Sache mit der Vermietung macht bei mir Becker, der meldet sich." Karin zog sich im Haus um. Als sie ihre Reitsachen Ulla zurückgeben wollte, wehrte die ab. „Nein, nein, behalte die. Vielleicht können wir ja bald gemeinsam reiten!" „Ganz herzlichen Dank, das würde mir sehr gefallen. Jetzt muss ich zu meiner Mutter, die hat mich zum Essen eingeladen!"

Der Rest des Tages verlief ruhig, später gingen sie mit Hannelore im Kinderwagen und Hund durchs Dorf zu seinen Eltern, um Junior, der mit Fritz aufs Feld gefahren war, abzuholen. Hier trafen sie auf zehn Mädchen, die von Malwine im Marmeladenkochen eingewiesen wurden. Der Rest war mit Doris im Modehaus in Braunschweig. Die Jungs waren größtenteils auf den Feldern, einige waren bei Wagner, der Bäume zum Fällen kennzeichnete. Während sie vor dem Hof auf einer Bank auf Junior warteten, kam das Trakehnerfuhrwerk von Heinrich mit Korn auf den Hof. „Schau dir das an!" sagte Ulla und zeigte auf den Wagen. Heinrich saß zwar auf dem Bock, aber Fahrer war einer der Jungs. Hinten drauf saßen vier andere. Gekonnt fuhr der Junge den Wagen auf den Hof, trotz der Enge, genau vor das Förderband, das zum Kornboden führte. Heinrich stand vor den Pferden, während der Junge sie ausschirrte, ihnen das Geschirr abnahm. Dabei begannen die anderen das Korn in Säcke zu füllen. Als der Junge aus dem Pferdestall zurückkam, sagte Heinrich zu ihm: „Der da auf der Bank sitzt, ist mein Sohn Hubert. Wenn du was mit Pferden machen möchtest, geh zu ihm und frage ihn höflich!" Sofort drehte sich der Junge um und ging zu Hubert.
„Entschuldigen Sie bitte, Herr Wedel, ich möchte so gern etwas mit Pferden zu tun haben, hätten Sie Verwendung für mich?" Prinz schnüffelte an ihm, aber er sagte

nichts, kraulte den Kopf des großen Hundes und prompt leckte der ihm die Hand. Hubert lachte: „Der Hund scheint dich ja bereits zu mögen. Bis du der Junge aus Georgenburg, von dem man mir erzählte?" „Ja, das bin ich." „Gut, geh hoch zu uns auf den Hof, melde dich bei Richard und sag ihm, ich hätte dich geschickt, du sollst ihm beim Füttern helfen." „Danke", sagte der Junge und lief los.

Vom Getreidewagen her rief Heinrich: „Der Junge hat was, scheint Pferdeverstand zu haben. Der hat sofort die Leinen übernommen und ist gefahren wie ein Alter!" „Den schauen wir uns an und wenn es passt, kann der bei uns bleiben!" Neben ihm kicherte Ulla: „Jetzt hast du ein Problem, du musst die zweite Kammer leerräumen!" „Da muss ich mir aber richtig etwas einfallen lassen, oh, oh!" Fritz fuhr mit dem Traktor und dem nächsten Kornwagen auf den Hof, neben ihm saß Junior. Zwei weitere Jungs sprangen ab und halfen sofort den anderen das Korn in Säcke zu füllen. Der Junge ging ins Haus, um sich von Oma etwas zu essen zu holen, Fritz kam zu ihnen und setzte sich neben Hubert.

„Bei Peter sind wir fertig, der Mähdrescher ist auf den Feldern unserer Onkel, unser Cousin ist dabei, den bekommst du gar nicht mehr los von dem Gerät." „Vielleicht ist das genau sein Ding!" „Sieht so aus. Bis morgen Mittag werden wir hier die letzten Weizenfelder geschafft haben, dann verlegen wir zu der Domäne bei Schöppenstedt. Mal sehen, wie die Maschine das übersteht." „Da ist aber eine Menge zu tun." „Du sagst es. Ich weiß gar nicht, wohin mit dem ganzen Stroh!" „Wenn alles voll ist, lass es auf den Ackerwagen und stell die unter das Schauer."

„Das werde ich tun müssen, liegen lassen auf dem Feld werde ich nichts." Junior kam zurück, hatte ein mit Butter beschmiertes Marmeladenbrot auf der Faust. Teile der Marmelade klebten rings um seinen Mund. „Junge, wie siehst du denn aus", entfuhr es Ulla, „ich glaube du fährst mit deinem Vater zum Baden in die

Firma!" „Au ja", antwortete der. „Das sollten wir jetzt,
sonst wird es zu spät", sagte Hubert.
Mit dem Motorrad fuhren sie hinunter und trafen dort
Dolle mit seinem Sohn. „Oh, bist du heute allein?" fragte
Hubert. „Naja, vorhin haben wir unsere Frau und
Mutter zur Entbindung ins Krankenhaus gebracht, mal
sehen, wann es kommt." „Wie schön, wir drücken die
Daumen.".

Während der üblichen Stabsbesprechung am
Montagmorgen berichtete er von der Möglichkeit, dass
in Cremlingen eine Arztpraxis entstehen könnte. Mielke,
der Dolle vertrat, weil der im Krankenhaus bei seiner
Frau war, sagte sofort zu, den geplanten Umbau mit
beiden Ärzten abzusprechen. Kokoschka wurde
vorgewarnt, dass in der nächsten Zeit zusätzliche
Baustoffe zu ihm kämen. Lächelnd antwortete der:
„Jurka hat schon mit mir gesprochen. Rübke ist
vorgewarnt und Schwarz weiß ebenfalls, dass Stapler
und Kipper gebraucht werden. Das haben die voll im
Griff." „Prima, aber da geht es vermutlich um mehr, ein
Holzlager liegt unter dem Schutt und vermutlich eine
ehemalige Kohlenhandlung." Diverse andere kleinere
Sachen wurden angesprochen vor allem von Lindner,
der seine Handwerker gerade neu eingeteilt hatte. Gert
und Krummrich organisierten intern Reparaturen und
Fristenarbeiten der Laster. Abschließend verkündete
Hubert, dass er in der übernächsten Woche Freitag bis
Sonntag auf dem großen Turnier in Hannover sei und
von Fischer vertreten würde. „Dabei wünschen wir dir
viel Erfolg, sowohl im sportlichen als auch im
wirtschaftlichen Bereich, bring bitte wieder gute
Aufträge mit," sagte Fischer.
Im Büro sprach er mit seinen Mädels, die zu dritt
waren.
„Wie ist die Veranstaltung am Samstag mit den Ärzten
bei euch angekommen?" Anja schaute die anderen
beiden hilfesuchend an, aber Monika sagte lächelnd:
„Du hast es uns umfassend geschildert, sag es ihm, der

frisst dich nicht." Kurz räusperte sich Anja, sagte: „Ich habe gar nicht gewusst, was so alles zusammenhängt. Jetzt hat mir das eine Frau erklärt und ich kann vieles einordnen. Das ging anderen genauso, zum Beispiel Petra und Regina, obwohl die schon älter sind. Und die Sache mit den Männern", hier hüstelte sie verlegen, „ist zwar für mich momentan nicht so dringend, aber war ganz wichtig. Habe das alles an meine Mutter und an meine jüngere Schwester weitergegeben. Alles wusste meine Mutter auch nicht, obwohl sie bereits zwei Kinder hat. Und bei den Sachen die wir anschließend bekamen, habe ich für beide einiges mitnehmen können, bin mit einem vollen Koffer nach Hause geradelt. Dafür möchten wir uns herzlich bedanken." „Prima, da hat sich das ja richtig gelohnt, das werde ich an meine Frau so weitergeben." Als Gertud ihm seinen Kaffee brachte, sagte sie leicht verlegen: „Ich habe mich da hineingeschmuggelt. Ich muss sagen, jetzt ist mir einiges klarer, warum im Körper was passiert." „Ich denke, ihr könnt euch alle bei weiteren Fragen problemlos an Christina und die Ärztin wenden." „Das Angebot werden mit Sicherheit einige nutzen." „Macht das! Wen soll ich denn zurückrufen?" „Ach ja, entschuldige bitte. Den Stellvertreter des RAW und Herrn Bauer." „Mache ich, wir fangen mit dem RAW an." Schnell hatte er den am Telefon.
„Herr Wedel, ich habe zwei Aufträge zu einer möglichen Unterstützung. Im Weserbergland haben wir einen Zug auf einer Nebenstrecke gefunden, da sind merkwürdige Sachen drauf. Zwei Güterwagen, zwei Liegewagen, Kleinfahrzeuge mit Lautsprechern. Den Zug sollen wir abrüsten, können wir da auf sie zurückgreifen?" „Ja klar, schicken sie einfach Herrn Reimann vorbei, der hat das bisher gut gemacht!"
„Mache ich, der kommt heute Nachmittag vorbei und bringt ihnen Unterlagen vom anderen Problem. Das hat aber die Direktion selber. Im Salzgittergebiet hat die Direktion ein großes Schwellen - und Schienenlager, die würden jetzt dringend gebraucht. Aber wir kommen da

nicht ran, denn eine Brücke dahin wurde in den letzten Kriegslagern gesprengt. Wir können die Schwellen und anderes Zubehör nur mit Lkws von dort holen, haben aber keine. Das wäre doch etwas für sie!"
„Grundsätzlich ja, hat man denn Interesse daran?" „Und wie, die Sachen werden dringend zur Reparatur von Strecken gebraucht. Der Verantwortliche meldete sich bei mir, ich gebe das Ergebnis Reimann mit." „In Ordnung, dann telefonieren wir anschließend." Kurz darauf sprach er mit Bauer.
„Herr Wedel, der Haus- und Grundbesitzerverein konstituiert sich neu. Sie sind Hausbesitzer. Ich möchte Sie einladen, mit mir dort hinzugehen. Das wäre am Mittwochabend. Ich weiß, das ist kurzfristig, aber ich hatte die Einladung verlegt. Denke, das wäre der Kreis für weitere Aufträge." „Das sehe ich genau so, ich komme mit. Wann und wo?" „18:00 Uhr im Café an der Parkstraße, ich warte vor der Tür."

Bis Mittag hatte er alles erledigt, machte einen Spaziergang mit Prinz zum Zeltlager der Waisenkinder. Dort gab es gerade für alle Anwesenden Brot mit Wurst und Käse, dazu kalten Hagebuttentee. Er setzte sich im Verpflegungszelt dazu, nachdem er die Frau an der Ausgabe begrüßt hatte und nahm sich ein Brot. Anfangs sagte niemand etwas, aber als der erste fragte, trauten sich die anderen. Wo er denn war im Krieg und was er da gemacht hätte und seit wann er reiten würde und und und. Geduldig beantwortete er alle Fragen, bis alle wieder zu ihren Stationen mussten. Vor dem Gebäude stand ein altes Auto der Reichsbahn, also war Reimann bereits da. Er saß im Vorzimmer und plauderte mit Gertrud. „Hallo Herr Reimann, kommen Sie mit zu mir, Gertrud bringst du uns bitte zwei Tassen Kaffee?" Beide setzten sich in die Sessel.
„Mal eine Verständnisfrage: Sind denn alle Ausbesserungswerke in diese Restaurierungsarbeiten eingebunden?" „Ja, alle haben diese zusätzlichen Aufgaben, wobei manche sich nur mit den zu

181

reparierenden Waggons beschäftigen und andere wie wir, die kaputten Lokomotiven richten und das als Zusatzaufgabe bekommen haben. Aber alle haben das gleiche Problem, zu wenig Leute. Die Verluste im Bereich der Facharbeiter waren sehr sehr hoch, viele sind in Gefangenschaft. Bei uns läuft der Betrieb Tag und Nacht." „Verstehe und sie sind der Koordinator dafür im Werk in Braunschweig?" „Ja, zusätzlich zu meinen anderen eigentlichen Dingen." „Wir haben recht gute Beziehungen zu den Briten, wissen immer, wann die wieder Kriegsgefangene entlassen. Was für eine Qualifikation sollten denn die Männer für Sie haben?" „Ach, uns würden alle helfen, die bisher in metallverarbeitenden Berufen tätig waren." „Versprechen kann ich zwar nichts, aber versuchen können wir es. Aber jetzt zu ihren Anliegen. Was ist da alles auf dem Zug?" Reimann holte eine Liste aus seiner Tasche: „Zwei ehemalige Liegewagen, ein Schlafwagen, drei Güterwagen, sieben flache Wagen mit Holz und Autos beladen." „So, wie ich das kenne, könnte das eine ehemalige Propagandaeinheit gewesen sein. Wann soll der Zug in Braunschweig sein?" „Am Mittwochabend gegen 23:00 Uhr im Hauptgüterbahnhof. Am Donnerstag könnten wir ihn vormittags gegen 09:00 Uhr hier bei Ihnen hereinbringen." „Gut, aber bitte so, dass wir die Kfz über die Kopframpe entladen können." „Das ist gar kein Problem." „Also abgemacht, Donnerstagmorgen gegen 09:00 Uhr."
Reimann nickte und holte einen Schnellhefter aus der Tasche. „Hier ist der andere Fall." Er breitete eine Karte mit den Eisenbahnstrecken der Region aus. In der Nähe von Ringelheim war ein roter Kreis eingezeichnet. „Hier ist eines von zwei Lagern der Direktion für Schwellen und Schienen. Das ist ein altes Industriegelände halb im Wald. Das Lager wurde 1944 dort angelegt, um diese Reserve vor Tieffliegern und Bombenangriffen zu schützen, es wurde sogar extra gebaut. Ab Mitte 44 mussten wir ständig zerstörte Gleisanlagen wieder befahrbar machen, dafür war es vorgesehen. Heute

brauchen wir die Schwellen, Schienen und das Zubehör ganz dringend für die Reparatur der zerstörten Gleisanlagen. Zwei ähnliche Lager im Bereich wurden bereits geleert und die Industrie kann nicht so viel liefern. Wir kommen da aber nicht ran, denn diese Eisenbahnbrücke hier", er zeigte sie auf der Karte, „ist zerstört, völlig sinnlos. Irgendein militärischer oder ziviler Idiot hat das befohlen. Um das Material hier herauszuholen, können wir nur mit Lkw arbeiten, aber die haben wir nicht, das müssen jetzt zivile Betriebe wie sie tun. Bisher fand die Direktion keine Firma, die das kann. Unser Stellvertreter beschloss, sie zu fragen. Wenn sie sich dafür interessieren: Hier ist die Kontaktadresse bei der Direktion." „Aha, verstehe, das sieht nach einer Menge Arbeit aus, da muss ich meine Leute befragen. Moment." Er schaute ins Vorzimmer, sagte zu Gertrud: „Ich bräuchte dringend Schwarz und wenn der hier ist Fischer." Die beiden waren schnell da und Reimann erklärte alles erneut. Danach sagte Fischer: „Ich werde erst tätig, wenn Blacky sein ok gibt, danach regele ich alles!"
Schwarz überlegte länger, fragte wohin das Material sollte. „Nach Ringelheim, da verladen wir es auf die Bahn. Kräne sind dort vorhanden."
„Und im Lager?" „Da sind zwei" „Können wir Arbeitspersonal bekommen?" „Die Besatzung eines Bauzuges kann dafür eingesetzt werden."
„Ich muss mir das vor Ort anschauen, haben Sie Zeit?" „Kein Problem." „Jetzt fahren wir erst ihr Auto weg, Sie steigen bei mir ein und wir fahren dort hin. Wie kommen wir dort rein?" Reimann klopfte auf seine Tasche: „Schlüssel habe ich alle hier." „Hubert ich komme heute Abend auf ein Bier vorbei!" Fischer und Hubert grinsten. „Kein Thema., das Bier ist kalt!"
„Gertrud weißt du, ob Bode heute zum Reiten kommt!" „Ja, Weber hat uns um 18:00 Uhr zum Stall bestellt, wegen der Turniere am Wochenende." „Gut, mit dem muss ich etwas besprechen. Schreib bitte auf: Donnerstag 09:00 Uhr neuer Zug! Den Termin am

Mittwoch hast du ja." Fischer kam zu ihm. „Ich bin
gespannt, was Blacky erkundet. Das könnte ein Schluck
aus der Flasche werden. Die Bahn wird gut zahlen, weil
sie das Zeug dringend braucht." „Das hoffe ich, aber
warten wir die Erkundung ab." „Wenn Schwarz den
Daumen hebt, mache ich mich morgen gleich an die
Arbeit, die Unterlagen habe ich alle." „Gut, aber sag mal,
wie sehen unsere Finanzen aus?" „Sehr gut, wir sollten
demnächst wieder investieren." „Neue Laster?" „Oder ein
Haus bauen, zwei wären locker drin. Wir müssen
unseren Überschuss abbauen." „Das kannst du mir
morgen Nachmittag bitte vortragen."
Eigentlich wollte er nach Hause, um sich um den
Jungen zu kümmern, der seit gestern bei ihnen
mitarbeitete, aber Wagner schneite herein.
„Ich habe den Ausbildungsplan für die Jägerausbildung.
Ein Exemplar bekommst du. Mielke macht die
Schießausbildung. Von den Briten haben wir die
Genehmigung, den Schießstand in der Buchhorst zu
nutzen, aber nur unter ihrer Aufsicht. Kann ich euren
Besprechungsraum für die Unterrichte nutzen?" „Aber
klar, wer macht mit?" „Fiete macht den Forstteil, das ist
gut für seine Ausbildung. Sein Vater und ich teilen uns
die theoretische andere Ausbildung. Wer macht von dir
mit?" „Auf alle Fälle Ulla, Krummrich, Dolle, Hartmut
und Graf." „Zwei von außerhalb kommen von mir und
einer von Fietes Vater." „Ich werde herumfragen. Wenn
wir zehn Leute hätten, wäre das gut." „Das wäre eine
ideale Gruppe, stimmt."

Ulla setzte sich daheim beim Essen zu ihm. „Wir
müssen jetzt Nägel mit Köpfen machen, wegen dem
Mädchen und Jungen." „Stimmt. Was hast du mit dem
Mädchen vor?" „Sie soll alles, was mit Haushalt zu tun
hat, lernen. Langfristig sehe ich sie als Kindergärtnerin."
„Das ist sauber aufgebaut, halte ich für sehr gut. Mit
dem Jungen habe ich ähnliches vor. Der muss mehr
können, als nur ausreiten, Pferde füttern und Ställe
misten. Bei Klatte soll er in die Lehre gehen und sich

zum Sattler ausbilden lassen. Wenn er alt genug ist, kann er den Führerschein erwerben. Trecker fahren darf er jetzt bereits schon." „Gut. Das gefällt mir sehr, macht alles Sinn. Aber wo bringen wir sie unter?"

„Das Mädchen ist nicht das Problem, die Kammer oben ist frei und hat einen Ofen, aber wohin mit ihm?" „Mein lieber Mann, die andere Kammer ist so voll mit deinen eingetauschten Kartons, da geht gar nichts mehr. Die Zigaretten und den Schnaps vom letzten Mal habe ich da heute hochbringen lassen. Kaffee, Tee und die Süßigkeiten habe ich in den Kellergang bringen lassen. Das räumen wir morgen aus. Aber ich habe eine andere Idee. Bode hatte zwei Räume neben unseren Kosaken. Einen haben die jetzt übernommen, aber der zweite ist leer und ungenutzt. Der hat zwar keine Heizung, ist aber genau über dem Pferdestall, da wird er von unten einigermaßen gewärmt." „Mensch, daran habe ich gar nicht mehr gedacht, ja klar, das ist die Lösung." „Verlass dich auf deine Ehefrau, die hat immer eine gute Idee." Hubert lachte: „Deshalb bin ich mit dir verheiratet! Aber die ganze Um- und Abmelderei machst du bitte." „Mache ich, die Leute vom Waisenhaus werden froh sein." Schließlich gab er ihr den Ausbildungsplan von Wagner und war um 18:00 Uhr vor dem Stall.

Weber hatte alle, die am Wochenende reiten sollten, dort versammelt, sogar Peter war da. Die Idee mit den zwei Mannschaften löste große Freude aus, Gertrud und Regina freuten sich, dass sie wieder Huberts Pferde reiten durften. Peter wollte außerdem mit Ullas Schimmel beim Zeitspringen mitmachen und Fiete mit seinem Fuchswallach beim S-Springen. Weber hatte alles genau ausgeklügelt und heftete diesen Plan anschließend im Reiterstübchen an die Wand. Abschließend sagte Hubert: „Ich brauche heute gegen 19:30 Uhr hier vor dem Haus Bode, Weber und Karl. Wir müssen etwas besprechen." Die drei nickten., alle machten sich daran, ihre Pferde zu satteln. Hubert ritt

185

zuerst Sandro und später seine neue Stute. Schließlich trafen sie sich vor dem Haus am großen Holztisch. Hubert stellte für jeden eine Flasche Bier auf den Tisch und Ulla setzte sich dazu. Als erstes fragte er Weber: „Wie macht sich der neue Junge?" „Sehr gut, den sollten wir behalten." „Das habe ich vor. Wenn er morgen erscheint, komm bitte mit ihm gegen 09:00 Uhr zu mir ins Büro. Er erhält die Stube bei Richard und Ulla regelt alles mit dem Waisenhaus und seiner Anmeldung hier. Jochen, hast du am Donnerstag Zeit für die Räumung eines Zuges?" Bode lachte: „Für so etwas schaffe ich mir freie Zeit. Um was geht es?" Hubert erklärte es ausführlich und bat Weber mit Frank und Richard als Fahrer zu unterstützen. „Wo soll denn das hin, was brauchbar ist?" fragte Jochen. „Erst in die Halle der ehemaligen Klempnerei und bei uns unter das Schauer." „Spricht etwas dagegen, wenn ich mitschaue, das hört sich interessant an", fragte Ulla. „Nein, keineswegs, mach das!" „Karl, wie sieht es aus mit dem Holz im Harz?" „Ich fahre morgen zu Lässig, habe mit ihm telefoniert. Die Verhandlungen mit den Briten laufen: Er rechnet damit, dass der Einsatz im November beginnt." „So lange werden wir normal weiterarbeiten, aber die Ausbildung an den Motorsägen und ein Erste-Hilfe-Bereich muss bis dahin fertig sein. Schau dir gut an, wo die Umschlagplätze bei der Bahn sind und wo unsere Leute untergebracht und verpflegt werden." Einige weitere Punkte dazu besprachen sie, als Schwarz auf den Hof fuhr, ausstieg und grinste: „Ah, mein Bier steht schon bereit." „Klar, setzt dich, ich hole dir ein kühles Blondes!" Nachdem er den ersten tiefen Schluck gemacht hatte, begann Schwarz.

„Das Ganze ist ein Großauftrag. Ein sehr großes Gelände, die Masse unter alten Bäumen, einige Stapel sind mit Tarnnetzen bedeckt. Es ist eingezäunt, hat zwei Eingänge, eines für die Bahn mit Gleisen und eines für Fahrzeuge. Die Straße dorthin ist gut ausgebaut und geteert, die Entfernung zum Bahnhof Ringelheim sieben

Kilometer. Dort sind Anlagen zum Be- und Entladen vorhanden. Hier ist der Plan des Lagers."

Er entfaltete eine Karte und legte sie auf den Tisch. „Hier sind die Eingänge. Das ist ein Stabsgebäude mit Unterkünften, in der Halle lagern Unmengen von Zubehör für den Gleisbau und Werkzeug. In der kleinen Halle stehen zwei Kräne zum Verladen. Hier liegen die Schwellen und hier die Gleise." „Kommt man da überall gut mit Lkw ran?" „Ja, man kann dort einen Kreisverkehr für An- und Abfahrt durchführen." „Das hört sich gut an. Traust du dir das zu? Und wenn ja, was brauchst du dazu?" „Das ist schon machbar. Ich bräuchte dazu die fünf alten Spritlaster mit Anhängern aus Cremlingen, sowie beide Zugmaschinen mit jeweils zwei Langholzanhängern für die Gleise und natürlich die Fahrer dazu. Unabhängig davon würde ich gern das Haus hier vorne nach brauchbaren Sachen durchsuchen und die herbringen." „Wie kann die Bahn unterstützen?" „Mit ca. 20 Mann eines Gleisbauzuges und den Bedienern der Kräne." „Bist du der Chef dort?" „Ja, der Reimann hat mir alle Schlüssel übergeben. Dabei hat er mir gesagt, das Wichtigste seien ihnen die Gleisbausachen, alles andere sei für sie unwichtig. Einen Stapler muss ich mitnehmen, die Sachen in der Halle stehen auf Paletten. „Ich hätte gerne einige Schwellen, damit kann ich neue Tore für Koppeln bauen", sagte Fritz von hinten, der unbemerkt mit seinem Hund dazu gekommen war." „Das ist gar kein Problem, reicht ein Kipper voll?" „Aber ja!" „Martin Weber unterstützt du bitte Schwarz beim Räumen des Stabsgebäudes? Du weißt ja, was wir brauchen!" Der nickte und machte sich eine Notiz. Hubert holte wieder Bier, Fritz berichtete von der Ernte. „Unser Riesenungetüm hat die Fahrt zu Winterfeld gut überstanden und wir konnten tatsächlich ein Feld bereits mähen. Mit ihm habe ich ausgemacht, dass wir das Stroh, das er nicht braucht, unter das Schauer bei ihm stellen können. Drei Tage werden wir dort brauchen, wenn die Maschine durchhält. Anschließend wird sie überprüft." „Wenn das fertig ist, was steht anschließend heran?" fragte Bode. „So wie es aussieht die Kartoffeln. Aber vorher werden wir die geernteten Felder aufbereiten müssen. Habt ihr Pferdemist übrig?" „Den letzten haben wir auf einen Platz am Wald gefahren und bald müssen wir wieder misten." „Das könnt ihr alles zu mir auf die Felder bringen. Bei Winterfeld fangen wir damit an." „Nach dem Turnier in Hannover können wir das alles machen", erwiderte Weber. Jeder trank ein weiteres Bier, schließlich gingen alle nach Hause. Drinnen sagte Ulla: „Das sieht alles gut aus, mit unseren Vorhaben, ich freue mich bereits auf Donnerstag, da bin ich neugierig." „Ich glaube, wenn der Zug drin ist, sollten wir unbedingt Frings mit seinen Spezialisten dazu nehmen und Danzer für die Fotosachen. Davon sollte es doch bei einer ehemaligen Propaganda Kompanie einige geben."

Zwei Aufträge und ein kleines Turnier

Bereits in der Früh besprachen Schwarz und Fischer den Auftrag mit den Schwellen und Gleisen für die Bahn. Während Schwarz anschließend mit Krummrich wegen der Fahrer und den Autos redete, anschließend mit Gert, begann Fischer zu telefonieren und die nötigen Absprachen mit der Bahn zu treffen. Wie verabredet kam Weber mit dem Jungen. Hubert ließ sie beide vor seinem Schreibtisch Platz nehmen.
„Mein lieber Thomas, meine Mitarbeiter haben mir gesagt, dass du deine Arbeit sehr gut und gewissenhaft gemacht hast. Vor allem scheinst du ein Herz für Pferde zu haben. Deshalb möchte ich dir ein Angebot machen. Du kannst bei uns bleiben, ganz normal weiter im Stall arbeiten. Untergebracht wirst du in einer Kammer oberhalb des Stalles und wirst von Sieglinde mitversorgt. Allerdings ist das nicht alles. Du wirst bei Paul mitarbeiten und später sein Gehilfe als Hufschmied sein. Bei meinem Bruder wirst du umfassend fahren

188

lernen und du wirst eine Lehre als Sattler hier bei Klatte
machen. Von Pferdepflege kann man auf Dauer allein
nicht leben. Wenn du 18 wirst, kannst du den
Führerschein erwerben, vorher bereits als Treckerfahrer
bei Herrn Weber mithelfen. Deine Bezahlung wird dem
eines Lehrlings bei uns im Betrieb entsprechen. Meine
Frau kümmert sich um deine Entlassung aus dem
Waisenhaus und um die Anmeldung hier. Was hältst du
davon?"
Der Junge hatte ganz große Augen und sagte spontan:
„Das mache ich alles, Hauptsache ich kann hierbleiben,
danke."
„Ab sofort bist du Mitarbeiter bei uns auf dem Hof."
Lächelnd gaben Hubert und Weber ihm die Hand, beide
verschwanden. Dafür stand Fischer bereits in der Tür.
„Die Bahn zahlt sogar mehr, als ich verlangen wollte.
Die Kolonne von denen steht ab morgen in Ringelheim
bereit und dort steht ein Kesselwagen, an dem wir auf
Bahnkosten tanken können. Der Vertrag wird gerade
geschrieben und geht heute raus. Ganz offensichtlich
brauchen die das Zeug dringend, wir möchten bitte
morgen gleich anfangen." „Wenn Schwarz das
hinbekommt, soll mir das recht sein. Ist Weber da?"
„Der steht mit dem Jungen bei Monika, ich hole ihn."
Als der kam, teilte ihm Hubert mit, dass die Sache in
dem Lager gleich morgen beginnen würde, er möge bitte
die Verbindung mit Schwarz aufnehmen. Gert rief ihn
an, er müsse ihm dringend etwas zeigen. Der saß in
seinem Besprechungsraum und hatte einen Stapel
Prospekte und Preislisten vor sich liegen.
„Ich habe hier etwas sehr Interessantes für dich.
Gestern war der Vertreter der Firma hier, die am
Mähdrescher gebaut hat. Das ist nach wie vor ein
Prototyp und die sind sehr wissbegierig in Bezug auf
unsere Erfahrungen damit. Bisher klappte alles
einigermaßen, einiges konnten wir schon mitgeben, was
unbedingt geändert werden sollte. Er hat mir etwas
gezeigt, was sie entwickelt haben, das wäre für dich sehr
interessant, denn ich bin der Meinung, nach Wittingen

schafft es diese Maschine nicht." Er legte ihm ein farbiges Prospekt vor.

„Das haben sie entwickelt und mit Erfolg ausprobiert. Dieser Mähdrescher in klein, wird von einem Traktor gezogen, das Getreide wird an der Seite der Maschine geschnitten, hereingezogen, gedroschen und das Stroh dann hinten ausgeworfen. Angetrieben wird das Ganze durch die Hydraulikwelle vom Traktor. Der Traktor in Wittingen hat solch einen Anschluss. Die Breite des Schnittes ist natürlich schmaler als die des Mähdreschers, es dauert etwas länger, aber alles ist nicht so störanfällig, wie bei der großen Maschine. Man bietet uns ein Testexemplar an, womit wir arbeiten können. Wenn alles klappt, können wir das Gerät anschließend zu einem guten Preis übernehmen. Mein Vorschlag ist, wir lassen die Maschine kommen, du setzt sie in Wittingen ein und wenn es klappt, können deine Leute dort auch für andere mähen, das bringt zusätzliches Geld." „Das hört sich sehr gut an und ich teile deine Bedenken mit der langen Fahrt. Grundsätzlich bin ich damit einverstanden, das Gerät probeweise einzusetzen, würde aber gern Weber zu dir schicken, der ist mehr in der Sache drin als ich." „In Ordnung, mach das. Wenn Weber sagt, das ist in Ordnung, bestelle ich das Gerät." Sie wechselten das Thema, Gert sagte ihm, dass er Schwarz den kleinen Bus mitgeben würde, da brauchte er nicht jeden Tag mit den Lastern hin und zurück fahren, könnte die gleich in dem umzäunten Gelände lassen.

Auf dem Rückweg ins Büro sah er einen Lastwagen voll mit Balken auf den Hof fahren. Jurka kommt gut voran, dachte er grinsend. Die Papierarbeit dauerte etwas länger, es war schon kurz vor 13:00 Uhr und Fischer würde gleich vorbeikommen. Aber vorher erschien Schwarz.

„Ich habe alles, dazu den Bus von Gert. Was hältst du davon, wenn wir jetzt losfahren, die Laster dort abstellen und morgen früh beginnen?"

„Dann tu das, sonst hast du eh keine Ruhe mehr!"
Grinsend verabschiedete sich Schwarz und kurz darauf
erschien Fischer mit seinen Unterlagen. Als sie nach
zwei Stunden konzentrierter Arbeit fertig waren, konnte
er sagen, dass er gut informiert war über den aktuellen
Stand der Geschäfte. Und die liefen gut. Es stimmte, sie
mussten unbedingt ihren Überschuss investieren. Zwei
neue Kipper und ein neuer Bagger sollten es werden,
das Gelände des OT Lagers in Querum sollte von der
Firma gekauft werden, um dort mehrstöckige
Wohnhäuser zu errichten.
Erleichtert ließ sich Hubert mit seinem Onkel
verbinden.
„Wo soll das Pferd und das Zaumzeug mit dem
Jagdgewehr hingebracht werden?" „Das Pferd kann in
den Reitstall gebracht werden mit dem Zubehör. Wir
laden dich ein, während des Turniers bei uns zu
wohnen, so brauchst du nicht ständig hin und her zu
fahren. Außerdem haben wir einen Empfang am Freitag
und eine kleine Gartenparty bei uns am Samstag
geplant. Das wäre für dich eine gute Sache,
Geschäftsbeziehungen zu knüpfen. Da kannst du das
Gewehr mitbringen und mir geben." „Wie nett, danke für
diese Möglichkeit, das nehme ich sehr gern an. Das
Pferd kommt am Freitag." Das konnte Richard machen,
der war bereits in diesem Reitstall gewesen. Abends
teilte er dem das mit und dessen Frage, ob er den
Jungen mitnehmen könne, bejahte er. Während des
Reitens sprach er Jochen Bode an, ob der Lust hätte,
mit ihm am Mittwoch zu der Versammlung zu kommen.
„Aber gerne, bin immer auf Kundenfang!" antwortete der
grinsend. Vorher wollte er jedoch am Mittwochvormittag
zu Schwarz in das Bahnlager fahren und sich
anschauen, wie es dort lief. Als Beifahrer nahm er Karl
mit, der am Dienstag bei Lässig gewesen war. So
konnten sie sich ausführlich über dieses Vorhaben
unterhalten. Um 09:00 Uhr fuhren sie in seinem
Lieferwagen los und während Hubert fuhr, berichtete
Karl.

Lässig hatte die Offiziersunterkunft der ehemaligen Luftwaffenkaserne von den Briten gesichert. Die Forstverwaltung hatte zugesichert, die dortige ehemalige Tankstelle wieder befüllen zu lassen, ein Auftrag für Krummrich. Für die Verpflegung der dort arbeitenden Kolonnen würde in der vorhandenen Küche gesorgt. Zusätzlich zu dem vorhandenen Langholzwagen der Firma hatte er weitere vier Stück organisiert, die Forstverwaltung im Harz besaß fünf eigene Anhänger, dafür brauchte man Zugfahrzeuge. Vorgesehen waren drei große Sammelplätze für die Stämme, von denen sie abtransportiert würden zum Bahnhof Goslar hauptsächlich und ein Teil nach Bad Harzburg. Für den Transport dorthin brauchte er unbedingt die neuen sechs Rückepferde. „Ich erarbeite ein Papier und mache dabei eine Kräfte- und Mittelberechnung", sagte Karl schließlich, als sie das Tor zu dem Lager erreichten. Das war weit geöffnet, einer der Lastzüge kam ihnen voll beladen mit Schwellen entgegen. Vor dem Stabsgebäude standen ein kleiner Lastzug, ein größerer Lastwagen mit einem kleinen Einachsanhänger und ein Opel Blitz. Das waren Webers Autos. Vor der großen „Lagerhalle" stand ein großer Lastzug und wurde mit einem Stapler beladen. Sie bogen in einen asphaltierten Weg, der in den alten Buchenwald führte. Bereits hier fuhren sie zwischen hohen Stapeln von Schwellen hindurch, bis sie hinter einem leeren Lastzug hielten. Beide stiegen aus und gingen an einem weiteren leeren Lastzug entlang, bis sie die Verladestelle erreichten. Hier stand Schwarz und beobachtete die Beladung. Ein Autokran nahm Schwellen von einem der großen Stapel und hob sie über die Ladefläche des Motorwagens. Vier Arbeiter sorgten für die Führung der Ladung und die saubere Ablage auf der Ladefläche. Schwarz kam zu ihnen, als er sie bemerkte.

„Das klappt gut, die Jungs vom Gleisbauzug haben das im Griff." „Und auf dem Bahnhof in Ringelheim klappt das?" „Bevor wir hier anfingen, habe ich mir das dort angeschaut. Da steht ein Kranwagen, der hebt die Sachen auf einen Güterwagen. Dahinter steht ein Zug mit Flachwagen, auf den kommen die Schienen. Mal sehen, was der erste Fahrer sagt, wenn er zurückkommt." „Wo liegen die Schienen?" „Am Weg dahinter. Du musst rückwärts wieder raus und in den nächsten Weg hineinfahren. Ich gehe durch den Wald dort hin."

Rückwärts fuhren sie hinaus und fuhren in den nächsten Weg, bis sie hinter einem Langholzwagen halten mussten. Die Stapel mit den Schienen waren wesentlich kleiner, standen aber einer hinter dem anderen. Schwarz redete dort mit dem Kranbediener, einem älteren Mann. Durch den Wald kamen zwei Arbeiter mit Schubkarren, in denen dicke Holzlatten lagen. Schwarz kam zu ihnen. „Die erste Ladung fährt los. Die Arbeiter müssen die Holzstücke auf die unteren Schienen legen, beim Stapeln, damit die Schienen nicht beschädigt werden."In dem Moment zog die Zugmaschine die Wagen mit den geladenen Schienen an und fuhr nach vorne weg. „Ist die Straße nicht zu steil für die Wagen mit den Schienen?" fragte Karl. „Nein, hoch sind die ja leer und runter müssen die Bremsen das halten. Aber ich habe nachgeschaut, so steil ist das nicht." Die zweite Zugmaschine zog vor und die Männer begannen wieder mit der Umladung. „Ich komme mit zu der großen Lagerhalle, da ist der Chef der Eisenbahntruppe." Während Hubert und Karl zurückfuhren, ging Schwarz zu Fuß. Neben Webers Laster hielten sie an. Der hatte sechs von den Jungs dabei, die arbeiteten. „Der große Laster ist voll mit kleinen Spinden, Tischen, Stühlen aus zwei Aufenthaltsräumen. Das können wir alles für die einzelnen Werkstätten brauchen. Dazu zwei drehbare Tafeln, Aktenrollschränke und zwei leere Schreibtische." „Du hast völlig recht, das ist sehr nützlich, Hans kann davon einiges für seine Reinigungsfirma brauchen." „In dem kleinen Anhänger sind Kartons mit Gummi- und Sicherheitsstiefeln, sowie Schutzwesten und

Warnwesten. Dazu Lampen jeglicher Art und Batterien. Auf dem kleinen Lastzug ist auf dem Anhänger die komplette Küche, mit zwei Herden und drei Kühlschränken. Dazu Kisten und Kartons mit Dosen, Gläsern und anderen haltbaren Lebensmitteln." „Das übergebt ihr bitte Sänger, nachdem ihr euch bedient habt und etwas brauchbares für das Reiterstübchen mitgenommen habt. Herde und Kühlschränke gebt ihr denen, die sie brauchen." „Machen wir. Der Motorwagen wird beladen mit Regen- und Kälteschutz, Decken und anderer Bekleidung. Dort kommt das Büro des Verwalters mit rein. Das sind gute Sachen!" „Die Sachen zu Dolle und die Bekleidung in die Halle der alten Klempnerei. Das muss dort sortiert werden und anschließend ins Magazin." Weber sah sich kurz um, sie waren allein. „Die wichtigsten Papiere und Sachen aus dem Büro sind in drei Kartons auf meinem Auto. Dabei sind drei Kisten mit Schnaps und zwei mit Kaffee und Tee. Eine gesicherte Kiste mit drei Schlössern ist dabei, die musst du selber aufmachen. Den Inhalt der Schreibtische habe ich in die Kartons getan, ohne nachzuschauen, was da alles drin war. Eine kleine feine Werkbank habe ich mitgenommen."
„Stell den Opel nachher bei uns unter das Schauer. Hast du dir etwas genommen?" „Von der Verpflegung habe ich mir etwas weggepackt. Wir würden gern einen Kühlschrank und einen Herd nehmen. Und soweit ich das weiß, haben die in Cremlingen keinen Herd und keinen Kühlschrank." „Bringt denen das. Den dritten Kühlschrank sollten wir Monika mit ihrer großen Familie geben." „So mache ich das. Wir sind bald fertig, machen eine Pause, verpflegen und fahren anschließend nach Hause." „Habt ihr was zu essen für die Jungs?" „Die Küchenfrau im Lager hat uns ein Paket zusammengestellt und Ulla hat uns für jeden Schokolade und Kaugummi mitgegeben."
Schwarz kam mit einem älteren Mann zu ihnen.
„Hubert, das ist der Chef der Bahnkolonne, der möchte dir was vorschlagen."

Er stellte sich vor und sagte: „Ihre Leute arbeiten gut!"
„Danke für das Kompliment, hört man gern." „Ich
möchte ihnen etwas zeigen. Da gibt es einige Sachen,
die sie bestimmt brauchen können." Sie gingen zu der
großen Halle und betraten einen Nebenraum. Dort zeigte
der Mann auf einen großen Stapel Planen, die
zusammengefaltet auf Paletten lagen. „Das ist ein großes
Zelt Marke Eigenbau. Man kann es auf die Größe 3m
auf 25m aufbauen. Wir haben uns das gebaut für
Schweißarbeiten unter freiem Himmel. Da gibt es
Seitenteile dazu. Wir haben ein neues bekommen, das
alte sollte vernichtet werden. Können Sie das
brauchen?" Karl, Hubert und Schwarz sahen sich an,
Schwarz sagte: „Das könnten wir brauchen, wenn wir
eine Feier mit vielen Leuten haben." Karl nickte und
Hubert fragte: „Wo willst du das lagern?" „Unter dem
Schleppdach ist Platz." „Nimm es mit, aber lass dich
einweisen, wie es aufgebaut wird!" Der Vorarbeiter fuhr
fort: „Hier in den Regalen sind Werkzeuge, die wir uns
im Laufe der Zeit organisiert hatten. Wir werden jedoch
neu ausgestattet, da wäre das über und zum
Wegschmeißen zu schade." Hubert lachte: „Sprechen Sie
das mit Schwarz ab, der ist Sammler, aber heult mir
nicht die Ohren voll, dass ihr keinen Platz mehr habt!"
„Das machen wir beide unter uns aus, das kriegen wir
schon unter!" „Also, macht das. Wir fahren jetzt, ich will
bei Jurka vorbei und habe heute Abend einen Termin."
Als sie gingen, ließ sich Schwarz den Inhalt der Kisten
zeigen. Weber winkte ihnen zu, als sie fuhren, der würde
bald auf dem Rückweg sein. Kurz nach 13:00 Uhr waren
sie bei Jurka. Der hatte gerade Mittag gemacht, seine
Männer gingen wieder zu ihren Maschinen und Lastern.
„Ich grüße unseren Chef", sagte Jurka grinsend und
nahm die angebotene Zigarette. „Wir kommen gerade
aus dem Bahnlager, was Schwarz räumt und wollten
sehen, ob ihr etwas anderes als Pause macht", grinste
Hubert. „Ja, wir müssen jetzt ein wenig so tun, als ob
wir arbeiten, um danach wieder in eine längere Pause
gehen zu können!" grinste der breit zurück, fuhr fort:

195

„Du wolltest dir sicherlich anschauen, was ich gefunden habe!" „Ich bin stolz darauf, dass meine Mitarbeiter meine Gedanken erraten!" „Dann wollen wir mal. Bis zum Holzlager haben wir den Schutt weg und ich war bereits weiter vorn, das zeige ich dir jetzt. Folgt mir einfach." Zu dritt gingen sie zu den Balkenstapeln, die frei geräumt waren. „In der halb zerstörten Halle dort liegt mehr Holz, es gibt dazu einige Maschinen. Morgen früh kommt Grings und schaut sich das an. Die Balken bringen wir unauffällig Stück für Stück in die Firma, Olbrich war ganz begeistert." An einem Balkenstapel vorbei kletterten sie durch die Trümmer weiter und kamen an einen halb unter Trümmern liegenden längeren Holzbau. Vor einem Tor hielten sie an und Jurka schob einen Teil des Tores so weit nach rechts, dass sie hinein gehen konnten. Nachdem sie sich an das Halbdunkel gewöhnt hatten, konnten sie sehen, dass sie sich in einer größeren Halle befanden. Rechts von ihnen standen zwei Pferdewagen mit einer großen Ladefläche. Auf einem Schild am Kutschbock stand: „Kohlenhandlung am Bahnhof" und eine Telefonnummer. „Da habe ich angerufen, die Leitung ist tot!" erklärte Jurka. Sie folgten ihm in die Halle und standen vor mehreren Abteilen. In einer lagen Eierkohlen, in der zweiten Briketts, in einer weiteren bereits gepackte Kohlensäcke und in der letzten ein großer Stapel leerer Kohlensäcke. „Hinter dem Fuhrwerken geht es weiter, da ist ein Aufenthaltsraum und danach kommt vermutlich das Büro." „Was ist eigentlich mit den Besitzern des Holzlagers und dieser Kohlenhandlung geschehen?" „Der Beauftragte der Bahn sagte mir, dass die Reichsbahn den Besitzern für eine kleine Summe die Grundstücke abgekauft hätte und dass die in der Stadt woanders ein neues Geschäft eröffnet hätten. Alles was hier liegt, soll weg. Anschließend wird das freie Gelände mit Anschlussgleisen ausgestattet, die zu den beiden Fabriken führen, damit die mit und von der Bahn beliefert werden können." „Aha, jetzt verstehe ich das, warum hier geräumt werden soll." „Du kannst dich hier ein wenig umschauen, ich wollte mit Karl ein Stückchen weiter, da muss weiteres sein." Als die beiden weg waren, wanderte Hubert weiter in der Halle in Richtung der von Jurka bezeichneten Räume. In den Aufenthaltsräumen hingen sechs der Lederumhänge, die von Kohlenträgern benutzt wurden. Anschließend kam ein größeres Büro mit einer behelfsmäßigen Zahlstelle. Neugierig öffnete er einen Schreibtisch und fand im zweiten Fach ein Zählbrett für Münzen und einem Fach für Scheine. Das Brett war zur Hälfte voll und Scheine steckten darin. Aus dem Aufenthaltsraum holte er sich einen der Rucksäcke, die dort hingen und kippte alles hinein. Das Brett legte er wieder hinein. Eine kleine Kasse, auf der „Porto" stand, folgte. Eine weitere Kasse aus einem einzelnstehenden Schreibtisch kam hinzu, dazu eine kleine Rechenmaschine. Damit ging er wieder hinaus. Jurka und Karl hatten eine weitere Tür geöffnet, am Ende des Baues, und kamen gerade zurück. „Da ist ein kleines Lager für Anmachholz. Kanister mit Petroleum stehen da herum", sagte Karl. „Ich habe eine Rechenmaschine gefunden, die nehme ich mit. Wenn ihr hier angekommen seid, räumt das alles aus und bringt das in die Firma. Dazu bekommt ihr zwei Gespanne für die Kohlewagen, die könnt ihr beladen. Dazu könnt ihr Rübke und seine Truppe nehmen. Aber bitte erst in der Dämmerung fahren mit den Fuhrwerken, damit kein Aufsehen erregt wird. Habt ihr dahinter weitere Sachen?" „Irgendetwas ist da, aber da kommen wir bisher nicht ran!" „Seht jetzt zu, dass ihr das hier freilegt und die anderen Sachen abtransportiert. Was ist mit den Baumaterialien geschehen?" „Alles weg, wie mit Kokoschka und dir besprochen." „Wunderbar, bleibt bitte unauffällig und sichert hier alles am Sonntag ab, damit sich niemand bedienen kann!" „Ich bekommen morgen eine Raupe zur Unterstützung, mit der schieben wir am Samstag hier den Eingang zu." Gegen 15:00 Uhr war er wieder im Büro, ließ sich aber vorher von Iwan die beiden Kassetten aufbohren, die Rechenmaschine ließ er bei Gertrud, die Kassetten im Auto. Das Geld daraus würde Ulla bekommen. Nachdem er seinen Papierkram erledigt hatte, fuhr er nach Hause, um sich umzuziehen und rechtzeitig mit Jochen Boden zu der Versammlung fahren zu können.

Während er sich gründlich wusch und sich etwas anderes anzog, war Ulla bei ihm und fragte: „Was ist eigentlich eine Propagandakompanie, was haben die gemacht? Und was bedeutet Truppenbetreuung?" „Eine Propagandakompanie war hinter der Front, filmte und fotografierte das Geschehen dort. Ganz vorne war es bei Angriffen oder Verteidigung für die zu gefährlich. Meistens wurde etwas inszeniert, was später in der Wochenschau im Kino gezeigt wurde, oder Fotos gemacht, die in Form von Büchern herausgegeben wurden. Die waren bei Heer, Luftwaffe und Marine." „Verstehe und was hat die Truppenbetreuung gemacht?" „Die war in größeren Orten hinter der Front und damit wollte man den Soldaten etwas Abwechslung verschaffen. Dort konnte man etwas lesen, sich ein wenig entspannen, auf andere Gedanken kommen. Oft wurden dort Veranstaltungen mit Künstlern angeboten, so wie in einem Varieté. Ziel war es, den kämpfenden Soldaten etwas Abwechslung zu bieten und sie auf andere Gedanken zu bringe!" „Aha, jetzt wird mir das klar. Frage ja nur, weil morgen dieser Zug ausgeräumt werden soll."
„Ich schlage dir vor, morgen Susanne in der Zeit auf das Kind aufpassen zu lassen und ein paar Frauen mitzunehmen zum Ausräumen. Sieglinde und Monika zum Beispiel, die kann einen Opel fahren. Deine Lehrerinnen haben Urlaub. Vergiss nicht Kartons und Kisten!"

Um 17:20 Uhr fuhren Hubert und Bode los, der Opel erschien ihm als standesgemäßes Auto für ihren Auftritt heute. Vor dem Café erwartete sie Bauer und begrüßte sie herzlich. Drinnen wurden beide dem neuen designierten Vorstand vorgestellt. Bereits hier gab Hubert seine Visitenkarte an interessierte Vorstandsmitglieder. Jochen Bode handelte ähnlich. Neben Bauer nahmen sie Platz. Der war hier sehr bekannt, hatte er doch für viele bereits gearbeitet. Als erstes wurde der Gründungsakt des neuen Vereins zügig durchgezogen, es folgten die Wahlen des neuen Vorstandes, alles erfolgte problemlos. Der neue Vorsitzende bedankte sich für die Wahl, stellte die Ziele der Vereinsarbeit vor und brachte eine Idee des neuen Vorstandes ein, nämlich ein eigenes Büro des Vereins zu eröffnen und mittelfristig einen Juristen einzustellen, der Rechtsfragen der Mitglieder beantworten und bearbeiten konnte. Außerdem wäre eine Zeitung des Vereins geplant, in der Neuerungen und Tipps für die Vereinsmitglieder direkt an die Mitglieder gebracht werden könnten. Weiterhin sagte er: „Bei den folgenden Versammlungen stehen kompetente Spezialisten für die Fragen der Mitglieder zur Verfügung. Leider haben wir heute keinen davon hier, aber einen jungen Bauunternehmer, der seit einiger Zeit hier in der Region erfolgreich tätig ist. Herr Wedel, könnten Sie bitte ein paar Worte über ihre Firma an die Versammlung richten?" Nur kurz schaute Hubert verblüfft, dann erhob er sich und ging an das Rednerpult, denn diese Chance einer kostenlosen Werbung würde er unbedingt nutzen. Als erstes bedankte er sich für die Möglichkeit, hier zu sprechen, stellte sich persönlich vor und anschließend seine Firma. Diese beendete er mit den Worten: „Nebenbei bin ich Springreiter, war vor dem Krieg bereits einmal in einer Nationenpreismannschaft und möchte das gern bald wieder tun. Abschließend möchte ich feststellen, dass ich die Zeitung des Vereins gern durch Werbung unterstützen und Mitglied des Vereins werden möchte. Mein Kamerad Jochen Bode könnte ihnen anschließend Aktuelles zur Versicherungslage vorstellen. Ich bedanke mich, dass sie mir zuhörten!"

Beifall von allen Plätzen begleitet ihn, als er sich setzte.
Bauer sagte: „Sehr gut gemacht, Respekt!"
Der Vorsitzende bedankte sich ebenfalls und fragte
Bode, ob er das tun könnte und natürlich sagte der
sofort zu, stellte einige Neuerungen, vor allem die
Feuerversicherung in einem Kurzvortrag vor. Nach einer
Fragestunde wurde diese Veranstaltung geschlossen
und man trank an der Theke gemeinsam ein Bier.
Daraus wurden zwei, weil mehrere Anwesende das
Gespräch mit Hubert und Bode suchten. Auf der
Heimfahrt sagte Hubert: „Das war richtig nett und
hoffentlich erfolgreich. Mal sehen, was sich daraus
entwickelt." „Das geht mir genauso. Meine Visitenkarten
sind alle weg." „Bei mir ist das ähnlich. Übrigens für
morgen früh hat Ulla einige Frauen zum Helfen
organisiert. Lass die ruhig die Abteile durchkämmen, so
kannst du dich um das Ganze kümmern." „Gut, das
erleichtert einiges, mit den weiblichen Klamotten habe
ich eh nicht so viel am Hut. Danzer ist da, wegen Foto
und Film, Iwan habe ich dabei, um Sachen
auszubauen." „Ich werde da sein, wenn der Zug
kommt."
Daheim saß Ulla mit Hannelore auf der Couch im
Wohnzimmer und stillte sie. „Na, hat alles gut
geklappt?" fragte sie halblaut. Um die Kleine nicht zu
erschrecken, antwortete Hubert in der gleichen
Lautstärke: „Ja, das war sehr interessant!"
Er erzählte, wie das Ganze sich dort entwickelt hatte.
„Prima, da kommt bestimmt etwas bei rum! Ich habe
fünf Frauen, die helfen. Kartons und Kisten sind bereits
auf einem Opel verladen." „Die wissen alle, um was es
geht." „Ich bringe jetzt die Kleine hoch und warte bis sie
schläft."

Nachdem er am nächsten Morgen seinen Bürokram
erledigt hatte, nahm er seinen Lieferwagen und fuhr zur
Rampe. Er war der letzte der kam, der Zug wurde gerade
hereingeschoben. Die Flachwagen mit den Autos
standen links und konnten über die Kopframpe

heruntergefahren werden. Als alle Wagen festgebremst standen und sich der Lokführer bis 16:00 Uhr verabschiedete, teilte Bode seine Truppen ein. Gert und Teile von Rübke begannen mit der Kfz-Entladung. Weber sollte den Liegewagen der PK übernehmen und anschauen, den zweiten mit dem Schlafwagen bekam Ulla mit ihren Mädels. Bode selbst ging zu den Güterwagen, es waren tatsächlich drei und öffnete den ersten, der zur PK gehörte, ließ Danzer und Frings dort hinein. Die beiden anderen der Truppenbetreuung überließ er Rübke mit dem Rest seiner Leute. Hier waren nur große Pakete und Kisten drin, die sollten sie ausräumen und auf die Rampe stapeln. Kurz schaute sich Hubert die Autos an, die auf dem Flachwagen standen. Drei VW Geländewagen, zwei Lieferwagen und zwei Lieferwagen mit Lautsprechern obendrauf, ein kleinerer Lastwagen mit Anhänger und ein kleiner Bus. Weber kam zu ihm. „Da ist ein Abteil, wo VS draufsteht, zwei Abteile sind zusammengebaut als Dunkelkammer und den Rest räumen die anderen gerade aus. Komm bitte mit zu dem VS Abteil." Hubert folgte ihm. Es war das erste Abteil, welches mit einer dicken Kette und Vorhängeschloss gesichert war. „Gib mir deinen Bolzenschneider!" sagte er zu Weber. Mit dem durchtrennte er die Kette, gab sie Weber, öffnete die Schiebetür, schob innen alle Gardinen zur Seite und sah sich um. Rechts stand ein Blechschreibtisch, die Schlüssel steckten in den Schlössern. Unter der Liege links befanden sich zwei Blechkisten, durch Vorhängeschlösser gesichert. „Kneif die mal auf!" sagte er nur und Weber machte sich an die Arbeit. Währenddessen öffnete Hubert einen Blechschrank, der neben dem Schreibtisch stand. Die oberen Fächer waren voll mit Kameras und Wechselobjektiven, darunter zwei Fächer mit Filmen, eine große Kassette und darunter zwei Filmkameras. Ganz unten Filme für Filmkameras. „Ach du Scheiße!" sagte Weber hinter ihm. In den beiden Stahlkisten lagen jeweils zehn Pistolen, die Waffen der PK. „Mach wieder zu und bring die Kisten in meinen Lieferwagen, aber bitte dezent!" Weber nickte, rief nach Frank und dem Jungen. Von der großen Kassette zog er den Schlüssel ab, nachdem er sie verschlossen hatte, steckte den in die Hosentasche und stellte sie auf die zweite Waffenkiste. „Hol bitte Danzer, der soll die Sachen aus dem Blechschrank ausräumen und danach das Fotolabor."

Während Weber Danzer holte, durchstöberte er den Schreibtisch. Papiere, Kisten und Kästchen. Das konnte er hier nicht überprüfen. Weber und Danzer kamen. „Den Schreibtisch und den leeren Blechschrank bitte zu uns unter das Schauer." Frank und der Junge holten die zweite Blechkiste und die Kassette. „Ulla sucht dich", sagte Frank und Hubert ging auf die Rampe, dabei traf er auf Bode, der von dem Güterwagen kam. „Ist was Sinnvolles dabei?" „Teils, teils, bei der PK sind jede Menge Filmstative, große Lampen zur Beleuchtung und eine Lautsprecheranlage. Die lädt Frings gerade um." „Ich gehe zu Ulla, die sucht mich."

Vor dem Schlafwagen stand ein großer zweiachsiger Anhänger, der mit Decken ausgelegt war. Von drinnen wurden aus dem Wagen Betten und Bettwäsche herausgegeben, die Sieglinde im Anhänger stapelte. Ulla stand draußen.

„Das ist ein richtiger Wohnwagen, voll mit besten Betten und jede Menge guter Kleidung. Die packen zwei Frauen drinnen in die großen Kartons. Der Anhänger kommt unter das Schauer. Aber bitte schau dir das Büro an. Ich bekomme die Schränke nicht auf!"

Gemeinsam bestiegen beide den Wagen an der anderen Seite, gleich vorn war das erste Abteil zu einem Büro umgebaut. An der linken Seite stand ein Holzschreibtisch mit einem Bürostuhl. Auf der anderen Abteilseite waren drei Schränke, von denen die Schlüssel fehlten. „Das haben wir gleich!" sagte Hubert und öffnete das Fenster. „Ist Iwan da irgendwo?" Bode antwortete: „Der ist im zweiten Liegewagen und baut da was aus." „Kannst du den herschicken? Hier müssen ein paar Schlösser geöffnet werden." Kurz darauf kam

Iwan herein. „Kannst du die Schränke und den Schreibtisch bitte öffnen?" fragte Hubert. „Klar, Moment!" Er sah sich die Schlösser an, zog aus der Tasche seines Kittels ein Stück dicken Drahtes, bog es mit einer Zange um und probierte an den Schlössern damit. Nacheinander öffnete er die Türen. „Und jetzt den Schreibtisch." Kurz betrachtete er die Schlösser dort, bog die andere Seite des Drahtes, fasste das andere Ende mit einer Kombizange und öffnete die. „Keine Sicherheitsschlösser, kein Problem!" grinste er und ging wieder an seine Arbeit im Liegewagen.

Beide öffneten die Schränke. Der von Hubert war voll mit Notenheften bekannter Melodien, Textbüchern und Regieanweisungen. Bei Ulla standen zwei Tonbandgeräte, gute Mikrofone und jede Menge Autogrammkarten von bekannten Künstlern. Der dritte Schrank beinhaltete Aktenordner von oben bis unten. Hubert griff hinein, holte einen Ordner heraus auf dem „Kassenbuch" stand, legte den auf den Schreibtisch. „Die Tonbandgeräte und Mikrofone soll Frings überprüfen und erstmal behalten. Die Aktenordner können weg und den Inhalt des ersten Schrankes sollten wir einpacken und überlegen, wer das brauchen kann. Jetzt der Schreibtisch." Im Mittelfach stand eine größere Kassette, dazu kamen zwei Diktiergeräte, zwei kleine Funkgeräte und eine Rechenmaschine. „Gibt es hier was, wo wir das hineinpacken können?" „Da steht ein Koffer, warte mal." Sie öffnete den Koffer, er war leer. Huber stellte ihn auf den Schreibtisch und legte alles hinein, was er da draufgelegt hatte. Vier Stangen Zigaretten kamen dazu, drei Pakete mit Schokolade und vier Flaschen Cognac. Der Koffer war voll.

„Wenn du weiteres findest, nimm es mit, den Rest in den Müll. Ich bringe den Koffer in meinen Lieferwagen." Wenn der Schlafwagen fertig wäre, würde sie mit ihren Mädels in den Liegewagen gehen. Hubert brachte den Koffer in sein Auto und verschloss es. Gert kam ihm entgegen.

„Die Autos sehen ganz gut aus, alle fast neu. Nur, was sollen wir mit den beiden Lautsprecherwagen?" „Da habe ich eine Idee, vielleicht braucht die Polizei die." „Ah, gute Idee. Der Laster und sein Anhänger sind voll mit Diesel und Benzin. Die lassen wir morgen im Spritlager abladen."
Bode stand an einem der Güterwagen und schüttelte den Kopf. „Was ist los?" „Schau dir das an, die Musikinstrumente einer kompletten Kapelle, sauber verpackt und zehn große Kartons mit Kostümen, Schminksachen und Schuhen." „Sag das Ulla, Frauen haben dafür immer Verwendung und die Instrumente lagern wir ein und überlegen anschließend wohin."
Frank lud eine Beschallungsanlage für Orchester und Sänger in seinen Laster und mehrere bunte elektrische Lichterketten, als Weber kam.
„Ich muss dich stören, komm mal mit." Er führte ihn zu dem zweiten Wagen der Betreuung. In der Tür blieb er stehen und sagte: „Da sind zehn Kisten mit Wein und zwölf Kisten mit Schnaps drin. Dazu Kartons mit Zigaretten, Zigarren und Pfeifentabak. Kaffee, Tee und was man sich sonst wünscht." „Na toll. Lass Richard mit dem Laster hier vorfahren und ihr vier ladet das auf, das kommt zu uns auf den Hof."
„Da sind jede Menge Kisten mit Spulen, Filmen und zwei Projektoren, sowie Bühnenbilder und Dekorationen." „Alles auf den Anhänger, unter das Schauer." Kichernd sagte Weber: „Und davon gibt es fünf Pakete!" und gab Hubert ein mittelgroßes Paket. Als Adressat stand darauf: „Wehrmachtsbordell Krakau". Hubert öffnete es mit seinem Messer, darin waren verpackte Kondome. Grinsend sagte er zu Weber: „Eines gibst du mir mit, die anderen kommen mit auf den Hof."Hubert ging zu Bode. „Ich verschwinde jetzt ins Büro, du hast das ja hier souverän im Griff."
„Denke, das bekommen wir hin. Am längsten wird der Rückbau der drei Sitzwagen dauern."

Lächelnd kam er ins Vorzimmer. „Ich stelle den Karton hier offen hin. Jede kann sich bedienen, denkt an Monika. Dazu möchte ich keinen Kommentar hören. Nehme den verschlossen nachher mit auf den Hof." Gertrud schaute verblüfft, brachte ihm aber etwas später seinen Kaffee und sagte mit geröteten Wangen: „Danke!"„Gern geschehen, hat jemand angerufen?" „Äh, ja, Herr Bauer, soll ich den anrufen?" „Ja bitte."
Als er den am Telefon hatte, stellte sich heraus, dass er ihm mitteilen wollte, wie gut ihm sein Auftritt bei der Versammlung gefallen hätte.
„Ich hatte heute bereits einige Kontakte zu alten Bekannten, die dort waren, die sehen das genauso. Gehen Sie davon aus, da werden diverse Aufträge bei ihnen ins Haus flattern." „Dagegen hätten wir überhaupt nichts, im Gegenteil. Auf alle Fälle möchte ich mich herzlich bedanken, dass sie mir die Möglichkeit gaben, mich und die Firma dort vorzustellen." Gerade hatte er sich wieder seinen Papieren zugewandt, als Becker erschien. Grinsend fragte der ihn: „Hubert, was hast du gestern Abend angestellt?" „Wieso? Wie kommst du da drauf?" „Ich hatte heute Vormittag drei Anrufe, bei denen es um die Übernahme der Bewirtschaftung von Mietshäusern ging. Zwei davon scheinen lukrativ zu sein."
Hubert berichtete von seinem gestrigen Auftritt vor dem Verein. „Aha, jetzt verstehe ich, das war wohl ein gelungener Auftritt, sonst wären die Anrufe nicht gekommen. Dein Block an der Berliner Straße ist übrigens bereits zu zwei Dritteln vermietet. Der nächste ist seit gestern fertig und geht in die Vermietung." „Sag mir bitte im Vertrauen, wie schaffst du das, ohne dass die zuständigen Stellen, wie das Wohnungsamt, dir da Schwierigkeiten machen?" Becker grinste leicht. „Also wir haben einen Schutzherren, der einiges abblockt, den Stadtbaurat. Der wohnt ja in einem deiner Häuser. Wir haben Glück, das der für uns zuständige Sachbearbeiter, ein ehemaliger Luftwaffenkamerad, uns sehr wohlgesonnen ist und mit seiner Familie

205

mittlerweile in einer unserer neuen Wohnungen lebt. Außerdem haben wir mehreren höhergestellten Persönlichkeiten, die für die Stadt wichtig sind, einen guten adäquaten Wohnraum verschafft. Und darüber hinaus nutze ich gern die Vorräte von Gertrud, um kleine Freuden zu bereiten." Lächelnd hatte Hubert zugehört. „Danke, das reicht schon. Du solltest überlegen, ob du dein Büro in Braunschweig vergrößern solltest, wenn das so weitergeht." „Das sehe ich genauso. Momentan macht die ehemalige Angestellte von Bauer mit dem Lehrling das sehr gut. Ich halte die Augen offen und schaue mir an, was an Heimkehrern aus der Gefangenschaft kommt. Dazu habe ich einen guten Draht zu dem Flüchtlingsrat."
„Das hat uns schon öfters geholfen. Es gibt da einen Beamten im RAW, der uns bisher sehr geholfen hat. Schwarz hat mir erzählt, der wohnt mit seiner Familie in einem Gartenhäuschen, weil ihr altes Wohnhaus zerstört ist. Das ist ein sehr bescheidener Mann, der bisher nicht nach einer anderen Wohnung gefragt hat, aber im Winter kann der da nicht wohnen!" „Wie viele Personen hat der Haushalt?" „Soweit ich weiß vier." „Wir haben zwei Vierzimmerwohnungen frei, eine davon könnte er haben." „Prima. Ich gebe dir die Telefonnummer, wo man den erreichen kann. Ruf den bitte an und biete ihm die Wohnung an." „Mache ich. Viel Spaß beim Sortieren der Sachen aus dem Zug." Hubert ging in seinen Bauplanungsbereich, um Dolle zur Tochter zu gratulieren. Der freute sich und gab ihm deren „technischen Daten", nach denen Hubert von seiner Frau gefragt würde. Außerdem bot er Dolle an, seinen Sohn tagsüber oder nachts mit zu betreuen, solange seine Frau im Krankenhaus sei. Das nahm der dankend an, würde sich mit Ulla in Verbindung setzen. Auf dem Rückweg kam ihm Schmitz entgegen. „Wie sieht es aus mit deinen Aus -und Weiterbildungen?" „Gut, alle haben ihre Teilnehmer gemeldet und ich habe sie gemäß den Wünschen ihrer Vorgesetzten eingeteilt. Die Erste Hilfe Sachen haben

wir alle, da hat der Apotheker die Sachen aus dem Zug mit verwendet. Das ist ja egal, wenn auf der Hülle der Verbände ein Hakenkreuz ist." „In dem Fall schon, aber wir sollten damit nicht hausieren." „Für die Sägeausbildung habe ich die angekokelten Balken sichergestellt, die Jurka gebracht hat. das kann man als Brennholz verwenden." „Wenn ihr sonst Holz braucht, müsst ihr mit Fiete oder mit Wagner reden." „Ja klar, mache ich. Nächste Woche fangen wir mit den Ausbildungen an." Hubert ging wieder in sein Büro. „Die beiden Doktoren möchten gerne um 14:00 Uhr zu dir kommen, geht das?" fragte Gertrud. „Ja, kein Problem."

Pünktlich um 14:00 Uhr waren die beiden da, Hubert setzte sich mit ihnen in die Sessel um den Tisch. „Danke für die Möglichkeit in Cremlingen eine Praxis zu eröffnen", sagte der Arzt aus dem Dorf. „Kein Problem, wir wollten das Haus sowieso vermieten, hat das denn geklappt mit unseren Leuten?" Hartig zog einen Plan aus der Tasche und legte ihn auf den Tisch. „Im unteren Bereich soll die ganze Praxis eingebaut werden und im ersten Stock ist Platz für zwei Wohnungen. Eine davon möchte ich beziehen und die andere könnte für Angestellte hergerichtet werden. Jetzt geht es um die Ausstattung. Die Grundausstattung haben wir aus dem Zug, das kann man alles wunderbar verwenden. Für die Wohnung oben muss ich einiges organisieren." „Passt alles mit Strom und der Installation?" „Ja, das haben wir alles geklärt. Die obere linke Wohnung kann von zwei Personen belegt werden, die müssen sich allerdings das Bad teilen." „Sprecht bitte mit Weber. Aus den beiden letzten Zügen haben wir einiges an Möbeln herausgeholt, da sollte für euch etwas dabei sein." „Prima, das werde ich anschließend tun. Wäre es möglich, von euch ein Fahrzeug zu erwerben, denn ich werde vermutlich Hausbesuche machen müssen." „Also ich weiß nur von drei Motorrädern, die ungenutzt bei Gert stehen. Das wäre etwas für den Anfang." „Stimmt,

mache ich." Hubert sicherte ihm die Mitarbeit von Danzer zu. Der sollte eine Ankündigung der neuen Praxis entwerfen, die verteilt werden sollte. „Am Wochenende sehen wir uns, ich bin als Arzt bei dem Turnier vom DRK eingeteilt, mein Onkel sagte mir, ihr würden einen Lehrgang für die Jägerprüfung durchführen. Bestünde die Möglichkeit, mitzumachen?" „Den Lehrgang führt Förster Wagner durch, drei Plätze sind frei. Soll ich dich anmelden?" „Ja bitte, das würde mir sehr gefallen." Hubert notierte seine Daten und gab sie, als die beiden weg waren, Gertrud. „Bitte melde den und Schwarz an Wagner für die Jägerprüfung." „Da bekommen wir ja große Unterstützung bei der Jagd", sagte Bode hinter ihm. „Oh, habe dich gar nicht gesehen, bist du fertig mit dem Zug?" „Eben gerade, die letzten Laster fahren in die Klempnerhalle und zu dir zum Nordbahnhof."
„Oh, das gibt heute ein großes Sortieren." Bode grinste: „Ulla hat bis auf Monika alle Frauen zu euch auf den Hof gebeten, die arbeiten schon."

Hubert bearbeitete die letzten Vorgänge, als das Telefon klingelte. Frings war dran.
„Wir überprüfen alle Sachen, die wir mitgenommen haben, morgen kann ich dir genau sagen, was wir alles haben und in welchem Zustand diese Sachen sind." „Das reicht schon. Könnt ihr viel brauchen davon?" „Ja schon, aber Ich habe etwas ganz anderes. Du hast in der Zeitung gelesen, dass der Zirkus Sarrasani kommt? Das Vorauskommando war gerade bei mir und hat mir den Verstärker für die Mikrofone im Zelt gebracht, der muss repariert werden. Als ich mit dem Mann sprach, fragte er mich nebenbei, ob ich wüsste, wo man hier Stroh kaufen könnte für ihre Tiere. Ich habe ihm gesagt, Ich frage Fritz, aber den kann ich nicht erreichen. Könntest du das bitte tun? Der Mann kommt nachher, gegen 17:00 Uhr und bringt etwas zum Richten." „Ich kümmere mich darum!"

Er legte auf und bat Gertrud seine Eltern anzurufen.
Malwine war am Telefon. „Ist Fritz irgendwo in der Nähe
bei euch?" „Ja, er hat gerade Weizen gebracht, der in
Säcke gefüllt werden muss." „Kannst du mir ihn ans
Telefon holen, es ist dringend." Kurz darauf war Fritz
am Telefon. Hubert schilderte ihm das, was er von
Frings gehört hatte. „Wunderbar, ich habe fünf
Anhänger voll, die ich nirgendwo mehr unterbringen
kann. Rufst du Frings an, ich bin um 17:00 Uhr bei
ihm. Die Anhänger lasse ich gleich bespannen und vor
Elterns Hof auffahren."
Monika kam herein und stellte ihren kleinen Rucksack
auf den Schreibtisch.
„Das Lager am Nordbahnhof ist voll und Weber hat im
Klempnerlager seinen Zug von gestern abgeladen, da
sind die Regale jetzt ganz voll!"
Sie sah Hubert an, zwinkerte mit den Augen und sagte
lächelnd: „Danke für deine Aufmerksamkeit!" Hubert
lächelte zurück. „Wenn weiterer Bedarf da ist, einfach
Ulla fragen!" Kurz darauf sortierte er seine Sachen
zusammen und meldete sich ab, um daheim
mitzuhelfen beim Sortieren. Allerdings hielt er erst vor
der Schlosserei und ließ sich von Iwan die große
Kassette aufbohren. Auf dem Hof herrschte emsige
Betriebsamkeit. Ulla kam mit dem Kind im Arm aus
dem Haus und legte die Kleine in den Kinderwagen.
Susanne hatte bereits Prinz an der Leine, nahm den
Kinderwagen dazu und ging Richtung Dorf. Hubert hielt
neben der Tür und brachte die geöffnete Kassette und
den Koffer ins Arbeitszimmer, stellte beides hinter
seinen Schreibtisch.

Unter dem Schauer überprüfte Ulla Kartons, die
anschließend von den Frauen ins Haus gebracht
wurden. Weber kam zu ihm. „Die Kühlschränke und
Herde sind wie abgesprochen verteilt, dazu die
Büromöbel. Dolle hat zwei Drittel und Becker ein Drittel
bekommen. Von den Betten hat Ulla vier Stück für euch
behalten, der Rest ist weg. Die Kisten mit Schnaps und

Kaffee stehen in der Garage. Die Theatersachen, Kostüme, Schminksachen und Kulissen, dazu die Musikinstrumente, haben wir auf den großen Laster unter dem Schauer geladen. Alles, was sonst aus dem Bahnlager war, haben wir verteilt. Entweder in das große Magazin am Platz oder in die Halle der ehemaligen Klempnerei. Alle kleinen Blechspinde waren innerhalb kürzester Zeit in den Werkstätten verschwunden. Frank und Richard sind mit dem Jungen weiter an der Rampe, ich muss jetzt zu meiner Abteilung." Gerade wollte Hubert zu Ulla und den Frauen gehen, als Richard zu ihm kam.

„Hubert, ich soll morgen das Pferd und dessen Zubehör nach Hannover bringen. Kann ich dazu deinen Lieferwagen nehmen, der hat eine Anhängerkupplung."

„Na klar, wir müssen nur die beiden Kisten in den Hühnerstall bringen." Zu zweit trugen sie die in den Stall den Hubert anschließend verschloss. „Was ist eigentlich mit der Verpflegung aus dem Bahnlager?"

„Die haben wir gestern Abend Sänger übergeben, der hat das in dem ehemaligen Feuerwehrhaus eingestapelt."

Ulla kam aus dem Haus und setzte sich auf die Holzbank hinter den Tisch. Vor sich hatte sie eine geöffnete Flasche Malzbier. Hubert setzte sich zu ihr, zündete sich eine Zigarette an und ließ die geöffnete Packung und Feuerzeug auf dem Tisch liegen. „Wie sieht es aus?" fragte er. „Sechs große Kartons haben wir drin und vier stehen unter dem Schauer. Die Leute aus diesem Zug müssen den panikartig verlassen haben, wir haben fünf Kisten mit Sachen wie Geldbörsen, Brillen und ähnliches eingesammelt, außerdem jede Menge private Sachen. Schau, die Mädels bringen gerade diese Kiste ins Haus. Die kommt an meinen Schreibtisch, die sortiere ich nach und nach." Hubert sah, wie die Frauen mit einer Sackkarre diese Kisten ins Haus fuhren. „Da haben wir einiges zu tun, ich muss ebenfalls einiges sortieren." Dabei drehte er sich zu ihr um und schaute

perplex: „Du rauchst wieder?" „Naja, mal eine, das Kind
ist ja geboren, da kann es ihm nicht mehr schaden!"
Grinsend antwortete Hubert: „Bestimmt trinkst du bald
wieder den Whiskylikör, den ich für dich gebunkert
habe." Sie kicherte: „Würde ich gerne, aber erst, wenn
ich nicht mehr stille, das wäre vielleicht nicht so gut für
das Kind!" Sie fuhr fort: „Ich war heute Nachmittag
schon aktiv, habe den Direktor des Staatstheaters
angerufen und gefragt, ob die das ganze Zeug von der
Betreuung brauchen können. Der war hellauf begeistert.
Also fahre ich morgen früh mit Frank dorthin und liefere
es ihm. Du brauchst dich nicht sorgen, ich hebe nichts
davon. Soweit ich es im Kopf habe, arbeitet Henniges
dort mit seiner Kolonne, der wird mir das sicherlich
gerne abladen. Ich werde nur mit dem Direktor
plaudern." „Na gut, ich denke, Henniges wird das sofort
machen, da bin ich beruhigt. Bin gespannt, was du
heraushandelst vom Theater." Sie lachte: „Du kennst
mich schon fast zu gut. Ich werde schauen, was der
bietet."
„Ich werde meine junge Stute reiten, schauen, wie sie
drauf ist, Samstag soll sie wieder L gehen." Jochen Bode
war auf dem Platz, beide bereiteten ihre Pferde für
Samstag vor. Gemeinsam ritten sie die anschließend
trocken und plauderten dabei. „Du wirst es nicht
glauben, aber drei Leute haben bereits wegen der
Feuerversicherung angerufen." „Ich glaube, das hat sich
für uns beide gelohnt, Becker hat heute mit neuen
Kunden zur Mietbetreuung Gespräche geführt."
Nachdem sie ihre Pferde in den Stall gebracht hatten,
begann Hubert mit seiner eigenen Sortierung. Die
beiden Kassetten stellte er in das Regal, danach packte
er den Koffer aus, ließ jedoch die zwei Diktiergeräte, die
Rechenmaschine und die Zigaretten darin. Den Cognac
stellte er ins Regal, dazu die beiden Funkgeräte. Als
nächstes war der erste Karton aus dem Bahnlager dran,
neben den stellte er einen leeren. Den großen Stapel
Papier, den er auf seinen Schreibtisch gelegt hatte,
nahm er sich vor und trennte das für ihn Wichtige von

Unwichtigem. Beim zweiten Karton blieben mehrere Schachteln und eine Zigarrenkiste übrig. Im dritten Karton waren das gesamte Schreibzeug und Zubehör wie Locher und ähnliches, das war etwas für Gertrud. Eine größere Metallschachtel und kleine Kästchen legte er zu den anderen. Eine Lohnliste von April behielt er, der Rest wanderte in den Abfall. Nun ging er an die Schachteln und Dosen, die verblieben waren. Eine Anzahl von Bahnmedaillen und einige andere Parteiabzeichen waren darin, das würde in den Keller kommen. Die Getränkekasse mit ca. 130 RM stellte er auf den Schreibtisch von Ulla. Der Rest kam in einem Schuhkarton in den Tauschkeller. Zwei leere Kartons faltete er zusammen, die würde man noch verwenden können.

Im Esszimmer war weiterhin Betrieb, Ulla hatte den Frauen jeder eine Flasche Weißwein gespendet, als Dank für ihre Hilfe. Die Kassetten würde er öffnen, wenn die Frauen weg waren. Also ging er in die Werkstatt, knackte mit einem Bolzenschneider die Schlösser der großen schwarzen Kiste und hebelte sie mit einem Stemmeisen auf. Ein Ledersack lag darin und darunter schon wieder original verpackte sechs Pistolen. Was die bei der Bahn suchten, wusste er nicht. An dem Ledersack hing ein Zettel, wie die Kofferanhänger bei der Gepäckaufgabe. Den löste er und entzifferte die Schrift. „Lohnzahlung für April, Mai und Juni 1945" stand da drauf. Mit einem Stahlbügel war der Sack gesichert und mit einem Sicherheitsschloss. Das war am einfachsten mit dem Bolzenschneider zu knacken, jetzt konnte er den Stahlbügel problemlos herausziehen. Im Sack lagen drei Geldpakete, jeweils eines für jeden Monat. Dazu eine Namensliste mit dem auszuzahlenden Betrag. Den Sack nahm er heraus, verschloss die Kiste und die Werkstatt, ging mit dem Sack zurück ins Haus.

Der Zirkus ist da

Zur gleichen Zeit war Fritz ebenfalls aktiv gewesen.
Bereits 20 Minuten vor 17:00 Uhr war er bei Frings
gewesen und hatte mit dem gesprochen. Der hatte ihm
erzählt, dass der Vorkommandoführer des eintreffenden
Zirkus ihm den Verstärker für die Mikrofone zur
Reparatur gebracht und nach Strohverkäufern gefragt
hatte. Gerade endete er damit, als der Mann das
Geschäft betrat. Mittelgroß, Reithosen, Stiefel und eine
Lederjacke, dazu etwas längere Haare, ließen ihn
verwegen aussehen. Aber ganz schnell stellte Fritz fest,
dass hinter dem nicht alltäglichen Äußeren ein
blitzgescheiter Kopf steckte, der schnell zur Sache kam.
Frings teilte ihm mit, dass der Verstärker wieder in
Ordnung sei und er könne ihn mitnehmen. Fügte hinzu,
dass der Mann neben ihm der Strohverkäufer sei. „Ah
sehr gut." Er streckte Fritz die Hand entgegen, die der
ergriff. „Mein Name ist Karl Haber, bin der
Vorkommandoführer des Zirkus. Wieviel können Sie
liefern?" „Fünf Anhänger mit Weizenstroh!"
„Was sollen die kosten?" Fritz nannte den
handelsüblichen derzeitigen Preis und der Mann sagte:
„In Ordnung, das ist normal, wir nehmen alle fünf
Wagen. Wann können Sie liefern?" „Ein Anruf und die
Wagen rollen!" „Ah, ein Mann der Tat. Lassen Sie rollen.
Ich zahle jetzt, hole den Verstärker und anschließend
können Sie hinter mir her zum Schützenplatz fahren!"
Der Mann bezahlte ohne Diskussion die Rechnung und
ging mit Frings in die Werkstatt, um das Gerät zu holen.
Fritz rief seine Mutter an. „Ich habe das Stroh verkauft,
ihr könnt losfahren zum Schützenplatz. Vater weiß, wo
das ist, soll vorausfahren." Kurz darauf kamen die
beiden zurück, das Gerät hatte der Mann unter dem
Arm.
„Ich schicke unseren Elektrikermeister her, der soll das
entscheiden. Denke mal, der nimmt das alles", und zu
Fritz gewandt: „Wir können los."
„Gerne, der Transport ist unterwegs!"

Auf dem Schützenplatz war bereits viel Betrieb. Strom- und Wasserleitungen wurden verlegt. Ein längliches, großes Zelt stand bereits, an den Grundlagen für das große Zelt wurde gearbeitet. Einige Wohnwagen und ein kleiner Küchenwagen standen hier bereits. Fritz hielt neben dem Mann und stieg ebenfalls aus. Der zeigte auf das Zelt: „Das ist das Stallzelt für die Pferde und die anderen Huftiere. Da kann das erste Fuder rein. Den Rest würde ich gerne morgen Vormittag, wenn das Vorzelt hier ist, abladen lassen. Würde das gehen?" „Ja klar, wir holen morgen Mittag die leeren Wagen ab." „Dann ist der Direktor hier und sie bekommen von dem Ihr Geld." „Von wo kommen Sie gerade?" „Aus Lüneburg. Die Abendvorstellung läuft dort gerade, aber gleichzeitig wird dort bereits abgebaut und verladen. Die Masse auf der Bahn, der Rest mit Zugmaschinen auf der Straße. Morgen früh wird hier entladen und nachmittags ist die erste Vorstellung." „Das ist knapp!" Der Mann lachte: „Jeder Tag ohne Vorstellung ist ohne Einnahmen und die braucht der Zirkus. Ich schicke den Elektriker zu dem Geschäft, wo wir gerade herkamen. Die hatten wunderbare elektrische Lichterketten und mehrere Scheinwerfer mit Stativen da liegen, die wir brauchen können. Wenn er das für gut erachtet, muss der Direktor grünes Licht geben und wir kaufen wir alles." „Verstehe. Wo sollen wir die Wagen abstellen?"
Der Mann wies ihm einen Platz zu und verschwand. Fritz sah sich neugierig um. Trotz der ganzen Hektik, die hier herrschte, wusste offenbar jeder, was er zu tun hatte. Das war eine gut geölte Maschine, die hier ablief. Interessiert und neugierig sah er zu, bis seine drei Treckergespanne kamen. So, wie man ihm das gesagt hatte, wies er sie ein. Die eine Ladung luden sie gemeinsam ab, danach hängten sie die vier anderen Anhänger ab und fuhren nach Hause.

Währenddessen hatte Hubert den Ledersack hinter seinen Schreibtisch gestellt und sich angeschaut, was bei der Sortierung im Esszimmer herausgekommen war. Zwei große Kartons standen bereits im Flur und vier im Esszimmer. „Die zwei sind für Doris und die vier kommen in das Lager am Nordbahnhof, das sind alles Wintersachen!" klärte ihn Ulla auf. „Seid ihr jetzt fertig?" „Nein, die Männersachen und drei mit Frauensachen stehen unter dem Schauer, das können wir nur Schritt für Schritt machen." „Wer bringt die Kartons zu Doris?" „Da werde ich morgen Martin Weber bitten, die kommen in deren Werkstatt auf dem Firmengelände." „Bitte sag ihm, dass er die Kartons mit Papier draußen mitnimmt, die können verbrannt werden." „Da kommt vielleicht einer dazu, wenn ich jetzt anfange, die Kisten zu durchstöbern." „Ich muss die Kassetten überprüfen und habe etwas Nettes gefunden." Er zeigte ihr den geöffneten Ledersack und legte dabei alles auf den Tisch, inklusive aller Listen. „Das ist ja praktisch, das steht ja genau, wieviel in jedem Stapel ist und wofür!" sagte Ulla. „Finde ich ebenso, das ist sehr benutzerfreundlich!" Beide lachten und nahmen an ihren Schreibtischen Platz. Als erster rechnete Hubert zusammen, was in den drei Geldstapeln war und kam auf 31.910,20 RM. So, wie sie waren, kamen die Pakete in den Safe. Es folgte die erste große Kassette. In einer Schale, die oben in der Kassette hing, befand sich Kleingeld. Kurz zählte er das, es waren ca. 40 RM in Münzen, die er in eine Schüssel auf seinem Schreibtisch tat. Unter der unterteilten Plastikschale befanden sich Bargeld in Scheinen und zwei Sparbücher. 43.285,00 RM waren an Bargeld in Scheinen darin. In den Sparbüchern waren Guthaben von 9.350,00 RM und 17.478,00 RM. Das war ein Fall für Hartmut. Nachdem die Kassette der PK leer war, stellte er die zur Seite, sie war ein Fall für die Metallsammlung. Im Gegensatz dazu, war die andere von der Truppenbetreuung benutzbar, der Schlüssel steckte. Auch dieses Kleingeld wanderte in die Schale, es war etwas mehr als in der anderen. Darunter lagen die Scheine, fein säuberlich gebündelt, 68.000 RM. Dazu ein Scheckheft, in dem eingetragen war, wieviel auf dem betreffenden Girokonto war: 52.300 RM. Acht Scheckvordrucke, ein Unterschriftsmuster und eine Scheckkarte gehörten dazu. Ganz unten befand sich ein längliches flaches Lederetui mit Reißverschluss. Daran hing ein Zettel, auf dem stand: „Eigentum von Dr. Storch!" und auf der Rückseite: „Verwaltungsinspektor bei Betreuungsgruppe XXIII". Neben Travellerschecks in Höhe von 4.000 US-Dollar, lagen hier 500 Britische Pfund und 3.000 Schwedenkronen. Diese Kassette füllte er mit dem Papiergeld der anderen und Schecks, sowie der ausländischen Währung, verschloss sie und stellte sie in den linken Bereich seines Schreibtisches. Den verschloss er und schob die beiden Schlüssel an den Ring seines Schlüsselbundes. Den Inhalt der Getränkekasse kippte er in die Schale, jetzt waren es ca. 250 RM. Während er die Kassetten geleert hatte, war Ulla emsig an der Arbeit gewesen. „Hat es sich gelohnt?" fragte sie, ohne aufzublicken. „Ja, sehr ordentlich." Er nannte die Summen und sie nickte zufrieden. „Ganz so viel werden wir hier nicht zusammen bekommen, aber immerhin. Hier gibt es außer Geld andere Sachen. Du kannst mir ja helfen." Zuerst beobachtete er, wie sie das machte. Die Kiste wurde auf dem Schreibtisch ausgeschüttet und dann wurde sortiert. In einem Korb kam das Geld. Schmucksachen, gute Brieftaschen und ähnliches kamen in einen Karton und alles Unbrauchbare in einen Abfallkorb. Gemeinsam ging das jetzt viel schneller und bald war es geschafft. Während Hubert die Kiste mit dem Unbrauchbarem hinaus brachte und die leeren Stapelkisten ebenfalls, zählte Ulla das Geld. „2.738,25 RM haben wir hier!" sagte sie schließlich.

„Tu das bitte zu deinem Haushaltsgeld in der Küche. Was machst du mit den anderen Sachen?" „Die Brillen bringe ich zum Doktor, vielleicht hat der Verwendung dafür. Den billigen Schmuck und die einfachen Uhren kommen in die Kiste, das Zeug wird man irgendwann

los. Den Rest packe ich auf den Boden. Da sind drei
Kisten mit Kosmetika und Körperpflegemitteln, die
verteile ich, ohne die Kosmetiksachen, an die
Waisenhauskinder. Da werde ich bestimmt die
Geldbörsen los." „Der Inhalt des Schreibtisches aus dem
Schlafwagen ist draußen?" „Ja in zwei Kartons." „Da
gehe ich morgen ran." Beide wuschen sich gründlich,
danach versorgte Ulla Hannelore und Hubert
verschwand im Bett.

„Ruf bitte bei Lisa an, ob Woods mich zurückrufen
kann!" sagte er Gertrud, nachdem er morgens die erste
Ladung Papier erledigt hatte.
Als es 20 Minuten später klingelte, war der am Apparat.
Die Tür zum Vorzimmer war geschlossen, also konnte er
frei reden.
„Wie läuft es mit den Pistolen?" „Sehr gut, ich habe
einen Ami an der Angel, der ist ganz heiß drauf, zahlt
Spitzenpreise und verkauft die drüben in den Staaten.
Die mit der SS Kennzeichnung waren sofort weg, da
haben sich drei überboten. Hast du mehr?" „Ich kann
welche bekommen, teilweise sogar original verpackt."
„Wunderbar, der Markt dafür ist momentan ganz offen,
die gehen weg wie blöde. Wie viele kannst du besorgen?"
„25 Stück!" „Wann kann ich die holen?" „Samstag und
Sonntag bin ich bei einem Reitturnier. Heute Abend bin
ich daheim." „Ich habe vorher einen anderen Termin,
könnte um 21:00 Uhr bei euch sein." „So machen wir
das, bis dann!"

Zur gleichen Zeit war Fritz auf dem Weg zum
Schützenplatz, seine beiden Traktoren folgten, um die
leeren Anhänger zu holen. Der Zug mit dem Zirkus war
in den frühen Morgenstunden angekommen und wurde
entladen. Große Traktoren und Pferdegespanne
brachten Wagen vom Nordbahnhof zum Platz. Rund um
das Zirkusgelände entstand gerade ein Zaun, das Zelt
war schon da und wurde jetzt Stück für Stück
aufgebaut. Er hielt vor dem Zaun an und ging auf das

Gelände. Eine Frau sprach ihn an, ob er jemanden suche. Er nannte den Namen des Mannes, mit dem er gestern verhandelt hatte. „Der ist da hinten bei den großen Stallzelten." Also schlenderte er dorthin und traf den Mann, der den Aufbau eines weiteren Stallzeltes koordinierte. Beide begrüßten sich freundlich. „Die Wagen sind entladen, befinden sich hinter dem Gelände. Das Stroh ist sehr gut, ich soll fragen, ob sie Hafer zum Verkauf hätten, Heu haben wir genug." Fritz überlegte, 20 Säcke standen auf dem Boden, Hubert hatte genug für seine Pferde, bald würden sie den neuen Hafer ernten. „Ja, 20 Säcke habe ich." Über den Preis wurden sie sich schnell einig und Fritz sicherte zu, bis Mittag zu liefern. „Unser Direktor wollte sich bei Ihnen bedanken für die prompte Lieferung und sie müssen Ihr Geld bekommen!" Er führte Hubert zum Direktorwagen. Auf dessen Holztreppe saß ein Mann um die 40 und sprach mit einigen Artisten. Als er die beiden sah, erhob er sich und kam zu ihnen. „Sie sind unser Helfer in der Not, ich möchte mich bedanken." Der andere Mann sagte, dass Hubert 20 Sack Hafer liefern würde. „Das ist prima. Möchten Sie ein paar Freikarten haben?" „Das wäre sehr gut, wir haben nämlich eine Gruppe von Waisenkindern bei uns, für die wäre das bestimmt toll!" „Bei so etwas helfen wir gerne. Sie bekommen von uns 50 Karten, zwar ganz oben und ganz hinten, aber das dürfte die Kinder nicht stören." „Iwo, ich werde dabei sein und für Ordnung sorgen."
„Da kann ja nichts schief gehen. Kommen Sie mit zur Kasse, dort erhalten Sie Ihr Geld." Das Geld für den Hafer wurde mit ausgezahlt. Als er sich verabschiedete, kam Fritz eine spontane Idee. „Was machen Sie mit dem Mist der Tiere?" „Den müssen wir teuer entsorgen." „Ich würde Ihnen den so abnehmen." „Ich werde verrückt, wunderbbar. Wir sind fünf Tage hier, wenn Sie jeden Morgen kommen und Mist abholen, wäre das wunderbar." „Abgemacht, ab morgen früh, stehen hier zwei Anhänger, die sie beladen können, wir holen sie mittags ab." Der Direktor haute ihm auf die Schulter.

„Dafür bekommen Sie 60 Freikarten morgen Nachmittag." Fritz steckte sein Geld ein, ging zu den beiden Traktoren, die neben seinem Auto standen und fuhr mit denen hinter die entstehende Zeltstadt. Dort hängten sie ihre Anhänger an und fuhren nach Hause.

Gert hatte in der Zwischenzeit mit Hubert gesprochen und dem gesagt, er solle bei der Polizei versuchen, die Lautsprecherautos unterzubringen. Daraufhin hatte der den Chef der Reiterstaffel angerufen und ihm die Lage geschildert. Der versprach ihm, sich darum zu kümmern, könne aber erst Montag zurückrufen, da der betreffende Entscheider auf einem Lehrgang sei. „Da müssen wir leider bis Montag warten, aber so schlimm ist das nicht!" sagte er zu Gert. Beide besprachen eine Idee Gerts, am Samstag einen Wartungstrupp zum Bahnlager zu schicken, um die dort eingesetzten Autos zu prüfen. Vor der großen Besprechung kam Frings zu Hubert und berichtete stolz, dass der Zirkus fast alle Sachen gekauft hätte, die sie gestern aus dem Zug geholt hatten. Nur ein Tonbandgerät und zwei Mikrofone seien davon übrig. „Na Glückwunsch dazu, das ist sehr gut!" bestätigte Hubert. Fritz stürzte herein und berichtete von seinem Verkauf an den Zirkus und den Freikarten. „Glückwunsch. Trag das bitte während der Besprechung vor. Unsere Miststreuer kannst du dafür haben." Als Fritz das vortrug, sagte Schwarz sofort zu, mit den Waisenkindern dort hinzufahren. Fritz wollte Junior und Dolles Sohn mitnehmen, die restlichen Plätze wurden aufgefüllt. Krummrich würde mitfahren und Gert bot beide Busse zum Transport an. Damit war alles geklärt. Die Abholung von Mist stieß auf großes Gelächter, als Schubert grinsend von hinten sagte: „Elefanten scheißen richtig große Haufen, hoffentlich passen die durch den Miststreuer und wer weiß, was nächstes Jahr auf den Feldern afrikanisches wächst."

Gegen 17:30 Uhr war Hubert daheim, zog sich um und aß etwas. Dabei berichtete Ulla. „Der Theaterdirektor hat sich sehr gefreut, wir sind alles losgeworden. Wie erwartet, half uns Henniges dabei, das ging flott. Als Dankeschön erhalten wir für die nächste Saison ein Abo für zwei Personen und wenn wir die Kostüme bräuchten, können wir uns die natürlich holen für Fasching oder ähnliches. Richard war bereits gegen 11:00 Uhr zurück und brachte mit dem Pferdeanhänger die Wein- und Schnapskisten in das Lager am Nordbahnhof. Weber hat den Müll runtergebracht und für Gertrud den Koffer mit den Diktiergeräten, dem Büromaterial und den Zigaretten, die da drin waren. Ich habe welche dazu gelegt, der Koffer war voll." „Sehr gut, was hast du heute vor?" „Wir sollten den restlichen Papierkram unter dem Schauer wegsortieren und das Kleinzeug von gestern durchsehen. Ihr reitet nachher die Quadrille, die auf heute verschoben ist, das wollte ich mir von der Terrasse aus anschauen." „Ab 18:30 Uhr soll das sein. Woods kommt gegen 21:00 Uhr heute vorbei und holte die letzten Pistolen, bloß weg damit!" „Die restlichen Klamotten will ich morgen, wenn du zum Turnier bist, sortieren." „Aber jetzt muss ich etwas ganz anderes erzählen!"

Er berichtete von dem Verkauf von Stroh an den Zirkus und den Freikarten für morgen, auch für Junior und seinen Freund. Darüber freute sich Ulla sehr, war es doch ein weiterer Höhepunkt für die Waisenhauskinder und die Kinder der Belegschaft.

Es wurde es Zeit zum Reiten, anschließend sollte eine Kostümprobe stattfinden und am nächsten Dienstag die Generalprobe mit Kostümen. Beide Male lief alles sehr gut, die Idee, dass Weber auf Huberts Schimmel kommandierte, klappte gut, die anschließende Kostümprobe verlief sehr gut, alle hatten ihre Kleider und Uniformjacken. Einige Kleinigkeiten wurden schnell gerichtet.

Während der Anproben bewegte Hubert bereits Sandro und die neue S-Stute, um zu schauen, wie gut sie drauf waren. Am Wochenende würden alle seine sechs Pferde gehen, das war gut, so waren sie gefordert und für das folgende Wochenende in Hannover gut vorbereitet. Er war aber nicht allein, alle anderen hatten die gleiche Idee. Zufrieden brachte er die Stute schließlich in den Stall. Unter der Leitung von Weber wurden die Vorbereitungen für den Samstag getroffen, zwei Transporter standen bereits auf dem Hof und waren fertig zum Beladen. Er selber holte Sattel und Zaumzeug für die junge Stute und legte alles in seinen Lieferwagen. Vier Kartons mit den Inhalten der verbliebenen Schreibtische und Schränke fuhr er neben ihre Schreibtische. Ulla hatte gerade Hannelore gestillt, gebadet und in ihr Bettchen gelegt. „Die Quadrille sah sehr gut aus. Weber als Kommandant auf dem Schimmel gefällt mir sehr gut." „Am Dienstag eine Probe mit den Kostümen und wir sind fit!"

„Das macht bestimmt großen Eindruck. Ich bringe am Samstag Hans-Wilhelm und ein paar andere Voltigierkinder mit Monika nach Hannover, da sollten wir Danzer mitnehmen, damit wir davon ein paar schöne Fotos haben!" „Das wäre wirklich gut, das tun wir!" „Ich fange mit den Sachen von gestern an, die will ich auseinander sortieren. Stell die Sachen für Woods raus, so könnt ihr schnell verladen. Vielleicht will er ja draußen ein Bier mit uns trinken." „Wenn niemand sonst hier ist, macht er das bestimmt." Die Pistolen aus dem gesicherten Kasten legte er zu den anderen, so waren es nur zwei Kisten, die er zur Sitzgarnitur vor dem Haus fuhr. Dabei schaute er sich um, im Stall war alles ruhig, alle waren daheim oder in ihren Kammern. Ulla kam mit einem Tablett heraus, zwei Flaschen Bier, ein Malzbier und mehrere Scheiben Brot mit Mettwurst auf einem Teller standen darauf. Beide setzten sich auf die Bank, rauchten eine Zigarette und warteten. Kurz vor Neun hörten sie ein Auto kommen. Woods fuhr in seinem großen Landrover auf den Hof, hielt vor der Bank an, stellte den Motor aus und stieg aus. „Setzt dich zu uns, hier auf dem Hof ist es ruhig, alle sind im Bett", sagte Hubert. Woods kam zu ihnen, begrüßte beide und nahm Platz. „Ein Mettwurstbrot schmeckt immer gut zum Bier", sagte Ulla und bot ihm das Brot an. Lächelnd bedankte er sich, nahm sich eines und öffnete die Bierflasche.

„So könnte jeder Tag enden, ich habe die Wachen an der MUNA kontrolliert. Da ist alles ruhig, nur ein paar schienen in eurem Teich zu baden."

„Lass sie, sonst gibt es ja momentan nicht viel Möglichkeit Spaß zu haben", grinste Hubert. Sie plauderten ein wenig und Woods bestellte Grüße von Lisa. „Die junge Frau hat sich prächtig entwickelt, ist eine richtige Dame geworden, nicht mehr das kleine Mäuschen vom Anfang. Ich denke, wenn Allen irgendwann in Ruhestand geht und auf seine Farm zieht, um dort Pferde zu züchten, wird sie dabei sein und sein Haus führen." „Hat er das vor?" „Ja, bei uns geht das. Er hat das ein paar Mal so angedeutet." „Es sei den beiden gegönnt", sagte Hubert. „Seit wann gehen denn die Pistolen so gut?" „In den USA sind die Waffengesetze sehr sehr lau. Es gibt eine Menge Leute, die Waffen sammeln, wie andere Briefmarken. Und jetzt, wo man solche Waffen bekommen kann, werden sie ganz stark nachgefragt, die fehlen bei vielen in der Sammlung."

„Na gut, jeder hat so seine Hobbys!" „Aber das trifft nur für die Amis zu, bei Briten ist das nicht so ausgeprägt." „26 Stück sind in den Kisten, teilweise original verpackt." „Die werden wir ganz schnell los, die anderen waren nach vier Tagen weg! Aber vorher müssen wir vier Kartons mit Essen ausladen, das bei uns niemand mag." Nacheinander stellten sie die Kartons auf den Tisch. Ulla las die Beschriftungen.

„Königsberger Klopse, Eisbein mit Sauerkraut, Bohnen- und Linseneintopf. „Na gut, wenn man das nicht kennt, muss man schon sehr hungrig sein, um das zu essen!" grinste sie dabei. Dabei verluden die beiden die Kisten. „Ich hätte da einen langen Ledermantel, den hole ich!" sagte Ulla und ging hinein. Woods nickte: „Da wird der amerikanische Verpflegungsmensch aber bestimmt ein paar Kisten oder Kartons springen lassen!"

Er legte den Ledermantel über die Kisten mit den Pistolen und verabschiedete sich. Ulla brachte das Tablett hinein und Hubert fuhr mit der Sackkarre die vier vollen Kartons in die Küche, brachte sich ein Bier mit. Beide saßen anschließend an ihren Schreibtischen und sortierten. Diverses Büromaterial legte er in einen Extrakarton, dazu zwei Sätze mit NS Plaketten und Erinnerungsmedaillen. Eine größere Kiste mit NS Werbegeschenken kam dazu. Die gedruckten Autogrammkarten im letzten Karton schob er hinter seinen Schreibtisch, die würde Frings bekommen für sein Geschäft.

Ulla erklärte ihm, was in ihren Kartons war. Alles, was mit Schmuck zu tun hatte, wollte sie morgen zu Frau Goldap bringen, um zu erfahren, was wertvoll war und was nicht. Der größte Teil der Arbeit war getan, demnächst würden sie an die Sachen im Lager am Nordbahnhof gehen.

Ein kleines, aber erfolgreiches Turnier

Das Verladen am nächsten Morgen klappte reibungslos. Weber fuhr mit Hubert in dessen Lieferwagen und Frank den Transporter mit den vier Pferden. Nach dem Entladen fuhr er zurück, denn anschließend mussten die beiden Mannschaften und Cremer hergebracht werden. Hauptaufgabe für Weber war es beim ersten Springen, sich um seine Schülerinnen zu kümmern, Hubert kam alleine klar. Thomas war dageblieben und den ließ er die Stute satteln und aufwärmen. Der Junge machte das sehr gut, war eifrig und mit voller Konzentration dabei. In aller Ruhe sah sich Hubert den Parcours an und besuchte Max Hartig im Rotkreuzzelt. Webers Schülerinnen machten ihre Sache sehr ordentlich, eine war sogar ganz vorne dabei! Als viertletzter ritt er in den Parcours und legte eine schnelle null Fehler Runde hin. Leider war der nächste Reiter etwas schneller, so reichte es nur zum zweiten

Platz. Aber das war mit dem jungen Pferd ein gutes Ergebnis. Zufrieden übergab er sie nach der Siegerehrung Thomas, der sie absatteln und verladen würde.

In der nun folgenden Pause holte er sich einen Teller mit Eintopf und stellte sich an einen Tisch, um Cremer zu beobachten, der die M Dressur ritt. Die beiden Frauen waren mit ihren Zweitpferden dabei. Hier stellte sich ein Mann zu ihm, von dem er vorher überlegt hatte, woher er ihn kannte, jetzt wurde es ihm klar, er war der Stellvertreter des Haus- und Grundbesitzervereins. Heute war er hier als Vorsitzender des ausrichtenden Reitvereins. Der aß ebenfalls einen Eintopf und beide unterhielten sich über das Turnier und Pferde im Besonderen.

Gemeinsam rauchten sie eine Zigarette, dabei sagte der Mann: „Herr Wedel, ich baue gerade ein Immobiliengeschäft auf. Das heißt, ich kaufe Immobilien, lasse dort etwas errichten und vermiete das dann. Momentan kaufe ich in der Braunschweiger Innenstadt Flächen, auf denen man später Kaufhäuser oder Büros bauen und vermieten kann. Irgendwann wird dieses Geschäft anspringen, wahrscheinlich nach der Währungsreform. Neben diesen zukünftigen Großprojekten habe ich einige Mietshäuser. Bei diesen geplanten Unternehmen will ich mich nicht mit dem Bau selber belasten, dafür suche ich einen Partner. Hätten sie daran Interesse?" „Grundsätzlich ja, darüber können wir uns gerne unterhalten. vor allem wie sie sich das alles vorstellen." „Natürlich. Im Herbst werde ich damit starten, dann sollten wir uns vorher zusammensetzen." „Natürlich, hier ist meine Karte, rufen sie mich an." „Mache ich. Das war die Zukunft. Momentan habe ich drei Häuser, die instandgesetzt werden müssen. Haben Sie daran Interesse?" „Selbstverständlich. Unsere Ingenieure werden sich mit Ihnen in Verbindung setzen, das prüfen, und sie erhalten von uns einen Kostenvoranschlag." „In

Ordnung, hier ist meine Karte, freuen mich von ihnen zu hören!"

Der Mann wurde ausgerufen und Hubert ging zum Abreiteplatz, wo seine beiden Mannschaften eingetroffen waren und ihre Pferde vorbereiteten. Frank war schon wieder unterwegs, brachte die Pferde des L-Springens nach Hause, würde zurückkommen und die anderen holen. Außer ihnen waren sechs Mannschaften aus dem ländlichen Bereich vertreten. Weber bereitete alles vor und teilte die Reihenfolge ein. Peter und Fiete als die jeweiligen Mannschaftsführer würden zum Schluss reiten, die beiden Frauen als jeweils zweite. Das schlechteste Ergebnis jeder Mannschaft wurde gestrichen. Hubert hatte jetzt frei und kümmerte sich um die beiden jungen Frauen, ritten sie doch seine Pferde. Den ganzen Nachmittag dauerte es, bis das Endergebnis feststand: Mannschaft B hatte vor Mannschaft A gewonnen. Zwar nur knapp, aber so war es nun mal. Als Ehrenpreis gab es für den Sieger ein 30 Liter Fass Bier und für den zweiten eine Kiste mit sechs Sektflaschen. Das löste große Freude aus, vorsichtig wurde beides verstaut, um es anschließend daheim anzuzapfen. Die Dressurreiter hatten die ersten drei Plätze gewonnen, wobei Anne Dritte war und Cremer Zweiter. Hubert hatte einiges für das Geschäft erreicht, mit einem Vertreter der Genossenschaft hatte er Transportleistungen vereinbart und mit einem Hersteller von Bausteinen hatte er einen Termin mit Kokoschka vereinbart. Frank war als erster losgefahren, um die kleine Zapfanlage zu holen, die stand schon bereit, als der Rest auf den Hof kam. Ulla kam kurz darauf, hatte Hannelore fertiggemacht und ins Bett gebracht. Alle fassten mit an und kurze Zeit später standen vier Biergartengarnituren vor dem Stall und das Bier lief kühl in die Gläser. Der Sekt stand in kaltem Wasser und war ebenfalls trinkbar. Es waren aber nicht nur die Reiter, die hier waren, sondern schnell waren die entsprechenden Gefährten oder Ehefrauen anwesend.

Nebenbei wurde alles hergerichtet für den morgigen Turniertag. Spontan entschied Harald sich dafür, mitzukommen und mit Ullas nerviger Stute das Zeitspringen mitzureiten, also waren zwei Transporter voll. Junior kam mit Prinz dazu und erzählte mit seinem Onkel wie toll es im Zirkus gewesen war. Als das Bierfass leer war, packte jeder mit an, schnell war aufgeräumt und alle verabschiedeten sich.

Am nächsten Tag lief alles routiniert ab. Hubert gewann das Zeitspringen mit seiner Trakehnerstute, Harald wurde Dritter und Fiete Fünfter. Abschluss des Turnieres war das S-Springen, das Hubert mit Sandro gewann und mit der neuen Stute den zweiten Platz errang. Zwischendurch konnte er sich mit einer netten Besucherin unterhalten, Frau Doktor März wollte an einem freien Tag Turnierluft schnuppern und kam vorbei.
Wie Weber auf der Rückfahrt berichtete, war sie zum Rotkreuzzelt gegangen und hatte sich länger mit Max Hartig unterhalten. Schon vor 17:00 Uhr waren sie daheim, die Pferde waren im Stall, es herrschte Ruhe auf dem Hof. Ulla kam mit Kinderwagen, Prinz und Susanne von einem Besuch von Frau Dolle, die mit ihrer neugeborenen Tochter am Samstag nach Hause gekommen war. Da stand Hubert bereits unter der Dusche, genoss diese ausgiebig. Junior kam mit dem Rad, er war mit Opa auf dem Feld gewesen und hatte mit ihm Mist vom Zirkus gestreut. So roch er, wurde deshalb gleich unter die Dusche gestellt. Sowohl Susanne als auch Thomas, hatten seit gestern ihre Kammern bezogen. Ulla hatte alle Modalitäten mit dem Waisenhaus geklärt, die Papiere und restlichen Sachen der beiden würde Monika am Montag abholen. Der Junge hatte Anschluss auf dem Hof gefunden und wurde von Sieglinde mitversorgt. Als schließlich alle in ihren Zimmern verschwunden waren, saßen Ulla und Hubert entspannt auf der Terrasse und unterhielten sich bei einem Glas Wein. Dabei sagte sie plötzlich:

„Hast du mal nachgeschaut, wieviel Geld Woods dir gebracht hat?" „Nee, das habe ich völlig vergessen, ich schaue gleich nach." Er ging hinein, öffnete den dicken Umschlag und zählte nach. 60.000 RM waren es. „Jetzt musst du bedenken, er bekommt vom Erlös immer 15%, das haben wir ganz früh so ausgemacht. Das ist eine Menge, aber es geht nur über ihn." „Egal, sei froh, dass du die Waffen für so viel Geld losgeworden bist."

Täglicher Dienst

Am Montag gab Hubert seine neuen Kontakte weiter an die Betroffenen. Kokoschka berichtete wie viele Sachen Jurka in die entsprechenden Lager geliefert hatte und Lindner ergänzte das aus seinem Bereich. Von Mielke kam die Information, wieviel Holz sich mittlerweile auf dem Gelände stapelte und das Schmitz die angekokelten Balken für die Motorsägenausbildung nutzte. Alles was danach brennbar sei, käme zum Brennholz. Gert kündigte die Ankunft der Mäh- und Dreschmaschine für Dienstag an und Fritz wollte, solange das Wetter mitspielte, ab Dienstag den Hafer mähen. Weitere Dinge wurden besprochen und schließlich beendete Hubert die Sitzung. „Ich werde von Freitag bis Sonntag in Hannover bei einem großen Turnier sein, Fischer wird alles Nötige hier regeln. Heute und morgen werde ich Dienstaufsicht bei unseren Kolonnen machen, die brauchen das Interesse ihres Chefs!" Fischer schloss sich an: „Wir wünschen dir viel Erfolg im sportlichen als auch im wirtschaftlichen Bereich. Wenn dabei immer so viel herumkommt wie in der letzten Zeit, solltest du mehr Turniere reiten!"
Bevor er losfuhr, besuchte er Iwan in der Schlosserei. Richard und er hatten ausgeklüngelt, wie einer der Funktrupps umgerüstet werden konnte zu einer Art Wohnwagen für Turniere. Stolz zeigte ihm Iwan das fertige Gefährt. Links waren zwei recht schmale, aber brauchbare Schlafmöglichkeiten übereinander bis unter die Decke und rechts eine. An der Rückwand waren

227

verschiedene Fächer aus Aluminium, deren vorderer Rand mit einem Band gesichert war. Rechts eine Art offener Kleiderschrank, in dem man Sachen aufhängen konnte. Vor dem rechten Bett waren die Halterungen für zwei 10 Liter Wasserkanister und links für einen Spirituskocher. Unter jedem Bett befanden sich herausziehbare Fächer aus Aluminium, hier konnte man einiges verstauen. „Ist der Motor überprüft?" „Das hat die Mannschaft von Gert gemacht, ein Reservekanister voll Benzin ist dabei, Das Auto ist fahrbereit." „Das habt ihr sehr gut gemacht, danke, das ist für euch!"

Er übergab Iwan eine Stange Zigaretten und eine Flasche Whisky.

Zufrieden, dass dieser Umbau geklappt hatte, nahm er sein Motorrad und fuhr nach Cremlingen. Dort war der Umbau des kleinen Hauses in vollem Gange, sogar zwei Klempner waren an der Arbeit. Im Erdgeschoss entstanden ein großes Wohnzimmer, eine geräumige Küche und ein Badezimmer, im ersten Stock zwei kleinere Zimmer und ein größeres Elternschlafzimmer. unten war alles bereits fertig, deshalb konnte das Badezimmer eingebaut werden. „Ab Donnerstag ist oben alles fertig, da können die Elektriker ran. Streichen wollen die Klavas selber, da brauchen wir uns nicht drum kümmern. Ab Freitag gehen wir an das Haupthaus, die Pläne habe ich hier", berichtete Schubert.

Frau Klavas kam dazu und bedankte sich herzlich für die Sachen, die Weber geliefert hatte. Einiges Brauchbares würden sie aus dem großen Haus mitnehmen. Grings und Bauer waren mit einem Opel vor dem Haus und holten ältere Möbel vom Boden. „Da sind ein paar schöne Sachen, aber die bedürfen dringend der Aufarbeitung", grinste Grings.

Als nächstes fuhr er nach Braunschweig zum Steinweg, wo Tietz zwei Häuser in modernster Form baute. Viel Stahlbau war hier dabei und alles wurde mit dem Neusten, was auf dem Markt war, ausgestattet. Beide

Häuser standen im Rohbau, beim ersten begann der Innenausbau. Hier wurden Fahrstühle eingebaut. Nachdem ihm Tietz alles erklärt hatte, sag der Hubert: „Das werden bestimmt keine preiswerten Wohnungen hier!" „Das denke ich. Man muss das mögen hier zu wohnen, genau in der Innenstadt. Autoverkehr und Straßenbahnen ständig auf der Straße vor einem. Da bleibe ich lieber auf dem Land." „Ich ebenfalls, aber wenn du hier in der Nähe arbeitest, sind die Wege natürlich sehr kurz."

Sie unterhielten sich weiter über den Bau, bis Tietz sagte: „Wir hätten eine Bitte, Monika und ich möchten heiraten, dazu wollen wir eine kleine Feier machen. Könnten wir dazu den Aufenthaltsraum im Keller des Verwaltungsgebäudes mieten?" „Quatsch, das wird nicht vermietet, das bekommt ihr kostenlos, nur aufräumen und saubermachen müsst ihr anschließend." „Das ist doch wohl klar, danke. Das soll im September stattfinden."

Auf dem Rückweg nach Hause fuhr er einen kleinen Umweg zu den entstehenden Posthäusern an der Helmstedter Straße, besuchte Wolke und Klages. Das wurden zwei Blöcke mit jeweils drei Eingängen und vier Etagen hoch. Die Bauweise war herkömmlich und einfacher, deshalb ging es hier gut voran. Jeder der beiden wies ihn in seinen Bereich ein. Kleine Probleme beim Innenausbau notierte er, würde sie daheim mit Lindner besprechen. Gegen 14:30 Uhr fuhr er wieder auf das Firmengelände. Auf dem Weg nach oben kam ihm Mielke entgegen. „Gut, dass ich dich treffe, ich war heute Morgen bei Jurka, der kann jetzt das Kohlenlager abräumen. Ich habe ihm Rübke mit drei Lastern rausgeschickt, damit das zügig da verschwindet. Zwei von dessen Leuten bauen gerade einen Unterstand beim Holz, um das hier zu lagern!" „Das hast du gut entschieden, endlich ist das Zeug da weg und es gibt keinen Anlass für Diskussionen. Hat er sonst etwas gefunden?" „Ja, aber er wusste noch nicht, was das war, mal sehen, was er findet."

Im Büro informierte er Lindner über die Probleme bei den Posthäusern, der sagte zu, sofort für Abhilfe zu sorgen. Danach machte er sich an die zwei vollen Mappen auf seinem Schreibtisch. Kurz nach 16:00 Uhr war er fertig und gab alles an Gertrud. „Wenn du heute Abend Zeit hast, wir besprechen das Turnier in Hannover." „Ja, da bin ich da, Fiete reitet heute Abend." „Ich fahre jetzt hoch und trainiere mit dem Schimmel und dem Schwarzbraunen das M-Springen mit Pferdewechsel." „Oh, das wird bestimmt spannend, bringst du da wieder deinen Trick mit dem Umsteigen?" „Das habe ich vor, aber da müssen beide Pferde mitspielen, das will ich üben."
Kokoschka lief ihm über den Weg, der ein Problem hatte, was aber schnell gelöst wurde. Kurz vor Fünf war er auf dem Hof und besprach mit Richard, wie sie das mit dem Pferdewechsel machen wollten. Der Plan war, die beiden Pferde so eng zusammen zu bringen, dass er problemlos von einem zum anderen Sattel springen konnte. Als erste ritt er den Schwarzbraunen, machte mit dem ein paar Sprünge und ritt neben dem Schimmel, den Richard hielt. Aber das Pferd blieb nicht stehen, sondern ging zur Seite, so ging das nicht. „Na gut, das werden wir jetzt üben müssen!", sagte Hubert, ritt eine ganz große Volte. Er kam zwar etwas näher, aber so richtig reichte es nicht. „Versuch es im Schritt und ich halte beide am Kopf," schlug Richard vor. Langsam wurde es besser und schließlich klappte es, wenn er im Galopp anritt und neben dem Schimmel anhielt. Als er das zweite Mal umgesessen war, sagte er: „Jetzt probieren wir es andersherum." Diese Gewöhnungsphase dauerte nicht ganz so lang, wie die erste, nun klappte es hier ebenso. „Reitest du den Schwarzbraunen mit ein paar Sprüngen?" „Mache ich gerne!"
Beide absolvierten mehrere Sprünge und ritten gemeinsam zum Stall. „Wir müssen beide Varianten trainieren, denn man weiß nie, wen ich als ersten reiten

muss." Pünktlich um 19:00 Uhr war er zur Besprechung vor dem Haus. Weber, Frank und Richard saßen am Tisch, dazu Gertrud.

„Wir haben ein logistisches Problem, wir müssen eine Menge Pferde transportieren. Am einfachste ist es mit meinen Fünf, das heißt Sandro und die neue Stute brauche ich erst am Sonntag. Samstag wird der Hauptkampftag wegen der Dressur, der Quadrille und dem Voltigieren. Ich bleibe in Hannover und übernachte bei Onkel und Tante, Richard in dem neuen Wohnwagen." Gertrud sagte sofort: „Fiete und ich kommen am Samstagmittag und wir übernachten in einem Lieferwagen, den wir entsprechend herrichten."

„In Ordnung, trotzdem muss Fietes Pferd transportiert werden, du reitest ja am Samstag den Schwarzbraunen, der schon da ist!" sagte Weber und begann auf einem Zettel zu rechnen. Frank half ihm dabei, sie kamen zu dem Schluss, dass ab Samstagmittag alle drei Transporter im Einsatz sein mussten. „Dazu brauchen wir Paul als Fahrer!" sagte Weber. „Stimmt, den brauchen wir, wenn irgendetwas mit den Hufen gemacht werden muss", nickte Hubert. „Und am Samstag müssen wir mit drei Transportern wieder zurück. Für Sonntag reichen zwei", fuhr Frank fort. Alle nickten, das konnte man klar auf dem Papier erkennen. „Aber wie kommen die Voltigierkinder dahin und zurück?" fragte Richard. „Da müssen wir einen Bus von Gert nehmen, denn wir müssen die Quadrillereiter transportieren. Ich kümmere mich darum", entschied Weber. Eine Zeit lang diskutierten sie, bis Frank sagte: „Die Pferde und die Reiter haben wir jetzt alle transportiert, aber was ist mit dem ganzen Geschirr für die Quadrille, den Kleidern und den Uniformen?" Alle schauten ihn verblüfft an. Schließlich sagte Hubert: „Stimmt, wir könnten ja Klavas mitnehmen mit einem Opel Blitz!" „Da passt alles drauf, ich kläre das mit ihm morgen!" sagte Weber. Damit war alles geplant, aber Hubert ging noch einmal alles durch und prompt stelle sich heraus, das

Voltigierpferd hatten sie vergessen, aber das passte auf einen der Transporter.

Als Hubert anschließend in der Küche seine Bohnensuppe aß, kam Junior zu ihm. „Papa, ich muss dich was fragen." „Nur zu, ich höre."

„Mama fährt mit uns am Samstag zum Turnier nach Hannover zum Voltigieren. Darf ich anschließend dortbleiben und bei Richard in dem neuen Auto schlafen?" Hubert lachte: „Was sagt denn deine Mutter dazu?" „Die hat gegrinst und gesagt, ich soll dich fragen." „Also gut, aber du fragst jetzt Richard, ob der nichts dagegen hat!" „Das mache ich sofort!" Und schon war er weg. Gerade hatte Hubert seine Suppe aufgegessen, als er wieder strahlend da war. „Der hat nichts dagegen, aber ich soll mir einen Schlafsack, eine Decke und ein Kopfkissen mitnehmen.

„Aber das musst du alles selber besorgen!" „Das kriege ich hin", rief er und war schon wieder weg. Als Ulla etwas später zu ihm kam, sagte er: „Ich habe es ihm erlaubt, aber er musste vorher Richard fragen, ob der mitmacht." „Und der hat natürlich sofort zugestimmt", lachte Ulla. „Natürlich, der hat ja ein Herz für Kinder."

Beide setzten sich nach draußen und unterhielten sich. „Das war gar nicht so einfach, die beiden Pferde eng aneinander zu bringen, habe ich gesehen!" „Am Ende klappte es doch, aber das werden wir weiter üben müssen, damit es richtig sitzt." „Für die nächste Woche ist alles klar für Wittingen. Joachims Frau freut sich auf eine Woche Urlaub, sie nimmt ihre große Tochter mit." „Die kann mit Hans-Wilhelm zu Sigurd fahren, im kleinen Stall sind zwei Fahrräder!" Junior kam zu ihnen und verabschiedete sich, um ins Bett zu gehen. „Bis Donnerstag muss er mit Opa Mist holen vom Zirkus. Die beiden scheinen da bereits bekannt zu sein, sie dürfen sich jedes Mal die Tiere ansehen. Heute hat er einen Elefanten gestreichelt. Da war er sehr stolz!" Hubert grinste: „Da hat er recht, wer darf das schon?" Kurz darauf gingen sie hinein und setzten sich an ihre

Schreibtische. „Hubert, ich muss dir was zeigen. Heute war ich bei der Frau Goldap und habe der den Schmuck, den ich aussortiert hatte, gezeigt. Dazu habe ich eine Schachtel von dir mitgenommen, in der du Manschettenknöpfe und ähnliches gesammelt hast. Wir haben uns an einen Tisch gesetzt, sie hat eine Schreibtischlampe angeschaltet und mit einer Lupe die einzelnen Stücke begutachtet. Alle Dinge, die ihr wertvoll erschienen, hat sie in einen Korb gelegt, den Rest zur Seite geschoben. Dabei hat sie mir von ihrer Tätigkeit im Baltikum erzählt. Als alles sortiert war, fing sie bei den Sachen an, die im Körbchen lagen, von vorn an, ein Drittel wurde aussortiert. Das ist der Rest, der übrig blieb." Sie öffnete eine Schachtel und zeigte sie Hubert. Der sah hin und staunte. „Da sind Dinge dabei, die ich als wertlos angesehen habe, ich glaube, bei den Unbrauchbaren sind welche dabei, von denen ich dachte, sie wären kostbar." „Genauso ging mir das. Als ich ihr das sagte, lachte sie und zeigte mir durch die Lupe etwas, was ich so nicht gesehen hatte. Warte kurz, ich hole mal meine Lupe heraus und mache die Schreibtischlampe an. Dazu braucht man viel Licht." Sie bereitete alles vor und gab Hubert ein paar Manschettenknöpfe. „Jetzt schau mal unter der Lampe mit der Lupe genau darauf. Siehst du die kleine Zahl dort?" „Ja, jetzt sehe ich die, was bedeutet die?" „Das ist der Goldgehalt, davon gibt es drei Stufen. Je höher die Zahl, je reiner das Gold!" „Das ist ja ein Ding, das wusste ich bisher gar nicht."
„Ich auch nicht, aber so haben wir jetzt einiges gerettet, was man später gut loswerden kann." „Da hast du völlig recht, ich bin ein wenig sprachlos." „So ging es mir ebenfalls, gut, dass wir diese Frau haben. Die sollten wir dransetzten, wenn Leute kommen, die so etwas eintauschen wollen." „Stimmt. Gut, die bestimmt den Wert von solchen Sachen, aber wie rechnen wir das um in Sachen, die wir dafür hergeben?" „Da müssen wir uns sachkundig machen und Leute wie Hubertus Müller dransetzen, die sich mit den Schwarzmarktpreisen

auskennen." „So weit so gut, aber das müssen wir vorbereiten. Warte den Herbst und den Winter ab, die rennen uns die Bude hier ein."

Als Hubert am nächsten Morgen ins Büro kam, fing ihn Gertrud gleich an der Tür ab. „Jurka war schon hier. Ich soll dir folgendes sagen: Der letzte fast ganz verschüttete Bau ist eine ehemalige Handlung für Gartenbedarf und Düngemittel. Sie haben den Zugang freigeräumt und ein Tor aufbekommen. Der Bürotrakt ist völlig zerstört, aber das Lager in großen Teilen unversehrt. Das muss jetzt zügig geräumt werden, denn morgen Abend sind sie fertig mit dem ganzen Dreck."
„Gut zu wissen. Wir machen folgendes: Monika, kannst du Laster mit Anhänger fahren?" „Kein Problem!"
„Du holst dir jetzt einen, fährst zu Anjas Mutter, nimmst die mit. Ihr fahrt dorthin und holt das Wichtigste da raus, Rübke ist mit seiner Truppe bei der Kohlenhandlung, muss aber fast fertig sein. Dem sagst du einen schönen Gruß von mir, er soll euch mit seinen Leuten und Lastern unterstützen. Ich komme nachher vorbei." „Darf ich mitfahren?" fragte Anja. Hubert sah Gertrud an, die nickte. „Mach das, aber zieh dir etwas anderes an, das kann dreckig werden." Die beiden packten ihre Sachen, Anja fuhr schon mit dem Rad zu ihrer Mutter, um die vorzuwarnen.
Hubert bekam seinen Kaffee und erledigte die für ihn bestimmten Vorgänge. Damit ging er zu Gertrud. „Ich mache jetzt Dienstaufsicht bei den Baustellen. Du bist hier ganz allein, hoffentlich entführt dich niemand!" Die lachte: „Den möchte ich erleben, der das versucht. Der bringt mich sofort wieder zurück." Wieder nahm Hubert sein Motorrad, fuhr zu Alberts, der die Blöcke an der Berliner Straße fertig stellte. Jetzt war bereits der zweite Block fertig und hier traf Hubert Becker, der sich diesen neuen Block anschaute. „Alles sehr gut und fertig, jetzt können wir anfangen, zu vermieten und dem Vater deines Freundes die Rechnung schicken." „Gute Idee, Geld können wir immer brauchen."

Mit Alberts hatte er ein längeres Gespräch, der fragte ihn nämlich: „Was hast du mit uns vor im Winter, wenn wir nicht bauen können wegen Eis und Frost. Meine Leute fragten mich." „Üblich ist es wohl bisher gewesen, alle zu kündigen, zum Arbeitsamt zu schicken und wenn es wärmer wird, sie wieder einzustellen. Das halte ich nicht für gut. Ich möchte euch weiter beschäftigen. Wenn es am Bau nicht geht, in der Forstwirtschaft, das haben wir im letzten Jahr bereits so gemacht." „In Ordnung, das finde ich gut. Das gebe ich so weiter, meine Jungs wird das freuen. Machen wir deshalb die Ausbildung mit den Motorsägen?" „Genau deshalb. Hat sich der Erste Hilfe Koffer bewährt?" „Zuerst dachten alle, so ein Quatsch, aber als sich der erste neulich in die Finger geschnitten hatte, waren sie froh, so etwas zu haben. Kurz darauf rutschte einer aus und hatte eine Wunde am Knie und am Ellenbogen, da konnten wir gleich helfen und verbinden. Bei den anderen ist es ähnlich. Ein Vorschlag: Diese Koffer sollten regelmäßig überprüft und ergänzt werden."

Müller in der Polizeikaserne war der nächste, den er besuchte. Der führte ihn im Gelände herum, zeigte ihm alle Vorhaben und hatte eine sehr gute neue Nachricht. „Die Polizei will für die Bereitschaftspolizei eine Sporthalle haben. Das wurde genehmigt, man will uns den Auftrag dazu geben, weil wir ja bereits dabei sind." „Sehr gut, da hast du den ganzen Winter über zu tun, egal, wie kalt das wird." „Genauso habe ich das mit Mielke und Dolle abgesprochen, das klappt." Als nächstes fuhr er zu Dix und Schmidt, traf sie beide bei der Mittagspause und bekam einen Kaffee aus der Thermoskanne. Beide hatten bereits zwei Häuser mit jeweils zwei Eingängen fertig und waren jetzt an der Vorbereitung für die jeweils dritten Häuser. Bei denen lief alles störungsfrei ab, beide konnten sich einen Kran teilen, der in der Mitte der Häuser geschickt aufgebaut war. Denen erklärte er seinen Plan für den Winter ebenfalls. „Wir sind zwar keine Waldarbeiter, aber arbeiten können wir, das kann man lernen. Und es ist besser als arbeitslos zu sein", sagte Schmidt.

Von hier aus war es nicht weit zum Wohnhaus der früheren Reinigung, wo jetzt Hans arbeitete und Baumann das Haus über dem Ladengeschäft in kleine Wohnungen umbaute. Erst ging er zu Baumann und ließ sich von dem den Fortgang der Arbeit erläutern. Das Dach war bereits neu errichtet und eingedeckt.

„Das hat mich beeindruckt, wie gut hier die Zusammenarbeit mit den Dachdeckern war, das klappte wunderbar!" lobte Baumann. „Wir sind jetzt im zweiten Stock von den vier Etagen und wenn wir fertig sind, kommen sofort die Elektriker und Klempner, das kann man wunderbar mit Lindner und seinem Vertreter absprechen." „Das freut mich zu hören, gibt es Probleme?"

„Nein, doch halt, einer unserer früheren Gesellen ist aus der Gefangenschaft zurück. Der hatte bei uns gelernt und ist ein guter und verlässlicher Mann. Außerdem hat er bei der Wehrmacht den Führerschein erworben. Könnten wir den nicht einstellen, so hätte ich wieder einen Mann mehr!" „Wenn der Meister für ihn spricht, dann soll das so sein. Gehen Sie mit dem zu Fischer und in mein Vorzimmer zum Anmelden. Zusätzliche Arbeitssachen bekommt er im Magazin."

Hans war unterwegs, um neue Kunden zu werben, aber Manuela Flix saß im Ladenbüro und machte Abrechnungen. Fröhlich begrüßte sie Hubert und zeigte ihm die aktuelle Kundenliste. Fünf Männer und Frauen hatten sie bereits als Reinigungskräfte und die waren gut beschäftigt.

„Wollt ihr euer Büro hier weiter behalten?" fragte er. „Ja, ein wenig werden wir das hier umbauen, die Wohnung dahinter nimmt immer mehr Gestalt an. Wenn es weiter so gut läuft, wollen wir im Winter das Bad umbauen lassen. Das werden wir dann mit Lindner absprechen." „Alles gut. Also nutzt ihr die Wohnung hier zu zweit!" Sie wurde prompt etwas rot. „Naja, wir beiden haben beschlossen, uns nicht nur geschäftlich zusammen zu tun und wohnen jetzt gemeinsam." „Das ist doch in Ordnung, das finde ich gut. Wollte nur wissen, ob Bedarf zum Um- und Ausbau besteht." „Nein, das bekommen wir allein hin. Drei Zimmer mit Küche, Toilette und der kleinen Ladenstube, die als Büro genutzt wird, das reicht völlig hin, sogar, wenn wir zwei uns mal vergrößern!" grinste sie. „Ich wünsche euch weiter viel Erfolg bei eurem Vorhaben."

Auf dem Weg zu Jurka machte er neugierig einen Abstecher zum Zirkus auf dem Schützenplatz und traf dort Teile seiner Familie. Heinrich, mit Junior auf dem Beifahrersitz, fuhr dort gerade mit zwei Fudern Stroh vor und hielt neben dem Auto von Fritz. Der kam aus dem Direktionswagen und schaute genauso verblüfft wie er selber. „Was machst du denn hier?" fragte Fritz.- „Ich war neugierig, wollte schauen, wie groß der Zirkus ist, bin bei der Dienstaufsicht." „Ich bin hier wieder zwei Fuder Stroh losgeworden. Jetzt haben wir Platz für das Haferstroh. Warte kurz." Er drehte sich zu Heinrich auf den Trecker. „Fahrt hinein, von hinten zu dem Vorratszelt. Da kommen gleich welche, die abladen." Junior winkte Hubert zu. „Papa, ich schaue gleich zu den Elefanten!" „Schön, aber sei bitte vorsichtig." „Wir haben am Bahnhof ein Geschäft für Gartenbedarf entdeckt, das liegt unter Trümmern und Jurka soll das wegräumen. Unsere Gärtnerin habe ich hingeschickt, komm mit und sieh nach, ob du was brauchen kannst." „Gute Idee, ich fahr hinter dir her!" Hintereinander fuhren sie zum Bahnhof. Der Trümmerbereich war fast vollständig geräumt, nur am südlichen Ende arbeiteten zwei Bagger und luden Schutt in die Kipper. Rechts standen drei Laster und Männer verluden etwas. Bei diesen Lastern hielten sie an und gingen zu dem halb zerstörten länglichen Haus. Rübke stand vor einem offenen Tor und dirigierte seine Männer. „Was verladet ihr gerade?" fragte Hubert ihn.

„Marianne Großer sagte, das wäre Kunstdünger, den könnte Fritz gut brauchen. Einen Laster haben wir schon voll, den zweiten zur Hälfte."
Hinter Hubert sagte Fritz: „Ich fasse es nicht, das ist ja irre, fahrt das bitte zu unseren Eltern auf den Hof, da laden wir alles ab." „Ist Marianne Großer da?" „Nein, sie hat mit ihrer Tochter und Monika zweimal den Opel mit Anhänger beladen und gesagt, der Rest wäre für Fritz. Die ist fertig." Fritz ging in das Gebäude, um zu schauen, was vorhanden war. Hubert blieb draußen, denn Jurka kam von seinen Baggern rüber. „Seid ihr bald fertig?" fragte er Rübke. „Fast, Fritz schaut, was er brauchen kann. Mit dem Bürotrakt kannst du anfangen." „Mach ich, die Zeit drängt, morgen Nachmittag muss alles weg sein!" Er winkte einen seiner Bagger heran, einen Kipper dazu. Fasziniert schaute Hubert zu, wie der Bagger begann, die Trümmer um das Haus, und das gleich mit, schaufelweise auf den Kipper zu verladen. Fritz klopfte ihm auf die Schulter. „Drei Säcke und das Werkzeug, gleich ist alles verladen." „Das war doch eine positive Überraschung!" „Und wie, aber jetzt muss ich los, denn mit dem Mähdrescher sind sie beim ersten Haferfeld. Gert und Weber probieren mit der neuen Maschine auf einem Feld von Eltern. Das muss ich mir anschauen." „Tu das, ich fahre jetzt ins Büro," sagte er und fuhr auf direkten Weg dorthin. Monika und Anja waren schon wieder an ihren Arbeitsplätzen. „Marianne ist für die nächsten zwei Jahre mit Saatgut eingedeckt. Dazu haben wir Werkzeug und Dünger mitgenommen." grinste Monika. Kurz vor halb fünf war er fertig, heute und am Donnerstag galt es mit den beiden Pferden intensiv das Umsteigen zu üben. Nachdem das recht ordentlich geklappt hatte, ritt er mit Richard zum Stall. Dort waren mehrere dabei, ihre Uniformen anzuziehen oder die Pferde entsprechend zu satteln. Weber hatte sich seine Uniform geholt und wollte dem Schimmel das andere besondere Kopfstück aufsetzen.

„Mit der neuen Maschine hat es gut geklappt. Es dauert etwas länger, da sie kleiner ist als der Mähdrescher, aber man kommt zurecht damit."
„Wollt ihr damit morgen mähen?" „Ja, das mache ich mit Frank. Und nächste Woche, wenn es etwas ruhiger wird, fahren wir das Gerät nach Wittingen!" „Da soll es hin. Fragt bitte Ulla, ob dorthin mehr soll." Thomas hatte in der Zwischenzeit seinen Schwarzbraunen umgezäumt und Hubert saß vor dem Stall auf. Langsam sammelten sich alle, Gertrud stand bereit, um Tietz das Signal zum Einritt zu geben. Alles war bereit, als letzter ritt Weber ganz nach vorn, sah sich um zu Hubert und rief: „Fertig?" „Fertig, reite an." Los ging es. Hubert ließ fünf Längen Abstand und ritt ebenfalls an, der Rest folgte in sauberen Abständen. Alles lief ab wie am Schnürchen. Der zweite Durchgang klappte einwandfrei. Als sie ausritten, klatschten alle, die zugeschaut hatten, Beifall, ebenfalls Ulla von der Terrasse herab. Als sich alle umzogen, die Uniformen und Kleider in den Kisten verpackt waren und unter der Aufsicht von Frank das entsprechende Zaumzeug und die Damensättel verstauten, kam Anne zu Hubert und Weber. „Ich hätte da eine Idee, warum reiten wir nicht nach dem Schlussgruß als geschlossenen Abteilung eine Abschlussrunde im versammelten Galopp und reiten im Jagdgalopp raus. Das wäre für die Zuschauer ein echtes Erlebnis." Beide sahen sich an und Hubert nickte. „Warum eigentlich nicht. Aber da brauchen wir Musik dazu." „Das ist kein Problem, ich kann hinten an das Band einen Reitermarsch im Galopp anbringen. Nach dem letzten Reiter schalte ich einfach ab. Beginnen wird das Stückchen nach dem Kommando von Weber, abzubrechen im Galopp", sagte Tietz, der mitgehört hatte. „Ja, so kann es gehen. Wir grüßen alle und dann kommandiere ich: Zum Ausmarsch im Galopp nach rechts brecht ab und danach galoppiere ich an." „Genau so, das sieht bestimmt toll aus", sagte Anne. „Das können wir allen sagen, ich will eine Abschlussbesprechung machen und sagen, wann wir

uns treffen und so weiter!" So geschah es, alle versammelten sich vor dem Stall und Weber erläuterte die zusätzliche Figur zum Ausmarsch und sagte alles zur Abfahrt und zur Rückkehr. Als das letzte Detail besprochen und geklärt war, löste sich die Versammlung auf. Weber trank mit Hubert, Richard und Frank ein Feierabendbier und überlegte, ob etwas vergessen worden sei. „Klavas holt am Samstagmorgen einen Opel vom Platz und belädt den, fährt mit uns im Konvoy nach Hannover. Gertrud hat zwölf Parkmarken erhalten, damit dürfen wir ganz hineinfahren." „Oh, davon bräuchten Richard und ich eine, wir sind länger dort." Ulla und Junior hatten von der Terrasse aus zugesehen und waren ganz begeistert von dem Auftritt. Als erste brachte ihm Gertrud am nächsten Morgen die Einladung zur Neugründung der IHK in Braunschweig. „Da kann doch was nicht stimmen bei der Post. Schau mal, wann das abgeschickt wurde, wann es gestempelt wurde und wann er hier angekommen ist. Diese Einladung war über eine Woche unterwegs!" „Stimmt, das ist eine Sauerei, aber bei wem willst du dich beschweren. Ich lese sie jetzt." Sie blieb wartend vor seinem Schreibtisch stehen.
„Nächsten Mittwoch um 18:00 Uhr ist die Gründungsversammlung. Da gehe ich hin. Notiere den Termin, ruf dort bitte an und sage zu!" Sie nickte, nahm das Schreiben mit spitzen Fingern und ging hinaus.

Ruhig beendete Hubert seine Post und zog sich seine Jacke an.
„Ich fahre jetzt zu den Baustellen bei Gifhorn, zu Henniges und schließlich zu Graf. Haltet die Stellung hier und legt mir bitte zwei von den Parkmarken für Hannover heraus." Die Fahrt zu den Baustellen genoss er und war recht schnell dort. Die Grundplatten für die Hallen waren gegossen und mussten gründlich austrocknen, Fink hatte schon mit dem Kühlhaus begonnen. Sein Erscheinen wurde nicht nur von dem, sondern ebenfalls von dessen Männern freudig begrüßt.

Die Außenwände standen bereits, als nächstes war das Dach dran. Der Bauherr freute sich, ihn zu sehen und bot ihm drinnen ein Mettbrötchen an, dass er gern annahm. Fink und dessen Männern erzählte er von seinem Plan für den Winter, was die erfreut zur Kenntnis nahmen. Die nächste Fahrt zum Theater, um dort Henniges zu besuchen, war genauso erfrischend, wie die Hinfahrt. Henniges fand er dort in den hinteren Bereichen, wo sich die Funktionsräume des Theaters befanden. Es war ein Gewirr von Räumen und Sälen, in denen bereits wieder geprobt und gearbeitet wurde. Zum ersten Mal stand er schließlich auf der großen Bühne und sah in den Zuschauerraum. Hier war alles noch nicht wiederhergestellt, nur notdürftig waren die Zuschauerreihen mit Resten der Klappsitze ausgestattet. Henniges deutete nach oben: „Das wird Zeit, dass jetzt endlich das Dach draufkommt." Zu seiner Freude war es ihre vollständige Dachdeckertruppe, die nach der Herstellung des hölzernen Gerippes des Dachs, dieses jetzt verdichtete und begann, Ziegel aufzulegen.
„Das ist ein lohnenswerter Auftrag, dieses Dach!" sinnierte Hubert, als er seine Leute beim Arbeiten von unten beobachtete. Henniges sagte lächelnd: „Die gesamte Herstellung des Theaters wird mindestens ein Jahr dauern, aber gespielt wird schon wieder, zwar provisorisch, aber man tut es. Hier gibt es eine Kantine, willst du mitkommen zum Essen? Ich mache das hin und wieder." „Eigentlich keine schlechte Idee, lass uns das machen." Die Kantine war im Untergeschoss. Hinter einigen Balletttänzern stellten sie sich in die Reihe, es gab Kartoffelsalat und Würstchen. „Lass dein Geld stecken, ich lade dich ein", sagte Hubert zu Henniges. Mit den Tellern in den Händen ergatterten sie einen freien Tisch am Rand und begannen zu essen. Unauffällig beobachtete Hubert das Treiben um sie herum. Das war eine ganz andere Welt, als das was er bisher kannte. Ein Mann setzte sich zu ihnen und sagte

zu Henniges: „Na Baumeister, wie läuft es?" Der aß ungerührt weiter, sagte nur:

„Es läuft gut, wir sind voll im Plan, das ist übrigens unser Chef, Herr Wedel, Hubert das ist der Theaterdirektor." „Freut mich", sagte der. Der Direktor antwortete: „Die Freude ist ganz auf meiner Seite. Dann ist die nette Dame mit den Instrumenten und den Kostümen ihre Frau?" „So ist es!" „Damit haben sie uns einen ganz großen Gefallen getan, vielen Dank." „Gern geschehen, denke, bei ihnen ist das alles am besten aufgehoben!" „Das können wir gut brauchen. Wenn sie oder ihre Frau oder deren Freundinnen eine Verkleidung für einen Faschingsball brauchen, können sie sich das gern bei uns ausleihen. Das Abo für ihre Frau habe ich gestern abgeschickt. So, ich muss weiter, viel Erfolg die Herren!" Und schon war er weg. Henniges legte sein Besteck weg. „Denk dir nichts dabei, die sind hier alle so!" Hubert grinste. „Hauptsache das Geld kommt rüber!"

Vom Theater fuhr er hinüber zu Graf. Das ehemalige Richterhaus sah schon wesentlich besser aus. Das Gerüst war verschwunden, das Dach fertig und die Stockwerke, die oben wieder aufgebaut worden waren, hatten neue Fenster. Dieses Haus gehörte jetzt der Firma und die Wohnungen würden bald zur Vermietung heranstehen. Graf saß in einem der unteren Zimmer und studierte den Bauplan. „Na, gibt es Probleme?" fragte Hubert. „Nein, ich schaue nach, ob wir etwas vergessen haben, aber alles ist so, wie es im Plan steht. Freitag können wir abrücken." „Hast du bereits einen neuen Auftrag?" „Ja, Dolle zeigte es mir, ein Haus in der Innenstadt. Bei dem fehlen drei Stockwerke Aber die Außenmauern sind sehr gut, da kann man gut drauf aufbauen." „Wann ist deine Prüfung?" „Nächste Woche Dienstag. Ich bin das alles mit Müller durchgegangen, der war ja früher in der Prüfungskommission, das bekomme ich hin." „Sollten wir dich bis nächsten Mittwoch freihalten, damit du dich vorbereiten kannst?" „Würde ich ja gern, aber was ist mit meiner Kolonne?"

„Die könnten wir vielleicht zwei Tage woanders
einsetzten. Ich werde mit Mielke nachher sprechen."
„Ich möchte keine Extrawürste und vor allem nicht,
dass meine Arbeiter beschäftigungslos herumstehen."
„Das will keiner, ich habe eine Idee. Und was war das
für ein Problem?" „Komm mit, das muss ich dir zeigen!"
Sie gingen in den Keller und Graf bleib vor dem
Heizungskeller stehen. „Die Heizung wurde am Samstag
von unserem Klempner überprüft. Neugierig wie ich bin,
habe ich mir das angeschaut. Dabei fiel mir irgendwann
auf, dass der Keller kleiner war als die Hausbreite. Das
ließ mir keine Ruhe, also bin ich heute Morgen da rein
und habe den Heizungskeller ausgemessen, er ist
tatsächlich kleiner als er eigentlich sein müsste." Sie
gingen hinein und Graf erklärte. „Das ist der Tank für
das Öl, dort der Brenner und was siehst du an der
Wand?" „Eine Holzverlattung aus ungehobelten
Brettern." „Stimmt, das sieht so aus, aber jetzt schau
mal." Er ging zur Wand, nahm seinen
Zimmermannshammer, den er am Gürtel trug, hakte
den an einem Brett an und zog. Fünf Latten schwangen
nach rechts und dahinter war eine Tür zu sehen. „Was
ist hinter der Tür?" „Keine Ahnung, ich wollte dich
heute Abend fragen, wie wir da verfahren sollen."
„Kannst du die Tür öffnen?" Er betrachtete sich die Tür
genau und sagte: „Da ist gar kein Schloss, die muss
einfach so aufgehen, soll ich es probieren?" „Ja klar,
jetzt bin ich neugierig." Er nahm seinen Hammer,
drückte die Spritze fest in die Rille, die zwischen Tür
und Mauer war und hebelte die Holztür auf. Knirschend
öffnete die sich. „Gibt es da einen Lichtschalter?" fragte
Hubert. Plötzlich ging in dem Raum ein Licht an, er
hatte einen Lichtschalter gefunden. Beide gingen hinein
und schauten sich um. Groß war der Raum nicht, an
jeder Seite standen Regale. Hubert sah sich das genauer
an. „Das ist ein Weinkeller mit besten Weinen und hier
liegen nur Schnapsflaschen." „Und nun?" „Den werden
wir leeräumen. Du und deine Mannschaft bekommen
einen Teil davon." „Oh, das ist ja stark." „Als erstes

nimmst du den Karton mit den Zigaretten, die Zigarren daneben nehme ich." Er schaute sich um, zog zwei Kartons unten aus einem Regal. „Das ist ein deutscher Weinbrand. Eine Kiste davon gehört euch." „Wer soll das alles trinken?" „Nicht auf einmal, aber wenn du eine Feier mit deinen Jungs machst, stell einfach zwei Flaschen davon auf den Tisch. Und diese Kiste mit Weißwein nimmst du für dich und Regina mit. Räum das gleich raus hier!" Graf räumte das alles heraus und Hubert sagte: „Damit kein Gerede entsteht, räumen meine Jungs das morgen, das können wir für Feiern wie Erntedank immer brauchen." „Gut, jetzt mach ich hier wieder alles zu und deine Leute sollen sich morgen bei mir melden, ich beschäftige meine weiter oben und nach hinten in der Zeit."

Auf dem Rückweg fuhr er in der Fallersleber Straße am fertiggestellten Haus vorbei, um sich den neuen Bäckerladen anzuschauen. Unter der Führung von Harald wurden die letzten Arbeiten erledigt. Der Vater des Bäckers war dabei, das Büro hinter dem Verkaufsraum einzurichten.

„Mensch, das habt ihr aber schön gemacht", sagte er zu Harald. „Grings und ich haben lange getüftelt, bis wir es so heraushatten und die Bäckerfamilie war sofort begeistert. Ist zwar nicht so preiswert, aber schon sehr edel!" Das bestätigte der Vater des Bäckermeisters sofort.

„Und außerdem haben wir zwei Verkäuferinnen und einen weiteren Bäcker eingestellt. Am Freitag ist Eröffnung", fügte er hinzu. „Schade, dass ich unterwegs bin, aber ich werde hören, wie es gelaufen ist. Habt ihr die Leute von den Flüchtlingen?" „Eine Verkäuferin und den Bäcker ja, die andere Verkäuferin wohnt hier in der Nähe." „Mein Bruder hat eine Menge Weizen geerntet. Habt ihr mit dem geredet?" „Nur kurz, das machen wir, wenn er mit der Getreideernte fertig ist, wir werden uns bestimmt einig!" „Bleibt euer Verkaufswagen weiter aktiv?" „Aber natürlich, der hat bisher einen sehr guten Umsatz gebracht. Ich habe allen hier eine Kiste mit Brot von gestern mitgebracht, da haben wir ein paar Sachen ausprobiert. Bedient euch bitte." Nachdem sich Harald und die beiden Gesellen eingedeckt hatten, blieben sechs Brote übrig. „Darf ich die für mich und meine Leute mitnehmen?" fragte Hubert. „Aber sicher, ich gebe ihnen ein größeres Netz für den Rest."

Als erstes besprach er sich daheim mit Mielke, wie sie das mit Grafs Kolonne nächsten Montag und Dienstag regeln könnten.

Der überlegte kurz und sagte: „Am sinnvollsten wäre es, wenn wir die am Montag und Dienstag Olbrich in Cremlingen dazu geben, vielleicht sogar Mittwoch. Die sind mit dem kleinen Haus fertig und gehen jetzt an das Große. Es müssen Wände raus und neue gezogen werden, da könnten die mit anpacken, so geht das viel schneller. Ich kümmere mich darum und spreche mit Olbrich und Graf."

„Das klingt gut, da wären sie gut beschäftigt und Graf kann sich am Mittwoch um seinen neuen Bau in der Innenstadt kümmern."

Weil Weber, mit seiner Abteilung beschäftigt war, kam Richard daheim zu ihm.

„Mit der neuen Maschine haben wir heute den Hafer in Cremlingen und ein kleines Feld bei Sören gemäht. Fritz ist mit dem Mähdrescher bei Peter und hier im Dorf unterwegs. Um den großen Mähdrescher nicht zu sehr zu beanspruchen, bat er uns, die neue Maschine am Elm, in Schandelah und in Mascherode einsetzen zu können. Dafür haben wir einen ganzen Anhänger voll Hafer, in Säcken, von ihm bekommen. Das ist schon alles in der Scheune hier." „In Ordnung, das ist ein gutes Geschäft. Was macht ihr morgen früh?" „Ich will heute den Wohnwagen herholen und den morgen einrichten." „Das geht ab Mittag. Morgen vormittag müsstet ihr zu dritt im ehemaligen Mehrfamilienhaus, in dem Graf arbeitet, etwas abholen." „Ist das da, wo der Richter mit seiner Frau zwei Wohnungen hatte?" „Genau da. Im Heizungskeller haben wir einen kompletten

Weinkeller gefunden. Den holt ihr morgen. Ein Opel Blitz sollte reichen, nehmt zur Not meinen Lieferwagen mit. Wenn die Regale gut ausbaubar sind, nehmt die mit. Auf alle Fälle viele von den Stapelkisten mitnehmen."

Im Haus übergab er Ulla den Beutel mit den Broten und bat um die entsprechende Verteilung. Nachdem er Sandro und seine beiden Stuten geritten hatte, besprach er sich mit Weber wegen des morgigen Transportes.

„Richard hat mir alles gesagt. Wir haben den Opel und den Wohnwagen geholt und können morgen nach dem Füttern starten. Während des Turnieres in Hannover nehme ich mir Thomas an meine Seite, der kann beim Verladen und Satteln helfen, da hat er genug zu tun." „Hast du ihn schon reiten gesehen?" „Zweimal und er macht das gut." „Gib ihm bitte heute Abend die junge neue Stute, die Ulla geschenkt bekommen hat. Aber nur einfache Sachen, kein Springen." „Das machen wir jetzt gleich, das kannst du von der Terrasse aus beobachten."

Das taten Ulla und er etwas später, stellten beide fest, der Junge hatte Talent und die Stute ein erstaunliches Gehvermögen.

„Um den Jungen werde ich mich morgen kümmern, der braucht eine Reithose und gute Stiefel. Den rüste ich morgen Vormittag aus."

Lächelnd legte Hubert eine Hand auf ihre Schultern.

„Das machst du sehr gut. Willst du morgen mal wieder zum Zeltlager?" „Das mache ich mittags, da sind viele dort." Später kam Hartmut, dem er die Sparbücher aushändigte. Dem zeigte er die Schecks, die Karte dazu und den Kontostand. Hartmut besah sich alles und sagte: „Hubert, das ist kein Problem. Hier steht doch: Auszahlungen an den Inhaber des Kontos oder an einen Überbringer. Jetzt machst du dir ein Schreiben in dem der Besitzer des Kontos als Kopf steht, Datum April 1945. Da schreibst du weiter: „Vollmacht, hiermit ermächtige ich Herrn Hubert Wedel in meinem Auftrag von dem Konto ..... bei Bank .... per Scheck den gewünschten Betrag auszuzahlen. Keine Unterschrift, sondern nur den Besitzer des Kontos mit Schreibmaschine geschrieben. Dieses Schreiben ist nur für den Fall, dass jemand das sehen will. Im Regelfall kannst du mit den Schecks zahlen, unterstreiche nur das Wort Überbringer."

„Du meinst, das klappt so?" „Ja klar, davon haben wir täglich einige, die das so handhaben. Problem ist, ob das Konto gedeckt ist. Das kann ich feststellen, rufe dich an." „Also gut, wenn das so geht, räumen wir einfach das Konto ab." „Aber denk bitte daran, wenn du einen größeren Betrag haben möchtest, ruf vorher bei der Bank an, damit die ausreichend Bargeld bereit hat." Als Dank für diese Hilfe gab er Hartmut eine gute Flasche Rotwein für ihn und Christina mit. Nachdem Hartmut gegangen war, begab er sich in den Tauschkeller, räumte auf und stellte einige passende Tauschpakte für Woods zusammen. Nachdem er das erledigt hatte, war die rechte Hälfte des großen Kellers frei, dort konnte er jetzt vieles von dem unterbringen, was seine Jungs morgen holen würden. Außerdem packte er das Paket, was er Onkel und Tante mitnehmen würde. Als er damit fertig war, ging er hoch und plauderte mit Ulla. „Morgen Abend packen wir deine Sachen für Hannover, morgen früh mache ich deine Reitsachen fertig." „Gut, dass ich bei Onkel und Tante übernachten kann, da kann ich sogar duschen."

Nachdem er bei allen Baustellen gewesen war, nutzte er den Donnerstag, um die Abteilungen eingehend zu besuchen. Dabei plauderte er ausgiebig mit den einzelnen Mitarbeitern, erfuhr so einiges, was er bisher nicht wusste.
Niemann war dabei, Material für sein Haus zu sammeln. Lindners Mitarbeiter hatte sich mit der Gärtnerin in Hordorf angefreundet, deren Kind störte ihn nicht. Mielke überlegte, ob er einen Schützenverein im Dorf aufbauen sollte, Schmitz war mit seinen ersten

Lehrgängen sehr zufrieden, war jetzt dabei, Feuerlöscher für die Werkstätten zu organisieren. Iwan war bereits bei der zurückhaltenden Kindergärtnerin eingezogen, zwei der Ukrainer von Rübke hatten sich mit ehemaligen Hilfsarbeiterinnen aus den Rüstungsbetrieben zusammengetan, wollten heiraten und auf alle Fälle im Betrieb bleiben. Nebenbei erzählte ihm Gert, dass er am Sonntag mit Doris zu einer Modenschau nach Goslar fahren würde. Grings und seine Freundin waren für Samstag bei Familie Bauer eingeladen und schließlich teilte ihm Kokoschka mit, dass er und Marianne Großer demnächst heiraten würden. Schließlich schaute er sich an, was an Holz und Kohle gebracht worden war. 50 Säcke mit Briketts und 35 mit Eierkohlen lagen unter einem neuen regensicheren Verschlag, vier Stapel mit Balken unterschiedlicher Maße lagen, abgedeckt mit Planen, hinter der Werkstatt von Olbrich und einiges angekohltes Holz lag nach der ersten Motorsägenausbildung im großen Lager für Feuerholz. Abschließend führte er ein längeres Gespräch mit Fischer über die laufenden Vorhaben und erfuhr dabei, dass am Wochenende wieder ein Lastzug Richtung Unterelbe fuhr. Mit den Mädels im Vorzimmer trank er Kaffee, probierte vom ersten Kuchen, den Anja gebacken hatte und klärte Kleinigkeiten. Kurz nach 15:00 Uhr war sein Schreibtisch leer, er fuhr zum Hof, um alles vorzubereiten.

Dort ging es ruhig aber geschäftig zu. In seinem Lieferwagen befand sich bereits das Reitzubehör für seine Pferde, dazu fünf von den neuen guten Pferdedecken. Ein Opel Blitz stand vor der Sattelkammer und wurde beladen. Hubert ging neugierig hin und traf Weber, Richard, Frank und Thomas, welche die Ausstattung für die Quadrille auf den Laster luden. „Sollte das nicht erst am Samstag geschehen?" fragte er verblüfft.

„Schon, aber wir haben mit dem Opel den Weinkeller hergebracht und da der Laster momentan nicht benötigt wird, haben wir den behalten und beladen den. Derzeit ist Ruhe, da können wir überprüfen, ob alles dabei ist", sagte Weber und fuhr fort: „Die Kisten mit den Flaschen stehen im Kellergang und dazu die Regale. Thomas hilft dir, die einzuräumen." „Oh danke, gab es Probleme?" „Nein, Graf wusste Bescheid, seine Leute waren hinten im Haus beschäftigt, alles ging reibungslos."

So geschah es, Thomas half ihm fleißig und nach einer Stunde waren die Regale drin und die Flaschen entsprechend einsortiert. Acht Kisten mit Wein und drei mit Schnaps mussten gelagert werden. Thomas bekam anschließend eine Tafel Schokolade und die anderen Wodka und Gin. Richard hatte die beiden Pferde gesattelt, mit beiden übten sie das Wechseln vom Sattel zu Sattel. In beiden Konstellationen klappte das dieses Mal sehr gut. Richard wollte ihm den Wohnwagen zeigen. Er hatte seine Sachen bereits drin, auf dem unteren linken Bett lagen ordentlich zwei Wolldecken, ein Schlafsack und ein Kissen. Auf Huberts fragenden Blick antwortete Richard grinsend: „Das hat dein Sohn bereits gebracht und so hergerichtet. Nachher bringt er eine Tasche mit seinen Sachen."

Im Haus gab es heute Königsberger Klopse mit Kartoffeln. Sieglinde hatte alles etwas verfeinert, es schmeckte sehr gut. Ulla erzählte beim Essen, dass Junior sich die Sachen selber besorgt hätte. Mit dem Rad sei er in die Firma gefahren und dort zu Frau Goldap gegangen. Der hatte er erzählt, was er brauchte und wofür. Daraufhin hatte sie ihm das ausgehändigt und er hatte unterschrieben, was er erhalten hätte. „Jetzt packe ich ihm ein paar Sachen ein, Zahnbürste und Zahnpasta, Seife und so weiter, das kann er verstauen!" Beide lächelten sich verstehend zu und beendeten das Mahl. Während Ulla ihm einen kleinen Koffer packte, brachte Hubert zwei rote Röcke, eine weitere Reithose und ein zweites Paar Stiefel in den Wohnwagen und den gepackten Koffer in sein Auto, stellte ihn vor den Beifahrersitz, denn auf dem Sitz lag bereits das Paket für die Verwandten. Das Gewehr würde er morgen früh einpacken und das Kassenbuch mit den Quittungsblöcken verstaute er in einer Aktentasche, die hinter seinen Sitz kam. Als er das Auto verschloss, fuhren Frank und Richard die zwei Transporter auf den Hof. Als es anfing zu dunkeln, war alles vorbereitet und er ging etwas früher zu Bett.

Turnier in Hannover

Früh war Hubert aufgestanden, hatte gefrühstückt und sich reisefertig gemacht. Ulla war wach, hatte Hannelore gestillt und gewickelt. Mit einem Kuss auf die Wange verabschiedete sie ihn, spuckte dabei angedeutet über seine Schulter, wünschte Hals- und Beinbruch. Die anderen waren bereits aktiv, Richard hatte gefüttert und Frank die Transporter vorbereitet. Weber kam gerade mit Sandro aus dem Stall, die anderen folgten. Hubert fasste dabei wie jeder andere mit an. Als alle verladen waren, überprüften sie ihre Ausrüstung, Hubert verteilte die Parkmarken. Danach rauchten sie gemeinsam eine Zigarette, besprachen dabei den Weg zum Turnierplatz, es ging los.

Problemlos kamen sie auf das Gelände einer ehemaligen Kaserne und fanden einen guten Platz nahe den Stallungen. Nachdem Richard den Verantwortlichen für den Stall gefunden hatte, wurden die Pferde abgeladen und in die vorgesehenen Boxen im ehemaligen Stall der Kaserne untergebracht. Das Zubehör der Pferde wurde sortiert und kam zum jeweiligen Pferd, die Transporter wurden gesäubert und Richard baute seinen Wohnwagen auf, er stand in der Nähe des Stalleinganges. Gemeinsam tranken sie einen Kaffee aus der Thermoskanne von Hubert, danach sahen sich Weber, Frank und Thomas das Gelände an, Hubert und Richard gingen zur Meldestelle, um sich anzumelden. Dort fanden sie seinen Onkel, der sie freudig begrüßte. „Schön, dass ihr gut angekommen seid, Hubert, heute Abend findet bei uns daheim eine Gartenparty statt, da bist du herzlich eingeladen." „Danke, nach dem

Zeitspringen komme ich mit meinen Sachen vorbei.
Wann willst du das Gewehr haben?" „Heute Abend, das
kommt bei mir in den Keller." „Bist du den ganzen Tag
hier?" „Nein, ich gehe gleich ins Büro, bin zum
Zeitspringen wieder hier." „Dann nimm das bitte mit
und lass es von deinen Leuten gründlich überprüfen!"
Dabei übergab er ihm die kleine Aktentasche. Der Onkel
lachte: „Du machst mich neugierig, das werden wir tun!"
Ein paar Worte sagte Hubert zu dem Vorgang, damit er
es richtig einordnen konnte. Dabei nickte er, nahm die
Tasche und fuhr in sein Büro.

Bis zum Beginn des Zeitspringens vertrieben sich
Hubert und Richard die Zeit, schauten beim laufenden
L-Springen zu, begrüßten einige Bekannte und setzten
sich vor den Wohnwagen. Dort hatte Richard eine
Zeltbahn mit alten Tarnstangen davor aufgebaut, sodass
man dort auf Feldstühlen an einem Klapptisch
gemütlich sitzen konnte. Danach schaute Hubert, wann
er starten sollte und bereitete seine Trakehnerstute mit
Richard vor. Beim Abreiten merkte er bereits, dass sie
gut drauf war und arbeitete sie entsprechend. Da
Richard einer der wenigen war, den sie im Sattel
duldete, ohne Ärger zu machen, ritt der sie im Schritt,
während sich Hubert den Parcours anschaute. Der war
fair gebaut und sollte seiner Stute keine Probleme
bereiten. Als er einritt, fühlte er sich völlig sicher und
ließ sie in vollem Vertrauen gleich zu Beginn laufen.
Ergebnis: Null Fehler und eine sehr gute Zeit. Die
mittlerweile zahlreich eingetroffenen Zuschauer
applaudierten bei seinem Ausritt. Wieder übernahm
Richard die Stute, nachdem er sie ausgiebig gelobt hatte
und er sah sich die nachfolgenden Reiter an. Alle waren
jetzt gezwungen, seine Zeit zu unterbieten, aber keinem
gelang es, das war der Sieg.
Bei der Siegerehrung erhielt er als Preis eine große
Wanduhr aus Keramik mit einem bunten Pferdemotiv.
Diese Uhr war batteriebetrieben, was er gar nicht
kannte, außerdem eine Flasche Champagner. Nach der

Ehrenrunde holte er sich die Sachen bei der Turnierleitung ab. Die sich jetzt anschließende Leistungsschau von Stuten und Fohlen interessierte ihn nicht unbedingt. Er hängte seinen roten Rock in den Wohnwagen und fuhr zu Onkel und Tante, kam dort rechtzeitig vor dem Beginn der Gartenparty an.

Nachdem er das Paket und die Waffe abgegeben hatte, nahm er sein Köfferchen und bezog sein Zimmer auf dem Dachboden, duschte sich dort. Ganz zivil in Hose, Hemd, Jackett, ging er hinunter, wurde von seiner Tante freudig begrüßt. Sein Onkel stellte ihn den Gästen als erfolgreichen Jungunternehmer, Springreiter und Pferdebesitzer vor, der heute das Zeitspringen gewonnen hatte.

Die Freundin seiner Tante, Hilde Mahnke, begrüßte ihn lächelnd. Sie sah sehr gut aus, frisch frisiert, ein leichtes Kleid bis kurz oberhalb der Knie und ein tolles Parfüm, das er roch, als er ihr die Hand küsste. „Wir sehen und sprechen uns später!" sagte sie lächelnd, jetzt stellte ihn sein Onkel einer Gruppe von Männern und Frauen vor. Hier drehte sich das Gespräch über Pferde allgemein und das Turnier im Besonderen.

Später kam ein weiterer Gast. Hubert stutzte, der kam ihm bekannt vor. Kurz darauf standen sie sich gegenüber.

Beide überlegten kurz, der andere sagte lachend: „Hubert Wedel, bist du das wirklich?" „Kurt Brasche, was machst du denn hier?"

„Ich bin genau wie du eingeladen, wegen der Pferde." „Reitest du Turnier oder züchtest du?" „Nein, ich bin der neue Master der Niedersachsenmeute, die seit zwei Monaten im Aufbau ist." „Das ist ja spannend, warst du in Gefangenschaft?" „Ja, bis April bei den Tommys!"

Der Onkel kam: „Wie nett, kennen sich die Herren?" Beide lachten und Hubert sagte: „Wir gehörten dem gleichen Offiziersjahrgang der Artillerie an." Der andere ergänzte: „Und waren eine Zeit lang gemeinsam Ausbilder an der Kavallerieschule." Hubert ergänzte: „Mit vielen schönen Erinnerungen im außerdienstlichen

Bereich." Beide grinsten sich an und prosteten sich zu.
„Bist du beim Turnier dabei, als Aktiver?" fragte Hubert.
„Nicht ganz, ich habe eine Schaunummer am Sonntag,
die Vorstellung der ersten guten Koppeln, die wir
haben." „Da reite ich im Großen Preis, wir können
danach ja weiter plaudern." „Gerne, das machen wir."
Es wurde ein sehr interessanter Abend. Mit einem
Vertreter der Geschäftsführung von Hanomag
diskutierte er über die Nützlichkeit von Frontladern an
Traktoren. Danach sprach er mit dem Geschäftsführer
der Hannoverschen Keksproduktion über die
Ausweitung der Transporte und eine mögliche Lieferung
von Getreide für deren Produktion. Der Ehefrau eines
Textilherstellers berichtete er über das gut laufende
Geschäft seiner Schwägerin. Mit der tauschte er die
Visitenkarten. Schließlich hatte er ein interessantes
Gespräch mit dem Vertreter seines Onkels. „Ihr Onkel
sagte, ich solle mit Ihnen reden. Es geht dabei um einige
Liegenschaften, die ich übernommen habe und betreue.
Das sind ehemalige kleine Depots der OT bzw.
Wehrmacht und anderen, die uns von den Briten
übergeben worden sind. Vier davon habe ich überprüft,
hätte Interessenten für einen Kauf dieser Objekte. Das
Problem dabei ist, die sind teilweise gefüllt mit
Baumaterial und anderem Gerät. Aber das wollen die
nicht übernehmen. Sie sollen Erfahrung haben, diese zu
räumen, können wir ins Geschäft kommen?" „Aber ganz
bestimmt, wie stellen Sie sich das vor?" „Unser Ziel ist
es, keine Ausgaben für die Räumung zu haben, dafür
Einnahmen aus dem Verkauf und Verwertung! Ich will
das Zeug in einem Zug weghaben, keine langwierigen
Verkäufe oder Versteigerungen." „Dabei könnte ich
Ihnen helfen und zwar recht schnell!" „Hier ist meine
Karte, rufen Sie mich bitte Montag an." „Hier ist meine,
Sie hören ganz sicher von mir."
Ganz langsam gingen die ersten Leute. Hubert holte sich
ein Getränk und zündete sich eine Zigarette an. „Kann
ich bitte Feuer haben?"

Er drehte sich um, Hilde Mahnke stand mit einem Sektglas in der Hand, lächelnd hinter ihm. „Aber selbstverständlich!" lächelte er zurück und gab ihr Feuer. „Ich gratuliere zum erfolgreichen Tag." „Ja, der Ritt war gut und vielversprechende Gespräche gab es dazu." „Fein, die können wir gleich fortsetzen, ich habe ein Anliegen." „Das freut mich, bin ganz Ohr." Sie nahm einen Schluck und sagte lächelnd: „Die IHK Braunschweig soll neu gegründet werden." „Davon habe ich gelesen und habe zur Versammlung zugesagt." „Im Vorfeld geht es jetzt darum festzulegen, wer für den Vorstand kandidiert." „Ja, das sollte man gut vorbereiten." „Und ich bin der Meinung, du solltest dort hinein." „Oh, das überrascht mich."

„Im Übrigen sollten wir uns duzen, ich bin Hilde." Hubert lächelte: „Eine weitere große Ehre, ich bin Hubert." Sie lächelte zurück: „Ich weiß und wo bleibt der Kuss dazu?" Spontan wollte er sie auf die Wange küssen, aber sie drehte sich geschickt, so traf er ihren Mund. Sie öffnete dabei ihre Lippen, erwiderte seinen Kuss etwas länger. Nachdem sie sich getrennt hatten, prosteten sie sich zu. Dabei sagte sie: „Halt mal still, mein Lippenstift hat etwas abgefärbt." Mit einem Tuch aus ihrer Tasche säuberte sie seine Lippen. „So, alles wieder in Ordnung", lächelte sie dabei.

„Zum Thema zurück. Es gibt einige einflussreiche Geschäftsleute, die dich im Vorfeld dafür vorgeschlagen haben." „Das beeindruckt mich und welche Rolle spielst du dabei?" „Man hat mich gebeten, Vorsitzende zu werden und ich möchte dich in meinem Vorstand haben." Hubert nahm einen tiefen Schluck. „Also gut, ich mache mit, bin aber unbedarft!" „Das ist genau der Grund. Du hast Ideen und bist ein Macher. So etwas brauchen wir in der neuen Zeit." Er lachte: „Nicht so viel Lob bitte!" Sie lächelte und prostete ihm zu. Etwas verlegen sagte Hubert: „Ich hole ein neues Getränk für uns beide." Bei den Getränken standen eine Menge Leute. Zwei Gläser Sekt brachte er mit und sie bedankte sich lächelnd.

„Prost, mein Lieber, ich rechne mit dir!" Sie tranken beide, sie schaute ihn an. „Sollten wir mal wieder zu den Anderen gehen?" „Ja, gerne!"
Sie nahm ihre Handtasche auf die Schulter und sagte dabei ruhig: „Der Bruderschaftskuss hat mir sehr gut gefallen. Könntest du dich zu einem zweiten durchringen?" Es war eine laue Sommernacht, der Alkohol, ein tolles Parfüm, eine sehr attraktive ältere Frau, das gefiel ihm alles sehr gut. Er trat zu ihr, legte eine Hand auf ihre Hüfte und küsste sie auf den Mund. Sofort kam sie ihm entgegen, beendete den Kuss nicht. Als sie es schließlich doch tat, lächelte sie ihn an. „Du hast wunderschöne rote Lippen!" „Oh, was mache ..."
„Warte!" Wieder holte sie das Taschentuch heraus, wischte den Lippenstift ab. „Jetzt können wir gehen!"
Sie gingen zurück zu den anderen Gästen und kurz darauf war die Party zu Ende. Hubert ging in sein Zimmer, dachte beim Einschlafen an die Frau, er bedauerte nichts. Im Gegenteil, es kam ein gewisses Verlangen in ihm hoch.

Am nächsten Morgen war er früh auf, frühstückte mit seinem Onkel und nahm den mit zum Turnierplatz. Richard hatte in seinem Zelt, das am Wohnwagen befestigt war, ebenfalls gefrühstückt und die Thermoskanne mit Kaffee gefüllt. Gemeinsam setzten sie sich und tranken einen Kaffee. Dabei berichtete Richard, dass er bereits gefüttert hätte. Alle Pferde seien wohlauf und fit. „Das werden wir ab heute Mittag sehen, beim Springen mit Pferdewechsel." Plötzlich stand jemand vor dem Zelteingang und sagte: „Habt ihr Faultiere einen Kaffee für mich?" Von Klagenheim war da. Lachend umarmten sich beide, Richard bekam einen ordentlichen Schlag auf die Schultern. „Was machst du hier?" fragte Hubert. „Ich bin zum ersten Mal Richter bei der S-Dressur. Irgendwem ist doch tatsächlich aufgefallen, dass ich diese Prüfung geritten bin."
„Wann geht das los?" „Um 10:00 Uhr von euch sind zwei Reiterinnen dabei!" „Ja, auf die warten wir, die müssen

jede Minute kommen. Mein Springen beginnt um 10:30 Uhr." „Das ist das mit Pferdewechsel, nicht wahr? Kannst du den Trick von Pferd zu Pferd wechseln, den wir an der Schule geübt haben?" „Ja, war am Anfang etwas schwer, aber jetzt klappt es wieder, hoffentlich spielen die Pferde mit." „Das bekommt ihr schon hin. Der Parcours wird gerade aufgebaut, schau ihn dir an!" Während Richard beide Pferde sattelte, ging Hubert zum Parcours. Beide Dressurreiterinnen waren da. Weber hatte sie gebracht, das Voltigierpferd war dabei. Als Hubert zurückkam, hatte Richard beide Pferde fertig. „Wir müssen mit dem Schwarzbraunen anfangen, im zweiten Durchgang ist der Wassergraben dabei und das mag der nicht wirklich."

Gemeinsam ritten sie die Pferde warm. Genügend Zeit war vorhanden, Hubert war der letzte Starter von 23 Teilnehmern. Das Springen zog sich hin, es kam ständig zu Problemen beim Pferdewechsel. Als bester war bisher ein Reiter mit acht Fehlerpunkten angekommen. Endlich war es soweit, er konnte einreiten. Als er die Schranke passierte, Richard führte den Schimmel hinter ihm, tönte eine helle Stimme: „Viel Glück Papa!" Junior und Ulla mit Kinderwagen standen neben dem Eingang und winkten ihm zu. Lächelnd hob er grüßend die Hand. Kurz darauf ertönte die Startglocke und Hubert galoppierte mit dem Schwarzbraunen an. Ruhig und souverän ging der bis zum letzten Hindernis, dann wurde es spannend. Genau neben dem Schimmel parierte Hubert durch, Richard hielt beide Pferde am Kopfstück und Hubert vollführte den Sprung von Sattel zu Sattel. Richard ließ sofort los und der Schimmel startete unter dem Beifall und Gejohle der Zuschauer voll durch. Nach dem ersten Sprung hatte er beide Füße in den Bügeln und jetzt hatte er den Schimmel im Griff. Der Wassergraben war das vorletzte Hindernis und trotz gewaltigem Anlauf patschte das Pferd mit einem Hinterlauf ins Wasser. Aber dabei blieb es, mit vollem Schwung rauschten beide durchs Ziel. Vier Fehlerpunkte, gewonnen. Der Beifall von den Rängen war beeindruckend. Stolz lächelnd ritt Hubert hinter Richard her, der den Schwarzbraunen hinausführte. Kurz hinter dem Einlass hielt Richard an und half Junior in den Sattel. Nebeneinander ritten Vater und Sohn zum Abreiteplatz. Dort wurde Hubert mit viel Hallo empfangen, Teile der Quadrille und die Voltigiergruppe waren schon da. Viel Zeit blieb nicht, denn die Siegerehrung erfolgte sofort anschließend, allerdings nur mit einem Pferd. Während ihm ein großer Zinnteller überreicht wurde, auf dem das heutige Springen und der erste Platz eingraviert waren, dazu zwei Siegerschleifen, für jedes Pferd eine, erläuterte der Sprecher ausführlich seine außergewöhnliche Methode, umzusitzen. Dazu erhielt er einen Gutschein für ein neues rotes Jagdreiterjackett. Als er draußen abgesessen war, gratulierte ihm Ulla und drückte ihm anschließend seine Tochter in den Arm. Die schaute ihn mit großen Augen an und verzog den Mund zu einem kleinen Lächeln, als er sie küsste. Kurz danach aber fing sie an zu heulen. Ulla schnupperte an ihr und sagte: „Ich glaube, wir beide werden uns etwas zurückziehen müssen." Das taten sie in Richards Wohnwagen, der sofort einen Vorhang nach draußen herunterließ. Thomas saß auf dem Schimmel und ritt den trocken. Einige alte Bekannte kamen zu Hubert und plauderten mit ihm, bis Ulla die Kleine gesättigt und trockengelegt hatte. Beide gingen mit dem Kinderwagen zu einem der Bratwurststände und gönnten sich eine Wurst mit Kartoffelsalat. Dabei gab er Ulla den Gutschein.

„Da vorn sind einige Stände. Ich glaube, dafür gilt der Gutschein. Kauf dir etwas Schickes dort. Geld genug habe ich dabei." „So etwas sagt man einer Frau nicht zweimal, ich schaue mal. Dein neues Jackett kann ich da vielleicht ebenso bekommen." Mit dem Kinderwagen ging sie in die Richtung der Verkaufsstände, nahm Monika mit, die gerade mit Tietz angekommen war und Gertrud lief hinterher. Hubert ging Richtung Stall und schaute, was seine Mannschaft machte. Petra hatte das

Voltigierpferd aufgezäumt und ließ es ruhig im Kreis gehen. Mit dem letzten Transporter war Paul gekommen, Klavas war ebenfalls da und begann zu entladen. Seine Kinder halfen ihm dabei. Alle Pferde für die Quadrille standen in einer Reihe an der Stallwand und wurden gründlich geputzt. Bei jedem überprüfte Paul die Hufe, würde das mit Sandro und der Stute anschließend tun. Bei zwei Pferden war ein Eisen locker, was er wieder festnagelte. Beide Dressurreiterinnen kamen von ihrer Siegerehrung strahlend zurück, Anne war erste geworden, Katrin Dritte. Die ersten drei hatten Gutscheine für neue weiße Reithosen bekommen, die sie sich gleich abholen wollten. Frank und Thomas sattelten ihre Pferde ab und banden sie an einem Transporter außen an. Jedes erhielt ein Bündel Heu. Gerade sortierte Petra ihre Voltigierkinder als Ulla zu Hubert kam. „Hubert, hast du Geld mit?" „Ja klar, wieviel brauchst du?" „Würden 250 RM möglich sein?" „Ja klar, ich habe 500 RM mit." „Könntest du mir die 250 RM geben?" „Natürlich, was hast du denn gekauft?" „Lass dich überraschen." Hubert gab ihr das Geld und sie verschwand wieder.

Als er etwas später am Wohnwagen vorbeiging, stand sie dort am Tisch und packte etwas aus. „Na, was hast du alles gekauft?" „Komm ich zeige es dir. Hier ist deine neue Jacke und hier sind zwei weiße, enge Hosen für dich. Dieses schwarze Jackett habe ich für mich gekauft, eine weiße Hose und eine passende Bluse." „Das sieht sehr gut aus." „Fand ich auch und ich dachte mir, das können wir uns leisten." „Da hast du völlig recht, soll ich eine der Hosen morgen anziehen?" „Na klar, einen Gürtel habe ich dazu gekauft." Er legte die Sachen hinten in das Fach, den Rest packte Ulla ein und brachte es zum Opel, mit dem sie gekommen war. Als sie zurück war, gingen beide mit dem Kinderwagen zum Turnierplatz, wo die drei Voltigiergruppen gerade aufliefen. Über den ganzen Platz verteilt, zeigten sie ihr Können. Der Ansager erklärte dem Publikum, um was es ging. Es war kein Wettkampf, sondern eine

Demonstration, wie man Kinder bereits früh an das Pferd gewöhnen konnte. Ihre Gruppe machte ihre Sache sehr ordentlich, Junior zeigte sich hier von seiner besten Seite.

Während die drei Gruppen am Ende aufmarschierten und jedes Kind eine Tafel Schokolade bekam, war Hubert bei seiner Truppe. Alle Pferde standen fertig gesattelt und gezäumt an der Wand, die Reiter zogen sich um. Alle halfen beim Aufsitzen, vor allem bei den Frauen, ruhig marschierten sie auf den Abreiteplatz. Auf dem Turnierplatz spielte eine britische Militärkapelle. Frank stand am Eingang zum Platz. Er würde das Zeichen geben, wenn alles zum Einmarsch frei wäre. Ganz langsam wurde es dämmrig, die ersten Lampen rund um den Platz wurden eingeschaltet. Die Kapelle marschierte hinaus und ein Dressurviereck wurde blitzschnell mit Rails aufgebaut, jetzt bildete sich die Kolonne, Weber mit Abstand vorn. Der Trecker mit dem Hindernisanhänger fuhr hinaus, Frank hob den Arm, Weber ritt an und als er durch die geöffnete Schranke ritt, setzte die Musik ein. Als die Rails aufgebaut wurden, hatte der Sprecher eine Quadrille aus einer vergangenen Zeit angekündigt. Stille herrschte im großen Rund, nur die Musik aus den Lautsprechern ertönte. Später sagte Huberts Onkel: „Es war ein fantastisches Bild als ihr, wie die Perlen auf einer Schnur, eingezogen seid." Weber stand auf seinem Schimmel vorne, der Rest marschierte dahinter auf. Die Musik hörte auf. Auf einem kurzen Pfiff Webers grüßten die Männer militärisch, die Frauen senkten ihre Köpfe und Weber rief laut: „Husarenquadrille angetreten." Prompt erhob sich der Vorsitzende des Reitvereins und zog seinen Hut. Ein kurzer Pfiff beendete den Gruß, die Musik setzte wieder ein und der Reigen begann. Beim abschließenden Gruß erhoben sich alle Menschen auf der Ehrentribüne. Es kam das Kommando: „Zum Ausmarsch rechts brecht ab im Galopp." Und als Weber aus dem Stand angaloppierte, ertönte des Großen

Kurfürsten Reitermarsch. Im Takt dazu klatschte das gesamte Publikum. Auf der Hälfte der zweiten Geraden bog Weber rechts ab und ließ den Schimmel in vollem Galopp Richtung Ausgang gehen. Der Rest folgte, zum Ende hin wurde bei den letzten der Galopp immer schneller. Donnernder Beifall brandete auf. Auf dem Abreiteplatz sammelten sie sich wieder und freuten sich über den Applaus. Als der langsam abebbte sagte der Stadionsprecher: „Das war eine Quadrille des Stalles Wedel aus Lehre bei Braunschweig. Ganz spontan haben sich die hannoverschen Brauereien bereit erklärt, 100 Liter Bier als Dank zu spenden." Das wurde laut beklatscht, es war Ende des heutigen Turniertages. Die Wedelmannschaft sattelte ab, Geschirre und Sättel wurden verpackt, Frank, Paul und Thomas brachten die Pferde in die Transporter, alle zogen sich um. Richard und Junior brachten die Pferde, die am Sonntag starten sollten, in die Boxen, alles ging reibungslos, Klavas hatte Helfer, die seinen Opel beluden. Ulla verabschiedete sich, Danzer war dabei, er hatte fotografiert, und fuhr los. Der erste Transporter rollte, dahinter die Busse mit Reitern und Begleitpersonen, es folgte Klavas und hinter ihm die anderen zwei Transporter. Fiete und Gertrud fuhren ihren Lieferwagen neben den Wohnwagen und Hubert machte sich auf den Weg zum Empfang bei Onkel und Tante.

Frisch geduscht kam er etwas später zum Empfang, nahm sich etwas zu essen und ein kühles Bier. Onkel und Tante gratulierten zum tollen Bild und zum Sieg. Sein Onkel nahm ihn etwas zur Seite und sagte halblaut: „Deine Unterlagen sind heute bereits durchgesehen worden. Das ist eine Fundgrube für fünf Finanzämter. Das ist alles nicht verjährt. Da geht es um vielfachen Steuerbetrug. Als Dank dafür bleiben deine Steuerunterlagen bis ein Jahr nach der Währungsreform bei uns und werden sehr, sehr wohlwollend zusammen mit Frau März behandelt!"

„Danke, ich wusste gar nicht, dass das so ein Volltreffer ist."

Kaum hatte er sein Bier leer, bekam er das nächste. Danach aber stoppte er abrupt, mehr konnte er sich jetzt nicht leisten. Der Rest sprach dem Alkohol weiter gut zu. Kurz blickte er über den Garten, das war schon sehr romantisch. Um die Veranda und entlang der Wege steckten brennende Fackeln, die öfters getauscht wurden. Abseits davon konnte man die Obstbäume nur ahnen. Dort war alles im Dunkeln. Er sah, wie sich Hilde Mahnke von einer Gruppe löste und in Richtung Dunkelheit ging. Kurz lächelte sie ihm zu, nickte mit dem Kopf in Richtung der Obstbäume. Unauffällig und vorsichtig löste er sich aus einer Gruppe, tat so, als ob er sich etwas zu trinken holen wollte und stand bald hinter den Fackeln, folgte dem Weg, den sie eingeschlagen hatte. An einem großen Fliederbusch vorbei kam er zu einer hölzernen Sitzgruppe. Hier stand sie am Tisch, hatte Tasche und Glas abgestellt und rauchte eine Zigarette. Hier, im Halbdunkel, konnte er sie gut erkennen. Sie trug ihr dunkles Haar hochgesteckt, ein rotes, knielanges Kleid mit einem Ausschnitt, der ihre beachtenswerte Oberweite sehr gut zur Geltung brachte. Er gab ihr Feuer, steckte sich selber eine Zigarette an. „Auch von mir Glückwunsch zu den heutigen Erfolgen", sagte sie lächelnd mit ihrer dunklen Stimme. „Ich bin sehr stolz auf dich!" „Danke für diese Komplimente", entgegnete er halblaut. Kurz plauderten sie, beide machten ihre Zigaretten aus und sie sagte lächelnd: „Ich möchte heute gern ein Erfolgserlebnis haben!"

„Kann ich dabei helfen?" „Ja, sehr sogar!" Sie trat auf ihn zu, legte die Arme um seinen Hals und schob sich eng an ihn, küsste ihn. Anfangs leicht und zärtlich, bohrte sie ihre Zunge später in seinen Mund und küsste ihn leidenschaftlich. Hubert hatte die Hände auf ihren Hüften. Unter dem leidenschaftlichen Kuss nahm sie seine Rechte, schob die auf ihren kleinen Hintern, als Hubert dort fester zufasste, stöhnte sie leise auf,

unterbrach aber nicht den Kuss. Ohne lange zu zögern, fuhr er mit der rechten Hand höher an den Busen und massierte den linken durch das Kleid und den BH darunter. Sie unterbrach den Kuss leicht, sagte: „Lass die Hand bitte da, das gefällt mir sehr."
Dabei kraulte sie seine Haare wieder küsste sie ihn, dieses Mal kürzer. „Das und einiges mehr darfst du sehr gern tun, aber bitte nicht hier und heute, mein Großer. Und eines will ich dir sagen: Ich werde dich nicht von deiner Familie wegbringen, das tue ich nicht, nur hin und wieder möchte ich dich ganz intensiv genießen." Sie gab ihm einen weiteren Kuss. „Und jetzt gehen wir zurück. Du hier vorne vorsichtig und ich durch die Hintertür durch das Haus. Es ist wunderschön mit dir." Schnell war sie verschwunden. Vorsichtig pirschte sich Hubert wieder an die Gesellschaft heran, ging aber zuerst zur Toilette, um dort im Spiegel zu prüfen, ob seine Lippen von ihrem Lippenstift gefärbt waren. Ein paar Reste wischte er mit einem feuchten Handtuch weg, ging wieder vor das Haus und nahm sich ein frisches Bier. Sofort standen zwei ältere Herren bei ihm und wollten etwas Geschäftliches wissen.

Kurz vor Mitternacht war er im Bett, schlief tief und traumlos. Als er am nächsten Morgen aufwachte, dachte er wieder an die gestrige Begegnung mit Hilde. Prompt meldete sich ein vorwitziges männliches Körperteil, aber das konnte er heute Morgen nun wirklich nicht brauchen, der Turniertag würde anstrengend werden. Er packte seinen Koffer, zog zum ersten Mal eine der neuen Hosen an und ging in die Küche. Alles war still im Haus, man schlief. Er machte sich gerade ein Käsebrot, als seine Tante im Bademantel völlig verschlafen hereinkam.
„Guten Morgen mein lieber Neffe. Ich mache dir einen Nescafé!" „Danke, wollte euch nicht stören, aber ich muss jetzt los." „Ja klar, du hast ja heute etwas vor. So jetzt kocht das Wasser der Kaffee ist gleich fertig!" Er machte sich ein zweites Brot, jetzt erst konnte er den

Kaffee trinken. Der war sehr stark, weckte alle Lebensgeister. Vorsichtig trank er den Kaffee, fuhr kurz danach los, traf Richard und Junior beim Pferdeputzen. „Na, wie war eure Nacht?" fragte er neugierig. „Um 09:00 Uhr hat der Junge fest geschlafen bis heute Morgen 07:00 Uhr. Ich habe die Plane davor gemacht, mit Fiete und Gertrud ein paar Fläschchen Bier getrunken und erzählt." „Sind die schon wach?" „Ja, die sind mit ihren Waschsachen in den früheren Waschbereich gegangen und müssen bald wiederkommen!" Draußen fuhr ein Transporter vor, Weber und seine Tochter Petra stiegen aus. „Guten Morgen.", sagte Weber, „Frank und Thomas kommen etwas später, müssen füttern." „Habt ihr Petras Pferd dabei?" „Ja, die lädt gerade aus. Regina haben wir dabei, die kann gleich anfangen, den Schimmel fertig zu machen." „Kann sie, kein Problem. Ah, da sind ja Fiete und Gertrud!" Beide kamen mit ihren Waschsachen, aber schon fertig angezogen, die Stallgasse herunter. „Gertrud ist schon topfit", grinste Fiete. „Was hat sie gemacht?" „Sie hat dort kalt geduscht." „Und du hast zugeschaut?" Fiete lachte. „Leider nicht. Ich musste aufpassen, dass niemand hereinkam, aber das Handtuch durfte ich geben, hätte sie zu gern eingeseift." „Fiete hör auf mit dem Mist!" sagte Gertrud und war knallrot im Gesicht. Fiete grinste. „Gib mir dein Waschzeug und kümmere dich um dein Pferd, es geht bald los!"
Das tat er und sie räumte das Auto auf. Weber war bereits unterwegs, wollte schauen, wer wann dran war und wie der Parcours aussah. Für Hubert und Richard hatte er eine volle Thermoskanne Kaffee in das Vorzelt auf den Tisch gestellt. Junior saß dort bereits und aß sein zweites Brot, was ihm seine Mutter gestern eingepackt hatte und trank Milch dazu. „Ich gehe jetzt zum Parcours und schaue mir den an", sagte er als Hubert und Richard kamen. „Aber bitte bleib draußen, oder nur mit Gertrud oder Regina." Er nickte und verschwand. Hubert und Richard plauderten ein wenig, Hubert ging zum Abreiteplatz, um zu schauen, was die

jungen Frauen dort machten. Weber stand am Rand und korrigierte hin und wieder einige Dinge. „Ich denke, alle drei sind gut drauf, mal sehen, wie sie das im Parcours umsetzen." „Lassen wir das auf uns zukommen", lächelte Hubert und gähnte dabei. „Wann sind die Mädels dran?" Weber holte einen Zettel aus der Tasche und sagte ihm die Startpositionen. „Da ist es gut, wenn man hinten startet, es gibt kein Stechen, es geht nur nach Fehlern und Zeit und hinten weiß ich, was ich machen muss!"

Ganz langsam kamen die ersten Zuschauer, das würde sich zum Nachmittag hin ändern. Vorher kamen die ländlichen Reitervereine, die nach den Damen am Start waren, auf den Stallplatz. Teilweise mit Traktoren und großen Anhängern, auf denen die Pferde transportiert wurden. In einigen Fällen war das schon abenteuerlich. Da er genügend Zeit hatte, beobachtete Hubert das interessiert. Einige der Ankommenden kannte er von früher, so ergaben sich nette Gespräche. Und zu seiner großen Überraschung lief er einem ehemaligen Angehörigen seiner alten Batterie über die Füße. Der lud gerade ein Pferd von einem der großen Anhänger und beruhigte es, nachdem es von der hohen Rampe herunter gepoltert war. Er ging rückwärts und Hubert sah in eine andere Richtung, so stießen sie zusammen. Der junge Mann drehte sich zu ihm und sagte: „Hey Mann, pass op, dat Peer ist etwas aufgeregt!" Beide sahen sich an, Hubert überlegte und schon sagte der Mann: „Mensch, Schuldigung Chef, habe Sie gar nicht erkannt!" Jetzt wusste Hubert, wer das wahr, Klaus Meier, ein Meldereiter seiner Batterie, der im Herbst 44 bei einer Absetzungsbewegung verwundet worden war. „Mensch Klaus, das ist ja ein Ding, wie geht es dir?" „War länger im Lazarett, da haben sie uns behalten, bis alles vorbei war. Bin entlassen worden, als nicht verwendungsfähig und kam so ohne Kriegsgefangenschaft nach Hause."

„Mein Glückwunsch, hast du heute gesundheitliche Probleme?" „Ach was, wir hatten sehr nette Ärzte, die dafür gesorgt haben, dass wir nicht mehr an die Front kamen. Wenn das Wetter umschlägt, merke ich das ein wenig im Bein, aber sonst bin ich absolut fit und wie geht es Ihnen?"

Hubert erzählte ein wenig von der Firma und den Ehemaligen, die jetzt bei ihm in Lohn und Brot waren. „Mensch, wenn es im Herbst auf dem Hof ruhiger wird, komme ich vorbei, mit denen muss ich unbedingt quatschen!" „Fiete ist hier, reitet mit mir heute Nachmittag im Großen Preis." Der Mann lachte. „Ach nee, mein alter Kumpel! Wenn ich fertig bin, komme ich nachher vorbei."„Bist du jetzt auf eurem Hof der Chef?" „Nein, Vater ist weiter voll im Geschäft, aber irgendwann übernehme ich den Hof. Das sind 800 Morgen gutes Land nordwestlich von Hannover. Nur mit der Pferdezucht haben wir Probleme." „Warum?" „Vater hat viel gezüchtet und wurde immer gut die jungen Pferde als Remonten los, er hatte einen Namen dafür. Aber wer kauft heute Remonten? Wir haben einen hervorragenden Stutenstamm, aber wir werden die Pferde nicht mehr los. Schau dir die Stute hier an. Bestes Blut, charakterlich sauber, aber wir haben sechs Prämienstuten im Stall. Die reite ich heute, um sie eventuell zu verkaufen." „Was hat die für eine Abstammung?" Sofort sagte der junge Mann diese aus dem Kopf und Hubert nickte. „Sehr, sehr ordentlich. Einige ähnliche habe ich im Stall. Wie alt ist sie?" „Sechs Jahre, hat gutes Springtalent. Wir haben zwei ähnliche, die eine absolute Dressurveranlagung haben. Da hat mein Vater mal eine andere Hengstlinie probiert. Aber die stehen nur auf der Weide. Dieses Jahr haben wir nur drei Stuten decken lassen, weil wir nicht wissen, wohin mit den Fohlen." „Lass uns nachher nochmal darüber reden, ihr müsst satteln und ich will sehen, was meine Mädels machen."

Er ging zum Amazonenspringen, stellte sich zu Weber, Fiete und den anderen. Fiete erzählte er, wen er getroffen hatte, der war richtig erfreut.

„Schaut euch bitte das Pferd an, was er reitet und sagt mir nachher eure Meinung", sagte er den beiden, die verstehend nickten.

Petra, als erste der drei im Parcours, hatte keinen guten Tag, zwei Abwürfe und war anschließend auf sich selber sauer. Gertrud auf dem Schwarzbraunen machte das sehr couragiert, hatte aber einen Zeitfehler, war aber ganz oben drin, weil die anderen ständig Fehler hatten. Eine Frau legte die erste Nullrunde hin, was Regina als Vorletzte unter Zugzwang setzte, Sicherheit oder angreifen?

„Lass den Schimmel laufen, halt ihn aber unter Kontrolle, damit er nicht zu flach wird", rieten ihr Hubert und Weber unabhängig voneinander.

Tatsächlich machte der Schimmel das sehr gut, kein Fehler, schnellste Zeit. Jetzt kam es auf die letzte Reiterin an, aber die machte gleich am Anfang zwei Fehler, damit war sie Siegerin und Gertrud Dritte. Ein schöner Erfolg. Die ersten Drei erhielten als Preis neben einer großen Plakette ebenfalls jede einen Gutschein für eine dieser neuen weißen Reithosen.

Während des Umbaus ritten die Mannschaften der ländlichen Reitvereine mit ihren Fahnen ein. Hubert zeigte seinen Leuten Klaus Meier und das angesprochene Pferd. Mit Richard ging er zum Stall, um die Pferde vorzubereiten und Junior ging mit Regina und Petra auf Entdeckungstour auf dem großen Turnierplatz. 5 RM hatte er von Hubert bekommen, davon sollte er sich etwas kaufen. Weber und Fiete kamen, um dessen Pferd zu satteln. „Die Stute geht sehr gut im Parcours, die hat mir gefallen", sagte Weber und Fiete bestätigte das.

„Darüber werden wir nachher mit Klaus Meier reden müssen", grinste Hubert und führte Sandro hinaus. „Du bist mit ihm relativ früh dran, die Stute im letzten

Drittel", sagte Weber beim Hinausgehen. „Gut, dafür habe ich ja gerade das richtige Pferd", erwiderte Hubert ruhig.

Beim Aufwärmen traf Hubert auf dem Abreiteplatz den Master der neuen Niedersachsenmeute wieder. Der war mit seinen Leuten nach dem Springen der ländlichen Mannschaften dran. Beide tauschten ihre Visitenkarten und versprachen sich gegenseitig demnächst zu besuchen. Klaus Meier traf er mit der Stute auf dem Platz, der wartete auf die Siegerehrung. „Verlade die Stute nicht. Nach dem Springen möchte ich sie genauer anschauen." „Oh, Chef, Interesse?" „Mal schauen. Aber nicht, wenn du mir mit einem hohen Preis kommst!"

Er konzentrierte sich auf Sandro. Sofort hatte er gemerkt, dass der voll ausgeruht und gehfreudig war, so musste er heute sein. Und er bewies es, indem er null ging. Die Stute machte das genauso, ebenso Fiete. Mit sieben Pferden gingen sie ins Stechen. Wieder gingen beide null, es gab ein zweites Stechen, mit vier Reitern. Die Zuschauer, die heute in großer Anzahl den Platz säumten, bekamen großen Reitsport geboten.

Mit der Stute musste er im zweiten Stechen als Erster antreten. Um besonders schnell zu sein, nahm er mit ihr kurze Wege, bis auf den vorletzten Sprung klappte das sehr gut, aber dieser Weg war für die Stute zu kurz, sie blieb einfach stehen, Verweigerung und beim zweiten Versuch riss sie das Hindernis. Trotz allem lobte er sie ausgiebig. So etwas konnte immer passieren. Fiete als nächster riss einmal und war damit dritter. Der Mann aus Celle ritt eine Nullrunde mit einer ordentlichen Zeit. Sollte er der Gewinner sein? Beim Einreiten klopfte Hubert Sandro auf den Hals. „Mein guter alter Fahrensmann, jetzt zeig es ihnen," sagte er leise und sah lächelnd wie Sandro dabei die Ohren spielen ließ. Souverän ging er null Fehler und die Zeit war um einiges besser, das war der Sieg! Beim Hinausreiten gratulierten ihm die anderen Konkurrenten kameradschaftlich, da gab es keinen Neid. Junior freute sich unbändig und die anderen der Mannschaft klatschten Beifall. Als Sieger erhielt er einen großen Pokal und einen Briefumschlag mit 500 RM. Sogar für die Stute als Vierte gab es noch 50 RM. Aber das war nicht alles. Zusätzlich wurde er als bester Reiter des Turniers ausgezeichnet, erhielte eine Schärpe mit dem Datum des Turniers und einen großen Geschenkkorb. Weber und Frank nahmen ihm alles ab, als er die Ehrenrunde ritt. Damit war dieses Turnier beendet. Junior durfte Sandro trocken reiten, er selber wechselte den roten Rock mit einem grauen Kittel, jetzt galt es zu verladen. Aber vorher ging es um die Stute.

Meier stand am Pferdeanhänger, hatte die Stute angebunden und putzte sie. Der Rest seiner Mannschaftskameraden stand an einer Bierbude.

„So, mein lieber Klaus Meier, herzlichen Glückwunsch zum Sieg der Mannschaft!" „Danke", lachte der, „aber dir möchte ich sagen, so ein „Großer Preis" ist doch schon mehr!" „Was nicht ist, kann ja werden, mein Guter. Aber jetzt zu deiner Stute. Was willst du für sie haben?"

Der wiegte den Kopf, sah das Pferd an. „Naja, die Abstammung ist natürlich sehr gut, sie ist klar im Kopf, hat Springveranlagung. Das ist kein Pferd für einen Freizeitreiter. Mein Vater würde sagen 600 RM." Hubert lachte. „Die Sachen, die du gesagt hast, stimmen, aber momentan wirst du zu dem Preis kein Pferd verkaufen könne, das ist dir doch klar, oder?" „Stimmt, es ist schon schwer, aber verschenken wollen wir sie nicht. Ich sage mal 500 RM." „Ich hatte mir 400 RM gedacht, aber um nicht zu feilschen, komme ich dir entgegen und sage 450 RM." Meier grinste. „Das Angebot nehme ich an!" Beide gaben sich die Hand, der Kauf war besiegelt. „Denk dran, du wolltest bei uns vorbeikommen!" „Das tue ich, muss die Papiere der Stute bringen und mit Fiete habe ich gesprochen, er hat mich eingeladen." Hubert gab ihm aus dem Umschlag, in dem der Gewinn steckte, das Geld und Meier bedankte sich. „Vielleicht kommen wir mit einer weiteren Stute demnächst ins

Gespräch." „Sehr gerne. Das können wir besprechen, wenn ich komme. Wer ist das?" fragte Meier. Junior stand am Kopf der Stute und hatte bereits an deren Halfter einen Führstrick angebracht. Hubert grinste: „Das ist mein Sohn, eines unserer Nachwuchstalente!" Gemeinsam gingen die beiden mit dem Pferd zum Transporter. Bei einem war die Tür offen. Weber, Frank und Richard standen grinsend davor.

„Jetzt weiß ich, was man am sinnvollsten mit einem Preisgeld macht!" sagte Frank, nahm das Pferd und brachte es in den Wagen.

Auf dem Weg zurück hatte der Junge endlich die Chance alle seine Fragen loszuwerden und tat das ausgiebig. So verging die Zeit sehr schnell und um 18:00 Uhr waren sie daheim. Alle fassten tatkräftig beim Abladen an und als es geschafft war, wurde Ulla die neue Stute vorgestellt.

„Die gefällt mir sehr, Glückwunsch, da hast du dein Preisgeld gut eingesetzt. Also wird das doch etwas mit der Zucht?" fragte sie lächelnd.

„Ja, ich denke schon, das habe ich mir immer gewünscht."

Für den Montag hatte sie gepackt, alles war im Opel. Am nächsten Morgen half ihr Hubert und verabschiedete sich von den Dreien.

„Bis Samstag und erholt euch gut. Ich komme nach der Arbeit, so gegen 13:00 Uhr."

Es wurde Zeit für die montägliche Stabsbesprechung. Dort konnte er einiges vom letzten Wochenende weitergeben und hörte sich genau an, was seit Donnerstag geschehen war. Große Dinge gab es nicht und die kleinen Sachen waren schnell geregelt. Anschließend wartete jede Menge Papier auf ihn. Bis Mittag hatte er alles geschafft und fuhr zu seinen Eltern zum Essen. Beide Brüder waren da und so gab es genügend Gesprächsthemen nach dem Essen. Die Getreideernte war beendet, das Korn und Stroh eingelagert. Die geforderten Quoten waren abgegeben, das Geld dafür kassiert. Mit dem Bäcker hatte Fritz sich geeinigt und einen Teil an den verkauft. 40 Säcke Weizen waren verladen, um zur Mühle gebracht zu werden. Hubert würde einen Wagen voll Hafer bekommen, damit waren die Einsätze seiner Leute und seiner Maschinen intern abgegolten. Der Mähdrescher arbeitete jetzt bei anderen Landwirten der Umgebung, das organisierte Gert und ließ sich dafür bezahlen. Ähnlich würde das später mit dem Transport der Rüben über Hubert laufen. Gert und Doris hatten auf dem Empfang in Goslar neue Geschäftspartner kennengelernt, allerdings nicht nur für den Textilbereich, sondern zusätzlich für Kfz- und Landmaschinen. Was sich daraus entwickeln würde, musste man abwarten.

Nach seiner Rückkehr ins Büro telefonierte er mit dem Mann aus dem Büro seines Onkels wegen der zu räumenden Lager. Dazu hatte er Kokoschka geholt, der ihm gegenüber am Schreibtisch saß und einen Mithörer am Ohr hatte. Der hatte einen Block und Stift vor sich, sollte Hubert bei den Preisverhandlungen unterstützen. Man kam schnell zur Sache, es ging um drei Baustofflager und eines mit Kfz-Teilen. Der Mann schilderte, was in den Baustofflagern war, Kokoschka rechnete mit und zeigte ihm eine Zahl hinter der er „maximal" geschrieben hatte. So ganz richtig schien der Mann keine Ahnung von den entsprechenden Zahlen zu haben, schließlich einigten sie sich auf einen Betrag, der einiges unter der von Kokoschka angegebenen Summen war. Hubert begründete das mit den erheblichen Transportkosten die anfielen. Zufrieden nickte Kokoschka, als sie handelseinig waren. Das Kfz-Ersatzteillager wurde auch sehr günstig, da bereits zwei Autofirmen dankend abgelehnt hatten. Die Schlüssel zu den entsprechenden Lagern und die entsprechenden Kartenausschnitte würde er bis Donnerstag erhalten. Für den Kfz-Bereich war Gert zuständig, der sofort zustimmte und den Preis bezahlen würde.

Die anderen drei Lager würden ein Fall für Karl werden,
denn seine Holzaktion hatte er gut vorgeplant, das
würde erst im Spätherbst aktuell werden. Also ließ er
den kommen und erklärte ihm genau, um was es ging.
Zusätzlich zu den Kräften, die er einsetzten würde,
bekam er für jedes Lager einen von Huberts Leuten, die
Erfahrung mit dem Räumen der dort befindlichen
Stabsbereiche hatten.

Gertrud berichtete ihm, dass Hartig und Frau Doktor
März sich für die Jägersausbildung gemeldet hatten. „So
haben wir die Gruppe zusammen. Ruf bitte Wagner an
und sag ihm das." Da er heute Abend allein daheim war,
beschloss er zu den Waisenhauskindern zu gehen und
mit denen zu plaudern. Das tat er, aß mit ihnen und
führte jede Menge Gespräche. Alle waren sehr
wissbegierig und löcherten ihn mit vielen Fragen. Als er
im letzten Tageslicht nach Hause kam, war er etwas
geschafft. Im und um den Stall war alles ruhig, nur
Richard stand vor der Tür und rauchte eine Zigarette.
„Das ist hier heute richtig ruhig!" „Außer Regina und
Petra ist heute niemand geritten und natürlich Thomas.
Deine fünf Pferde, ohne die junge Stute, haben wir, auf
die Weide gelassen und prompt hat sich die Zicke zur
Chefin erklärt, alle haben gespurt!" grinste er. „Das
habe ich mir gedacht. Lasst sie bitte morgen wieder
dahin, die haben genug getan." „Das macht Frank.
Weber und ich fahren nach Wittingen, bringen mit dem
Trecker die Maschine hin und weisen Sigurd ein." „Sehr
gut, der kann die sofort einsetzen. Ich habe nichts
dagegen, wenn er das bei anderen macht, aber nicht
umsonst! Das Geld kann er behalten. Hast du die Löhne
für die beiden und den Helfer dort?" „Alles dabei." Für
heute hatte er genug. Er holte sich eines der
Pferdebücher aus dem Regal und goss sich einen edlen
Whisky ein. Später rief er in Wittingen bei Ulla an, um
zu hören, wie es seiner Familie ging. Die waren gut
angekommen und hatten sich schon eingelebt. Das war
genau der Sinn dieses Urlaubes. Von Sieglinde wurde er

am nächsten Morgen beim Frühstück gut versorgt. Sie und Susanne waren in den nächsten Tagen beschäftigt, die große Wäsche stand an, der Garten war zu pflegen und dort zu ernten. Einkochen wollten sie und ab Donnerstag sollte eine gründliche Hausreinigung erfolgen. Nach einigen Tagen mit wechselhaftem Wetter kündigte sich ein schöner Tag an, also nahm er das Motorrad.

Im Büro empfing ihn Gertrud mit zwei Nachrichten: „Hartmut hat angerufen, der Bestand auf dem Konto ist genauso vorhanden und die Schlüssel für die zu räumenden Objekte kommen heute schon." „Zwei gute Nachrichten und sehr erfreulich, danke."

Er machte sich an die Bearbeitung des Papiers auf seinem Schreibtisch, ging daran, Rechnungen zu bezahlen. Gert bekam 35.000 RM für die neue Maschine und einen zusätzlichen Gummiwagen per Scheck. Den brachte Anja hinüber. Fischer erhielt einen Scheck über 17.000 RM für die Trümmerräumung der Grundstücke am Nordbahnhof und 132.000 RM für die Fertigstellung des Wohnblockes an der Berliner Straße.

Danzer kam und führte seine Fotos von Hannover vor. Die Quadrille hatte er wunderbar getroffen in der Aufstellung beim Gruß und ohne.

„Kannst du das bitte mit dem Gruß und das andere vergrößern? Eines wäre hier für den Gang und eines für das Reiterstübchen." „Mache ich. Dazu gleich einen Rahmen und die passende Beschriftung." Ein weiteres wollte er vergrößert haben, er auf Sandro in vorbildlicher Haltung über einem Sprung. Außerdem waren da ca. 30 andere Fotos von allen Beteiligten, eines von Ulla mit Kinderwagen und Junior auf Sandro beim Trockenreiten. „Mach eine Art kleinen Bildband, nummeriere die Fotos und lege eine Liste dazu, da kann jeder sich eintragen und aufschreiben, welches Foto er haben möchte. Und dafür nimmst du einen Preis, das Geld nimmst du für den Kauf von Chemikalien. Ich bestelle von den Kleineren welche. Papier bekommst du von Gertrud und was du sonst dazu brauchst." „Werde ich tun. Aber jetzt etwas ganz Anderes. Von den Sachen, die wir neulich im Zug gefunden haben, wurde ich einige Dinge sehr gut los. Beide Filmkameras mit Stativen und zwei Fotoapparate mit Blitzgerät habe ich verkaufen können, den Filmprojektor habe ich behalten, den könnten wir eventuell brauchen, sowie zwei weitere Kameras, das gesamte Entwicklungszeug und die Filme. Das ist alles brauchbar. Das Fotolabor habe ich im Keller eingebaut. Hier ist das Geld, 26.000 RM." Hubert öffnete den Umschlag, entnahm 1.000 RM und gab sie ihm. „Das ist für dich. Pflege deine Kontakte und Verbindungen, Gertrud hat dafür einiges auf Lager." „Danke. Übrigens, Elke Hase und ich sind jetzt zusammen und wenn demnächst eine Wohnung frei wird, würden wir dort sehr gern einziehen." „Das freut mich für euch beide. Melde dich bei Becker für eine Wohnung an."

Kaum war Danzer gegangen, als sein Onkel anrief: „Der verurteilte SS Offizier ist gestern in Hameln gehängt worden. Damit hast du im Bezug der Konten freie Bahn. Die Papiere sind mit den Schlüsseln und den Plänen für die zu räumenden Lager unterwegs, viel Erfolg damit. Deine anderen Unterlagen ziehen unerwartete schöne Kreise, danke dafür." „Gern geschehen und danke für die Unterlagen. Gruß an die Tante!"

Entspannt lehnte sich Hubert in seinem Stuhl zurück und überlegte, wie er an diese Sache herangehen sollte. Er ließ sich mit seinem Jagdfreund, dem Bankdirektor, verbinden. Nachdem sich beide freudig begrüßt hatten, kam er zur Sache. „Als Dank für einige Gefallen, die wir den Briten taten, haben sie mir zwei Konten von einem gehängten SS Offizier übertragen. Diese Konten sind in deinem Verantwortungsbereich."
„So etwas Ähnliches hatten wir neulich schon einmal. Hast du die schriftliche Bestätigung dafür?" „Die wird mir gerade überbracht."

„Die brauche ich und damit sollte das gar keine Probleme geben. Wohin soll das Geld? Und kannst du mir die Kontonummern geben?" „Das Geld soll auf mein Sparbuch und die Konten lauten ..." Er diktierte die Zahlenkolonnen und der andere schrieb offensichtlich mit. „So, ich habe alles. Wann willst du vorbeikommen wegen der Bescheinigungen?" „Am Donnerstagvormittag gegen 10:00 Uhr?" „Ja, das passt, Termin ist vorgemerkt."

Zufrieden fuhr er mit dem Motorrad zu seinen Eltern. Malwine erzählte, sie hätte mit der Familie Klavas in Cremlingen ein Abkommen getroffen, die würden Kaninchen züchten, ihren Geflügelhof vergrößern, dort für sie Enten, Gänse und Hühner ziehen. „Aber du hast ihnen einen ordentlichen Preis gemacht, oder?" „Ja, natürlich, ich will ja länger mit denen zusammenarbeiten, für den Hof von Peter gilt das gleiche."

„Läuft dein Verkaufsstand weiter gut? „Sehr gut, wir sind jetzt an zwei Märkten vertreten. Und die Sache mit Struss läuft ebenfalls gut. Geht ihr bald wieder zur Jagd?" „Da werde ich mich drum kümmern, Zeit wird es langsam."

Bei seiner Rückkehr lag ein größeres Paket auf seinem Schreibtisch. „Das hat vorhin einer aus Hannover gebracht!" sagte Gertrud.

Die Unterlagen der vier zu räumenden Depots waren darin und ein versiegelter Umschlag auf dem stand: „Herrn Hubert Wedel, persönlich". Hubert öffnete den Umschlag und fand darin die zwei Urkunden, jeweils doppelt, für die Überschreibungen der Konten. Für jede Urkunde gab es eine deutsche Übersetzung. Die studierte er und verglich diese mit der englischen Fassung. Tatsächlich stand darin der Passus: „Sollte dazu ein Bankfach gehören, geht dieses mit in sein Eigentum über". Das hatte er nicht erwartet, sondern sich bereits Gedanken gemacht, wie er an diesen Kram kommen könnte. Aber das hatte sich damit erledigt.

Fröhlich pfeifend legte er die Unterlagen wieder in den Umschlag, verstaute den in seinem Schreibtisch.

„Gertrud rufst du bitte Karl zu mir?" Kurz darauf kam der und bekam die Unterlagen ausgehändigt.

„Das mit den Kfz-Sachen gibst du bitte Gert. Nimm dir morgen ein Auto und fahre Erkundung. Wir sprechen uns Donnerstagmittag wieder."

„Alles klar, nehme mir einen von Kokoschka mit." „Tu das, vier Augen sehen mehr als zwei. Die Stabsgebäude machen meine Leute, die haben damit Erfahrung."

„Hast du schon gesagt. Wen soll ich mitnehmen, wenn du nicht da bist?" „Nimm Richard mit, dem sage ich das heute."

„Gertrud, kannst du bitte mal kommen?" Sie kam mit Block und Stift, setzte sich auf den Stuhl vor dem Schreibtisch.

„Die Jungs und Mädchen sind jetzt eine gute Zeit bei uns. Jetzt sollten wir uns ein Bild machen, ob welche dabei sind, die eventuell bei uns eine Lehre machen wollen. Frag bitte die einzelnen Bereiche ab, ob Interessenten dabei sind. Das gilt für alle Bereiche, ebenso Gert, Doris, Fritz und Barbara. Wenn ihr einen Überblick habt, überlegt, wo wir die unterbringen können und wer für die als Aufpasser in Frage käme."

„Das kann aber ein wenig dauern. Monika ist unterwegs bei der Bank." „Kein Problem. Ich bin morgen ab 16:00 Uhr bei der IHK, werde in Braunschweig übernachten und habe am Donnerstagvormittag einen Termin bei der Bank."

Mit Fischer sprach er als Nächstem. Dem schilderte er die Sache mit den zu räumenden Lagern, teilte ihm mit, dass Kokoschka darüber informiert sei und den Preis dafür als angemessen niedrig erachtete. „Hier sind die Daten von dem Mann in Hannover, die einzelnen Beträge und das Konto, auf das wir überweisen sollen." „In Ordnung, das machen wir in Absprache mit Kokoschka. Ich werde darauf achten, dass Gert seinen Anteil rechtzeitig überweist." Während er seine Post bearbeitete, wurde es lauter und fröhlich im Vorzimmer, Graf stand in seiner Tür.

„Melde mich mit bestandener Prüfung!" Hubert stand auf, ging ihm entgegen und schüttelte ihm die Hand. „Glückwunsch, das ist eine Freude. Wie ist es ausgegangen?" „Eine Stunde hat man mich gelöchert, dann habe ich bestanden mit „Sehr gut"." „Unser aller Glückwunsch!"

Er holte eine Flasche Sekt aus dem Schrank und übergab sie ihm. „Lasst es euch schmecken. Morgen kannst du dich bei den Ingenieuren einweisen lassen für den neuen Bau, deine Jungs haben gut gearbeitet, keine Probleme!"

Nachdem er alles erledigt hatte, fuhr er um 16:30 Uhr nach Hause, zog sich um und ging in den Stall. Richard und Weber waren aus Wittingen zurück, bestellten nicht nur Grüße von Sigurd und seiner Frau, sondern auch von Ulla und Junior. „Der Junge und das Mädchen sind bei Sigurd gut beschäftigt, der kommt mit der Maschine gut zurecht. Die steht jetzt in der Garage auf dem zweiten Hof." Weber war mit seiner Abteilung beschäftigt, also nahm er sich die neue Trakehnerstute und probierte sie an ein paar Sprüngen. Das machte sie recht ordentlich, aber größere Höhen traute er ihr nicht zu. Aber als er mit ihr ins Gelände ging, zeigte sie schnell, wie gut sie das hier machte. Wie erwartet war sie ein Pferd fürs Gelände und eventuell für die Military. Aber diese Aufgabe würde er Ulla persönlich überlassen, die sollte sehen, was sie mit der Stute machen wollte. Er brachte sie wieder in den Stall und erklärte Richard ausführlich, wofür er sich bei den neuen Depots bereithalten sollte. „Wäre es nicht besser, wir machen das zu zweit, da können wir mehr Helfer mitnehmen", sagte Weber. „Wenn das zeitlich geht, warum nicht. Möchte nur nicht, dass die Arbeit hier im Stall und mit den Pferden darunter leidet." „Das bekommen wir geregelt, morgen fangen wir an zu misten, haben wir so vorgesehen. Das kommt alles zu Fritz." „In Ordnung. Ich bin morgen Abend nicht da, komme erst am

Donnerstagmittag zurück. Richard vergiss nicht, dein Werkzeug dabei zu haben." Der grinste: „Das haben wir lange genug gemacht, ich weiß, was man alles braucht." „Gut, alles andere hätte mich gewundert. Was haltet ihr davon, wenn wir eine Runde Skat spielen?" Die drei sahen sich an und nickten. „Ich schreibe auf", sagte Frank und Hubert ging ins Haus, holte ein Kartenspiel, Papier und einen Stift. Als er zurückkam, hatte Weber aus dem Reiterstübchen vier Flaschen Bier geholt und auf den Tisch gestellt. Es wurde eine gemütliche fröhliche Runde. Schließlich brachte Sieglinde einen Teller mit Käse, Mettwurst und einen mit Brot zu ihnen, was die Sache wesentlich angenehmer machte. Zwei Runden hatten sie gespielt, Richard hatte zweimal gewonnen, Weber zweimal verloren, als Karl auf den Hof fuhr. Er setzte sich dazu und berichtete, was er vorgefunden hatte. Im Großen und Ganzen war es ähnlich, wie in den anderen Lagern. Nur dieses Mal war zusätzlich ein Kipper mit zwei beladenen Langholzanhängern vorhanden. „Gibt es dort ein benzinbetriebenes Ladegerät?" „Nein, aber eine elektrische Laufkatze über den Paletten. Die reicht auf ihrem Träger nach draußen!" „Gut, das reicht zum Beladen. Aber einen Mann von Gert würde ich dafür und für das Auto mitnehmen." „Das habe ich veranlasst, traf Gert vor der Werkstatt, der kam von seiner Erkundung und war begeistert. Rübke weiß Bescheid, braucht morgen früh nur Laster und Fahrer." „Schwarz ist gestern im Bahnlager fertig geworden, da müsste es freie Laster und Fahrer geben", fügte Hubert hinzu. „Könnt ihr morgen früh gleich losfahren?" fragte Karl Richard. „Wir müssen nur zwei Laster holen und Weber Personal zum Arbeiten. Denke gegen 09:00 Uhr können wir rollen." „Bei mir wird das etwas länger dauern. Ich gebe euch die Schlüssel, so könntet ihr bereits anfangen." „Alles gut, können wir so machen", sagte Weber und sagte weiter: „ich werde jetzt losgehen und Personal organisieren." Hubert ging ins Haus und las das Programm für den morgigen Neubeginn der IHK durch.

IHK

Im Hinblick auf die IHK-Gründung, kleidete sich Hubert entsprechend in guter Hose und Sakko mit Krawatte. Da er in Braunschweig in ihrem Haus an der Adolfstraße übernachten wollte, Donnerstag war der Banktermin wegen der zwei Konten, packte er ein paar Wechselsachen in ein kleines Köfferchen. Sieglinde würde mit Susanne und einer Helferin bis morgen das Haus grundreinigen, da war er eh fehl am Platz.
Nach einem guten Frühstück nahm er seinen Lieferwagen und fuhr ins Büro. Einiges hatte er sich heute vorgenommen, das wollte er gleich anpacken. Von 08:00 Uhr bis 09:30 Uhr war er bei Becker und ließ sich von dem einweisen in die derzeitige Vermietungslage. Das sah sehr gut aus, alles war vermietet oder in einigen Fällen kurz davor. Das zweite Büro in Braunschweig lief sehr ordentlich, die Zusammenarbeit war gut. Auf ihren Mietkonten hatte sich bereits einiges angesammelt, vor allem bei ihm, aber das sollte dort verbleiben und für spätere Investitionen genutzt werden. Ganz eng war die Zusammenarbeit Beckers mit dem Steuerbüro März, was für Hubert sehr wichtig war, denn nach wie vor war die Immobilienverwaltung ein wichtiger Bestandteil der Firma. Anschließend ging er an die Post, bis der Brauereidirektor aus Wittingen anrief.
„Ich bin einer der Mitveranstalter unseres Turniers in zwei Wochen. Am letzten Wochenende war ich in Hannover beim Turnier, um mir einiges dort abzuschauen, dabei hat mich Ihre Quadrille tief beeindruckt. Wäre es möglich, die bei uns aufzuführen?" „Da muss ich unsere Leute befragen, bis morgen Mittag könnte ich Ihnen eine Antwort dazu geben." „Das wäre wunderbar, wenn das klappt, wir

müssen das Programm erstellen. Ich würde, wie in Hannover, 100 Liter Bier dafür einsetzen." „Das werde ich gern so weitergeben, morgen erhalten Sie eine definitive Aussage, versprochen!" „Ein anderes Thema: Ich würde gern die von ihnen angebaute Gerste vollständig aufkaufen." „Sehr gerne, die braucht aber etwas. Wenn es so weit ist, sage ich sofort Bescheid." „Wissen Sie, wir haben hier echte Probleme bei der Ernte, zu wenig Leute zum Ernten, einiges steht weiter auf dem Halm!" „Sprechen Sie mit unserem Verwalter. Der hat eine neue Maschine, einen kleinen Mähdrescher, der könnte das gegen Bezahlung machen." „Oh welche Überraschung. Das kläre ich, rufe Sie morgen dazu an." Nachdem die Post erledigt war, trug Dolle vor. „Die Aufträge für die Ausbauten der TH sind im Zulauf, das sieht sehr umfassend aus. Der Weiterbau des Theaters ist ebenfalls sicher, sogar schriftlich bestätigt. Der weitere Ausbau der Kaserne für die Bereitschaftspolizei und der Neubau der Sporthalle dort, ist schriftlich bestätigt. Außerdem bekommen wir in letzter Zeit Anrufe für Aus- und Neubauten in der Innenstadt. Einige berufen sich dabei auf dich. Mit dem Investor, der demnächst irgendwann größer bauen und vermieten will, sind wir im Gespräch wegen der Renovierung seiner Häuser."
„Das hört sich sehr gut an. Offensichtlich bringt das etwas, mit den Leuten bei den Turnieren zu reden."

Nach dem Essen bei seinen Eltern unterhielt er sich länger mit Fritz. Der hatte mit ihren Eltern jetzt endgültig geklärt, wem was von dem Viehstand gehörte. „Im Milchstall gehören mir drei Viertel der Tiere und bei den Schweinen auf dem Hof die Hälfte. Das, was ich auf den anderen Höfen zusätzlich habe, ist ausschließlich meins." „Das ist gut so, dass da eine klare Linie gezogen ist, sonst hätte es mittelfristig Ärger gegeben. Der Rest des Federviehs und den Kaninchen ist das Eigentum unserer Eltern?" "Ja, so ist es vereinbart. Wenn Malwine etwas von mir braucht vom Rest, kauft sie es mir ab." Zufrieden über diese Einigung war er wieder im Büro. Kurz nach 15:00 Uhr fuhr er nach Braunschweig und brachte sein Köfferchen in die Wohnung, legte die Unterlagen für die Bank in einem Umschlag auf den Tisch. Nachdem er sich ein wenig frisch gemacht hatte, ging er zu Fuß ins Magniviertel, wo in einem Saal um 16:00 Uhr das Treffen der zukünftigen Vorstandschaft der IHK angesetzt war. Hilde begrüßte ihn freundlich und stellte ihn den anderen Teilnehmern vor. Ein Rechtsanwalt war dabei und trug die rechtlichen Grundlagen für die Neugründung vor. Anschließend wurden die ersten Arbeitsschwerpunkte des neuen Vorstandes besprochen. Das ehemalige Haus der IHK war von den Briten belegt, hier sollten Verhandlungen beginnen, um dieses mittelfristig zurück zu bekommen. Die Frage nach den zukünftigen Mitgliedern und deren Beitrag wurde erörtert. Hilde bot an, einen Geschäftsführer und eine Sekretärin aus ihrem Firmenbereich zu stellen, was begrüßt wurde. Alle Vorbereitungen für die nachfolgende erste Vollversammlung wurden getroffen. Anschließend gab es für die Anwesenden einen kleinen Imbiss in einem Nebenraum, während sich der Saal füllte. Die Gründungsversammlung wurde von dem Rechtsanwalt eröffnet, alle Modalitäten besprochen und durchgeführt. Hilde wurde zur ersten Vorsitzenden vorgeschlagen und gewählt. Daraufhin stellte sie ihren Vorstand vor, dessen Wahl ebenfalls mit voller Stimmenzahl erfolgte. Es folgte der Vortrag über die nächsten Vorhaben des Vorstandes, die nach längerer Diskussion gebilligt wurden. Gegen 21 Uhr war die Veranstaltung beendet.

Hilde packte ihre Unterlagen zusammen und fragte Hubert: „Fährst du heute Abend nach Hause?" „Nein, ich bleibe in Braunschweig, wir haben ein Haus in der Adolfstraße, da kann ich übernachten." „Welch Zufall, ich wohne auf der anderen Seite, kurz hinter dem Gymnasium. Dann können wir ja zusammen gehen." Draußen, als sie allein waren, hakte sie sich bei ihm ein, plaudernd gingen sie die nur spärlich beleuchtete Straße entlang, blieben an der Kreuzung Adolfstraße/Leonhardstraße stehen. „Ich muss jetzt nach links", sagte Hubert. „Vorschlag: Bei mir steht Sekt im Kühlschrank, davon könnten wir auf unseren Erfolg trinken!" Sofort antwortete Hubert: „Sehr gern, dieses Angebot von einer schönen Frau nehme ich an!" Lächelnd antwortet sie: „Du Schmeichler, komm!" Sie nahm seine Hand, beide folgten der Straße nach rechts.

Einige Häuser hinter dem Gymnasium hatten sie ihr Haus erreicht, es war sehr schön und in einem sehr guten Zustand. Während sie hineingingen, legte sie ihre Unterlagen auf einen Flurtisch und führte ihn ins Wohnzimmer. Das war sehr groß und geschmackvoll eingerichtet, alte Möbel, Bilder, Glas und indirekte Beleuchtung, ging mit einer großen Glasscheibe hinaus zur Oker. „Mach es dir bequem, ich kümmere mich um den Sekt." Er zog sein Sakko aus und nahm die Krawatte ab, kurz darauf war sie mit zwei vollen Sektgläsern wieder da. „Wir können nach draußen auf die Terrasse gehen, es ist wunderbar warm!" Er folgte ihr hinaus auf die große Terrasse. Dort war eine herrliche Stille, gegenüber nur der Löwenwall. „Das ist richtig schön hier, Hilde." „Finde ich auch, Prost mein Lieber!"
Sie prosteten sich zu und tranken. Gut sah sie aus in ihrem engen blauen Kostüm mit den hochhackigen Schuhen. Wie auf ein Kommando stellten beide ihr Glas auf einen Beistelltisch und fielen sich gegenseitig in die Arme, küssten sich leidenschaftlich. Etwas schwerer atmend trennten sie sich und sie sagte halblaut: „Warte, ich ziehe mir etwas anderes an, das ist alles zu warm und zu eng!" Er nickte lächelnd, trank sein Glas leer, lehnte sich an das Geländer, sah hinaus auf das Wasser, wo ein paar Enten im Mondlicht schwammen. Leise kam sie zurück und umarmte ihn von hinten. Langsam drehte er sich in ihren Armen um, sie trug einen leichten blauen Kimono, der knapp über das Knie

reichte, dazu ihre hochhackigen Schuhe. Wieder
küssten sie sich leidenschaftlich, dabei begann sie, sein
Hemd aufzuknöpfen, zog es aus der Hose und glitt über
seinen Oberkörper. Er hielt sie nur mit einem Arm,
öffnete mit der freien Hand den Knoten ihres Kimonos
und massierte ihren Rücken und den Bauch. Leiste
stöhnte sie auf, als er ihren BH auf dem Rücken öffnete
und unter dem Stoff an ihre Brüste fasste, sie leicht
massierte. Ihre Zunge stieß heftig in seinen Mund,
plötzlich riss sie sich sanft von seinen Lippen. „Komm
mein Süßer, für alles andere ist das hier nicht der
richtige Ort." Sie nahm ihn an der Hand und führte ihn
in ihr großes Schlafzimmer, in dessen Mitte ein Bett mit
Baldachin stand. Daneben blieb sie auf einem weichen
Fell stehen, öffnete den Gürtel seiner Hose und diese
gleiche mit, schob alles über seinen Hintern. Hubert
bückte sich, streifte Schuhe, Strümpfe und Hose ab,
richtete sich wieder auf. Lächelnd hatte sie ihn
beobachtet, streichelte sanft sein voll erigiertes Glied
und sagte leise: „Zieh mich bitte aus." Sofort tat er es
und fühlte genau, wie feucht und bereit sie war, als er
ihr den dunkelblauen Slip herunter schob. Als sie
küssend auf dem Bett lagen, rollte er sich über sie,
stützte sich mit beiden Händen rechts und links von ihr
ab und sie dirigierte sein Glied mit einer Hand genau
dorthin, wo er problemlos in der warmen und feuchten
Enge vollständig eintauchte. Laut stöhnend bewegten
sich beide im Takt, bis sie kurz nacheinander lauter
werdend ihren Höhepunkt erreichten. Tief atmend und
nach Luft schnappend lagen beide nebeneinander.
Später fanden sie sich wieder zu einem gierigen Kuss.
Sie kicherte dabei: „Oh Hubert, das fühlt sich aber
vielversprechend an." Sein Glied war schon wieder
bereit. „Warte, das machen wir jetzt anders." Sie zog
sich aus seinen Armen zurück und hockte sich über
ihn, führte ihn wieder in sich hinein und glitt auf ihm
herunter. Leiste stöhnend schloss sie dabei die Augen
und flüsterte: „Hubert, jetzt reite ich dich." Während sie
das tat, massierte er ihre Brüste, bis beide wieder

lautstark ihren Höhepunkt erreichten und sie laut stöhnend nach vorn auf seine Brust fiel. Er hielt sie fest, bis sich beide beruhigt hatten, eng lagen sie nebeneinander. Dabei zog sie mit einer Hand die Decke über beide, darunter schliefen sie ein.

Am nächsten Morgen wachte Hubert auf, weil ihm die Sonne ins Gesicht schien. Ein Blick auf den Wecker auf dem Nachtisch sagte ihm: 07:15 Uhr. Er war allein im Bett. Gerade wollte er aufstehen, als sie frisch geduscht im Bademantel lächelnd das Schlafzimmer betrat. „Guten Morgen, mein Lieber, der Kaffee ist fertig und hier ist ein Bademantel für dich." „Danke, das riecht wunderbar!" Sie lachte: „Aber nicht nach mir, sondern nach Kaffee." Er stand auf, zog den Bademantel an und folgte ihr in die gemütliche Wohnküche. Beide nahmen Platz und sie goss Kaffee ein. Beide genossen das heiße starke Getränk vorsichtig. Er schmierte sich ein Toastbrot mit Butter und Marmelade.
„Mein lieber Hubert, ich möchte dir etwas sagen. Es war wunderschön mit dir. Du hast es dringend gebraucht und ich ebenfalls. Dabei sollten wir es belassen. Du hast eine Familie, für die bist du verantwortlich. Ich werde mich sowieso nicht mehr binden. Wenn uns beiden in einer ähnlichen Situation wieder so ist, können wir das gern wiederholen. Ansonsten betrachte mich als liebe Freundin, mit der du über alles reden kannst und wenn es dich drückt und mich dazu, wissen wir beide, was wir tun können." Hubert stellte seine Kaffeetasse ab. „Als erstes möchte ich mich für das wunderbare Erlebnis mit dir bedanken. Danke für das, was du eben so nett gesagt hat. Ich weiß wo meine Pflichten und meine Verantwortung sind, das möchte ich nicht in Gefahr bringen. Ich bin froh, solch eine Freundin wie dich zu haben, für alle Bereiche." Sie lächelte ihn an, kam um den Tisch herum und gab ihm einen Kuss. „Du bist und bleibst mein Liebling in allen Bereichen, danke!"

Weil Hilde in Kürze einen Termin in ihrer Firma hatte, zog sich Hubert an, beide verabschiedeten sich liebevoll und er ging die kurze Strecke zu seinem Haus. Hier duschte er, rauchte auf der Veranda eine Zigarette und überlegte dabei. Sicher war das, was gelaufen war, nicht das, was den Grundsätzen einer Ehe entsprechen sollte, aber solange das in diesem Rahmen blieb, war es aus seiner Sicht tolerierbar. Zu stark war in der letzten Zeit sein sexuelles Verlangen geworden und ganz offensichtlich war es bei ihr ähnlich. Das würde sein Geheimnis bleiben. Aber dann verspürte er ein wenig Hunger. So ein Toastbrot mit Marmelade war nicht unbedingt das, was er sich für ein Frühstück, nach körperlicher Leistung, vorstellte. Er packte seine Sachen zusammen, machte sein Bett etwas, so dass es nicht mehr so, wie das andere aussah und stieg in sein Auto, fuhr ins Magniviertel hinunter. Vor Doris erstem Laden parkte er, kaufte sich beim Schlachter zwei Mettbrötchen und ging in den Laden. Doris hatte gerade geöffnet und begrüßte ihn fröhlich. „Welche Überraschung am Morgen, mein momentan alleinstehender Schwager. Du siehst etwas kaputt aus, was ist geschehen?" „Ach, gestern war die Neugründung der IHK, das dauerte etwas länger und wir tranken etwas. Ich bin übrigens dort im Vorstand." „Ah, verstehe. Also brauchst du jetzt einen Kaffee. Komm mit nach hinten, der ist gerade fertig." Dort bekam er seinen Kaffee und aß seine Mettbrötchen. Dabei berichtete Doris, dass beide Geschäfte sehr gut liefen. „Für den Winter haben wir, dank deiner sogenannten „Raubzüge", einen großen Vorrat an Wintersachen. Ich denke, das wird im Herbst richtig losgehen. Für den neuen Laden sind wir dabei, die Frühjahrssachen zu bestellen." „Jetzt schon?" „Ja, das muss jetzt laufen. Das sind ja nur die Muster, die gängigsten Größen werden später in den Fabriken hergestellt. Übrigens, du hast in Hannover mit einer Frau über mein Geschäft gesprochen. Der Mann von der produziert Lodensachen. Er rief mich an und fragte, ob wir uns besprechen

könnten. Er kommt am Freitag. Das hast du gut gemacht, danke!"
„Gern geschehen, hat Gertrud dich angerufen?" „Ja, ich habe ihr gesagt, zwei Mädchen als Lehrlinge beim Nähen, eine als Verkäuferin und eine im Büro." „Das hört sich gut an, denke, da tun wir viel Gutes."

Pünktlich war er in der Bank, wurde sofort zum Direktor gebeten. Freudig begrüßten sich die Jagdkameraden und kamen schnell zur Sache. Hubert legte die Dokumente vor, eines war für die Bank, eines behielt er. „Ja, da hast du richtig Glück gehabt: Gratulation. Wir haben alles vorbereitet, du musst nur hier unterschreiben." Nachdem das erledigt war, fragte der Banker: „Hast du einen Schlüssel für das entsprechende Bankfach?" „Ja, den habe ich. Das schaue ich mir gleich an, ich muss sowieso einige Aktien, die ich günstig erwarb, meinem Sachbearbeiter übergeben." „Der wartet auf dich, kein Problem. Die Summe wird deinem Sparkonto zugeschrieben, das läuft gleich." Sie plauderten über die kommende Jagdsaison und schließlich sagte Hubert: „Wir haben einen Resthof bei Wittingen, sehr nett und gemütlich. Wenn du dort mit deiner Frau ein paar Tage Urlaub machen willst, sag es mir." „Sehr gute Idee, das könnte ich mir für die Herbstferien vorstellen, wenn meine Frau Zeit hat." „Bitte ruf aber rechtzeitig an." Hubert ging hinunter zu seinem Sachbearbeiter, übergab dem das Aktienpaket und sein Sparbuch zum Nachtragen. „Ich bin informiert, das werde ich gleich veranlassen. Wollen Sie eines Ihrer Bankfächer inspizieren?" „Das hatte ich vor."
Hartmut begleitete ihn in den Keller und wartete im Vorraum. Der Schlüssel passte zu dem nummerierten Bankfach und Hubert holte alles heraus, was da drin war. Eine größere schön gearbeitete Holzkiste in der ein Zettel lag: „Familienschmuck". Randvoll war die kleine Holzkiste mit allen Schmuckvarianten. Drei Stapel mit Ersttagsbriefen bis 1935, drei große Briefmarkenalben mit Marken aus dem Kaiserreich und früher, sowie ein

Perlencollier mit einem Perlenarmband und einer Brosche in einer flachen Schachtel. Die kleine Holzkiste legte er in seine Aktentasche und legte den Rest wieder hinein. Diesen Schmuck wollte er daheim schätzen lassen. Wieder beim Sachbearbeiter oben, bat er um Überschreibung dieses Bankfaches an ihn, was sofort erledigt wurde. Ebenso bekam er sein nachgetragenes Sparbuch ausgehändigt. Zufrieden fuhr er nach Hause.

Im Büro wurde er bereits erwartet. Gert war der erste, der dran war. „Wir haben gestern bereits angefangen zu räumen und sind heute Mittag fertig. Meine Leute verladen und kommen bald. Drei Lkw-Züge mit Sprit, zwei mit Diesel, einer mit Benzin, haben wir mitgebracht. Einer der Züge war fast neu, hatte 300 km auf dem Tacho, den bekommt Krummrich, die anderen beiden werde ich verkaufen. Der Sprit ist schon eingelagert, die zwei Laster stehen bei Hubertus Müller zum Verkauf. Jede Menge Ersatzteile, Öle und Schmierstoffe haben wir bei uns ins Lager gepackt, das ist jetzt rappeldicke voll. In einer Halle standen zwölf neue Motorräder und sechs mit Beiwagen, die sollten wohl ausgeliefert werden, wozu es nicht mehr kam. Monteuranzüge, Werkzeug und jede Menge anderes Zeug müssen wir sortieren. Einen neuen Lieferwagen haben wir in der Halle bei den Motorrädern entdeckt. Ich brauche den nicht, wohin damit?" „Gibt ihn mir, den bekommt Monika, weil die ständig fahren muss." „Ok, den kann sie heute Nachmittag übernehmen. Das ganze Büromaterial müssen wir überprüfen, aber zwei Sparbücher habe ich gefunden." „Sprich mit Hartmut, wie du die zu Geld machen kannst!" „Mache ich. Aber für dich habe ich eine Überraschung: Eine Kiste mit acht Maschinenpistolen und eine mit sechs nagelneuen Sturmgewehren. Was in der Waffeninstandsetzung war, habe ich einpacken lassen, das bekommt Mielke." „Das zweite ist ok, aber das erste na gut. War froh, dass ich alles weghatte. Aber gut, lass das bitte unauffällig zu mir auf den Hof bringen und vor dem Hühnerstall

abladen." Schwarz meldete sich zurück, ein Lkw war in der Werkstatt, die anderen fuhren jetzt für Karl, wie eine der Zugmaschinen. Fischer meldete sich für den nächsten Morgen zum Gespräch und gratulierte zum Vorstand IHK. „Hat sich das schon herumgesprochen?" „Ja, stand heute in der Zeitung!" „Aha, habe ich gar nicht gesehen." Dabei fiel ihm ein, dass tatsächlich Fotos gemacht worden waren. Jetzt war Gertrud dran. „Bevor wir dir das mit den Lehrlingen vortragen, eine andere Sache. Ich habe alle befragt und alle wollen in Wittingen die Quadrille reiten. Da habe ich den Brauereibesitzer angerufen und dem das mitgeteilt. Der war hoch erfreut. Ich soll dir sagen, er hätte mit Sigurd gesprochen, der würde jetzt mit seiner Maschine und der Presse einigen Landwirten beim Mähen gegen Lohn helfen." „Gut, dass du mitgedacht hast, sehr gut und in Ordnung!" „Deine Leute sind gestern Nachmittag zurück gewesen und warten auf dem Hof. Für das nächste Wochenende haben wir eine nachträgliche Einladung zu einem Turnier und für das übernächste ebenfalls." „Gib das Weber und mir ein Exemplar." „Ich bringe dir jetzt die Post, dazu einen Kaffee und wenn du möchtest, tragen wir dir vor. Ach ja, Karl ist zur nächsten Erkundung seit heute Mittag unterwegs." „Sehr gut, das geht ja richtig vorwärts. Sagt mir bitte nachher, wie das Häuschen in der Heide angenommen wird." Nachdem er die Post erledigt und seinen Kaffee getrunken hatte, brachte er den Ordner zurück.
„Jetzt können wir." Die beiden kamen herein und hatten Frau Goldap im Schlepptau. Zu viert setzten sie sich an den kleinen Tisch und Gertrud begann. „Bis auf einen Jungen, der noch ein Jahr Schule machen muss, bei den Mädchen ist es genauso, sind alle als Lehrlinge untergebracht. Im Baubereich drei, Grings und Olbrich jeder einen, genau wie beide Förster. Einer zu Fritz, Schwarz und zu dir. Frings und Gert haben je zwei, Gert hat zwei zu Büssing vermittelt und drei zu VW in Braunschweig. Lindner hat für die verschiedene Gewerke insgesamt sechs. Bei den Mädchen sieht es

folgendermaßen aus. Je eine geht zu Gert, Becker, Fischer, Dolle, Ulla und zum Arzt. Zwei für Barbara. Doris hat insgesamt vier. Das sind unterschiedliche Ausbildungen. Bei Dolle als technische Zeichnerin, beim Arzt als Sprechstundenhilfe bei Hartig und so weiter." „Das hört sich gut an, beim Bau müssen wir die auf verschiedene Kolonnen verteilen. Ich schlage vor: Müller, Henniges und Graf, die sind alle Ausbilder für Lehrlinge. „Notiere ich. Jetzt kommen wir zum nächsten Problem, der Unterbringung. Wir haben die Plätze in den beiden Häusern und dem neuen durchgerechnet. Wenn wir sowohl die Mädchen als auch die Jungs zu zweit unterbringen, klappt das dort. Als Aufsicht und Betreuerin für diese ganze Horde würde sich Frau Goldap, die da wohnt, zur Verfügung stellen." Hubert sah die Frau an.

„Trauen Sie sich das zu?" „Ja, ich war daheim Jugendhelferin einer großen evangelischen Jugendgruppe und hatte da ähnliche Aufgaben. Da ich keine eigenen Kinder habe, würde ich mich gern als Aufsichts- und Betreuungsperson zur Verfügung stellen." „Das wäre wunderbar, sie würden uns allen damit eine große Last abnehmen. Dafür würde ich sie in einer höheren Besoldungsstufe eingruppieren."Sie nickte lächelnd:

„Das ist sehr schön, nehme ich gerne, aber das ist nicht der Hauptgrund." „Also abgemacht, so läuft es. Monika, du kümmerst dich um die Lehrverträge?" „Habe ich bereits angefangen. Die erste Ladung mit Möbeln für die Unterkünfte hatten wir bereits von Weber erhalten. Der wird weiter daran denken und alles einsammeln, was brauchbar ist." „Ruft bitte bei Gert an, der hat gerade ein Lager ausgeräumt." Monika nickte und schrieb es auf. „Hier ist die Belegungsliste für das Haus in der Heide. Ich habe das bis Ende Oktober gemacht, danach sollten wir es winterfest machen und erst im Frühjahr wieder öffnen." „Gut gemacht und sinnvoll. Dafür haben wir ja genügend Spezialisten, die das machen können." „Ja, der letzte in der Liste ist Olbrich, der würde das übernehmen." Einige Sachen besprachen sie zusätzlich, dann sagte Hubert zu Gertrud: „Ich habe da eine Idee. Bitte stellt fest, wer von unseren führenden Mitarbeitern und unseren Kunden wann Geburtstag hat. Dazu entwerft ihr eine nette Geburtstagskarte mit besten Wünschen der Firma, ich unterschreibe das handschriftlich. Dazu das Gleiche mit Weihnachtswünschen und für ein gesundes Neues Jahr. Das senden wir an alle Kunden und Leute, mit denen wir Geschäfte machen, zusätzlich im reiterlichen Bereich." Als die drei Frauen weg waren, legte er die beiden Listen der Lehrlinge und die der Belegung des Häuschens auf seinen Schreibtisch. Die würde er für Ulla mitnehmen. Das Kistchen mit dem Schmuck stellte er in seinen Schreibtisch, das würde er morgen von Frau Goldap überprüfen lassen.

Es war kurz vor vier, für heute reichte es, beschloss er, packte seine Sachen und fuhr nach Hause auf den Hof. Vor ihm fuhr Richard mit dem leeren Miststreuer. Tatsächlich war der Misthaufen weg, der Platz leer. Richard fuhr den Miststreuer und den Traktor unter das Schauer und setzte sich zu Weber, Frank und Thomas auf die Bank vor den Stall. Alle sahen geschafft aus. „Ich grüße die fleißigen Arbeiter", sagte Hubert lächelnd, als er zu ihnen kam und allen, außer Thomas, eine Zigarette anbot. „Alle Boxen gemistet und der Misthaufen ist weg!" sagte Frank.
„Mein Kompliment, das habt ihr sehr gut gemacht, ich bin stolz auf euch." „Nach der Abteilung werde ich heute nach Hause gehen, mich waschen und mich auf die Couch legen", grinste Weber. „Das denke ich mir, war es gestern so anstrengend?" „Naja, das ging eigentlich, so viel war es nicht, was wir verladen haben. Ein Anhänger voll mit Betten und größeren Spinden, zwei Stapel frische Decken, Kopfkissen und ein Regal voll Bettwäsche und Handtüchern." „Das passt ja toll für unser Lehrlingsheim." „Von dem Lkw Zug haben wir nur zwei Herde und einen Kühlschrank abgeladen. Einen

Herd hat Schwarz, den anderen und den Kühlschrank
Jurka. Dazu sind Monteuranzüge, Sicherheitsschuhe,
Gummistiefel und Handschuhe in großen Kartons drauf
und Bettgestelle mit kleinen Schränken. Das entlädt
morgen Rübke in den Häusern, wo die Jungs und
Mädchen reinkommen. Ach ja, Matratzen für alle Betten
waren dabei. Die anderen Sachen bringen sie in die
Lagerhalle der alten Klempnerei." Richard ergänzte: „Auf
dem anderen Laster war eine Kollektion mit Dosen und
Säcken mit Dauerlebensmitteln. Sänger hat im neuen
Haus ganz vorn einen eigenen Keller, der hat das alles
bekommen, wir haben uns etwas genommen. Sein Keller
hier unter dem Stall ist jetzt leer, das hat er alles
dorthin gebracht." „Wunderbar, jetzt können wir den mit
den Sachen aus den anderen Räumen füllen."
„Ja klar, aber bitte erst morgen, besser wäre Samstag,
denn morgen steht das nächste Lager an. Karl kommt
heute vorbei, um uns zu sagen, wo das ist", fügte Frank
hinzu. „Drei Kartons und zwei Kisten stehen vor deinem
Schreibtisch", sagte Richard und fügte hinzu: „Aus dem
Geräteschuppen dort haben wir sechs Motorsägen
mitgebracht. Drei für den Hof hier, eine für Sigurd, eine
für Klavas und eine kann Fritz haben. Die Geräte sind
bei Iwan zur Überprüfung." „Gut gemacht Männer, jetzt
können wir uns demnächst selber helfen." „Hubert wir
hatten eine Idee. Wenn du irgendwann Beschäftigung
für eine deiner Kolonnen brauchst, dann reiß den
großen Schuppen, wo Werkstatt, Kohle- und Holzlager
und die Gartengeräte sind, ab und bau da einen
steinernen Anbau hin. Da kannst du eine Etage
draufsetzen als Wohnung", sagte Frank. Überrascht
schaute Hubert zu dem Schuppen, kratzte sich am Kopf
und sagte: „Das ist eine sehr gute Idee, aber dann sollte
man gleich eine Garage für die Traktoren dazu nehmen!"
Alle drei nickten und Frank sagte: „Seht ihr, er findet
das gut!" „Also ich werde intensiv drüber nachdenken,
der Gedanke gefällt mir sehr, werde das mit Ulla
besprechen. Sind die Pferde alle drin?" „Ja, das hat
Petra vorhin gemacht. Willst du heute reiten?" „Nein, so

richtig Lust habe ich heute nicht, der gestrige Abend
war etwas anstrengend. Werde die Kartons sortieren
und sonst nichts mehr tun." Weber erhob sich. „Vorhin
hat einer von Gerts Leuten zwei größere Kisten
gebracht, die stehen vor dem Hühnerstall. Wo sollen die
hin?" „Oh, die sind schon da? Richard kannst du mir
helfen, die in den Stall zu bringen?" Gemeinsam hoben
sie die beiden olivfarbenen Kisten in den Hühnerstall
und Hubert legte eine Decke darüber. „Schick Frank
und den Jungen mal weg, die sollten sich ausruhen und
du ebenso, wenn Karl hier war und im Stall Ruhe ist."
„Mache ich, Autos für morgen und Helfer haben wir.
Wenn wir wissen wohin, fahren wir nach dem Füttern
los und sind bald wieder daheim." Hubert ging ins Haus
und wurde dort von Sieglinde begrüßt. „Hausputz ist
fertig. Susanne habe ich auf ihre Kammer geschickt, die
war kaputt. Hast du etwas Warmes gegessen?" „Nein,
noch nicht, aber wo du das sagst, Hunger hätte ich
schon." „Ich habe Frikadellen gebraten und dazu mache
ich dir Bratkartoffeln." „Wunderbar, ich bringe mein
Zeug weg und ziehe mir etwas anderes an."

Entspannt aß er später allein, hatte sich eine Flasche
Bier dazu genommen und las die Zeitung, vor allem den
Bericht über die Gründung der IHK. Er war mit auf den
Fotos, was den Vorstand zeigte, ein größeres Bild von
Hilde war darin. Der Artikel war treffend geschrieben,
die ersten Beschlüsse der Versammlung waren richtig
wiedergegeben. Als er fertig mit Essen war, schnitt er
den Artikel aus und legte ihn in den Schreibtisch.
Entspannt ging er hinaus, um eine Zigarette zu rauchen
und fand draußen Karl im Gespräch mit Weber und
Richard. Zu denen trat er, bot jedem eine Zigarette an.
„Hubert, das Lager ist leer, hier sind die Schlüssel. Beim
nächsten, nördlich von Wolfsburg brauchen wir einen
Stapler, den hat Schwarz schon verladen, sein Bediener
fährt den dorthin. Autos sind da keine, aber Holz, da
müssen wir eine Zugmaschine und zwei
Langholztransporter mitnehmen. Wir machen das

morgen wie am Mittwoch, Weber und Co fahren vor, ich sammele meine Truppen und Kolonne, komme nach." Ein wenig müde war er schon, aber an die Kartons wollte und musste er ran. Wie beim letzten Mal baute er die Kartons zur Räumung auf, packte den ersten Stapel auf seinen Schreibtisch und begann. Zuerst füllte sich eine Kiste mit Abfallpapier, es folgte die zweite Kiste. Das Schreibzubehör, was er fand, kam in einen gesonderten Karton, Stempel fielen in den ersten. Zwei Blechdosen, auf der einen stand „Porto" auf der anderen „Getränke" kamen nach links auf den Schreibtisch, dazu zwei Brieftaschen und ein Geldbeutel. Ein weiteres Kästchen mit Parteiabzeichen kam nach links, mehrere Stapel mit Dienstplänen in den Abfallkarton. Das war es, blieb die mittelgroße schwarze Holzkiste. Mit seinem kleinen Bolzenschneider hatte er die schnell geöffnet und staunte nicht schlecht, denn zwei wunderbar verzierte Revolver lagen in Samt darin und ungefähr zehn Bücher mit „NS Pflichtliteratur". Diesen Karton und die Kiste mit den Revolvern brachte er in seinen Keller, stellte das Abfallpapier nach draußen und verschwand in sein Bett.

Das gesamte Papier hatte er am nächsten Morgen in die Verbrennungstonne geworfen, die Blechdosen in den Altmetallkübel und die drei Ledersachen würde er verschenken. Etwas über 1.000 RM waren dabei zusammengekommen, die hatte er selber behalten. Nachdem er seine Schreibtischarbeit erledigt hatte, nahm er das Schmuckkästchen und ging hinauf zu Frau Goldap. Die war gerade dabei aus einem großen Karton Unterwäsche und Strümpfe in eines der Regale zu sortieren.
„Ich bereite die Ausrüstung für unsere neuen Lehrlinge vor", sagte sie, als sie sich mit Hubert an ihren Schreibtisch setzte, eine Schreibtischlampe anmachte und eine Lupe aus dem Schreibtisch nahm. Sie fragte nicht, woher der Schmuck kam, sondern nahm die einzelnen Stücke sorgfältig unter die Lupe und sortierte

sie in einen größeren und einen kleineren Haufen. In eine kleine Schale legte sie mehrere einzelne Sachen. Als sie fertig war, legte sie die Lupe weg und kramte in den Taschen ihrer Kittelschürze. Hubert bot ihr eine Zigarette an, die sie dankbar annahm. „Irgendwohin habe ich meine Zigaretten gelegt, finde sie aber jetzt nicht mehr, danke!" sagte sie lächelnd.

Als beider Zigaretten brannten, erklärte sie die einzelnen Haufen und die Schale. „In dem kleineren Haufen sind Schmuckstücke, die hauptsächlich aus Blech, Kupfer und Glasperlen bestehen, also im Prinzip fast wertlos. In dem großen Haufen sind die Schmuckstücke, die aus Gold bestehen und teilweise mit Halbedelsteinen bestückt sind. Hier in den Schälchen sind Sachen, die einen sehr hohen Goldanteil haben und mit Brillanten versehen sind, also richtig wertvoll." „Aha, gut zu wissen, Was wären denn die wertvollsten Sachen ungefähr wert?"

Sie schaute sich die Teile an und sagte: „Circa 40.000 RM, kommt darauf an, wie hoch der Goldpreis gerade ist. Der größere Haufen dürfte allein vom Goldanteil circa 25.000 RM wert sein, ohne die Halbedelsteine."

„Recht herzlichen Dank Frau Goldap, als Laie kann man das schwer einschätzen. Ich packe alles in drei Umschläge und zeige das meiner Frau."

Sie unterhielten sich über die benötigte Ausstattung der Lehrlingsunterkünfte. „Herr Weber hat mir schon gesagt, was alles auf dem Lastwagen und dem Anhänger ist. Das ist sehr hilfreich und ein Grundstock. Rübke kann mir das allerdings erst morgen bringen, weil er heute schon wieder unterwegs ist." „Da könnte heute Einiges hinzukommen." „Umso besser. Ich schlage vor, den Lehrlingen nicht zu überlassen ihre Wäsche selbst zu waschen, sondern das über die Wäscherei machen zu lassen. Das ist nicht teuer, das könnte man ihnen gleich vom Lohn einbehalten. Wie das mit dem Essen geht, müssen wir gründlich überlegen, da sollten wir ein ähnliches Modell anstreben." „Das hört sich sehr vernünftig an. Vielleicht überlegen wir das in einer

Runde mit Ihnen, Schwarz, Sänger, Monika und meiner Frau."

Zufrieden ging Hubert in sein Büro, wo Gertrud ihn mit einer Botschaft empfing.
„Der Sachbearbeiter der zu räumenden Lager hat angerufen und gefragt, ob wir ihm morgen vielleicht schon die Schlüssel der geräumten Lager bringen könnten. Er hätte Interessenten, die sofort kaufen würden." „Grundsätzlich kann er morgen die Schlüssel von drei der Depots bekommen, Karl wird heute beim zweiten fertig sein. Die Schlüssel vom vierten Depot liefern wir nächste Woche. Wenn Monika das morgen früh machen könnte, wäre es möglich, ihm das Geld für alle vier Depots zu überbringen. Sag ihm das bitte. Wenn er zustimmt, holt das Geld von Fischer und von Gert."

Dolle kam, trug ihm den Bauzustand bei der Erschließung der Siedlung im Dorf vor. Die Anschlüsse waren verlegt, jetzt ging es um die Erstellung der Straßen. „Wenn die fertig sind, können wir anfangen zu bauen. Könnten wir zwar jetzt schon, aber momentan sind alle Kolonnen gebunden." „Ja, das weiß ich. Aber könntet ihr beginnen, die Reihenhäuser von mir und Ulla zu planen?" „Damit wollten wir diese Woche beginnen." Mit Monika besprach er anschließend die Punkte, die Frau Goldap für ihre Lehrlinge vorgeschlagen hatte. Sie notierte das und sagte: „Ich bin gerade dabei, die Lehrlingsverträge vorzubereiten, das habe ich bis nächsten Dienstag fertig, so können wir die unterschreiben lassen. Einen Teil dieser Punkte könnte ich übernehmen, damit das von Anfang an klar ist." „Das ist sinnvoll, damit ist das alles festgezurrt. Was hältst du von der Besprechung, die sie vorgeschlagen hat." „Die sollten wir Montagnachmittag machen, wenn Ulla wieder hier ist, die möchte ich gern dabeihaben." „In Ordnung, lade ein und gib mir ein Exemplar mit, ich hole die Familie am Wochenende ab." „Mache ich gleich.

Das Geld für alle Lager habe ich schon, ich mache eine
Quittung fertig." Nach dem Mittagessen bei seinen
Eltern redete er über eine Stunde mit Fischer über die
derzeitige finanzielle Situation der Firma. Fazit: Sie
mussten unbedingt investieren. Letztendlich kamen sie
dabei zu dem Ergebnis, einen neuen Kipper, dazu einen
Lastzug und einen neuen Bagger zu kaufen. Der alte
von Jurka konnte bei der Holzabfuhr eingesetzt werden.
Den Auftrag dazu sollte Gert in Absprache mit Jurka
bekommen. Mittelfristig sollte das ehemalige OT
Gelände in Querum bebaut werden.
Den Bürotag beendete die wöchentliche Besprechung
mit allen Funktionern.

Mit Familie in Wittingen

Auf dem Hof gab es später ein Gespräch mit Weber. „Wir
haben einen ganzen Anhänger voll mit Möbeln für die
Lehrlinge mitgebracht. Drei Wohnungen gab es da, die
wir ausgeräumt haben. Der Anhänger steht im
technischen Bereich und wird morgen von Rübke
entladen. Mehrere Ölöfen haben wir für die Werkstätten
mitgebracht und 15 Ballen mit Stoff für Uniformen
haben wir in der Schneiderei abgeladen. Warum die dort
waren, kann ich nicht sagen. Drei große Kartons mit
schwarzen Halbschuhen haben wir eingepackt und
einen großen Ballen mit Leder für Klatte.
Arbeitsklamotten waren nicht viele da, zwei Kartons voll,
aber einer mit Plastikhelmen für Baustellen. Das hat
alles Frau Goldap. Gasflaschen für Schweißen und zwei
Schweißgeräte hat Iwan und zehn Kisten mit
Nahrungsmitteln hat Sänger. Zwei Motorsägen
überprüft Iwan, die restlichen fünf gehen ins
Materiallager. Drei Kisten mit Messgeräten hat Dolle
bekommen. Deine Sachen hat Richard ins
Arbeitszimmer gebracht." „Sehr gut, dann ist alles
verteilt und wir müssen uns nicht damit
herumschlagen. Wie sieht es mit dem Turnier am
Wochenende aus?" „Wir fahren mit zwei Transportern,

Paul und ich. Paul ist da gleichzeitig Hufschmied. Von mir kommen zwei mit, Tietz, Niemann, Gertrud, Petra, Regina und Harald. L und M Springen. Sonntag nur ein Transporter für Fiete, Peter, Cremer und Dietlind. S Springen und M Dressur." „Ich fahre morgen Mittag nach Wittingen und bin Sonntag am frühen Abend mit der Familie zurück."

„Wir haben das im Griff. Autos sind da, das läuft. Willst du heute reiten?" „Ja, Hartig kommt und Bode, mit denen wollte ich ins Gelände. Da nehme ich die neue Trakehnerstute und für Hartig meine Armeestute." Nachdem er sich umgezogen und etwas gegessen hatte, traf er sich mit denen vor dem Stall. Zu dritt ritten sie los, nutzten die Zeit im Schritt zu intensiven Gesprächen. Zweit Arzthelferinnen hatte Hartig unter den Flüchtlingen gefunden, die momentan bei seinem Onkel auf die hiesigen Verhältnisse eingearbeitet wurden. Dazu kam eines der Mädchen als Lehrling. Ende der kommenden Woche sollte alles, was er brauchte, in Cremlingen sein. Dafür sicherte ihm Hubert einen Opel Blitz zu.

„Hast du daran gedacht, Werbung für die Praxis zu machen?" fragte Bode. „Richtig Werbung darf ich nicht machen, aber vielleicht könnte man Zettel mit dem Datum der Praxiseröffnung verteilen. Beim Bürgermeister dort war ich, der sicherte mir seine Unterstützung zu." „Rede mit Danzer, der kann dir damit unter die Arme greifen", riet ihm Hubert, das wollte er machen. Bode berichtete von seiner Versicherungsagentur, da hatte er einige vom Haus- und Grundbesitzerverein beraten und gute Abschlüsse gemacht. Hubert berichtete von den Vorhaben in der Firma und so kamen sie zufrieden zurück, tranken im Reiterstübchen gemeinsam ein Bier. Einige andere ritten auf dem Platz, aber Hubert ging ins Haus, um das mitgebrachte Papier zu sortieren. Dazu machte er es sich bequem, holte sich einen guten Whisky dazu, stellte die Kisten in erprobter Weise auf und begann. Vier kleine Kästchen und Schachteln blieben über, sowie ein größerer Lederumschlag. Zwei Kästchen waren die Porto- und Getränkekasse mit knapp über 200 RM. In einer Schachtel waren, schön in Samt eingelegt, Manschettenknöpfe, Anstecknadeln, Krawattennadel und ein Ring, alle mit Symbolen der NS Arbeitsfront. Hier probierte er sein neues Wissen, untersuchte die Schmuckstücke mit der Lupe und fand tatsächlich die Zahl 333 für gutes Gold. Das Päckchen legte er zur Seite, ebenfalls das zweite, in dem die gleiche Kollektion war nur mit NS Insignien. In dem Lederumschlag befanden sich zwei Sparbücher, eines über 4.800 RM und eines über 13.500 RM. In einem Umschlag befanden sich weitere 1.300 RM in bar. Das und das andere Geld steckte er in seinen eigenen Geldbeutel. Blieben zwei kleine flache Holzkästchen in Schwarz. Als er die öffnete, staunte er nicht schlecht. In der ersten waren alle Orden und Ehrenzeichen der Partei und ihrer Gliederung in mehreren Schichten auf Samt gesteckt vorhanden. In der Zweiten das Gleiche mit Wehrmachtsabzeichen. Das war etwas ganz besonderes, da hatte der alte Besitzer lange gesammelt und getauscht.

Karl hatte den Schlüssel des zweiten Depots kurz vor Arbeitsschluss im Vorzimmer abgegeben und Monika war bereits unterwegs damit nach Hannover, wurde ihm beim Betreten des Vorzimmers mitgeteilt. Außerdem würde Karl heute das letzte Depot bei Lehrte erkunden und am Montag beginnen, zu räumen. Kokoschka trug ihm vor, was bisher von Karl angeliefert worden war und war sehr zufrieden, dass er alles zu diesem Preis bekommen hatte. Die Kassierung aller Mieten war problemlos abgelaufen und Becker schlug vor, demnächst über die Verwendung der vorhandenen Guthaben zu sprechen. Von Dolle erfuhr er, dass die Arbeiten in Cremlingen heute erfolgreich abgeschlossen würden.
Gegen 10:00 Uhr war Monika bereits zurück und kam gleich zu ihm. „Ich soll dir schöne Grüße bestellen und

danke sagen für die schnellen Erledigungen. Dafür hat
er mir die Unterlagen für ein weiteres Objekt
mitgegeben, mit der Bitte, dass, wenn möglich,
unverzüglich weitestgehend zu räumen, denn er könnte
das sofort verkaufen. Quittung für die Bezahlung habe
ich Fischer und Gert gegeben. Ach so, als Dank für die
prompte Erledigung wäre dieses Objekt kostenfrei." „Oh,
das ist aber aufregend, da muss ja richtig Druck
dahinter sein, wenn man kein Geld haben will. Ich
schaue mir das mal an."
Er öffnete den Umschlag und studierte die Unterlagen.
Das darin liegende Schlüsselbund legte er zur Seite.
Schnell stellte er fest, dass es sich um einen größeren
Bauernhof handelte, in dem ein Pferdelazarett
untergebracht gewesen war. Auf der Landkarte schaute
er nach, wo der Ort war. Ein kleines Dorf südwestlich
von Wittingen, nahe eines größeren Moorgebietes. In der
Nähe war er ab dem frühen Nachmittag, da konnte er
sich das anschauen. Er rauchte eine Zigarette, trank
seinen Kaffee und überlegte ein paar Minuten, spontan
hatte er einen Plan. Auf einem Blatt skizzierte er ein
paar Dinge und telefonierte zuerst mit Purzer. Dem
schilderte er die Sache und fragte ihn, ob er an der
Räumung teilnehmen würde. Der lachte. „Aber na klar,
da kann man bestimmt etwas für den Eigenbedarf
sicherstellen." „Gut, ich fahre nachher nach Wittingen
zu meiner Familie und werde das erkunden. Ich rufe
dich danach an und berichte. Besorg dir schon einen
Hanomagzug, den kann Anne fahren und wir merken
uns diese Aktion für Sonntag vor." „Sehr gut. Anne und
ich sind da, die besorgt gleich das Auto. Ruf mich an."
Als nächstes rief er auf dem eigenen Hof an. Sieglinde
war dran und holte Richard. Dem erzählte er ebenfalls
von der Sache und sagte: „Was hältst du davon, wenn
du dir den neuen kleinen Lastzug holst? Den mit einem
Motorrad mit Beiwagen für Sigurd belädst und du heute
mit Sieglinde zu Sigurd und Frau fährst, ihr dort das
Motorrad abladet und mit mir in dem ehemaligen
Lazarett räumt?" „Das kann ich mir schon vorstellen.

Da kann ich ihm eine von den Motorsägen mitnehmen und einiges anderes, was er braucht. Schlafen können wir dort im Bauernhaus. Gut, kümmere ich mich gleich drum. Wir machen das!"
Bis 11:30 Uhr erledigte er einiges, kaufte beim Bäcker Brot und eine ganze Tüte mit süßen Backwaren. Er erfuhr, dass deren Eröffnung des Geschäftes in Braunschweig sehr gut gelaufen war und der Laden gut anlief. Vom Hof holte er seine vorbereiteten Sachen und fuhr los. Sicherheitshalber hatte er eine Werkzeugtasche dabei, in der sich verschiedene Nachschlüssel befanden.

Gegen 13:30 Uhr fuhr er in Wittingen auf den Hof und wurde von Ulla und Joachims Frau begrüßt. Seiner kleinen Tochter gab er einen Kuss, als sie ihm in den Arm gedrückt wurde. Das mitgebrachte Backwerk fand großen Anklang und kurz darauf gab es Kaffee mit den Teilchen. Die großen Kinder waren mit den Rädern zu Sigurd gefahren und würden später kommen. Beim Kaffee berichtete er Ulla von seinem Plan und fragte sie, ob sie mitkäme zur Erkundung. „Ja klar, ich mache erst die Kleine fertig und danach können wir los. Die ist hier in guter Obhut und so lange bleiben wir ja nicht weg."
Joachim würde etwas später kommen. Bis Ulla abmarschbereit war, machte Hubert einen Rundgang durch das Anwesen. Dabei stellte er fest, dass Brennholz für den Kamin sowie der Heu- und Strohboden bald aufgefüllt werden musste.
Seine Sachen hatte er ins Haus gebracht, zehn Stapelkisten und einige gefaltete Kartons waren in seinem Lieferwagen. Prinz kam auf die Ladefläche, er durfte jetzt mit, sie fuhren los. Während der Fahrt unterhielten sie sich, aber Ulla hatte dabei einen Blick auf die Karte, schnell kamen sie an dem entsprechenden Hof ohne Umwege an. Ulla schloss das Tor auf, ließ Hubert hineinfahren und schloss wieder ab, so konnte Prinz ohne Leine herumlaufen. Rechts war eine ganze Reihe von Stallungen, links ein paar und quer dazu stand das große Wohnhaus. Hubert öffnete

die Eingangstür, sie betraten eine große Diele. Die Türen rechts und links waren beschriftet.
Auf der rechten Seite war die Tierarztpraxis, dort gingen sie als Erstes durch. Drei Zimmer waren es, alles stand da, wie gerade verlassen. Schreibtische, Schränke mit Material und was alles dazu gehörte. Das zu räumen wäre die Angelegenheit für Purzer. Auf der linken Seite gingen sie durchs Geschäftszimmer und kamen in das Büro des Leiters des Lazarettes. Das war wesentlich besser ausgestattet. Schöne Pferdebilder und große Fotos der SS Kavallerie hingen an den Wänden, in einem Glasschrank befanden sich eine Menge von NS Devotionalien. Anschließend betraten sie einen Raum an dessen Tür „Jagdzimmer" stand. Ein sehr gemütlich eingerichteter Besprechungs- und Aufenthaltsraum mit Bildern jagdlicher Motive, ausgestopften Tieren, zwei Jagd- und ein Plesshorn hingen an der Wand. Das Unterkunftszimmer des Leiters folgte mit Bett, Sofa, Nachtkasten und Sesseln. Im Schrank hingen zwei SS Uniformen und zivile Klamotten. Quer folgten eine Küche und ein Bad. Das Zubehör der Küche war modern und auf den ersten Blick vollzählig. Von hier führte eine Treppe nach oben und nach unten in den Keller.
„Gehst du hoch, ich nehme den Keller?" fragte Hubert, sie nickte.
Der Keller war nicht allzu groß, rechts war ein Vorratsraum abgeteilt, den Zugang knackte Hubert schnell und betrat ihn. Neben einem großen Regal mit Lebensmitteln stand ein verschlossener Blechschrank. Mit den Nachschlüsseln gelang es Hubert, den schnell zu öffnen. Es war ein Waffenschrank mit Jagdwaffen. Vier Gewehre, zwei Revolver und diverses Zubehör befanden sich darin, natürlich die entsprechende Munition. Auf der Diele trafen sie sich wieder. „Oben gibt es leere Zimmer und leere Spinde. Eine Tür war zu, aber mit etwas Gewalt konnte ich sie öffnen. Darin liegen Reitbekleidung, Stiefel und Zubehör", sagte Ulla. Hubert sagte, was er gefunden hatte. Sie gingen

gemeinsam durch die leeren Stallungen. Alles war leer,
nur die Sattel- und die Futterkammer waren gut gefüllt.
Heu und Stroh lag in Mengen auf dem Boden.
„Davon brauchen wir in Wittingen nur das Heu, das
Stroh bekommen wir, wenn Sigurd die Gerste mäht",
sagte Hubert.
„Ich schaue mir im Keller die Lebensmittel an. Was wir
hier für unser Urlaubshaus brauchen, sortiere ich in
eine Kiste, den Rest sollten wir Sigurd und seiner Frau
geben, daheim haben wir mehr als genug", schlug Ulla
vor. „So machen wir das. Ich packe die Sachen aus dem
Leiterbüro ein, die ich zum Tausch verwenden kann.
Später kommt der Waffenschrank im Keller dran. Diese
Sachen nehme ich mit nach Hause. Wenn du
anschließend die Reitsachen oben und die Sachen aus
der Unterkunft des Leiters einpacken würdest, können
wir das morgen verladen lassen." „Lass uns anfangen."
Prinz, der mit ihnen die Stallungen erkundet hatte,
folgte Ulla in den Keller. Sie nahm drei Stapelkisten mit
und Hubert den Rest. Schnell hatte er den Glasschrank
geleert und machte sich an den Schreibtisch. Hier
musste er sein Werkzeug einsetzen. Eine Kassette und
zwei kleine Blechdosen wanderten in den Korb, dazu
sehr gute Schreibgeräte. Unnütze Papiere kamen in den
Papierkorb. Er nahm die Bilder und großen gerahmten
Fotografien ab, stellte sie in einen Karton. Beim
Vorletzten stoppte er, denn dahinter war ein
Wandtresor. Weil der verschlossen war, musste er die
Kollektion seiner Nachschlüssel ausprobieren, bis er
einen passenden fand und sich der Tresor öffnen ließ.
Drei Packungen mit kleineren Glasbehältern fand er,
stellte sie auf den Schreibtisch, da sollte sich Purzer
drum kümmern. Dahinter lag eine kleine Ledertasche,
die er öffnete. Ein Zettel lag darin, „Medikamente". Drei
gebündelte Geldscheinpäckchen waren darunter. Das
Geld steckte er in seine Jackentasche, schmiss den Rest
in den Papierkorb. Hier war alles verstaut, daher nahm
er das „Jagdzimmer" dazu, hörte, wie Ulla bereits im
Wohnbereich des Leiters aktiv war. Neben den Hörnern

passten die ausgestopften Tiere in einen Korb. Als er das
letzte Tier von oben herabholte, stützte er sich dabei
gegen die vertäfelte Wand und als er losließ, ging
dahinter eine kleine Tür einen Spalt weit auf. Neugierig
öffnete er die weiter, eine kleine Bar und ein
Vorratsschrank waren dahinter. Drei Stangen Zigaretten
und drei Kisten Zigarren kamen in einen Korb, dazu
Kaffeepakete und vier Flaschen französischen Cognac.
16 Flaschen Wein kamen in einen anderen Korb. All das
brachte er hinaus in den Lieferwagen, holte drei Körbe
mit Lebensmitteln aus dem Keller. In dem verbliebenen
Korb legte er aus dem Waffenschrank die Revolver,
Zielfernrohre, Ferngläser und die Munition. Die drei
Gewehre kamen in Hüllen, die trug er auf der Schulter
mit dem Korb ins Auto. Zwei große volle Kartons
standen vor dem Wohnraum des Leiters, die würden
morgen mitkommen. Was in dem vollen Rucksack
daneben war, wusste er nicht. Mit der letzten
verbliebenen Stapelkiste ging er hoch zu Ulla, die
Kartons dabeihatte und die gerade füllte. Vorhandene
Sporen, Handschuhe und anderes Kleinzeug legte er in
den Korb, jetzt waren sie hier fertig. Die Kartons blieben
vor der Kammertür stehen und mit dem Korb ging sie
hinunter. Hubert packte das Auto fertig und Ulla
schaute in die Küche, kam ebenfalls zum Auto.
„In der Küche sollten sich Sigurd und seine Frau
bedienen. Wir brauchen davon nichts!" sagte sie. „Gut,
ich schließe ab und wir fahren zu Sigurd!" Sie fuhren
zurück, hielten bei Sigurd an.
Dort wurde gerade vor dem Anwesen das Motorrad mit
Beiwagen vom Anhänger geladen. Hubert erklärte, um
was es ging und was geladen werden musste. Sigurd
hatte einen Verbesserungsvorschlag. „Ich fahre morgen
mit dem Traktor und zwei Anhängern hin und lade die
mit Heu voll. Die Ladung können wir auf beide Höfe
verteilen, so haben wir genug für den Winter. Stroh
haben wir ausreichend, wenn ich die Gerste drin habe."
„In Ordnung, so machen wir das. Nehmt bitte morgen

Verpackungsmaterial mit. Wir fahren um 09:00 Uhr los."

Um 17:00 Uhr waren sie bei sich auf dem Hof. Joachim war da und mit den beiden Großen Angeln gewesen. Seine Frau hatte das Essen vorbereitet. Ulla ging zu ihrer Kleinen und er brachte die Lebensmittel und den Schnaps in den Keller. Er rief Joachim und ging mit dem in die Werkstatt, wo er die Gewehre und das Zubehör hineingebracht hatte. „Such dir etwas aus", sagte er zu Joachim. „Du meinst von allem, von den Gewehren und Revolvern?" „Ja, ein Gewehr, ein Revolver, Fernglas und Zielfernrohr. Und ein wenig Munition brauchst du wohl dazu." „Oh toll, das ist ja wie drei Weihnachten gleichzeitig." Hubert lachte. „Dafür musst du morgen beim Laden helfen!" „Das ist gar kein Problem!"

Gemeinsam suchten sie die entsprechenden Sachen aus und stellten sie in den Waffenschrank im Keller. Es gab ein leckeres Essen und anschließend spielten sie mit den Kindern mehrere Gesellschaftsspiele. Zu viert saßen sie später zusammen, tranken vom Wein, den Hubert mitgebracht hatte und plauderten.

Am nächsten Morgen fuhren Hubert und Joachim nach dem Frühstück los, Prinz war dabei. Hubert schloss alles auf und öffnete zwei Tore, so konnten die großen Gefährte problemlos hinein und wieder hinausfahren. Während er das tat, schaute sich Joachim das Haus an, fragte Hubert, ob er ein paar Sachen aus der Küche haben könnte. „Na klar, mach das aber glcich und leg sie in mein Auto." Gespannt war Hubert, wie Purzer den Weg finden und wann er hier sein würde. Am gestrigen Abend hatte er mit ihm telefoniert und ihm alles genau erklärt. Als ein Motorengeräusch erklang, dachte er zuerst an Richard oder Sigurd, aber es waren tatsächlich Purzer und Anne. Sie hatten ihre resolute Praxisleiterin mitgebracht. Hubert begrüßte sie, wies sie neben dem Treppeneingang ein.

Während er den dreien die Praxis zeigte, fuhren die anderen auf den Hof. Die wies er ein, was zu verladen war, sie begannen zu räumen. Während die beiden Frauen die Medikamente einpackten, zeigte Hubert Purzer die kleinen Kartons mit den Fläschchen. Der schaute sich die an und sagte: „Das sind Morphine, die brauche ich nicht. Gibt die lieber deinem Freund, dem Apotheker." Schnell packte er die Päckchen in einen Schuhkarton und legte den ins Auto. Sieglinde und Sigurds Frau waren eifrig in der Küche am Arbeiten. Richard, Sigurd und Joachim hatten bereits die großen Kartons hinausgebracht und die restliche Verpflegung aus dem Keller, welche von den beiden Frauen als erstes eingepackt worden war. Jetzt waren die guten Möbel aus den Räumen des Leiters dran. Um sich einen Überblick zu verschaffen, ging Hubert in die Sattelkammer und den Futterraum. 50 Papiersäcke Kraftfutter standen hier, dazu Melasse, 20 Säcke Hafer, 15 Säcke Wildfutter und zehn Säcke Hühnerfutter. Gut, dass sich hier zwei Sackkarren befanden. In der Sattelkammer waren sechs gute, neue Sättel mit Zubehör, ein Einspänner- und ein Zweispännergeschirr, sowie jede Menge nützliche Kleinigkeiten. Diese verpackte er in zwei bereitstehende Kisten. Dabei fand er die Tür zu einem kleinen Nebenraum, in dem mehrere Kisten standen und zwei Stapel Pferdedecken in einem Regal gelagert waren. Beim Öffnen der Kisten stellte er fest, dass sie gefüllt waren mit neuen Hufeisen und dem dazugehörigen Werkzeug und Hufnägeln. So etwas konnte Paul immer brauchen.
In der Zwischenzeit war der Anhänger beladen mit Sachen für Sigurd und den Kartons für ihn. Alle waren jetzt damit beschäftigt, die Arztpraxis mit Zubehör auf den Hanomag zu laden. Was nicht mehr dort hineinpasste, kam auf die letzten freien Plätze des Anhängers. Das Haus war weitestgehend leer, jetzt kamen die Sattelkammer und das Kraftfutter dran. Alle fassten gemeinsam an, so ging es recht schnell. Zehn Säcke mit Kraftfutter kamen als letzte für Sigurd zum

Schluss auf die Ladefläche. Jetzt verordnete Hubert eine Pause. Thermoskannen mit Kaffee hatte Ulla ihm mitgegeben, davon nahm jeder was er wollte.
Anschließend wurde der Lastzug zur Seite gefahren und Sigurd fuhr den Traktor mit den beiden Wagen unter die Luke des Heubodens, das Verladen ging schnell und kurz nach 12 Uhr war das erledigt, Sigurd fuhr mit seiner Frau los, Richard mit dem Lastzug ebenfalls und Purzer mit den beiden Frauen nach Hause. Hubert und Joachim blieb der Verschluss des Hofes, danach fuhren sie nach Wittingen. Dort verstaute Joachim seine Sachen im Auto, legte die neuen Jagdwaffen dazu. Ebenfalls wurden Huberts Sachen verstaut, mit dem Rucksack, den Ulla gepackt hatte. Alles war verladen und nun gab es ein gutes Mittagessen. Rouladen mit Gemüse und Kartoffelbrei, alles aus den Dosen, die sie mitgebracht hatten. Beiden Männern wurde ein Mittagsschläfchen gegönnt, bevor es zum Abschluss ein Kaffeetrinken mit Kuchen auf der Veranda in der Sonne gab. Anschließend verabschiedete sich Joachim mit seiner Familie und während Ulla die letzten Sachen packte, verriegelte Hubert mit der Hilfe Juniors, das Haus, nahm Prinz in seinen Lieferwagen und folgte als letzter Ulla, die mit den Kindern losgefahren war.

Daheim verging der Rest des Tages mit dem Ausräumen der Autos. Alles wurde dort verstaut, wo es hingehörte. Im Pferdestall war alles ruhig, Weber war mit seiner Mannschaft bereits zurück vom Turnier und berichtete von einigen Erfolgen, allerdings auch von kleinen Misserfolgen. Harald und Peter waren in einem Springen erfolgreich gewesen und Fiete hatte ein schweres Springen gewonnen. Ihre weibliche Garde hatte sich jedoch mit Plätzen im Mittelfeld zu begnügen, dafür waren seine Zöglinge zum ersten Mal zu Platzierungen gekommen.
Schließlich holte Richard den Lastzug auf den Hof und gemeinsam halfen alle bei der Entladung. Die Menge des mitgebrachten Futters gefiel Frank und Weber

besonders. Der Lastzug blieb hier stehen, denn am nächsten Morgen stand die Räumung des letzten Lagers bei Lehrte an, den Schlüssel hatte Weber schon erhalten. Wieder würden sie als Vorkommando früh losfahren. Seine Tauschsachen hatte Hubert schnell im Keller, nächsten Freitag kam Woods zum Treffen, da hoffte er, die Waffen loszuwerden.

Als die Kinder im Bett lagen, zählte Hubert das gebündelte Geld, es waren exakt 55.000 RM.

Anschließend packte Ulla den Rucksack aus. Aus dem Nachttisch und dem Kleiderschrank hatte sie alles, was ihr wertvoll erschien, dort hineingestopft. Kleine Schmucksachen für Männer, einen Wecker, schicke Taschentücher, zwei Einstecktücher, zwei Hemden und ein leichtes, edles Jackett britischer Machart befanden sich darin. Das Jackett passte Hubert, saß sehr gut. Den Rest, außer dem Schmuck, legten sie weg. Gemeinsam prüften sie die Schmucksachen, wie Frau Goldap es gezeigt hatte, es war gutes Gold. Hubert zeigte ihr die Kästen, die nach der Überprüfung durch die Fachfrau, von ihm angelegt worden waren. Hier kamen die Sachen in das Kästchen mit den wertvollen Sachen.

Normaler Dienst

Am nächsten Morgen erledigte Hubert einige Kleinigkeiten. In einem Umschlag brachte ihr Lehrling das Sparbuch aus dem OT Lager zu Hartmut in den Briefkasten, mit der Bitte, dieses umzuschreiben. Monika lieferte den Schuhkarton mit den suspekten Medikamenten aus dem Pferdelazarett zum Apotheker. Außerdem erhielt Iwan den Auftrag, einen Schlüsselkasten für die diversen Schlüssel zu bauen, denn sein Schlüsselbund war mittlerweile zu dick geworden. In der Stabsbesprechung gab er die Entscheidung, zwei neue Kipper und einen Bagger zu kaufen, bekannt. Gert würde das in Absprache mit Krummrich und Jurka erledigen. Die Lehrlingslage mit deren entsprechender Unterbringung und Versorgung

wurde ausführlich besprochen. Mit Dolle und Mielke besprach er, welche Kolonne bzw. Arbeitsbereich diese Woche zu besuchen war. Der restliche Arbeitstag verging mit Arbeit am Schreibtisch. So war er richtig froh, dass er anschließend seine Pferde ausgiebig bewegen konnte, trotz des leichten Nieselregens, der den ganzen Tag anhielt. Vorher hatte ihm Weber mitgeteilt, was sie aus dem letzten Lager mitgebracht hatten. „Es war fast so, wie beim letzten Mal. Die entsprechenden Sachen werden morgen durch Rübke weiterverteilt. Am Material lag da einiges, aber positive Überraschungen gab es nicht. Die Bahn könnte von den Sachen, die dort verblieben sind, eine Menge brauchen, denn bei diesen OT Lager ging es hauptsächlich um die Beseitigung von Gleisschäden nach Bombardierungen. Drei Bildbände der Reichsbahn haben wir dir ins Haus gelegt, das war alles." „Nun ist Schluss damit. Ich rufe morgen die Bahn an, die sollen sich selbst darum kümmern."
Das tat er am nächsten Morgen, erklärte dem Stellvertreter der RAWs wie der an den Verwalter dieser Liegenschaft kam. Wieder machte Monika eine Spritztour nach Hannover, um die Schlüssel zurückzubringen. Das war aber nicht ihr einzelner Auftrag, für Gerd holte sie bei Hanomag benötigte Ersatzteile ab. Er selber fuhr die einzelnen Baustellen und vor allem die Sand- und Kiesgrube ab, ließ sich erklären, wie der aktuelle Stand war, setzte mehrere Vorschläge gemeinsam mit Mielke und Lindner gleich um. Dieses Mal waren es nicht nur die Baukolonnen, die er besuchte, sondern vor allem die Arbeiten der anderen Gewerke. Das hatte er mit Lindner abgesprochen und sorgte bei den Betroffenen für Verblüffung und Freude.

Mit Ulla hatte er am Dienstagabend besprochen, wie ihre Meinung zu dem Anbau am Haupthaus war. Die ließ sich das genau erklären und stimmte dem zu. „Du willst unten die Garage für die Traktoren, eine Werkstatt und einen Raum für Brennstoffe einrichten. Darüber eine komplette Wohnung, habe ich das richtig verstanden?" „Genau! Die Traktoren sollten nicht im Winter draußen stehen und die Wohnung oben, können wir nett herrichten und wenn Richard und Sieglinde dort einziehen wollen, wäre das sinnvoll." „Daran dachte ich gerade. Was willst du mit deren alten Räumen machen?" „Die sollten wir ein wenig besser ausbauen. Mit einem vernünftigen Bad, einer Küche und drei Zimmern. Darin könnten wir Susanne und Thomas unterbringen. Damit hätten wir deren Stuben als Reserven zur Verfügung. Die Kammern könnte man anschließend herrichten." „Wenn ich mir das überlege, hast du völlig recht, das ist dort überall sehr provisorisch und im Winter nicht gut bewohnbar." „Ich sage das Dolle, der kann mal anfangen. Würdest du dich dort mit einschalten?" „Ja gern, das mache ich!"

Dolle übergab diese Arbeit einem seiner Bautechniker, der mit den ersten Überlegungen zu Ulla Verbindung aufnahm und ihre Ideen und Wünsche einfließen ließ. Ein weiterer Schwerpunkt war in dieser Woche die Ausstattung der Räume für die Lehrlinge. Schwarz und Frau Goldap arbeiten dabei Hand in Hand. Deren Lehrlingsverträge nahmen ihre endgültige Form an, wobei Monika mit dem Waisenhaus sehr gut zusammenarbeitete, denn dort lag ja weiterhin die Vormundschaft, solange die Jungs und Mädchen nicht volljährig waren.
Mit Becker hatte er abgesprochen, dass von seinem Guthaben aus den Mieteinnahmen die Forderungen der Grundsteuer beglichen würden. Für Ulla galt das Gleiche. Freudig rechnete ihm Kokoschka vor, wie viel sie eingespart hatten an zu kaufendem Baumaterial, was durch die Räumungen der Lager ersetzt war.
Darüber war Fischer ebenso erfreut.
Fritz besuchte ihn am Mittwochnachmittag und berichtete von seinen landwirtschaftlichen Aktivitäten. Die abgeernteten Getreideflächen wurden für die nächste Aussaat vorbereitet. Dabei waren seine

Traktoren und einer von Hubert im Einsatz. Zusätzlich pflügten Klavas, Paul und dessen Helfer mit ihren Gespannen in der näheren Umgebung und in Cremlingen. „Krummrich hat Verbindung aufgenommen mit der Zuckerfabrik, die sprechen gerade ab, wann wer Rüben liefert mit den Lastern." „Hat er weitere, für die er fährt?" „Alle hier im Dorf, in Cremlingen und Hordorf. Eventuell kommen andere hinzu. Jurka stellt den alten Bagger zur Verladung, wenn der neue da ist, dazu einen Bediener. So ähnlich wollen wir das mit der Kartoffelernte machen." „Da müsst ihr wieder aufpassen, dass die Leute aus der Stadt euch nicht vorher die Hälfte ausgraben." „Das ist mir klar. Wir organisieren eine Art Überwachung der Felder mit Kutschfahrern und Reitern. Wenn du willst, kannst du da mitmachen." „Kein Problem, sag wann und wo, ich habe genug Leute, die Pferde bewegen müssen." „Das werde ich mit Weber absprechen." „Wo wir gerade dabei sind. Wollen wir dieses Jahr wieder eine Herbstjagd veranstalten? Ich habe neulich den neuen Chef der Meute aus Hannover kennengelernt, das ist ein Jahrgangskamerad von mir." „Das wäre richtig gut, ich würde die Geländestrecke erkunden und die Hindernisse bauen." „Prima, wir sollten uns bald über den Zeitpunkt unterhalten." „Über den und wann wir ein Erntefest machen."
„Wollen wir das Erntefest und das Sommerfest nicht zusammen machen? So haben wir den ganzen Aufwand nur einmal." „Das ist eine gute Idee. Wo machen wir das?" „Auf dem Firmengelände. Dort können wir die Schleppdächer nutzen und die Zelte. Außerdem steht dort das ganze Zubehör." „Was hältst du vom letzten Augustsamstag?" „Habe ich bisher nichts vor. Die Woche davor ist das Turnier in Wittingen, danach ist für mich nichts mit Turnieren geplant. Verpflegung haben wir genug gebunkert, Schnaps habe ich jede Menge. Um Musik kümmere ich mich."
„Wer soll das aufbauen?" „Das macht bei uns Schwarz und Rübke unterstützt dabei. Essen machen wir

kostenlos, die Getränke für die Kinder frei, Schnaps und Bier wird bezahlt, der Gewinn geht ans Waisenhaus." „Gut, wir fangen mit Kaffee und Kuchen an. Das mit dem Kuchen koordiniert meine Frau und du musst Joachim fragen, ob wir preiswert Kaffee bekommen."

Hubert informierte Gertrud über diesen Termin, den Rest würde er am Freitag in der großen Besprechung informieren. Als er nach Hause kam, erwartete ihn eine Überraschung. Frau Doktor März war da, hatte Ulla untersucht und fragte Hubert, ob sie heute wieder mit ihm ins Gelände gehen könnte. „Ich habe meine Reitsachen im Auto und dachte mir, ich könnte das Angenehme mit dem Nützlichen verbinden." Hubert lachte. „Aber gern, das können wir machen, ich hätte ein neues Pferd für dich. Das hat meine Frau geschenkt bekommen und muss bewegt werden."
Ulla sagte lächelnd: „Ich könnte für nachher ein Bier kaltstellen!" „Das wäre die Krönung schlechthin", sagte die Ärztin.
Schnell waren beide umgezogen. Junior bekam den Auftrag, Frank zu sagen, er möge bitte Huberts junge Stute und die neue Trakehnerstute satteln. Als beide in den Stall kamen, standen die gesattelt vor ihren Boxen. Sie saßen auf und ritten ins Gelände. Kurz hinter dem Tor sagte sie: „Hubert, ich muss dir etwas mitteilen. Deine Frau ist vom gynäkologischen Standpunkt her völlig gesund, alles ist hervorragend verheilt, da gibt es keine Probleme. Aber ihr Gemütszustand ist das offensichtlich nicht. Ich habe mich länger mit ihr unterhalten, weil ich das beim letzten Mal schon spürte. Sie versorgt beide Kinder sehr gut, sogar vorbildlich, aber irgendwie hat sie eine hormonelle Störung. Eigentlich hätte sie schon wieder ihre Regel bekommen müssen, aber das passiert nicht. Ich habe mich darüber mit einem älteren, sehr erfahrenen Kollegen ausgetauscht. Der bestätigte mir, dass er so etwas schon erlebt und behandelt hätte. Ganz offensichtlich ist ihr gesamter Hormonhaushalt nicht in Ordnung.

Warum, können wir nicht sagen. Man könnte jetzt versuchen, medikamentös zu behandeln. Aber man kann nicht sagen, welche Wirkung und vor allem welche Nebenwirkung das hat. Wir sind uns einig geworden, dieses konservativ zu lösen und keine Medikamente einzusetzen, zumal sie ähnliche Probleme bereits beim ersten Kind hatte. Ich möchte dich daher bitten, sie einfach in Ruhe zu lassen, sie wird schon wieder. Natürlich kann ich mir vorstellen, dass dieses nicht einfach ist, aber bitte überlass es ihr einfach, sie kommt wieder!"

Hubert hatte interessiert zugehört und nickte jetzt. „Ich habe bisher nichts unternommen und sie nicht bedrängt. Man kann ja davon ausgehen, dass wir länger zusammenleben und dafür genügend Zeit haben. Den Rat werde ich befolgen und mich zurückhalten. Um einen gewissen Druck abzubauen, gibt es andere Möglichkeiten!" Die Ärztin grinste ihn an: „Sogar verschiedene. Aber das musst du entscheiden, dafür bin ich nicht zuständig!" Ebenfalls grinsend erwiderte Hubert: „Eigentlich schade!" Sie grinste zurück: „Das entfällt, der Adler stößt immer weit vom Horst!" Beide kicherten, spontan sagte Hubert: „Jetzt könnten wir eigentlich angaloppieren!" Als sie zum Schluss im Schritt zurückritten, sagte Hubert: „Danke für deine Hilfe!" „Gern geschehen, das ist meine Aufgabe!"

Vor dem Stall, stand Max Hartig in Reitsachen davor. „Oh, da wäre ich gerne mitgeritten, aber ich reite jetzt auf dem Platz." „Wen nimmst du denn?" „Weber sagte ich soll einen der Füchse nehmen!" Hubert sah die Ärztin an: „Wir haben zwei Füchse, nimm den zweiten, gehe mit auf den Platz. Ich nehme meinen Schimmel und reite ebenfalls!" Auf dem Reitplatz herrschte viel Betrieb. Beim Aufwärmen unterhielt sich Hubert ein wenig mit Jochen Bode, dessen Geschäft offensichtlich sehr gut lief. Aus den Augenwinkeln beobachtete er die beiden Ärzte, die sich recht schnell mit ihren Pferden vertraut gemacht hatten und diese ordentlich arbeiteten. Nachdem er selber zwei Runden im Parcours gesprungen war, ermunterte er die beiden, ebenfalls ein paar abschließende Sprünge zu machen. Als beide das taten, beobachtete er sie dabei genau, gab Tipps und korrigierte etwas. Als sie sich später im Stall trafen, lud er Hartig ein, mitzukommen und bei ihnen etwas zu trinken. Der nahm das gerne an und kam mit. Auf der Terrasse hatte Ulla bereits einen Imbiss vorbereitet, sie freute sich, dass Hartig mitgekommen war. Schließlich saßen sie um den wärmenden Feuerkorb, Hubert hatte jedem eine Decke besorgt, und sie plauderten entspannt. Hartig berichtete, dass ab morgen seine neue Praxis eingerichtet würde, da alles fertig geworden war. Sogar ein Telefonanschluss hätte man ihm bereits gelegt.

„Das ist ja spannend", sagte die Ärztin, „hättest du etwas dagegen, wenn ich morgen Vormittag vorbeikomme und mir das anschaue?"

„Sehr gerne, vielleicht hast du ja einen Tipp, was zu verbessern ist." „Ein wenig Erfahrung habe ich schon, das kann helfen!" Anschließend erzählte Hartig, dass er beim Turnier in Wittingen als Arzt des DRK Dienst verrichten würde. „Oh, da haben wir ja unsere gesamte medizinische Kompetenz dort am Start, denn Purzer ist dort der verantwortliche Tierarzt!" „Ich habe Samstag und Sonntag frei, da könnte ich euch dort besuchen", sagte die Ärztin spontan. „Kein Problem, wenn wir ein wenig rücken, könnt ihr alle bei uns im Haus übernachten", fügte Ulla hinzu.

„Das wäre gut, so entfällt die lästige Fahrerei jeden Abend". nickte Hartig. Sie wechselten das Thema. Hubert holte zwei Cognac und zwei der Whiskyliköre was großen Anklang fand.Gut gelaunt berichtete Hartig von seinem Aufklärungsunterricht bei den Jungs. „Vorgestern machten wir das im großen Speisezelt, Krummrich und Becker waren dabei. Die entsprechenden Schautafeln habe ich dankenswerterweise erhalten und einen Gag hatte ich mir überlegt. Dazu später. Zuerst lief das alles in gespannter Aufmerksamkeit ab, keiner blödelte oder machte dumme Sprüche. Das änderte sich, als ich zur Rolle der Männer im Besonderen und zur Empfängnisverhütung kam. Zwei der Älteren meinten hier mit lockeren Sprüchen auftrumpfen zu können. Aber die bekam ich mundtot und still, als ich zur Aufgabe eines Kondoms kam. Beide taten so, als ob sie die ganz große Ahnung hätten. Also holte ich beide nach vorn, holte aus meiner Arzttasche zwei Bananen, die ich mit vielen Beziehungen teuer erstanden hatte, und gab jedem der beiden einen verpackten Kondom. Sie mögen doch bitte mit diesem Hilfsmittel zeigen, wie man ein Kondom über einen erigierten Penis zieht. Beide wurden prompt knallrot und sahen sich hilfesuchend um. Als von hinten die ersten hämischen Kommentare kamen, nahmen sie ihren Mut zusammen, öffneten ungeschickt die Verpackungen, sahen mich wieder an. Ich zeigte ihnen, wie das Kondom aufgesetzt wurde, dann mussten sie allein weitermachen. Der Rest stand mittlerweile um uns herum und betrachtete sich das Schauspiel. Wieder erklärte ich das Kondom und seine Funktion, endlich hatten sie es geschafft. Ich wies sie an, das Kondom wieder herunterzuziehen, sie durften die Bananen behalten und aufessen. Mit viel Wasser demonstrierte ich dem Rest die Dehnfähigkeit des Materials. Anschließend beantwortete ich alle anstehenden Fragen." Kichernd sagte die Ärztin: „Das ist ja eine tolle Idee für die Anwendung eines Kondoms zur Aufklärung, das muss ich mir unbedingt merken." Hubert und Ulla fanden diese praxisnahe Art der Aufklärung genauso beeindruckend, hatten beide ebenfalls bei der Erzählung gekichert. Es wurde empfindlich kühl, man beendete den Abend. Hartig ging nach Hause, der Rest zog sich zurück.

Bevor er am nächsten Tag zu den Elektrikern und Klempnern fuhr, begutachtete er die Glückwunschkarten, die er in Auftrag gegeben hatte. Zwei Anmerkungen hatte er dazu, jetzt konnten die in den Druck gehen. Die Geburtstagsliste wurde ihm gezeigt, sie war bereits fünf Seiten lang. Gertrud persönlich würde sie überwachen. Zum Abschluss dieser Dienstaufsicht fuhr er nach Cremlingen, um sich den Umbau dort anzuschauen. Sowohl das Haupthaus als auch das Kleinere daneben, waren umfassend restauriert und mit der aktuellen Technik ausgestattet. Frau Klavas bedankte sich herzlich bei ihm. „Wissen sie, von einer Toilette im Haus habe ich immer geträumt, endlich müssen wir nicht mehr nach draußen gehen. Und das fließende Wasser ist toll, kein Gang mehr zur Pumpe!" „Naja, wenn wir das Renovieren, sollte es auf den aktuellen Stand der Technik gebracht werden, sonst ist das ja alles nur eine halbe Sache."

Im Haupthaus war alles neu, einige Räume vergrößert, den Bedürfnissen einer Arztpraxis entsprechend. Die war im rechten Teil, links eine Wohnung für Hartig. Oben befanden sich drei Räume, die von den beiden Arzthelferinnen und dem Lehrling bewohnt werden sollten, eine Küche, sowie ein Badezimmer. Hartig führte ihn durch die Praxisräume, erklärte, was wo stattfände. „Sag mal, das leuchtet mir alles ein, aber wieso hast du zwei Behandlungszimmer?" Der grinste schief. „Bis heute Vormittag war der Raum leer, sollte eine Art Archiv werden, aber ich erhielt den Besuch von Frau Doktor März. Der erklärte ich alles, und als wir draußen gemeinsam eine Zigarette rauchten, fragte sie mich, ob ich ihr dieses Zimmer vermieten könnte. Sie will ihre Stundenzahl im Krankenhaus etwas reduzieren und zwei oder anderthalb Tage die Woche dort als Frauenärztin praktizieren. Sie ist der Ansicht zu einer Frauenärztin gehen die Frauen eher als zu einem Mann." „Das kann ich mir vorstellen. Arbeiten deine Mädels für sie?" „Ja, das ist kein größeres Problem, dafür will sie bezahlen." „Wenn ich mir das richtig überlege, ist das eine echte Marktlücke. Hast du die Handzettel für die Praxiseröffnung schon verteilen lassen?" „Das läuft derzeit gerade."

Im Büro lag in seiner Post eine Einladung zu einer Gartenparty der Familie Büssing. Termin war dort der

Samstag nach ihrem Sommerfest nachmittags um 16:00 Uhr. Er bat Gertrud dort zuzusagen und fuhr nach Hause.Nachdem er Sandro und die Springstute bewegt hatte, aß die Familie gemeinsam und er ging in den Keller, um die Tauschsachen für Woods vorzubereiten. Die Kisten mit den Waffen würde er morgen früh aufladen. Anschließend berichtete er Ulla von der Arztpraxis in Cremlingen und der Einladung zu Büssing. „Also wenn sich da mal nichts tut zwischen den beiden Ärzten. Es ist ja offensichtlich, dass die sich nicht unsympathisch sind!" grinste die und fuhr fort: „Du hast recht, das ist eine Marktlücke, in die sie damit springt. Es ist für Frauen schon angenehmer, wenn sie von einer Ärztin untersucht werden. Die Gartenparty nehmen wir mit, oder? Susanne ist jetzt fit in der Behandlung von Babys, das hat ihr Christina gut beigebracht. Die können wir beruhigt mit unserer Tochter alleinlassen."

Beide besprachen das geplante Sommerfest. Die Idee, den Reingewinn der Waisenhausstiftung zu überlassen, fand sie sehr gut. Sie selbst bot sich an, den Kaffee- und Kuchenverkauf zu organisieren. Das Ganze besprachen sie, so konnte er das am nächsten Tag in der Besprechung umsetzen. Bevor es zu der Besprechung kam, bezahlte er seine Rechnung über die Renovierung des Hauses in Cremlingen: 52.300 RM.

Fischer erhielt das Geld in bar, sagte zu ihm: „Demnächst werden zwei weitere Rechnungen fällig: der Umbau des Reinigungshauses und der Wiederaufbau eines Hauses am Nordbahnhof."

Es wurde Zeit für das Treffen mit Woods. Wie vorher fuhren sie an den alten Platz und dort stellte Woods eine Thermoskanne mit Tee auf den Radkasten seines Lasters. zwei Tassen dazu und goss ein. „In Ermangelung eines anderen Getränkes, stoßen wir beide damit an!"

Das taten sie. „Was verschafft mir die Ehre?" fragte Hubert anschließend. „Alle Handfeuerwaffen bin ich sofort und zu Höchstpreisen losgeworden, für uns beide ein sehr lukratives Geschäft. Ich hätte problemlos weitere verkaufen können!" Hubert grinste. „Da kann ich dir heute sehr gut helfen, ich habe welche organisieren können!" „Mensch wirklich? Das wäre ja phantastisch, was hast du denn da?" Hubert zog die zwei großen Kisten an den Rand der Ladefläche und öffnete sie. „Ich werde verrückt, das ist bares Geld und nicht wenig!" sagte Woods, als er sich die acht Pistolen und die sechs neuesten Sturmgewehre anschaute. „Und du habe ich noch etwas!" Er zog die kleine schwarze Kiste heraus mit den zwei glänzenden Revolvern auf dem Samtbelag. Vorsichtig, aber überprüfte Woods die. „Wunderbar, voll funktionsfähig in toller Verpackung. Das geht besser weg! Aber bevor wir umladen, hier ist dein Geld!" Er gab Hubert einen dicken Umschlag, den der in seiner Jacke verschwinden ließ. Anschließend luden sie seine Sachen auf Woods Laster. Dabei freut der sich besonders über die Uniformen und die Fliegerjacke, alles andere nahm er zufrieden an. Nun begann er mit seinen Sachen. Wie üblich schob er je eine Kiste mit Tee, Kaffee, Zigaretten, Whisky und Süßigkeiten an den Rand. Es folgten je zwei Kisten mit Rind- und Truthahnfleisch und eine mit Fruchtdosen. „Von meinem Küchenverwalter soll ich dir sagen, er bräuchte dringend zwei gute Hammel, aber geschlachtet. Dafür schickt er dir diese Dosen, die wir nicht verwerten können, weil das keiner mag in unserer Kantine." Sechs größere Kartons folgten. Eisbein mit Sauerkraut, gekochtes Mett, Spargel, Erbseneintopf und zwei Kisten mit unterschiedlichen Gemüsesorten. „Wie sollen wir das mit den Hammeln machen?" „Lasst sie schlachten, ruft ihr Lisa an und die sorgt dafür, dass die abgeholt werden." „Kein Problem, Anfang der nächsten Woche habt ihr die."Woods goss Tee nach. „Ich würde gerne nächste Woche vorbeikommen, denn danach bin ich 14 Tage auf einem Lehrgang. Die Waffen werde ich am Wochenende los. Wann passt es?" „Donnerstagvormittag, ab Freitag bin ich auf einem

Turnier in Wittingen." „Gut, das geht. Dann hätte ich eine Sache. Könntet ihr mir ein Motorrad mit Beiwagen und eines ohne besorgen?" „Ja, das geht, dass sind aber Heeresmaschinen, zwar fast neu, aber so lackiert." „Das ist sogar sehr gut. Wann kann ich die holen?" „Das macht mein Bruder Gert, aber ich denke, wenn du kannst, morgen Vormittag."

„Wunderbar, lasst bitte heute bei Lisa anrufen, was die kosten sollen." „Das können wir einfacher haben. Fahr hinter mir her, wir halten bei Gerts Werkstatt. Da kannst du sie sehen und ihr könnt euch über den Preis unterhalten!" „So viel Zeit habe ich, das machen wir!" Gemütlich tranken sie den Tee aus, dabei sagte Woods: „In einem oder zwei Jahren ist meine aktive Zeit bei der Armee abgelaufen. Ich habe jetzt das Geld, um mir ein kleines Landgut zu kaufen, das werde ich bewirtschaften." „Dazu gratuliere ich. Da kannst du deinen Hobbys nachgehen." „So hatte ich mir das immer vorgestellt."

Als sie bei Gerts Werkstatt eintrafen, fragte der nicht viel, führte Woods zu dem Anbau, in dem die Motorräder standen und erläuterte ihm diese. Schnell waren sich die beiden handelseinig, der Preis war akzeptabel und Gert würde die Maschinen vorher überprüfen lassen. Nachdem das erledigt wart, fragte Woods: „Was ist mit den Autos dort?" Dabei zeigte er auf die vier Geländewagen von Volkswagen, die dort standen. „Für zwei habe ich Interessenten, einer ist fraglich, einer ist zu verkaufen." Woods sah sich die Autos an und nickte.„Was soll so ein Auto kosten?" Gert nannte einen Preis und wieder nickte Woods. „Wenn ich morgen die Motorräder hole, kann ich sagen, ob da etwas geht." „Kein Problem, ich halte einen zurück." Kurz unterhielten sich die beiden über den Transport, danach fuhr Woods und Gert zwinkerte Hubert kurz zu. Der zwinkerte zurück, Hubert fuhr auf den Hof. Gemeinsam mit Ulla und Richard brachten sie alles in den ehemaligen Keller von Sänger. In einen leeren Karton packte Hubert eine Stange Zigaretten, eine Flasche Whisky und mehrere Dosen mit Fleisch und anderem. „Damit werde ich die zwei Hammel bei meinen Eltern bezahlen, welche die Briten haben wollen!" Ulla nickte. „Denk dran, dass der Schlachter ebenso etwas braucht!" „Stimmt, das kläre ich mit dem." „Samstagnachmittag sollten wir das hier alles wieder gründlich sortieren." „Das machen wir, liebe Ehefrau!" grinste er und fuhr mit den Sachen in seinem Lieferwagen ins Büro. Dort rief er den Schlachter an.

„Kein Problem, wenn ihr es schafft, bringt die bitte heute noch, morgen früh habe ich eine Lücke, die können wir damit gut füllen!"

Mittags klärte er das mit seinen Eltern. Gerne nahmen sie die Sachen im Tausch, die er ihnen mitgebracht hatte. Von dort informierte er Ulla.

„Richard soll die Hammel von meinen Eltern abholen mit einem Anhänger. Gib ihm eine Stange Zigaretten und zwei Dosen Früchte für das Schlachten mit!"

In der großen Dienstbesprechung gab er die Planung mit dem Sommer- und Erntefest bekannt. Sofort meldeten sich Jurka, Schwarz und Graf, um das zu organisieren. Das nahm er dankend an und setzte für Montag 15:30 Uhr eine Besprechung dazu an. Diverse Kleinigkeiten gab es zu regeln, schließlich war er gegen 17:30 Uhr daheim. Kurz vorher hatte er mit Gert gesprochen wegen zwei Motorrädern, eines mit und eines ohne Beiwagen. Das mit Beiwagen sollte Klavas erhalten, das andere Weber. Dafür stellte er Gert Materialien in Aussicht. Grinsend sagte der dazu: „Alles in Ordnung, Fritz braucht ein Motorrad für Söhnke, das ist alles kein Problem. Der Deal mit den Briten ist gut, das Bargeld kann ich immer brauchen." Daheim berichtete Richard, dass die Sache mit den Hammeltransport perfekt geklappt hätte. „Aber dein Freund der Schlachter sagte, das wäre zu viel, was ich ihm mitgebracht hätte, deshalb gab er mir einen Karton mit Wurstdosen mit. Die habe ich Ulla gegeben!" Im Haus begrüßte ihn Ulla mit der Botschaft: „Ich war heute mit der Kleinen beim Doktor, sie ist kerngesund und hat keinerlei Probleme!" „Wunderbar, sie scheint bereits zu wachsen." „Einige Sachen habe ich bereits weitergegeben. Die hat Jochens Frau dankbar angenommen. Willst du jetzt gleich essen? Hans-Wilhelm ist bei Onkel Fritz, kommt erst gegen 19:00 Uhr. Du kannst reiten. Nach dem Essen wollte ich dir den Plan zeigen, den mir heute einer der Bautechniker gebracht hat." Zuerst wollte er seine Trakehnerstute reiten und anschließend seinen Schwarzbraunen. Aber als er zum Stall ging, fing ihn Weber ab. „Hubert, der Turnierveranstalter vom Wochenende hat bei Gertrud angerufen und gefragt, ob wir nachträglich ein paar Reiter für Sonntag zum L und S springen melden könnten. Er hätte zu wenig Anmeldungen." „Wann ist das L Springen?" „Sonntagvormittag und anschließend S." „Also ich könnte mit der jungen Stute bei L mitreiten. Nimm doch Thomas mit der neuen Trakehnerstute mit. Und für S kannst du Fiete mit seinem Fuchs fragen, oder Bode oder Harald. Die kreuzen alle hier heute auf. Tietz könnte L reiten." „Also gut, die frage ich." „Da wäre etwas, ich habe ein Motorrad für dich und für Klavas eines. Damit wärt ihr beide beweglich." „Ja toll, das wäre gut, wann sollen wir die holen?" „Morgen früh, ihr müsst nur schauen, wie ihr das Ding zu Klavas bekommt." „Das bekommen wir hin, wir fahren erst um 11:00 Uhr los!" Tatsächlich waren sie schließlich zu sechst für das L Springen und drei für S, teilte ihm Weber mit, als er mit dem Schwarzbraunen zurückkam. „Sehr gut. Ich habe mir überlegt, warum nehmen wir nicht Junior mit, der kann das mit seinem großen Pony probieren. Ich fahre beide Pferde mit dem Anhänger am Lieferwagen." „Warum nicht, dann melde ich euch morgen nach."

Ulla runzelte zwar kurz die Stirn, sagte aber: „Na gut, warum eigentlich nicht. Denke, das Pferd kann das und er kann nur Erfahrung sammeln." „Ich bin dabei, passe auf, keine Sorge." Als der Junge kam, wurde ihm der Plan eröffnet und er war Feuer und Flamme.

„Aber morgen schaue ich mir an, wie du das mit dem Pony hier auf dem Platz machst!" bremste ihn Hubert. Ulla nickte dabei unterstützend.

Die Pläne für den Anbau waren genau so, wie Hubert sich das vorgestellt hatte. Im Erdgeschoss die Garage für die Traktoren, eine Werkstatt und ein kleinerer Bereich für Gartengeräte und Brennstoffe. Im ersten Stock war eine Dreizimmerwohnung mit Küche und Bad. Das sah alles recht gemütlich aus. Ulla hatte am Zuschnitt der Räume etwas verändert, was ihm sehr sinnvoll erschien. „Ich werde morgen fragen, wann und wer das machen soll von unseren Leuten."

Das tat er am nächsten Morgen, Dolle hatte bereits Baumann damit beauftragt, der Anfang der Woche das Haus der Reinigung abschließen würde. „Ich werde meinen Leuten sagen, dass sie ab Montag anfangen können, den Anbau auszuräumen und Abbrucharbeiten durchzuführen."

„Das wäre gut, rechne mit Mittwoch, da könnte Baumann bei dir anfangen." Mit Becker besprach er die Vermietung der kleinen Wohnungen. Der hatte sich durch die Vermietungen einen guten Draht zur Hochschule aufgebaut und bereits einige Anwärter dafür. Während sie darüber sprachen, hatte Hubert eine ganz andere Idee. „Du hast doch sehr gute Beziehungen zur Hochschule. Könntest du bitte fragen, ob es da eine kleine Kapelle gäbe, die beim Sommerfest spielen würde?" „Ich denke schon, das bekomme ich hin."

Bei Gert lieferte er das Carepaket ab, plauderte ein wenig. Dabei kam Woods mit einem Briten und zwei Kriegsgefangenen auf der Ladefläche.

Er begrüßte beide und sagte zu Gert: „Wir nehmen die zwei Motorräder und das Auto." „In Ordnung. Alle drei habe ich heute überprüfen lassen, sind mit Öl und Kraftstoff aufgefüllt." „Mein Mitfahrer soll das Auto fahren, könntet ihr ihn bitte einweisen? Den Rest

verladen wir." Gert ging mit dem Engländer zu dem
Auto, um ihm das Wichtigste zu erklären. „Hubert für
dich hätte ich etwas. Die beiden Kriegsgefangenen sind
heute entlassen worden. Ich habe sie mitgenommen,
damit sie helfen können und sie wollten dich fragen, ob
du Arbeit für sie hättest." „Was sind die von Beruf?"
„Der eine ist Elektriker und der andere Maler. Beide
kommen aus dem Harz, wo jetzt die Russen sind."
„Wenn sie wollen, nehme ich beide. Ich rufe den Chef
der Leute an, der kümmert sich um beide." Von Gerts
Telefon rief er Lindner an, erklärte ihm alles. „Die
können wir sehr gut brauchen, wir haben jede Menge
Arbeit." „Gut, schick deinen Vertreter her, ich rede mit
denen. Bringt die unter und meldet sie an."
Mit den beiden redete er. Sie machten einen guten
Eindruck und sagten sofort zu, hier zu arbeiten. Zurück
in ihre Heimat wollten sie auf keinen Fall. Als Lindners
Vertreter kam, übernahm er sie. Kurz teilte er Woods
mit, dass sie die beiden geschlachteten Hammel bei
seinem Freund abholen könnten. Der bedankte sich und
Hubert ging in sein Büro. Dabei ging er an der Zahlstelle
vorbei, wo bereits eine Schlange mit Männern wartete,
um ihren Lohn zu bekommen.

Später gab es daheim Kaffee und anschließend ging es
an das Umräumen der Vorräte. Dabei wurden Susanne,
Sieglinde und Richard eingespannt. In den hinteren
Keller kamen die gesamten Kartons mit Zigaretten,
Kaffee, Tee und Alkohol, dazu die Süßigkeiten,
Kaugummi und die Dosen mit Südfrüchten. Während
die Männer die Kartons und Kisten heruntertrugen,
stapelten Ulla und Sieglinde im Keller. Susanne war
ständig damit beschäftigt leere Kartons
hinauszubringen und die nächsten vollen
nachzuschieben. Nacheinander wurden die oberen
Kammern, der Bücherverschlag und die Garage geleert,
der hintere Keller war voll. Alle Lebensmittel in Dosen
und einige kleine Säcke mit Hülsenfrüchten, Reis und
Nudeln wurden in den Regalen des vorderen Kellers

untergebracht. Gegen halb fünf waren sie damit fertig. Alle Kartons wurden auseinandergenommen und kamen auf einen Anhänger unter dem Schauer. Während die Frauen in den Kellern die letzten Feinarbeiten erledigten, zog sich Hubert um und sattelte Sandro. Junior hatte beim Misten geholfen und folgte ihm mit seinem Pony auf den Platz. Hier zeigte Hubert den anwesenden beiden Jungs sechs Hindernisse, die sie, auf eine Höhe des morgigen L-Springens entsprechend, umbauten. Diesen kleinen Parcours ließ er Junior springen. Vor lauter Eifer und in dem Bestreben es besonders gut zu machen, passierten ihm dabei mehrere Fehler, die eindeutig nicht seinem Pony zuzuordnen waren. Ganz ruhig nahm ihn Hubert in die Mitte des Platzes und erklärte ihm, welche Fehler er gemacht hatte. Beim zweiten Durchgang lief es viel besser und als Hubert ihm im dritten Durchgang einen anderen Weg vorgab und weitere Hindernisse dazu nahm, klappte es gut. Hubert ließ die Hindernisse wieder erhöhen und sprang mit Sandro zwei Runden. Der Junge verfolgte das ganz genau. Anschließend wechselte Hubert auf seine Springstute und ließ seine Armeestute für Junior satteln. Von der wusste er genau, dass sie handzahm war und dem Jungen keine Schwierigkeiten machen würde. Stolz, ein großes Pferd reiten zu dürfen, ritt er mit seinem Vater wieder auf den Springplatz. Während Hubert der Stute Geschwindigkeit zwischen den Hindernissen beibrachte, ritt Junior die Armeestute ordentlich. Als er mit der abschließend über Cavalettis springen durfte, war er ganz begeistert. Brav machte die Stute alles mit.
Danach war das Training für heute beendet, die Pferde kamen in den Stall und die beiden holten einen Pferdeanhänger unter dem Schauer hervor, beluden das Zugfahrzeug mit den Reitutensilien für morgen früh. Weber kam vom Turnier mit seinen Schülern und den drei Dressurreitern zurück. Die drei hatten ihre Prüfung dominiert, Webers Schüler hatten sich verbessert, waren teilweise unter die ersten Zehn gekommen.

Anschließend wurde für den nächsten Tag die Ausrüstung verladen.

Am nächsten Morgen galt es früh aufzustehen und die Pferde zu verladen. Hubert und Junior fuhren mit dem Opel, dem Anhänger und der Ausrüstung voraus, begannen in Hornburg sofort damit ihre Pferde vorzubereiten. Kurz darauf waren die Transporter da und Weber kümmerte sich in bewährter Form um die Organisation. Während des Aufwärmens sah Hubert immer aus den Augenwinkeln zu seinem Sohn, aber der war sehr konzentriert und hielt sich an alle Vorgaben. Hubert war vor seinem Sohn an der Reihe und ließ seine junge Stute zum ersten Mal richtig laufen. Aufmerksam machte die sehr gut mit, hatte keine Fehler und eine schnelle Zeit. Nach dem Ritt band er sie an den Anhänger und kümmerte sich um Junior. Der war ruhig und voll konzentriert, als er einritt. Dem Rat seines Vaters folgend, ließ er sich Zeit beim Anreiten der Sprünge, kam zwar mit Null heraus, hatte aber drei Fehler durch Zeitüberschreitung. Zufrieden lobte ihn der Vater, sie sahen den anderen zu. Als es zur Siegerehrung kam, war der Stall Wedel stark vertreten. Hubert Erster, Gertrud mit einem der Füchse Dritter, Tietz mit dem anderen Fuchs Vierter, Junior Siebter und Regina zum ersten Mal mit ihrer neuen Stute Neunte. Zusätzlich belegten Webers Schülerinnen die Plätze 10 bis 13. Vater und Sohn verluden ihre Pferde und sahen ein wenig beim anschließenden S-Springen zu. Zum ersten Mal startete Fiete hier mit seinem Fuchs. Den hatte er sehr gut im Griff, null Fehler und eine sehr schnelle Zeit waren das Ergebnis. Jetzt aber mussten die beiden nach Hause, denn der Apotheker wurde mit seiner Frau zum Kaffee erwartet.
Pünktlich schafften sie das, Hubert zog sich um und Junior fuhr mit Thomas per Rad zum Baden hinter Gerts Werkstatt.

Während des Kaffeetrinkens kam es gleich zu den interessanten Dingen. „Bei den Ampullen in den kleinen Kartons handelt es sich um Morphiumpräparate. Gut, dass die nicht weiter im Umlauf gekommen sind, die sind derzeit bei uns streng gesichert." „Sind die denn typisch für einen Tierarzt?" „Nicht unbedingt, wir beide tippen darauf, dass das für jemanden aufbewahrt wurde, der danach süchtig war. Der ehemalige Reichsmarschall war ja ein leuchtendes Beispiel dafür." „Der Göring war süchtig?" fragte Ulla völlig verblüfft. „Ja, der hat sogar zwei Entziehungskuren in Schweden gemacht." „Ich fasse es nicht. Und so was hat uns großkotzig regiert?" „In der Tat meine Liebe. Ich habe von Gerüchten gehört, dass der Leibarzt unseres geliebten Führers abenteuerliche Dinge verschrieben hat, die gar nicht mit der Lehrmeinung übereinstimmen!" Seine Frau nickte dazu. „Dieser Arzt, Morell hieß er, hat ganz irre Sachen probiert, die normale Menschen ganz gewiss nicht testen wollten!" Ulla und Hubert schüttelten beide die Köpfe. „Da bin ich gespannt, was da noch alles herauskommt", sagte Hubert. „Naja, mit einer Sache müssen wir jetzt leben. Du weißt doch, dass es in der Wehrmacht oft Pervitin gab." „Ja stimmt, das konnte man problemlos über die Sanitäter bekommen." „Das ist ein bekanntes Aufputschmittel, was besonders an Flieger, aber auch an alle anderen verteilt wurde. Das Ergebnis ist: das macht süchtig und bei vielen Menschen kämpft man heute mit der Abhängigkeit daran."

„Ich habe das nie genommen, aber viele holten sich das, um in bestimmen Situationen wach zu bleiben!" „So war es gedacht und ganz bewusst so großzügig verteilt. Aber mal was Angenehmes: Eure letzten „Erste Hilfetaschen" sind bestückt, die bekommt ihr nächste Woche. Stört euch bitte nicht daran, dass bei einigen Verpackungen von Binden und anderen Sachen das Hakenkreuz drauf ist. Das Zeug ist völlig in Ordnung und zu schade zum Wegwerfen, das hält mehrere Jahre." „Danke, ich sehe kein Problem darin, diese Verpackungen werden bestimmt nicht dazu beitragen, dieses Regime zu verherrlichen."

Sie wechselten das Thema, um zum Thema „Jagd" zu kommen. In der nächsten Zeit würde die Jagdsaison wieder voll einsetzen. Hubert berichtete von Vorbereitungen in Wittingen, in der nächsten Umgebung und von einem Vorhaben ihres Freundes dem Schlachter in seinem neuen erworbenen Revier so etwas zu veranstalten. Der Apotheker lud zu einer Jagd in seinem wieder freigegebenen Revier vor dem Harz ein. Darüber plauderten sie länger, Ulla berichtete, dass demnächst ein Lehrgang für die Jägerprüfung stattfinden würde, an dem sie teilnehmen würde.

Erste Vorbereitungen auf den Winter

Die interne Stabsbesprechung am Montag dauerte länger. Als erstes wurde der Einsatz in der Rübenkampagne, ab Mitte September, durchgesprochen. Es wurde dabei eine Kfz-Gruppe mit dem alten Bagger gebildet unter dem Kommando von Meyer aus dem Bereich Krummrichs. Mit dem alten Bagger sollten die Rüben an den jeweiligen Feldern beladen werden. An Iwan und Olbrich erging der Auftrag, die Bordwände der Kipper und Anhänger zu erhöhen, damit mehr Ladung darauf passte. Die später stattfindende Kartoffelernte sollte unter der Leitung von Fritz mit allen verfügbaren Traktoren und Anhängern durchgeführt werden. Dazu hatte Fritz ein neues Gerät erworben, einen kleinen Bagger, der über die Welle eines Traktors angetrieben wurde.

Schließlich kam es zum großen Brocken, dem Einsatz im Wald. Karl trug seine Planungen und den dazugehörigen Bedarf vor. Er brauchte drei Kolonnen, die zwei Zugmaschinen, zwei weitere große Laster und alle sechs Langholzanhänger. Die Unterbringung und Verpflegung würde in der ehemaligen Luftwaffenkaserne stattfinden. Von Gert brauchte er einen Wartungstrupp für die eingesetzten Autos und die anderen technischen

Sachen. Der sollte die ganze Zeit in der alten Kaserne und bei Bedarf vor Ort einsatzbereit sein.

Er selber würde die gesamte Zeit des Einsatzes dort als Verantwortlicher fungieren. Weitere Einsatzgebiete waren: Der zum Gut bei Schöppenstedt gehörende Wald, das würde Fritz machen, dazu Brunsrode. Weber sollte den Bereich der näheren Umgebung bekommen und Olbrich bekam den Bereich Wittingen. Gert wurde gebeten, bereits jetzt zu schauen, woher man weitere Langholzanhänger bekäme. Jurka und Schwarz sollten mit ihren Autos und der dort vorhandenen Technik in allen Bereichen unterstützen. Karl hatte bei der Vorbereitung und Koordinierung die Federführung.

Bei der Postdurchsicht stieß er auf die Rechnung für die Renovierung des Cremlinger Hofes, es waren 64.850 RM. Dabei fiel ihm siedenheiß ein, dass er bisher nicht das Geld von Woods überprüft hatte. Der Umschlag steckte ungeöffnet in seiner Jacke. Jetzt überprüfte er das, es waren 68.000 RM. Das passte wunderbar. Sofort ging er mit der Rechnung und dem Geld zu Fischer und bezahlte dort. Das restliche Wechselgeld legte er in die Kassette in seinem Schreibtisch. Heute hatte er die erste Glückwunschkarte für den Geburtstag eines Kunden in der Mappe.

Nachmittags ließ er sich umfassend die Zimmer für die künftigen Lehrlinge zeigen, besprach mit Rübke und Frau Goldap, wie sie die festgestellten Mängel abstellen und fehlendes Mobiliar besorgen könnten. Lindner bekam mehrere Aufträge dazu. Im Keller des zuletzt hergerichteten Blockes besaß Sänger einen Vorratskeller und in einem war eine Küche für die Lehrlinge eingerichtet worden. Ein größerer Essensraum schloss sich hier an. Für die Küche hatte Frau Goldap eine der Flüchtlingsfrauen eingestellt, die gleichzeitig zuständig für die Säuberung der Sanitäranlagen und Duschen war.

Abends berichtete er Ulla von der Besichtigung der Unterkünfte und bat sie, dieses mit den Augen einer Frau zu tun.

„Mache ich gerne morgen früh, ich komme anschließend vorbei und sage dir, was gemacht werden kann oder muss."

Danach ging Hubert zum Stall, um seine Pferde, mit denen er am Wochenende starten wollte, vorzubereiten. Ulla ging ebenfalls zum Platz, wollte sich anschauen, wie Thomas unter der Aufsicht von Weber die neue Trakehnerstute dressurmäßig arbeitete.

Diese Woche war der Platz sehr gut genutzt, denn diejenigen, die in Wittingen starten würden, bereiteten sich darauf vor und zusätzlich war für Mittwoch, die Generalprobe der Quadrille vorgesehen. Nachdem er seine Pferde geritten hatte, besprach er sich mit Weber, teilte dem mit, welcher Bereich der Holzarbeiten für ihn vorgesehen war. Der sagte ihm, dass Ulla und er beschlossen hatten, Thomas am Samstag in der L-Dressur starten zu lassen, um zu sehen, wie sich die Stute dabei gab. „Bekommst du die denn alle dahin?" fragte Hubert.

„Ich habe einen Plan, aber wir werden alle Anhänger dazu einsetzen müssen."

„Ich schlage dir vor, einige Pferde bis Samstagabend in den Ställen der beiden Höfe unterzubringen und einige Reiter dazu. Anne und Purzer können dort übernachten und Hartig. Die beiden sind die eingeteilten Ärzte. Paul könnte dort schlafen, der soll ja als Hufschmied arbeiten. Ulla, ich und die Kinder sind von Freitag bis Sonntag auf unserem Hof. Den Wohnwagen können wir einsetzen, da können zwei Leute drin schlafen."

„Gut, gut, das werde ich gründlich durchdenken, das kann ich dir morgen mitteilen."

Mit Ulla besprach er anschließend die Unterbringungsmöglichkeiten in Wittingen.

„Da hatte ich mir schon Gedanken gemacht. Wie viele Boxen sind auf dem Hof bei Sigurd und wie viele auf unserem frei?" „Bei Sigurd vier, bei uns vier und zwei mögliche Stände."

„Also könnten wir zehn Pferde unterbringen. Zum Schlafen haben wir ein Gästezimmer und ein Kinderzimmer, wenn die Kleine bei uns schläft. Bei Sigurd sind drei große Zimmer und ein Kinderzimmer. Wir schlafen in unserem Zimmer und das Gästezimmer bekommt Hartig, im Kinderzimmer kann Cremer schlafen. Auf dem anderen Hof kannst du Purzer und Anne unterbringen, daneben Fiete und Gertrud, in einem Kinderzimmer Katrin. Im zweiten Zimmer Regina." „Das wäre gut, so haben wir alle untergebracht, die am ersten Tag reiten und am nächsten Tag recht früh. Aber warum Hartig allein im Gästezimmer?" Ulla grinste: „Ich habe da eine Vermutung: meiner Meinung nach wird ihm da eine Frauenärztin Gesellschaft leisten!" Zuerst schaute Hubert verblüfft. „Gegen diese Vermutung würde ich nicht wetten!" sagte er grinsend. „Wir werden es sehen, jetzt kannst du die Pferde dazu verteilen." Ulla holte für beide ein Bier, Hubert war fertig.

„Meine fünf zu uns in den Stall, dazu das Pony. Die Trakehnerstute geht gleich am ersten Tag wieder zurück. Im anderen Stall die drei Dressurpferde plus Fietes Springer. Die vier brauchen wir für die Quadrille. Und Paul bekommt mit seinem Gehilfen den Wohnwagen."

„Na also, das sieht doch gut aus. Ich fahre mit den Kindern am Donnerstagnachmittag nach Wittingen und bereite alles mit Amira vor."

„Gut, dann komme ich am Freitagvormittag mit der Stute und Fietes Großem, per Transporter müssen am Freitagvormittag die drei Dressurpferde und Fietes Springer hin. Fiete kann unsere beiden Pferde zurückfahren, meine junge Stute und meinen Schimmel holen. Den Rest muss Weber mit den Transportern machen. Den Zettel gebe ich morgen früh Weber!"

Sie saßen sich in ihren Schreibtischen gegenüber und Hubert zeigte ihr eine der Glückwunschkarten.

Die fand ihre volle Zustimmung, sagte: „Hubert, ich möchte dir etwas sagen, was mich sehr bedrückt. Ich liebe dich nach wie vor sehr und ich bin froh, dass du meinen Sohn als Vater so gut angenommen hast, als ob du sein richtiger Vater bist. Du bist für ihn der einzige Vater und er liebt dich ebenfalls. Es ist einfach toll, was du in der letzten Zeit alles geschafft hast und ich dir dabei helfen konnte. Wir haben sehr nette und liebe Freunde, ich gehöre ohne wenn und aber zu deiner Familie, aber ich kann dir im sexuellen Bereich momentan nicht das geben, was du gern möchtest. Das war beim ersten Kind ähnlich. Bitte hab Geduld mit mir, es wird wieder und genau so schön wie vorher."

Er ging zu ihr, zog sie von ihrem Stuhl und nahm sie fest in die Arme, küsste sie. „Meine liebe Ehefrau, ich möchte mit dir alt werden, da werden wir Zeit haben, alles nachzuholen. Nimm dir die Zeit, das wird schon wieder!" Sie seufzte tief: „Na gut, ich fühle mich nicht wohl dabei, die Kinder lenken mich dabei ab und gut, dass ich wieder arbeiten darf. Bald werde ich mich wieder aufs Pferd setzen, das verspreche ich dir!"

Zwei größere Besprechungen waren im Büro angesetzt, um 11:00 Uhr für das Sommerfest und um 14:00 Uhr mit Dolle eine Besprechung für den weiteren Einsatz der Baukolonnen. Vorher war er länger bei Becker, um Vermietungen zu besprechen. Um 10:45 Uhr kam Ulla zu ihm ins Büro und setzt sich vor seinen Schreibtisch. „Ich habe mir mit Frau Goldap die Unterkünfte angesehen, dabei fielen mir einige Sachen auf. Da ich wusste, dass bei Doris mehrere Ballen mit Verdunklungsstoffen lagern, bin ich dorthin, traf sie und fragte sie, ob wir die als Gardinen haben könnten. Sie war ganz erfreut, denn brauchen kann sie diese Stoffe nicht. Nach den Maßangaben, die Frau Goldap ihr gibt, werden daraus jetzt Fenstergardinen erstellt und Rübke bringt die an. Mit den beiden bin ich zum

Schauer gegangen, wo Möbel sind und habe den Rest, der dort war, requiriert. Jetzt haben die einzelnen Zimmer Tische und Stühle. Ebenso der Speiseraum unten. Die letzten kleinen Spinde lasse ich im Block verteilen. Schließlich waren wir in dem Feldhaus, wo Restbestände unserer „Raubzüge" lagern. Alles, was dort an Leuchtmitteln herum lag, kommt jetzt dorthin, dazu kleine Teppiche, Bilder und ähnliches. Was du veranlassen könntest, wäre die Erstellung von drei Holzbänken, die sollten in die Vorräume der Duschen und dazu Kleiderhaken. Einen Karton mit Körperpflegemitteln bekommt Frau Goldap von mir, die wird das verwalten. Hatten wir nicht von der Reichsbahn oder Mitropa eine Menge Geschirr und Bestecke?" „Ja, die liegen im Lager am Nordbahnhof." „Gut, ich lasse das Zeug holen und dort in die Küche geben. Ein Kellerraum ist dort frei. Könnten wir den nicht als Trockenraum für Arbeitssachen herrichten?" „Klar, sage ich Iwan. Wo du gerade hier bist. Wir haben gleich die Besprechung für das Sommerfest. Da kannst du mithören."
„Danach kannst du mich bitte auf den Hof fahren und bekommst gleich etwas zu essen." Gemeinsam mit Gertrud gingen sie in den Besprechungsraum und Hubert eröffnete die Sitzung. „Zuerst einmal die Teilnehmer: Alle Angehörigen mit Begleitung und Kindern unserer Firma, der von Gert und alle Leute von Fritz. Wie viele das genau sind, kann ich jetzt nicht sagen." „Circa 300 Personen, habe ich überschlagen", sagte Gertrud. „Nehmen wir nochmal 50 dazu, Geschäftsfreunde und uns wohlgesonnene Bekannte. So und nun zum Aufbau."
Schwarz entrollte ein sehr großes Blatt Papier und legte es in die Mitte. „So haben wir uns das vorgestellt!"

Das große Schleppdach hatten sie für Sitzplätze und als Essensausgabe vorgesehen. Das große Zelt aus dem Bahnlager beinhaltete den Getränkestand und daneben war ein größeres Zelt für die Ausgabe von Kaffee und

Kuchen vorgesehen. Mitten unter dem Schleppdach stand eine Bühne. Davor war die Tanzfläche. „Wie sieht es mit den Toiletten aus?" „Hier hinten, am Zaun bauen wir das Gleiche auf wie bei der Pferdeveranstaltung", sagte Schwarz, „aber wir brauchen zusätzliche Bänke und Tische. Die Anzahl für die Masse an Leuten habe ich hier auf einen Zettel geschrieben." „Gib mir den bitte", sagte Fritz, „ich fahre zur Brauerei und organisiere das. Wir kalkulieren mit 500 Liter Bier, Limo und Malzbier. Haben wir genügend Gläser?" „Da werden wir welche brauchen von der Brauerei, bestell 300 zusätzliche Gläser", sagte Jurka.
„Wie sieht es aus mit Werbung?" fragte Graf. „Ich habe hier ein Plakat von Danzer, das kann man als zu verschickende Einladung machen. Wenn ihr dem zustimmt, wird das heute Nachmittag gedruckt, die Druckerei wartet auf den Auftrag," sagte Gertrud. Alle sahen sich den Entwurf an und nickten. „Gut, ich bringe das gleich auf den Weg. Zehn Plakate und 50 Einladungen?" „Genauso", sagte Hubert und Gertrud brachte den Druckauftrag auf den Weg, war schnell zurück. „Ich habe eine Frage, was für Preise stellt ihr euch vor?" sagte Ulla. „Verschenken sollten wir nichts, ein wenig Gewinn wollen wir machen, allein, um für das Waisenhaus etwas einzunehmen", sagte Schwarz. „Das sehe ich genauso. Sänger, was willst du eigentlich kochen?" „Ich dachte an einen guten Eintopf mit vernünftiger Einlage, dazu Brot." „Gut, schreib mir auf, was du dazu brauchst, lieber ein wenig mehr als zu wenig." Während Sänger schrieb, sagte Hubert: „Das Essen ist umsonst, das wird von uns geliefert!" „Das ist nobel", sagte Graf, „was halten wir denn von einer Wein- und Sektbar, vor allem für die Damen?"
„Das haben wir schon mal gemacht. Wein ist kein Problem. Wer soll das machen?"
Gertrud meldete sich. „Ich denke, da werden wir einige Frauen finden, die mitmachen, das würde ich mit Monika organisieren!" Schwarz grinste und Jurka kicherte: „Im selben Anzug wie damals?" Gertrud grinste

zurück: „Ja gerne, kein Problem, aber pass auf deine Frau auf, nicht dass du zu lange schaust und sie dir vors Schienbein tritt!" Allgemeines Gelächter folgte nach diesem Konter, Jurka lachte mit.

„Vier Kisten mit Korn kannst du von mir bekommen und zwei mit Weinbrand", sagte Hubert zu Jurka. „Sehr gut, dass müsste reichen", nickte der. „Den Sekt bekommen wir zu einem guten Preis über die Brauerei", fügte Fritz hinzu. „Gut, 25 Kartons auf Kommission." „Das geht alles auf Kommission", lächelte Fritz.

Ulla würde die Sache mit Kaffee und Kuchen organisieren, Schwarz und Graf waren verantwortlich für den Aufbau und die Versorgung mit Strom und Lampen. Die Bierbar war das Revier von Jurka. Damit beendete Hubert die Besprechung, jeder wusste, was er zu tun hatte. Ulla und Hubert fuhren auf den Hof. Während er aß, stillte sie Hannelore, dabei unterhielten sie sich leise. „Ich kümmere mich um den Kuchen und den Kaffee, diese Woche habe ich Zeit dafür, ab Montag beginnt wieder die Schule." „Wie machen wir das mit unseren Zöglingen?"

„Naja, ab dem 1. September ist Beginn der Lehre, wir können alle umziehen lassen, nur diejenigen, die woanders anfangen, sollten Freitag zurück ins Waisenhaus. Alle die Firmen, wo sie ihre Lehren beginnen, haben ein Lehrlingsheim, dort werden sie aufgenommen, danach habe ich mich erkundigt." „Gut, da wird für die gesorgt. Ich fahre jetzt ins Büro, mache die Einladungsliste und habe eine Besprechung mit Dolle und Mielke." Gertrud wartete bereits auf ihn mit der Liste und gemeinsam gingen sie diese durch.

Später kamen Dolle und Mielke und sie besprachen zu dritt die nächsten Einsätze. Mittlerweile hatten sich 20 Baustellen angesammelt, allein fünf bei dem Investor, der ihn in Bortfeld angesprochen hatte.

„Die fünf wollen wir als erste erledigen, weil ich denke, da kommen mittelfristig weitere Objekte hinzu", sagte Dolle. „Das leuchtet ein, wie habt ihr das vor?" „Zwei Häuser von dem bekommt Alberts, zwei weitere

Baumann, wenn er bei dir fertig ist und das letzte und größere soll Tietz machen, wenn er am Steinweg fertig ist. Neumann ist fast fertig und geht an die zwei Häuser von Frau Mahnke. Fink bekommt das dritte von ihr, Müller und Henniges bleiben weiter an der Polizeikaserne und dem Theater. Die Sachen sind weiter bewilligt worden. Wenn Huber die Blöcke an der alten Gärtnerei fertig hat, bekommt er den TH Innenausbau, da ist er den Winter beschäftigt, aber vor Oktober könne wir dort nicht beginnen."

Mielke fuhr fort: „Bei den Posthäusern und denen im Siegfriedviertel können wir weiterbauen, bis es nicht mehr geht. Olbrich ist mit seinen Zimmerleuten voll mit dem Vorbau von Dachstühlen ausgelastet."

Sie diskutierten eine Weile über die Einsätze. Als die beiden gegangen waren, machte sich Hubert ein Raster, um für den Holzeinsatz vorbereitet zu sein. Zwölf Kolonnen standen für den Wald zur Verfügung, dazu kamen die Dachdecker und die Gerüstbauer, also insgesamt 14 oder 13, wenn man die beiden zusammenfasste. Es blieb abzuwarten, wie viele Kolonnen gebraucht werden würden und ob eventuell andere Einsätze in Frage kämen. Krummrich hatte angedeutet, dass die Briten ab Herbst einen erhöhten Transportbedarf hätten. Zum einen für die Versorgung ihrer Truppen und zum anderen für die Versorgung der hungernden Bevölkerung in den Großstädten. Wieder kamen ihm die Bilder vor Augen von den Notunterkünften in Braunschweig und Hannover, von den vielen, die in irgendwelchen Gartenlauben, ohne jede Isolierung hausten. Und weiter hielt der Zustrom von Flüchtlingen aus dem Osten an.

Als er nach Hause fuhr, war das Vorzimmer emsig dabei, die Briefumschläge für die Einladungen zu schreiben. Auf dem Hof wurde fleißig gearbeitet, der Anbau wurde geräumt, ab Mittwoch sollte der Umbau beginnen. „Morgen beginnen wir mit dem Abbruch des Daches und der Seitenteile", sagte Richard. Der Inhalt der verschiedenen kleinen Verschläge befand sich teilweise unter dem Schauer oder auf einem Anhänger, der dort stand. „Einige Sachen, die defekt und nicht mehr gebrauchsfähig waren, haben wir aussortiert, das kommt alles in eine Tonne", sagte Frank dazu. „In Ordnung. Donnerstag steht Baumann mit seiner Kolonne hier."

„Das passt gut, ihr seid ja bis Sonntag in Wittingen, da stört euch der Baulärm nicht", bemerkte Weber und fuhr fort, „Danke für den Plan, den ihr gemacht habt, das ist die Grundlage, nach der wir verladen werden!" „Weiß Paul schon Bescheid?" „Der war heute hier und hat zwei Pferde beschlagen, da habe ich ihm das gesagt. Er fand das in Ordnung." „Wollt ihr für heute hier aufhören?"

„Ich habe gleich meine Abteilung zu betreuen, Frank und Thomas füttern, Junior wollte helfen. Willst du hier was tun?" „Ja, hatte ich eigentlich vor, was weg ist, ist weg. Außerdem schadet mir körperliche Arbeit nicht unbedingt." Richard grinste: „Zieh dich um, ich helfe dir. In einer halben Stunde können wir anfangen!" Genauso machten sie das, sogar Junior und Thomas halfen mit, als sie im Stall fertig waren. Als es dunkel wurde, hatten sie alle Seitenteile abgebaut, blieb für morgen nur der Holzboden und die Verladung des Holzes auf einen der Anhänger. Am nächsten Morgen teilte Hubert Mielke mit, dass sie ab heute Mittag beginnen könnten, die Bodenplatte vorzubereiten. „Da kümmere ich mich gleich drum, das ist sehr gut, so kann Baumann zügig anfangen. Alle Holzteile, wie Fenster und Türen sind bereits vorhanden. Lindner weiß Bescheid."

Anschließend besuchte Hubert die Ausbildung an der Motorsäge. Das lief sehr harmonisch ab, allen Beteiligten schien es Spaß zu machen, etwas anderes als gewöhnlich zu tun. Schmitz hatte sich genügend Holz für diese Ausbildung besorgt, die angekokelten Balken, die Jurka sichergestellt hatte, waren bereits aufgebraucht und in entsprechender Größe im Feuerholzlager untergebracht. Von Wagner waren ihm ein paar Bäume zugewiesen worden, die dringend gefällt werden mussten und das Fällen wurde somit ebenfalls geübt.

Gleichzeitig fand im Keller des Verwaltungsbaues die Erste Hilfe Ausbildung statt. Die dauerte nur einen halben Tag, denn viele der Teilnehmer besaßen die Kriegserfahrung im Umgang mit Verwundeten und Verletzten, was ebenfalls für die teilnehmenden Frauen zutraf. Trotz dieser Erfahrungen empfanden es alle Beteiligten als eine sehr gute und sinnvolle Ergänzungsausbildung und Auffrischung.

Bis zum Mittag waren die Einladungen versandt und die Plakate klebten überall im Firmenbereich. Im Gespräch mit einigen der Arbeiter stellte er fest, das Fest war schon ein Gesprächsthema. Im Büro überraschte ihn Becker mit einer Botschaft. „Ich habe eine Kapelle. Sechs Studenten, die das machen, sind mittlerweile schon mehrfach bei größeren Feiern aufgetreten." „Sehr gut, machen die Tanzmusik?" „Na klar, aber mit ein bisschen Swing aus Amerika." „Was wollen die an Gage haben?" Becker holte einen Zettel heraus und las vor: „Vier Stangen Zigaretten, sechs Wurstdosen und eine Mettwurst." „Gut, zwei Flaschen Whisky bekommen sie dazu." „Dann spielen die bis zum Morgen", grinste Becker. „Ich kümmere mich um die. Essen und zu trinken, das die von uns bekommen."

Die Generalprobe der Quadrille am Abend verlief sehr ordentlich. Weber gab anschließend bekannt, wann wessen Pferde transportiert würden und wer wo zu sein hatte. Das Zubehör wurde überprüft, alles war zur Beladung bereitgestellt. Klavas würde wieder den Gerätewagen fahren.

Zufrieden hatte Hubert festgestellt, die letzten Reste des Anbaus waren verschwunden, das Holz zum Holzplatz auf das Firmengelände gebracht worden. Die Bodenplatte war mit einer Planierraupe geschoben worden und kurz vor Feierabend hatten zwei Betonmischer fertigen Beton gebracht, die Bodenplatte war gegossen und begradigt.

Mit Ulla besprach er ausführlich die nächsten Tage, sie wollte ab Donnerstagmittag fahren und alles in Wittingen vorbereiten. Einige Dinge zu den Lehrlingswohnungen sagte sie ihm, Hubert packte die Sachen für Woods, der am nächsten Morgen kam. Dazu gab es die Waffen.

Der Tausch mit ihm verlief reibungslos, 69.000 RM hatten die vorherigen Waffen gebracht. Fünf Kartons mit den üblichen Sachen wie Zigaretten, Kaffee, Süßigkeiten und Whisky lud er ein. Drei größere Kartons mit Dosen aus dem Verpflegungslager der britischen Küche und vier Kartons mit US Sachen, Südfrüchte, Rind- und Truthahnfleisch folgten. Die ganze Ladung kam in den ersten Keller, der Opel blieb auf dem Hof für die Ausrüstung der Quadrille.

Auf dem Hof traf Hubert Baumann an, der gerade zum Feierabend geblasen hatte. Während dessen Männer sich darum kümmerten, das Werkzeug und das Material unter dem Schauer abzustellen, erklärte er den weiteren Arbeitsvorgang. Die Mauern im unteren Bereich standen bereits, die Stürze für Fenster und Türen waren gesetzt. „Morgen machen wir uns an die Decke zum ersten Stock und mauern außen weiter hoch. Wenn das alles klappt, können wir ab Samstag bereits mit dem Dach anfangen, Olbrich hat das vorgebaut und die Dachdecker wissen Bescheid. Türen und Fenster können wir im unteren Bereich schon einbauen und außen, wo es möglich ist, verputzen. Wir verbauen hier fast nur alte Klinker von Trümmergrundstücken. Ab Montag sollte die Bodenplatte trocken sein und ab Dienstag die der Decke, danach geht es innen weiter. Ich denke, mit den ganzen Innenausbauten sollte das Haus am Freitag fertig sein, ist ja nicht allzu groß. Aber ich würde es nicht sofort beziehen, außer der Werkstatt, sondern ein paar Tage zum Austrocknen warten." „Das ist eine sehr

gute Prognose, die ist mir eine Flasche Weinbrand für eure Mannschaft beim Sommerfest wert!"
Es gab genügend zu tun, Fiete kam und gemeinsam luden sie ihre Ausrüstung für Freitag in Huberts Lieferwagen, koppelten einen Pferdeanhänger dahinter. Freitagvormittag würden sie Huberts Trakehnerstute und Fietes großen Springer verladen und nach Wittingen bringen. Nach dem Mächtigkeitsspringen würde Fiete beide zurückbringen, Huberts junge Stute und sein Quadrillepferd holen, Gertrud mitbringen und mit der bei Sigurd übernachten. Die anderen Pferde für die Prüfungen am Freitag und Samstag wurden durch Weber koordiniert. Die Dressurreiter waren in der Vorbereitung für Morgen. Gemeinsam tranken sie ein Bier, anschließend gingen alle nach Hause, um für morgen fit zu sein. Hubert aß etwas, plauderte ein wenig mit Sieglinde, war danach schnell im Bett.

Am Freitag lief alles wie vorgesehen. Gegen 11:00 Uhr waren Fiete und Hubert bei Ulla auf dem Hof am See. Beide Pferde kamen in eine Box, die Ausrüstung davor. Ulla hatte etwas zu essen vorbereitet und anschließend fuhren sie zum Turnierplatz, der in Sichtweite des Hofes aufgebaut war. Der erste Gang war zur Meldestelle, jeder bezahlte seine Startgebühren. Kurz darauf kam Weber und zahlte für die Dressurreiter, deren Pferde waren abgeladen worden, Huberts Schwarzbraunen, hatte er bereits bei Ulla abgegeben. Während sich Hubert den Parcours des Zeitspringens anschaute, mischte sich Fiete unter das Volk und die drei Dressurreiter kamen ebenfalls zu Pferd auf den Abreiteplatz. Junior befand sich bei Paul, der mit dem Wohnwagen nahe des Abreiteplatz stand und schon das erste Pferd beschlug. Hubert fuhr zurück, sattelte seine Stute und ritt zum Turnierplatz. Ulla war bereits mit dem Kinderwagen dorthin unterwegs.

Obwohl es erst Freitagnachmittag war, befanden sich viele Zuschauer auf dem Gelände. Als Vorletzter war

Hubert an der Reihe und seine Stute erledigte ihre Aufgabe absolut zuverlässig. Mit Null Fehlern und der schnellsten Zeit gewann er das Springen. Nach der Siegerehrung, bei der er als Siegerpreis wieder eine ganze Kollektion von Würsten in einer schönen Verpackung überreicht bekam, ritt er die Stute nach Hause und stellte sie dort auf die Weide. Ulla hatte den Ehrenpreis übernommen und im Kinderwagen verstaut. Während Fiete begann, seinen großen Wallach zu satteln, fuhr er mit dem Rad wieder hinunter und suchte Ulla. Die unterhielt sich gerade mit dem Brauereibesitzer. Er gesellte sich zu ihnen und wurde beglückwünscht. „Morgen werden wir hohen Besuch haben, der Landstallmeister hat sich zur Stuten- und Fohlenpräsentation angesagt", sagte der zu beiden. „Wahrscheinlich sucht er Hengstnachwuchs für den Solling. Da ist bald die Auswahl der Junghengste, die für das Landgestüt vorgesehen sind." „Das halte ich für wahrscheinlich. Übrigens müssen wir beide geschäftlich miteinander reden, ich plane den Neubau von zwei Hallen für meine Brauerei." „Sehr schön. Was halten sie davon, wenn sich unsere Ingenieure bei ihnen melden und alles weitere mit ihnen absprechen?" Bevor der Mann antworten konnte, sagte Ulla lächelnd: „Und hier ist die Einladung zu unserem Sommer- und Erntefest nächste Woche!" Sie übergab ihm den Umschlag. „Danke dafür, ich sage für mich und meine Frau zu. Ihre Ingenieure brauchen mich nur anrufen, einen Termin ausmachen und vorbeikommen!"

Als Ulla und Hubert schließlich weitergingen, sagte Ulla: „Das hast du gut gemacht, das sind wieder zwei gute Aufträge."

Gemeinsam besuchten sie Hartig, den diensthabenden Arzt des DRK in seinem Zelt. Der begrüßte sie freudig und bedankte sich, dass er auf dem Hof übernachten durfte. Während sie sich im Zelt nett unterhielten, öffnete sich der Zelteingang und Frau Doktor März kam herein. Alle begrüßten sich fröhlich. „Ich habe seit heute Mittag bis Sonntagabend frei, da dachte ich, euch hier

zu besuchen." „Wie schön willst du heute Abend bei uns essen?" fragte Ulla. „Das wäre nett, ach so, ich wollte den Chefarzt fragen, ob ich in dem Zelt übernachten dürfte, habe keine Lust, ständig hin und her zu fahren!" Ulla, Hubert und Hartig sahen sich kurz an. Hubert zuckte grinsend mit den Schultern, Hartig räusperte sich verlegen, Ulla sagte lächelnd: „Der würde dir das bestimmt erlauben. Aber übernachten könntest du bei uns, allerdings musst du dich mit Hartig einig werden, wer von euch beiden auf der Couch und wer im Bett schläft!" Die Ärztin schaute kurz verblüfft, klopfte Hartig grinsend auf die Schulter: „Das würfeln wir aus, oder?" Der schnaufte tief durch. „So soll es sein, ich hätte kein Problem damit, auf der Couch zu schlafen!"
„Na also, darf ich euch zu einem Kaffee einladen?" Hartig informierte zwei Sanitäterinnen, wo er zu finden sei, sie gingen zu einem der Stände.
Als Hartig zum Rotkreuzzelt gerufen wurde, gingen sie zu dritt zum Dressurplatz, sahen dort Cremer als vorletzten Teilnehmer dieser Prüfung.
Leise sagte Ulla: „Der Junge hat sich sehr verbessert, der macht das richtig gut und sehr aufmerksam!" Hubert nickte. „Finde ich auch, jetzt hat er die Routine und Sicherheit." Als er das Viereck verließ, klatschten ihm die drei Beifall, was er lächelnd beantwortete.

Das Mächtigkeitsspringen hatte begonnen, Fiete hatte die erste Runde problemlos überstanden und ritt seinen Wallach im Schritt auf dem Abreiteplatz. Von den ursprünglich 14 Teilnehmern waren acht weiter im Rennen. Hubert ging zu ihm. „Du sag mal, ich habe eine Idee. Du bist doch morgen früh frei, oder?" „Ja, bin erst wieder bei der Quadrille dran und am Sonntag." „Was hältst du davon, wenn du die Stute morgen früh im L Springen reitest, die ich von Klaus Meier gekauft habe?" „Kein Problem, die bringe ich heute Abend gleich mit, mein Wallach kann später kommen." „In Ordnung. Wir sollten uns die gründlich anschauen." „Das Sattelzeug ist in deiner Sattelkammer?" „Ja, die Jungs wissen

Bescheid." Ulla hatte zugehört. „Auf die bin ich gespannt." „Ich ebenso, sonst macht sie sich ja gut. Mal sehen, wie sie sich im Parcours gibt."

Junior fanden sie bei Paul und seinem Gehilfen am Wohnwagen. Den hatte er so an einer Scheunenwand postiert, dass er gleich daneben ein Pferd zum Beschlagen anbinden konnte. „Wie läuft das Geschäft?" fragte Ulla. „Ach, bis jetzt ganz gut. Zwei lockere und ein verlorenes Eisen. Das wird morgen mehr, da sind viel mehr Teilnehmer. Hubert, ich muss dich mal sprechen." „Klar, soll der Rest gehen?" „Nein, ach wo. Du weißt ja, dass der Schmied bei uns im Dorf ganz aufhören will. Seine Frau ist im letzten Jahr verstorben und seine Tochter hat ihn gebeten, zu ihr zu ziehen. Die ist mit einem Landwirt bei Schöningen verheiratet und hätte ihn gern bei sich. Der hat mich gefragt, ob ich die Schmiede übernehmen würde. Was rätst du mir?" „Paul, das hört sich gut an. Ist das nur die Schmiede oder das Wohnhaus dazu?" „Beides, und das Werkzeug der Schmiede gehört dazu." „Verhandle mit dem alten Schmied und sag mir, was es kosten soll."

Ulla hatte genickt, die Ärztin hatte schweigend zugehört, ein paar Meter weiter sagte sie: „Hubert, ich finde das absolut bewundernswert, was mit deinen Mitarbeitern abgeht. Die vertrauen dir alles an, fragen dich in allen Lebenslagen um Rat, wissen, dass du hilfst, wo du kannst. Dieses Vertrauen zu dir ist einfach phänomenal. Wie kommt das?" Hubert steckte sich eine Zigarette an und überlegte kurz. Ulla wusste, was kam und lächelte leicht. „Weißt du, Fritz und ich durften eine neue Batterie für den Kriegseinsatz aufbauen. Wir hatten Glück, dass unser Kommandeur uns dazu freie Hand gab. Aus den Leuten, die frisch eingezogen waren, durften wir uns die aussuchen, die wir haben wollten. Da haben wir uns halt die Besten ausgesucht, vor allem welche aus der Gegend. Die haben wir ausgebildet und sind mit denen in den Krieg gezogen. Aus dem Osten über die schweren Abwehrschlachten im Westen durch das ganze Reich, immer ganz vorne, bis hier in der Nähe. Hier, nicht weit weg, hat uns unser ehemaliger Kommandeur nach Hause geschickt, obwohl noch Krieg war. Hätte man uns erwischt, wären wir von Fanatikern an die Wand gestellt worden. Aber es wäre völlig sinnlos gewesen, das Leben unserer Soldaten für eine völlig verlorene und verratene Sache aufs Spiel zu setzen. Wir alle sollten eine neue Chance erhalten und das, sowie der Umgang miteinander im Krieg, haben eine Verbundenheit und Vertrautheit wachsen lassen, die vermutlich zeitlebens bestehen bleibt. Und diese Sache halte ich für ganz wichtig. Deshalb helfe ich jedem meiner ehemaligen Unterstellten, wo ich kann."

Die Ärztin zündete sich eine Zigarette an. „Das ist beeindruckend und begeisternd, aber eine ganz große Ausnahme. Ich wünsche mir für euch, dass es immer so bleibt."

Fiete ritt dabei fehlerfrei und erreichte das dritte Stechen, nur drei Reiter waren hier dabei. „Hubert, das wird nicht mehr lange dauern. Ich gehe mit der Kleinen schon hoch, die hat Hunger." „Alles klar, ich warte bis zum Ende und komme mit dem Rad hoch. Sofort verladen wir die Pferde und Fiete holt die nächsten beiden." Ulla war auf dem Weg nach Hause, die Ärztin bei Hartig und Hubert schaute sich das dritte Springen an. Recht schnell war das zu Ende, die beiden anderen patzten und Fiete blieb fehlerfrei, hatte gewonnen. Ohne die Siegerehrung abzuwarten, nahm Hubert das Rad und fuhr nach Hause. Dort fing er seine Stute auf der Koppel ein, räumte deren Sattel und Zaumzeug in den Lieferwagen. Kurze Zeit später kam Fiete auf seinem großen Wallach, hatte seinen Ehrenpreis, einen Schinken, unter dem Arm. Ulla nahm ihm den ab. Er saß ab, nahm dem Wallach Sattel und Zaumzeug ab und führte ihn in den Anhänger, Hubert folgte mit der Stute, er fuhr los.

„Schneidet den Schinken für nachher auf", rief er zum Abschied.

Kurz darauf kam Junior, stellte sein Fahrrad in den Schuppen und sagte zu seinem Vater: „Ich soll dir von den beiden Ärzten sagen, sie kommen gleich." „Danke, für heute wird die Rotkreuzstation geschlossen, das geht erst morgen weiter. Fiete holt die nächsten Pferde."
„Wann kommt mein Pony?" „Das wird Weber morgen früh mitbringen." „Paul hat zwei Pferde beschlagen, beide habe ich so lange gehalten."
„Sehr ordentlich, hast du gut zugeschaut?" „Klar, und jedes Mal habe ich dafür eine Mark bekommen." „Legst du die in die Spardose?"
„Naja, eine Mark schon, für die andere habe ich mir einen roten Apfel am Stiel gekauft und Lakritze, eine ganze Tüte voll. Das Halten bei Paul mache ich morgen wieder!" Hubert grinste. „Mit dem Geld verdienen kann man nicht früh genug beginnen."
Ulla war mit der Kleinen fertig und bereitete ein rustikales Abendessen vor. Hubert half ihr dabei, schnitt mit einem scharfen Messer den Schinken dünn auf und holte eine Kiste Bier aus dem Keller, stellte eine Flasche Cognac bereit. Junior und Prinz begrüßten draußen alle Ankommenden. Die Ärztin kam mit Hartig, fuhr ihr Auto auf den Hof, beide trugen ihre Sachen in das für sie vorgesehene Zimmer. Kurz danach kamen Purzer, Anne, Cremer und Katrin. Cremer brachte seine Sachen in eines der Kinderzimmer und ging zu den anderen auf die Terrasse. Die drei hatten wieder die ersten drei Plätze unter sich ausgemacht, nur dieses Mal war Katrin Erste, Cremer Zweiter und Anne Dritte. Hubert bot Wein und Bier an, alle bedienten sich. Etwas später sagte Ulla: „Fiete und Gertrud werden erst in einer Stunde hier sein, wir sollten essen, ich denke, ihr habt alle großen Hunger!" Für Fiete und Gertrud hatte sie genügend in der Küche zurückgestellt. Junior half eifrig mit, holte Gläser, öffnete Bierflaschen. Alle hatten einen gesunden Hunger und Durst. In der Küche sagte Ulla lachend zu Hubert: „Gut, dass wir neulich die Sachen aus dem Pferdelazarett mitgenommen haben,

sonst würden wir Probleme bekommen." „Das geht mir mit den Getränken genauso, zwei Flaschen Wein sind schon leer. Gut, dass wir eine Kiste Bier im Keller haben." „Auf alle Fälle werde ich morgen Brot kaufen müssen. Wo wollt ihr euch eigentlich morgen für die Quadrille umziehen und aufstellen?" „Ich denke, das tun wir hier am Hof und reiten von hier hinunter. So sind die Pferde gut in Bewegung vorher."

Langsam wurde es draußen dunkel, Ulla stellte mehrere Kerzen auf, es wurde romantisch. Mit Junior richtete Hubert den Kamin her und entzündete das Feuer darin. Prinz schlug draußen mehrfach an, Hubert schaute hinaus. Vor dem Tor standen der Brauereibesitzer und seine Frau, zwischen ihnen eine Kiste Bier. „Oh welche Ehre, Moment, ich lasse sie herein", rief Hubert, schaltete das Licht auf dem Hof an und öffnete das Tor. „Wir wollten zum Gratulieren kommen, drei Siege am ersten Tag, das sollte man feiern!" lachten er und seine Frau. „Kommen sie bitte herein, etwas zum Essen, haben wir für sie!" „Danke, danke das haben wir vorhin schon getan, aber ich denke, ein kleiner Zusatzpreis ist doch nicht schlecht!" Lachend trugen sie die Kiste Bier hinein und kamen drinnen sofort ins Gespräch mit den anderen. Kurz darauf wurde es draußen wieder laut, Fiete und Gertrud waren da. Hubert und Junior halfen beim Abladen, brachten die beiden Stuten in ihre vorbereiteten Boxen, hängten Sattel und Zaumzeug davor auf. Gertrud gab Hubert einen Rucksack. „Darin sind deine Post und einige Vorgänge. Morgen früh gegen 09:00 Uhr kommt ein Mann von Gert mit dem Motorrad und holt alles wieder ab, bringt es Monika. In der Firma ist alles ruhig, nichts Besonderes, soll ich dir von Fischer sagen", sagte sie beim Hineingehen.

Beide konnten sich jetzt in der Küche satt essen, was sie gründlich taten. Mittlerweile waren alle von der Terrasse nach drinnen gekommen, draußen wurde es recht kühl. Das Kaminfeuer brannte gut, alle waren in Gespräche vertieft, in die jetzt Fiete und Gertrud

einbezogen wurden. Leicht knuffte Ulla Hubert in den Rücken. Als der sich zu ihr umdrehte, deutete sie mit dem Kopf lächelnd nach rechts. Doktor März und Hartig standen dort im Gespräch mit anderen, Hand in Hand. Hubert grinste. „Das Sofa wird wohl leer bleiben!" Huberts Cognac fand ebenfalls Abnehmer. Langsam begann sich das Haus zu leeren. Zuerst gingen der Brauereibesitzer und seine Frau, die fünf vom zweiten Hof verschwanden und Cremer bezog sein Bett im Kinderzimmer. Nur die beiden Ärzte blieben, verbargen jetzt nicht mehr ihre Zuneigung zueinander. Aber schließlich zogen sie sich zurück, das Feuer im Kamin war heruntergebrannt. „Hubert, ich werde jetzt die Kleine stillen und fertig machen. Willst du ins Bett?" „Nein, ich werde meine Unterschriftenmappe anschauen, Danach können wir den Rest hier abräumen." Sie holte die Kleine herunter und Hubert setzte sich an den Tisch, schlug seine Mappe auf, studierte die einzelnen Vorgänge, zeichnete sie aus und schrieb teilweise Aufträge und Kommentare dazu. Fast gleichzeitig waren sie fertig, räumten auf und gingen mit der Kleinen in ihr Schlafzimmer.
Die hatte sehr gut durchgeschlafen und war erst morgens gekommen. Ihre Mutter hatte sie fertig gemacht und die Gelegenheit genutzt, Frühstück für alle vorzubereiten. Cremer und Junior kamen als erste, Hubert und schließlich die beiden Ärzte. Die waren diejenigen, die als erste zum Turnierplatz fuhren, da Hartig dort Dienst hatte. Cremer überzeugte Junior, mit ihm gemeinsam den Tisch abzudecken und abzuwaschen. Danach würden beide auf Hannelore aufpassen, während Ulla zum Bäcker fuhr, um einzukaufen.
Gemeinsam ritten Hubert und Fiete hinunter zum Abreiteplatz. Weber war dort mit seinen drei Reitschülerinnen und hatte das Pony von Junior dabei. Mit ihm sprach Hubert die nächsten Transporte ab. „Richard kommt als nächster und bringt deine vier zu dir auf den Hof fährt zurück, um mit Frank die Pferde

der anderen Quadrillereiter und für das M Springen zu holen. Ich fahre nachher wieder los, bringe die letzten Pferde und den Transporter für die Quadrille mit." „Richard fährt nach dem M Springen Pferde zurück, kommt wieder mit Frau und Thomas, übernachtet mit denen bei Sigurd." „Wenn ihr es schafft, wäre ich froh, wenn ihr Susanne mitbringt, um Ulla zu unterstützen. Für die Quadrille machen wir uns am Hof fertig."

Gertrud sagte den beiden, wann sie am Start zu sein hätten und kümmerte sich mit Weber um die Reitschülerinnen.
Alles lief gut, bis eine der Töchter des Zuckerfabrikbesitzers startete. Bei einer zweifachen Kombination berechnete sie den Raum zwischen den Hindernissen zu weit, das Pferd sprang in das Hindernis und sie flog in hohem Bogen nach vorn und blieb liegen. Helfer fingen das Pferd ein, die Sanitäter waren sofort auf dem Platz, kurz nach ihnen Hartig. Mit der Hilfe der Sanitäter kam sie auf die Beine, hielt sich aber weinend den linken Arm. Sie wurde ins Sanitätszelt geführt, wo sie von Hartig untersucht wurde. Ihr Vater und Weber waren dort und warteten auf das Ergebnis. Der linke Arm war gebrochen, Hartig hatte entschieden, sie nach Gifhorn ins Krankenhaus zum Röntgen und Eingipsen bringen zu lassen. Dr. März erbot sich, mit ihrem Auto hinterher zu fahren und dafür zu sorgen, dass in der Klinik alles reibungslos verlief. Der Vater und die Mutter, die völlig gelassen blieben, fuhren mit, würden ihre Tochter, wenn möglich, mit nach Hause nehmen. Das Pferd wurde von Purzer untersucht und von Weber mit nach Hause genommen. Huberts Ritt verlief sehr gut, mit Null Fehlern und einer sehr guten Zeit kam er an. Wieder sah das nach einem Sieg aus, bis Fiete einritt und der war genauso erfolgreich, aber zwei Sekunden schneller. Also blieb ihm der zweite Platz hinter Fiete. Spontan beglückwünschte er Fiete, von Neid war da keine Spur, außerdem war es ja sein Pferd, was den Sieg gebracht hatte. Den Ritt hatte er ganz

genau beobachtet und erkannt, dass die Stute ein sehr hohes Potential besaß, was unbedingt gefördert werden sollte. Jetzt hatte er sieben Pferde im Beritt.

Mittlerweile hatte sich weiteres getan. Frank hatte die Pferde für das M-Springen gebracht, die Reiter dazu waren alle anwesend, putzten und sattelten. Richard hatte Huberts vier Pferde zum Hof gebracht, den Schwarzbraunen und den Schimmel in eine Box gestellt, die beiden für das S-Springen morgen, waren auf der Koppel, damit sie sich etwas entspannen konnten. Junior hatte sein Pony geholt und es ebenfalls auf die Koppel gestellt. Susanne war mit Frank gekommen und half bereits Ulla.
Alle L-Pferde waren verladen, bis auf die Stute von Fiete, die ebenfalls auf die Koppel kam und heute Abend mit nach Hause sollte.
Zwischendurch hatte der Rechtsanwalt, dessen Tochter den Siebten Platz belegt hatte, Hubert angesprochen. Es ging um zwei Grundstücke in der Innenstadt. Beide hatten vereinbart, darüber am Montagnachmittag zu telefonieren. Nach der Siegerehrung war Hubert auf den Hof zurückgekehrt, hatte Ulla über alles informiert und zwei Teller Erbseneintopf gegessen. Davon hatte sie einen großen Topf voll gekocht und alle, die Hunger hatte, damit verpflegt. Klavas war zu seinem neuen Freund Paul hinuntergegangen, Richard und Sieglinde bei Sigurd und dessen Frau. Spontan beschlossen Hubert und Junior zu reiten. Der Junge holte sein Pony und Huberts Schwarzbraunen von der Koppel und putzte sie. Hubert sattelte beide, sie ritten gemeinsam hinunter und bewegten ihre Pferde auf dem Abreiteplatz. Nebenbei beobachteten sie das M-Springen, wo es zu einem spannenden Stechen kam. Gertrud und Regina waren daran nicht mehr beteiligt, sie hatten die Plätze Fünf und Sieben bereits sicher. Bei der Siegerehrung standen Peter und Harald auf den Plätzen Zwei und Drei, die Unterschiede zum Ersten Platz waren bei beiden nur Sekunden. Trotzdem war es

ein Erfolg für die Mannschaft, vier Reiter unter den ersten Sieben war ein gutes Ergebnis.

Es folgte eine Stuten- und Fohlenschau. Dafür war der Landstallmeister erschienen, hatte sich mit Purzer unterhalten, begrüßte Hubert auf dem Abreiteplatz. „Hubert Wedel, bleib auf dem Pferd sitzen, mein Lieber!" lachte er den zur Begrüßung an. Beide begrüßten sich von oben nach unten und umgekehrt. „Mein Lieber, du weißt ja, dass wir Anfang Oktober die Junghengste auf dem Hof am Solling mustern und die aussuchen, die wir für das Landgestüt haben wollen. Der Rest wird verkauft und bei Bedarf gelegt. Da sind welche dabei, die nicht ganz für das Landgestüt tauglich sind, aus welchen Gründen auch immer. Vielleicht ist für dich etwas dabei." „Danke für den Tipp, da komme ich gern vorbei. Sagen Sie mir bitte den genauen Termin?" „Ich lasse bei dir anrufen."

Es wurde Zeit, sich auf die Quadrille vorzubereiten. Beide ritten zum Hof. Hier waren mittlerweile zwei Transporter und der Opel von Klavas. Überall standen Pferde, wurden geputzt und gesattelt. Alles geschah in einer entspannten, fröhlichen Atmosphäre mit gelegentlichen Frotzeleien. Der alte Kuhstall wurde als Umkleide genutzt. Tietz war bereits mit dem Tonbandgerät am Turnierplatz, kümmerte sich dort um die richtigen Anschlüsse. Einige Reiter bewegten ihre Pferde auf der Wiese vor dem Hof. Als sie schließlich in langer Reihe auf dem Marsch zum Platz waren, konnte man von weitem die Beleuchtung erkennen, die gerade eingeschaltet wurde. Gertrud hielt wieder die Verbindung vom Einritt zu Tietz und zu den Wartenden auf dem Nebenplatz. Alle Sitz- und Stehplätze waren gefüllt, als die letzten Stuten mit ihren Fohlen den Platz verließen und das Dressurviereck aufgebaut wurde. Hinter Weber und seinem Schimmel hatten sich alle aufgereiht, warteten auf Gertruds Zeichen mit der kleinen Fahne, die sie in der Hand hielt. Eine Zeitlang war nur das Geraune und die Unterhaltung des Publikums zu hören, dann hob Gertrud die Fahne, die Musik erklang und Weber ritt an. Sofort herrschte Ruhe auf den Rängen, mit sauberen Abständen marschierten sie ein, formierten sich zum Gruß, die Quadrille begann. Reibungslos verlief diese und als der Gruß zum Abschluss erfolgte, ertönte langer Beifall. Bevor der Ausritt begann, dankte der Veranstalter für diesen Auftritt und erläuterte das eben Gesehene.

Es folgte die Ehrenrunde, erst im gemäßigten, schließlich im Jagdgalopp aus der Bahn. Ohne Aufenthalt ging es hoch zum Hof, wo sich alle sammelten und Ulla mit Susanne für jeden einen Schnaps parat hatte. Das Absatteln und Verladen begann. Mittendrin kamen zwei Pkws und hielten vor dem ersten Transporter. Der Landstallmeister und der Braureibesitzer stiegen aus und kamen zu Hubert.

„Mein lieber Wedel, das hat mir sehr gut gefallen, was ihr vorhin gezeigt habt. Wir haben im Herbst zum ersten Mal wieder eine Hengstvorführung im Landgestüt in Celle. Eine Hengstparade wie früher, wird es erst im nächsten Jahr geben. Aber es wäre gut, wenn ihr mit dieser Nummer dort auftreten könntet, damit die Leute etwas anderes außer den vorgeführten Hengsten sehen. Würdet ihr das tun?" „Keine Frage das ist für uns eine Ehre!"

„Gut, ihr hört von mir. Ach ja, ich habe vier Hengstfohlen heute für den Solling erworben. Könntet ihr die dorthin transportieren?" „Ja, aber klar." „Du hörst von uns, schönen Sonntag!" Kaum war der weg, bedankte sich der Brauereibesitzer für die sehr schöne und gelungene Vorführung. „Mein Versprechen steht nach wie vor, 100 Liter Bier als Dankeschön. Man muss mir nur sagen, wann und wo das Bier hinsoll."

„Kein Problem, das können wir am nächsten Wochenende brauchen, wir melden uns rechtzeitig", lachte Hubert.

Kurz darauf rollte der erste Transporter, der Opel folgte und der zweite Transporter. Es blieben nur die Pferde für den nächsten Tag da.

Es kehrte wieder Ruhe auf dem Hof ein. Hubert und Junior fütterten alle Pferde, Fietes Springer stand jetzt auch hier. Alle, die morgen keinen Auftritt hatten, waren auf dem Weg nach Hause, Weber würde morgen früh mit Thomas und der neuen Trakehnerstute rechtzeitig hier sein. Auf dem Hof und im Stall war alles ruhig, so konnte Hubert beruhigt zum Duschen gehen und anschließend etwas essen. Noch immer war genügend Eintopf da und dazu gab es geschmierte Brote. Nacheinander kamen die anderen. Frau Doktor März berichtete, dass im Krankenhaus Gifhorn alles glatt gelaufen, die junge Frau mit ihren Eltern nach Hause gefahren sei. Als die anderen kamen, leerte sich der Topf schnell, der zweite Bierkasten und die 2. Cognacflasche waren leer, als alle sich zurückzogen. Am nächsten Tag beobachtete Ulla den Dressurauftritt von Thomas und Hubert kümmerte sich um Junior. Nach dessen Ritt radelte er zum Hof, um sich auf das S-Springen vorzubereiten. Richard hatte beide Pferde geputzt und gesattelt, gemeinsam ritten sie zum Turnierplatz. Dort erfuhren sie, dass Junior Dritter und Thomas Fünfter geworden war. Ulla war zufrieden mit dessen Auftritt, vor allem wegen der Stute, die ihre Sache sehr ordentlich gemacht hatte.
Das anschließende Springen lief erfolgreich, zu viert waren sie im Stechen. Hubert mit beiden Pferden, Fiete und ein Reiter aus der Umgebung Wittingens. Sandro leistete sich einen Flüchtigkeitsfehler, die beiden anderen blieben fehlerfrei, Fiete war aber etwas langsamer. Auf seine Stute kam es jetzt an und sie machte ihre Sache sehr gut, war fehlerfrei und am schnellsten. Das war der Sieg, sportlich fair gratulierten sich die drei gegenseitig. Als Siegerpreis gab es einen sehr großen Korb mit Wurst und Fleisch, die beiden anderen erhielten etwas ähnliches, nur etwas kleiner.

Gleichzeitig wurde Hubert als erfolgreichster Reiter des Turnieres ausgezeichnet. Fiete war knapp dahinter. Vor dem Hof begann die Verladung der Pferde. Ulla hatte das Haus bereits mit Susanne zum Verlassen vorbereitet. Junior fuhr mit Thomas und Weber im Transporter, Susanne und die Kleine kamen im Opel mit. Hubert verschloss alles und stieg als Beifahrer zu Ulla. Das war ein recht erfolgreiches Wochenende, stellten sie auf der Rückfahrt übereinstimmend fest. Daheim ging alles recht fix und gegen 17:00 Uhr herrschte auf dem Hof Ruhe.

Bei seiner abendlichen Runde durch die Ställe und das gesamte Anwesen schaute sich Hubert den Anbau an. Das sah gut aus. Die Außenwände waren fertig und das Dach dazu. Türen und Fenster waren eingebaut, standen aber offen, damit die Betondecken austrocken konnten. Eine breite Holztreppe in das Obergeschoss war ebenfalls fertiggestellt, aber bisher ohne Geländer. Vermutlich würden morgen die Innenwände hochgezogen.

Danach befragte er am nächsten Tag Baumann, als die Kolonne eintraf. „Heute wird der obere Boden gegossen, nachdem wir die Zimmerwände gemauert haben, danach wird der Schornstein gesetzt und ab morgen sind die Elektriker und die Klempner drin. Gehen Sie davon aus, dass ab Donnerstagmorgen alles fertig ist und bis nächste Woche trocknen muss. Ich schätze ab nächsten Montag kann das Haus bezogen werden." „Perfekt, das hätte ich so schnell nicht erwartet. Jetzt brauche ich nur mit Grings wegen der Holzarbeiten reden." „Das kann der ab Donnerstag machen, da ist er am Samstag fertig. Die Traktoren können ab Ende der Woche untergestellt werden." Zufrieden und gut gelaunt kam er zur Stabsbesprechung. Dort berichtete er von den möglichen Aufträgen aus Wittingen.
„Das hört sich sehr gut an", sagte Dolle und schlug vor, Mielke mit beiden Bautechnikern und dem Vermesser dorthin zu schicken.

Fischer berichtete über den Kauf der Laster, die Gert mit Fahrern von Krummrich abholen würde, Dolle war an der Reihe. „Wir haben eine Anfrage der Stadt Braunschweig, da geht es um den Aufbau von Baracken und Wellblechhäusern für wohnungslose Flüchtlinge und Ausgebombte. Die sollen da rein, damit sie im Winter ein Dach über dem Kopf haben. Das wird ein größerer Auftrag. Wie groß wissen wir bisher nicht, aber da hängen Transportleistungen dran. Morgen habe ich mit dem Stadtbaurat ein Gespräch, ich möchte gerne Schwarz und Krummrich dazu mitnehmen." „Das ist gut, denn Schwarz hat Erfahrung mit dem Aufbau solcher Bauten."

Lindner berichtete von einem sensationellen Tauschgeschäft, das er durchführen könnte. Drei Waggons mit Klempnermaterialien, dabei jede Menge von Waschbecken und Toiletten, sowie zwei Wagen mit Elektrosachen, wie Kabeln, Lampen, und Zubehör, könnte er bekommen. Der Preis dafür wäre ein kompletter Lastzug aus den ehemaligen Betriebsstoffbeständen. „Ich möchte gar nicht wissen, von wem und warum. Mach es", sagte Hubert, Krummrich nickte, notierte das Ganze. „Aber ich möchte darum bitten, gib den Lastzug erst heraus, wenn die Waggons an der Rampe stehen und du dich vom Inhalt überzeugt hast!" Lindner grinste. „Genau so habe ich mir das gedacht. Der Lastzug läuft erst, wenn das versprochene Zeug da ist." Kokoschka war hoch erfreut über diesen Materialzuwachs und sagte sofort, wo das gestapelt werden könnte. Krummrich berichtete von einer Anfrage der Briten um Transportunterstützung, ab Herbst beginnend, von den Seehäfen ins Binnenland und umgekehrt. „Außerdem werden wir im besten Fall unsere Tanker dort im Einsatz haben. Nicht nur für die Briten, sondern zusätzlich für die Amis." Nachmittags machte er eine Ortsbegehung wegen des Aufbaus für das Sommerfest am Wochenende mit Schwarz. Freitag würde die Ausstattung der Brauerei kommen, bis dahin musste der Rest stehen. Die Zimmerleute waren dabei, die Bühne und die provisorische Tanzfläche aufzubauen, die Lautsprecheranlage würde am Samstagvormittag installiert werden.

Die Rechnung für den Ausbau des Reinigungshauses entsprach fast der Summe, die er von Woods bekommen hatte, das erledigte er ebenfalls nach Mittag. Nun hatte er Zeit, um mit dem Rechtsanwalt zu telefonieren. Zwei größere nebeneinanderliegende Grundstücke in Querum waren es, auf denen das jeweilige Haus bei einem Bombenvolltreffer zerstört war. „Also geht es nur um die Grundstücke?" fragte Hubert. „Ja, das musste ich dem Besitzer klar machen, denn die beiden Häuser sind ja nur Schutthaufen." „Und was will er dafür haben?" „Für beide zusammen 50.000 RM." „Ich biete 40.000 RM, bin aber bereit für einen Kompromiss bei 45.000 RM. Und ich zahle bar!" „Sie hören von mir."

Den Abend nutzte er, um seine Vorräte an Schnaps und Wein zu sortieren. Bis auf zwei Flaschen guten Doppelkorn, sortierte er alles an Korn aus und kam schließlich auf fast fünf Kartons, dazu drei mit einfachem Weinbrand. All dieses würde er Jurka übergeben für das Sommerfest. Beim Sekt waren es vier Kartons a sechs Flaschen. Den Champagner und besonders guten Sekt hielt er zurück und stapelte ihn in ein Regal im Tauschkeller. Den Weinkeller mit seinen beidseitigen Regalen befreite er von anderen Getränken, die er ebenfalls im Tauschkeller unterbrachte. Da er gerade dabei war, sortierte er im Partykeller die deutschen Zigaretten aus und nahm einen Karton voll mit, um ihn morgen Gertrud zu übergeben. Zufrieden betrachtete er anschließend den wieder benutzbaren Partykeller. Alle Vorräte waren in den Kästen unter dem Sitzen verteilt, die Wand hinter der Bar war gefüllt, ebenso der Platz unter der Bartheke.
Ulla verzog sich an ihren Schreibtisch, ab morgen sollte die Schule beginnen, seit einigen Tagen hatte sie die aufgelaufene Post bearbeitet.

Während ihrer Arbeitszeit würde die Kleine zu Frau Schmidt gehen und dort betreut werden. In absehbarer Zeit würde der jüngste Nachwuchs von Dolle dazu kommen. Susanne war jetzt täglich bis Mittag bei Barbara, wurde dort eingewiesen in die Verarbeitung der Milch. Ab November würde sie täglich mit Barbaras Freundin nach Wolfsburg fahren, um dort die Großküche, den Einkauf und anders zu erlernen. Malwine würde sie danach kennenlernen.

Die Lehrlinge

Am nächsten Morgen stand die Einweisung und Begrüßung der Lehrlinge an. Pünktlich um 09:00 Uhr waren alle im Besprechungsraum versammelt. Schwarz war dabei, Müller, Braun, Frau Goldap, Monika, Gertrud und Frau Henniges.
Hubert begrüßte und erklärte ausführlich, wie es im Betrieb ablaufen und was von ihnen erwartet würde. Danach stellte er die einzelnen Verantwortlichen vor. Schwarz und Müller für die fachlichen Bereiche im Baubereich, Braun für die Kfz, Frau Henniges für Textil und Gertrud für das gesamten Büro. Monika als Zuständige für den gesamten administrativen Bereich der Ausbildung und Frau Goldap als Verantwortliche für den Unterkunftsbereich und die Verpflegung. Die Einzelnen stellten sich kurz vor und erläuterten ihre Tätigkeit, Monika kam an die Reihe, erklärte ihren Lohn und die damit verbundenen Abzüge für Unterbringung, Verpflegung und den anderen Sachen, wie der Krankenkasse und der Wäsche. Frau Goldap erklärte die Hausordnung für die Lehrlinge, die Handhabung der Wäsche und die Einkleidung in das Arbeitszeug für den Baubereich. Es dauerte etwas länger, bis alle anstehenden Fragen beantwortet waren, Hubert hatte das Schlusswort. Er wünschte allen viel Erfolg und sagte, dass zu ihren normalen Aufgaben zusätzliche Tätigkeiten auf sie zukämen, wie die Hilfe beim anstehenden Sommerfest und anderen Vorhaben.

Anschließend besprach er mit Gertrud die Teilnahmemeldungen für das Sommerfest. Hier stellte sich heraus, dass es kaum Absagen gab, fast alle Eingeladenen hatten ihr Kommen zugesagt. „Wie sieht euer Plan für die Sekt- und Weinbar aus?" „Den Aufbau haben wir mit Schwarz abgesprochen, jetzt geht es um die Beleuchtung, das bekommen wir heute Nachmittag hin und die Kühlung des Sekts. Da werden wir auf Wannen mit kaltem Wasser zurückgreifen müssen." „Ja, leider haben wir dafür keine Kühlschränke über, aber ich denke, das geht so. Bei mir stehen sechs Kartons mit Sekt, den Rest besorgt Fritz. Wein könnt ihr, soviel ihr wollt, von dem Bestand nehmen, den wir hier im Keller haben. Wie sieht es aus mit Gläsern?" „Da haben wir zurzeit nur wenige, wir bräuchten einen ganzen Schwung." „Ich denke, wir haben einiges an Gläsern aus den Reichsbahnbeständen und aus anderen Bereichen, das schauen wir uns heute an. Wie sieht es aus mit dem Spülen der Gläser?" „Da habe ich drei der weiblichen Lehrlinge engagiert. Die sammeln ein, spülen und trocknen die ab. Wir hinter der Bar tragen schwarze Röcke und weiße Blusen, da muss ich schauen, wie wir die Lehrlinge einkleiden." „Wenn etwas fehlt, redet mit Ulla. Übernimmt Monika wieder die Kassen und das Wechselgeld?" „Das macht sie. Wenn du ihr einen Betrag geben könntest, den sie in Kleingeld wechselt, wäre das gut. Bekommst du zurück!" grinste sie. „Das hoffe ich. Moment, ich habe hier etwas für diesen Zweck." Aus der Kassette im Schreibtisch entnahm er 1.000 RM, gab sie ihr. „Das sollte reichen, ich möchte das nicht in Kleingeld wieder haben!"

Nachdem er mittags mit Ulla gesprochen hatte, fuhr er nachmittags mit Richard zur Lagerhalle am Nordbahnhof. In dessen Opel Blitz packten sie drei Kartons mit weiblicher Kleidung und die Kisten mit dem Geschirr von Mitropa, eine war voll mit Wein- und Sektgläsern. Die Gläser brachten sie in den Keller, das andere Geschirr brachte Richard zum Haus der

Lehrlinge und die Kartons mit der Damenbekleidung kamen zu ihnen ins Esszimmer. Hubert blieb im Büro, informierte Gertrud über die Gläser, die sie sofort im Keller verschloss und erledigte seine Post. Mittendrin kam Dolle. „Wir haben den Auftrag für die Aufstellung der Behelfsunterkünfte bekommen. Schwarz übernimmt den und Jurka unterstützt dabei." „Gut und schön, aber so viele Männer hat Schwarz doch gar nicht." „Deshalb bin ich hier. Von den Flüchtlingen kann er für diesen Einsatz vier Männer bekommen. Wäre es in deinem Sinne, die für die Dauer dieses Einsatzes zu beschäftigen?" „Grundsätzlich ja, sprich das mit Fischer ab. Das muss ordentlich laufen, wir wollen keinen Ärger wegen Schwarzarbeit oder Versicherungsbetrug bekommen." Kurz darauf erschien Fischer und erklärte Hubert, wie sie das machen wollten, mit einem Vertrag über die entsprechende Laufzeit. Dazu gehörte die Krankenversicherung. „Wenn das so geht, in Ordnung. Ich möchte nicht, dass einem etwas passiert und er ist nicht krankenversichert."

Abends gönnte er sich eine Stunde Ausritt mit Richard. Dabei teilte ihm Richard mit, dass Sigurd diese Woche die Gerste in Wittingen ernten würde. „Hoffentlich bleibt es dazu trocken, damit er alles gut hereinbringt." „Gestern hat er angefangen, er müsste spätestens morgen fertig sein. Weber wollte morgen mit Thomas hinfahren und schauen, wie der Stand ist. Zur Not könnte er beim Pressen helfen." „Das wäre gut, es soll regnen, hoffentlich nicht am Samstag." „Ich habe den Elektrikern gezeigt, wo die Lampen und Steckdosen im Anbau hinkommen. Vor allem, wo der Starkstromanschluss hinsoll." „Ok gut, hat das alles geklappt?" „Jetzt schon. Die Maurer sind fertig, Türen und Fenster sind drin, morgen kommt das Tor für die Trecker und die Treppe wird gemacht. Als letztes wird oben der Holzfußboden verlegt, der Kachelofen aufgebaut und angeschlossen." „Aber bis Montag soll das austrocknen, oder?" „So haben sie mir das gesagt,

aber wir fangen am Freitag an, die obere Wohnung zu
streichen, dabei werden die Fliesen im Bad gemacht."
„Und am Montag wollt ihr einziehen?" „So haben wir
uns das gedacht."
Daheim war Ulla dabei mit Sieglindes Hilfe die Kartons
mit der Damenbekleidung zu sortieren. „Hubert, mir ist
etwas eingefallen. Oben auf dem Boden haben wir eine
Kiste mit Wein- und Sektgläsern aus dem Göringzug.
Könnte das nicht Gertrud für ihre Bar brauchen?" „Ich
hole sie und nehme die morgen mit ins Büro."

Sommer- und Erntefest

Als erstes teilte er Gertrud am nächsten Morgen mit,
dass die Gläser in seinem Auto seien. Kurz darauf
waren Monika und Anja damit beschäftigt, diese in den
Keller zu bringen, sortieren und spülen würden sie die
über Mittag. Fritz erschien, um mit ihm das Fest in
allen Einzelheiten durchzusprechen. Dessen Leute
hatten sich eine Dekoration der Bühne ausgedacht, die
dem Anlass entsprach. Mit Strohballen würde sie
umbaut werden und darüber sollte eine große
Erntekrone aufgehängt werden, die von den Frauen
erstellt worden war. Das Ganze skizzierte er auf einem
Blatt Papier. „Das sieht sehr gut aus. Mach das so,
gefällt mir und gibt dem Ganzen einen schönen und
würdigen Rahmen", sagte Hubert dazu. „Das machen
meine Leute am Samstagmorgen, da ist alles frisch." „In
Ordnung, wie sieht es aus mit der Brauerei?" „Mit denen
hat Vater alles abgesprochen, dass wird am
Freitagmorgen gebracht. Jurka und Schwarz wissen
das, Graf baut mit seinen Leuten die entsprechenden
Zelte auf und Jurka den Bier- und Schnapsstand." „Wir
beide müssen am Anfang reden, wann sollten wir das
tun?" „Ich denke, wir warten ab, bis alle gegessen haben
und dann eröffnen wir beide das Fest, jeder für seinen
Bereich. Wenn es um 15:00 Uhr das Essen gibt, sollten
wir ab 16:00 Uhr die offizielle Eröffnung machen. Dazu
habe ich mir etwas einfallen lassen. Die Feuerwehr

Sickte hat wieder einen Spielmannszug, die könnten
vorher ein Platzkonzert geben." „Das ist eine ganz tolle
Idee. In Ordnung, reden wir vorher oder danach?"
„Vorher, nach unserer Rede sind alle Stände offen.
Apropos Stände. Unsere Mutter würde einen Stand
betreiben und ihre Sachen verkaufen." Hubert lachte:
„Das hätte uns klar sein müssen! Aber sie kann dafür
ihren Verkaufswagen nehmen, so brauchen wir kein Zelt
für sie." „Stimmt, aber was anderes. Alle bekommen
Eintopf, aber was, wenn gegen Abend beim Bier der
kleine Hunger kommt?" „Hm, wo du recht hast, hast du
recht, lass uns nachdenken." Beide zündeten sich eine
Zigarette an und nahmen einen Schluck Kaffee.
„Ich habe eine Idee", sagte Hubert und rief zu Gertrud:
„Rufst du bitte mal meine Frau an?" Kurz darauf hatte
er Ulla am Telefon und schilderte der das Problem. „So
unrecht hat Fritz nicht, zumal ja alle ein wenig
ausgehungert sind. Da fällt mir was ein. Was hältst du
davon, wenn Schule und Kindergarten sich
zusammentun und den Stand mit Wurst- und
Käsebroten betreiben. Mit dem Gewinn können sich
beide etwas Zusätzliches kaufen für ihren Betrieb."
„Sehr gut und wer soll das organisieren?" „Ich rufe
Helma an, befrage meine Lehrer und den Kindergarten.
Nach Mittag kann ich dir das sagen." „Sehr gut. Meinst
du, das reicht?" „Naja, ich sage mal so, am späten
Abend eine Bratwurst, das wäre doch was. Frag Gert, ob
er das machen will, für das Waisenhaus." „Das machen
wir. Danke für deine Hilfe!"
Während Hubert sich alles notierte, rief Fritz bei Gert
an, er hatte mitgehört. „Hm, also wenn ich mir das so
überlege, könnten wir das machen. Den großen Grill
haben wir, Holzkohle habe ich, nur die Wurst und das
Brot müssen wir besorgen", sagte Gert. „Ich besorge die
Wurst und das Brot, zahlen tun das Hubert und ich."
„Nein, lass das mit dem Bezahlen, das machen Doris
und ich, ist eine gute Sache, aber besorgen musst du
das!" Hubert nickte erfreut. „Warte mit der Bestellung
der Wurst, wir brauchen welche für die Brote, wenn sie

das machen wollen." „Sag mir Bescheid, wenn das alles klar ist, ich zahle den Käse." „Und ich die Wurst!"
Als er die Unterschriftenmappe Gertrud brachte, sagte er der, was er mit Fritz vereinbart hatte und was dazu kommen sollte. „Das wird gut. Ich finde es schön, dass ihr Preise macht, die jeder bezahlen kann und dass es das Essen umsonst gibt!" „Na klar, wir wissen doch, was alle verdienen." „Wir sollten Danzer zum Fotografieren einsetzen. Er könnte einen Artikel für die Zeitung schreiben." „Sag ihm das bitte."

Kurz vor Mittag rief der Rechtsanwalt an.
„Die Sache mit den zwei Grundstücken in Querum geht klar. Es hat mich zwar etwas Überzeugungskraft gekostet, aber man ist letztlich auf das Angebot mit 45.000 RM eingegangen." „Gut, ich werde Herrn Becker beauftragen, das Geschäft abzuwickeln. Die Notarkosten übernehmen wir."
„In Ordnung, Herr Becker kann mit mir für die nächste Woche einen Termin machen, diese Woche ist alles voll."
Den Auftrag überbrachte Hubert persönlich an Becker. „Alles klar", sagte der, „ich mache das." „Die Notarkosten und die Grunderwerbssteuer sollten wir von meinem Mietguthaben bezahlen, damit ist das abgegolten. Monika bringt das zum Finanzamt und Notar." „Klar, das können wir so machen, genug drauf ist auf deinem Mietkonto. Moment, ich schaue kurz." Er blätterte in seinen Unterlagen und sagte: „Du kannst das komplett mit dem Geld von diesem Konto bezahlen, anschließend ist da immer noch einiges drauf." „Gut, das machen wir so, bezahl das alles von dem Mietkonto."
Da er gerade auf dem Flur war, besuchter er Dolle. „Na, was gibt es Neues?" „Gut, dass du kommst, wir haben die Genehmigung für eure Reihenhäuser bekommen und für die anderen Häuser, die hier im Neubaugebiet geplant sind." „Oh, wunderbar, wollt ihr damit gleich anfangen?" „Das könnten wir machen, denn Fink ist am Ende der Woche mit den Projekten in Gifhorn fertig.

Sollen wir gleich mit dem an eure Reihenhäuser rangehen?" „Ja klar, vielleicht haben wir Glück mit dem Wetter und bekommen sie vor dem Winter fertig." „Das sollte nicht das Problem sein. Deine Freunde haben sich ebenfalls für die Reihenhäuser entschieden, da können wir anschließend Hellwig dransetzen."
„Das wäre gut, somit haben wir die bis zum Winter fertig." Gemeinsam sprachen sie die Planung der Häuser durch, einige Details wurden verändert, die Sache stand endgültig
Zufrieden ging Hubert zurück in sein Büro. Anja allein hielt hier die Stellung. „Ich soll sagen, Ihre Frau hat angerufen, das geht klar mit dem Stand für die Brote!" „Danke Anja, das ist gut. Wo sind die beiden anderen?" „Die sind im Keller, sortieren die Gläser. Heute Abend wollen wir die spülen."„Da habt ihr euch was vorgenommen. Bist du mit am Stand?" Sie kicherte: „Ja, meine Mutter hat es mir erlaubt, aber ich muss meine Bluse bis oben hin schließen, hat sie gesagt." Grinsend antwortete Hubert: „So sind Mütter halt, irgendwann brauchst du sie nicht mehr fragen!"
Spontan beschloss er, bei seinen Eltern vorbeizufahren, in der Hoffnung dort Fritz zu treffen und ihm das mit dem Brotstand zu sagen.
Tatsächlich war der dort, besprach mit Heinrich in der Küche den Ablauf der Rübenernte. „Störe ich?" „Nein, i wo, wir sind fertig, ich muss jetzt nur Krummrich sagen, wann ich wie viele Laster wo brauche." „Gut, der wartet auf dich, hat schon von anderen Bauern Aufträge bekommen, die muss er alle koordinieren." Malwine unterbrach das Gespräch: „Das könnt ihr nachher klären, das Essen ist fertig, Hubert du isst mit!" Dagegen half kein Widerspruch, zumal sie zwei Stapel mit frischen Puffern auf den Tisch stellte, dazu eine große Schale mit Apfelmus. Beim Essen nutzten Fritz und Hubert die Gelegenheit, ihr die Sache mit dem Verkaufswagen klarzumachen. Das leuchtete ihr ein und sie stimmte zu. Die beiden Frauen, die sonst mit dem Wagen auf dem Markt waren, würden das für sie

erledigen. Nach dem Essen verabschiedeten sich beide, Fritz würde zum Schlachter fahren, die Bestellung aufgeben und auf der Rückfahrt beim Bäcker die Brotbestellung erledigen. „Da bekommst du bestimmt bei denen Sonderpreise?" fragte Hubert. Fritz grinste: „Man muss sich den Zeiten anpassen. Der Schlachter hat neulich acht Schweine bekommen, tatsächlich waren es aber zehn und was meinst du was der Bäcker für einen Sack Mehl oder Weizen alles gibt." Beide grinsten sich an. „Dabei fällt mir ein, der Chef der Mühle braucht mal wieder eine Stange Zigaretten und eine Flasche Whisky."

„Kein Problem großer Bruder, komm bei uns vorbei und hol dir das. Denke zwei Stangen wären wirkungsvoller bei der Menge Weizen."

Im Tor zum Firmengelände kam ihm Richard in einem Opel Blitz entgegen, beide hielten an. „Hast du die Pappe heruntergebracht?"

„Nicht nur die, dazu zwei große Kartons Damensachen für die Tauschkammer, die hatten Ulla und Sieglinde gestern aussortiert. Sie selber hat eine größere Reserve in ihren Schränken bei euch." „Das kann ich mir denken, fährst du später wieder hierher?" „Ab 16:00 Uhr kann ich unsere Motorsägen von Iwan abholen." „Bringst du bitte die Kisten mit Sekt und Schnaps, die im Kellergang stehen mit herunter? Die sollen in den Keller im Verwaltungsgebäude." „Mache ich, soll ich ihr Bescheid sagen?" „Ja, ich warne Gertrud vor, die helfen dir. Ist Weber zurück aus Wittingen?" „Der war schon vor Mittag wieder zurück. Sigurd ist mit allem fertig, die Gerste ist von der Brauerei abgeholt und das Stroh ist auf beiden Höfen untergebracht. Fünf Säcke Gerste hat er mitgebracht, die können wir verfüttern." „Prima, das ist gut gelaufen." „Frank und er sind dabei, die Werkstatt im Anbau einzurichten, das geht schon, in dem Raum ist alles gut getrocknet."

Als Hubert nach Hause kam, regnete es in Strömen. Trotzdem schaute er sich die neu gestaltete Werkstatt an. Das hatten die Männer sehr gut gemacht, alles Gerät lag nicht mehr herum, sondern befand sich in Regalen oder hatte seinen Platz an einer der Wände, zwei Neonröhren spendeten viel Licht. Im anschließenden Raum standen bereits die ersten Kohlensäcke und in der Garage befanden sich beide Traktoren, auch in diesem Bereich waren Neonlampen angebracht. Die Treppe im Inneren war nicht ganz fertig, aber das würde bald erledigt sein. Zufrieden ging er ins Haus. Heute konzentrierte sich alles auf das Haus, keiner wollte bei dem Regen unbedingt hinaus. Nach dem gemeinsamen Essen machte Hubert einen Gang durch alle Stallungen. Hier herrschte eine herrliche Ruhe, alle Pferde waren frisch eingestreut, hatten gefressen und waren mit dem Heu beschäftigt. Zu jedem seiner Pferde ging er in die Box, streichelte es, überprüfte dabei die Konstitution jedes einzelnen. Als kleine Belohnung erhielt jedes abschließend eine halbe Scheibe trockenen Brotes. Seine Trakehnerstute erhielt zusätzlich ein halbes Brötchen. Alles war in Ordnung, denn Thomas und Frank waren damit beschäftigt, die Pferde tagsüber zu bewegen, außer der Trakehner Stute, die ließ nur Hubert und Richard an sich heran. „Morgen werden wir wieder ins Gelände gehen, meine Zicke!" sagte Hubert zu ihr, klopfte dabei ihren Hals. Die einzigen, die heute etwas mit ihren Pferden unternahmen, waren die drei Dressurreiter, die bei diesem Wetter die Halle intensiv nutzten. Prinz, der ihn freudig in seinen Zwinger begrüßte, erhielt seine Streicheleinheiten und ein Stück Trockenfutter. Den letzten Besuch stattete er seinen Hühnern ab, die es momentan vorzogen, im Inneren des Stalles zu bleiben. Frank, Richard und Weber hatten sich in ihre Wohnungen zurückgezogen, genossen die derzeitige Ruhe. Thomas, Susanne und Junior saßen am großen Küchentisch und spielten nacheinander mehrere Brettspiele. Ulla hielt sich lächelnd dabei in der Nähe auf, um bei Bedarf als Schiedsrichterin zu agieren, was öfters vorkam. Gerade das war einer der Abende, die zum Aufräumen und Aussortieren geeignet waren. Der Hausboden war es, den es zu strukturieren galt. Im Schein von zwei Lampen machte sich Hubert daran. Vier Kartons mit Zigaretten kamen in den Keller, wurden dort in Regalen einsortiert. Denen folgten zwei mit Whiskey, anderen Flaschen und zwei mit Süßigkeiten. Die kamen in den Keller, eine weitere mit Salzgebäck wurde im Partykeller unter der Theke verstaut. Zwei Kartons mit Körperpflegemitteln kamen in das Esszimmer, hier würde Ulla aktiv werden. Während seiner Tätigkeit auf dem Boden beschloss Hubert, diesen von innen dämmen zu lassen und die Beleuchtung zu verbessern. Als letztes kamen diverse Kartons mit Modellbahnteilen an die Reihe. Diese fanden einen neuen Platz, in dem leeren Zimmer im ersten Stock, dass er für sich reserviert hatte. Vorsorglich standen hier bereits Regale, in die er alles sortierte. Mit gewaschenen Händen kam er ins Arbeitszimmer. Junior war im Bett und die beiden anderen hatten sich in ihre Stuben verzogen. Ulla hatte die Zeit genutzt und begonnen, die zwei Kartons mit Körperpflegemitteln zu sortieren. Den kleineren hatte sie für die Familie oder andere Situationen vorgesehen, der größere sollte in die Tauschkammer im Verwaltungsgebäude kommen, wo die Lehrlinge versorgt werden sollten. Nachdem der andere Karton in ihrem Vorratsraum im ersten Stock verstaut war, setzte sich Hubert an seinen Schreibtisch und genoss ein Glas des guten Whiskys. Ulla beendete ihren Schreibkram, goss sich ein Malzbier ein und sagte: „Die Besatzungen für den Kuchen- und Brotstand habe ich komplett. Dazu bekomme ich ein paar weibliche Lehrlinge zum Helfen." „Sehr gut, Fritz und ich besorgen den Belag, Wurst und Käse, da braucht ihr euch nicht drum kümmern. Das Brot besorgt Fritz. Wegen der Margarine sollten wir uns morgen im Lager unten im Depot kümmern." „Das ist eine gute Idee, denn Sänger kam heute Nachmittag vorbei und brachte mir eine Liste von Sachen, die er benötigt für den Einkauf. Das können wir gleich mit erledigen." „Gut, wann passt es dir morgen?" Sie überlegte kurz. „So um 15:00 Uhr an der Rampe des Lagers wäre eine gute Zeit." „Komm bitte mit Richard und ein paar Kisten, damit wir das Zeug umpacken können. Im übrigen sollten wir die beiden letzten Anhänger mit Lebensmittel aus Königslutter abladen und Sänger geben." Am nächsten Morgen hatte sich der Regen verzogen. Nachdem der Morgennebel aufriss, wurde es wieder sonnig.

Nachdem er seinen Bürodienst erledigt hatte, ging er hinaus, um sich die Vorbereitung anzusehen. Weil Schwarz zur Erkundung unterwegs war, leitete Graf mit Rübkes Mannschaft den Aufbau. Er hatte den aktuellen Plan, den Fritz gestern mit Schwarz erstellt hatte, und hielt sich genau daran. Die Toiletten hatte Schwarz mit seiner Mannschaft bereits gestern aufgebaut, jetzt waren die einzelnen Zelte und die Bühne dran. Außerdem begann er mit der Verkabelung der einzelnen Stände und ließ die Generatoren aufbauen, jeder in einer anderen Grube, damit sie nicht viel Lärm machten. Vor der Werkstatt von Gert wurde der große Grill gereinigt. Olbrich maß die letzten Seiten der Tanzfläche aus.
„Diese Tanzfläche ist so konstruiert, dass wir sie mehrfach benutzen können. Wenn wir fertig sind, bauen wir sie auseinander und lagern sie bei Söhnke auf dem Boden des Bullenstalls ein." „Das ist eine gute Sache, so brauchen wir nicht jedes Mal von vorne zu beginnen." „Grings hatte die zündende Idee und wir haben sie umgesetzt." „Sehr gut, ich habe eine ganz andere Sache. Wir werden im Winter, wenn nichts mehr auf den Baustellen geht, die Masse unserer Leute mit Holzarbeiten im Wald beschäftigen. Das wird an verschiedenen Plätzen erfolgen. Kannst du dir vorstellen mit deiner Mannschaft und den Gerüstbauern das in Wittingen zu übernehmen?" „Wenn du oder wer auch

immer sagt, was wir da tun sollen, ist das kein Problem. Aber wie stellst du dir das vor? Sollen wir jeden Tag dort hin und wieder zurückfahren?" „Nein, das wäre Quatsch. Wir haben dort einen kleinen Hof mit Stallungen usw. Ich denke mir, wir könnten deine Leute und dich dort unterbringen. Wir haben genügend Feldbetten, Decken und Schlafsäcke, darin kann man gut in den Stallungen schlafen und wenn es dort zu kalt werden würde, haben wir zwei Heizgeräte, die man aufbauen kann." „Darüber kann man reden. Sollen wir von Montag bis Samstag dort arbeiten?" „Nein, von Montag bis Freitag. Danach kommt ihr zurück, um das Werkzeug instand zu setzen, Lohn zu empfangen, Wäsche zu tauschen usw." „Gut und die Verpflegung?" „Ihr könnt eine Gulaschkanone mitnehmen, aber ich weiß momentan nicht, wer da kochen kann." „Wenn du solange meine Frau einstellst, macht die das und einer meiner Zimmerleute ist Hobbykoch, den nehme ich dazu."„Kein Problem, das können wir so machen. Du kannst mit deiner Frau im Gästezimmer dort schlafen." „Das hört sich sehr gut an. Wieviel sollen wir da machen?" „Es sind drei Reviere. Ein Staatsforst, mein Revier und das vom örtlichen Brauereibesitzer. Dazu stelle ich euch einen Bagger zum Verladen der Stämme, zwei Rückepferde und Transportraum für die Stämme. Sigurd, der den anderen Hof dort bewirtschaftet, fährt mit dem Traktor das geschnittene Kronenholz, das uns gehört, raus." „Das hört sich sehr gut an und das soll ich alles kommandieren?" „Ja klar, oder traust du dir das nicht zu? Du bekommst dafür einen der VW Geländewagen und musst mit dem örtlichen Förster und Sigurd zusammenarbeiten." „Na klar, traue ich mir das zu. Je länger ich darüber nachdenke, je besser gefällt mir die Aktion, das wird was richtig Gutes!" „Mach dir Gedanken, was du brauchst und rede mit deiner Frau." „Keine Sorge, die macht mit und du wirst sehen, sie kann arbeiten und für Ordnung sorgen, wie ein altgedienter Kompaniefeldwebel!" Hubert lachte. „Damit ist ja alles im grünen Bereich!"

Graf hatte alles mitbekommen und fragte: „Hast du mit uns auch so etwas vor?" „Ja, du, Hellwig und ein weiterer gehen mit ihren Kolonnen nach Goslar, dort werdet ihr die Forstverwaltung unterstützen. Aber Genaueres wird euch Karl sagen, der koordiniert das Ganze dort." „Gut zu wissen. Ist vor allem wichtig, dass wir im Winter nicht arbeitslos werden." „So sehe ich das. Ich will alle in Lohn und Brot halten, obwohl das nicht eure normale Arbeit ist." „Das interessiert die wenigstens Bauunternehmer und dafür werden dir alle dankbar sein."

Wieder zurück im Büro, notierte er sich, was er den beiden draußen gesagt hatte. Der Regen hatte aufgehört, das sah gut aus für das Wochenende. In seinem Ordner fand er die Rechnung für den Anbau, 47.500 RM, das würde er morgen bezahlen, teilte er Fischer mit, als der zu ihm kam. Lächelnd winkte der ab. „Kein Problem, ich weiß ja, dass du ein guter Zahler bist. Ich habe einige andere Sachen. Die Laster werden morgen geholt, der Bagger kommt nächste Woche per Bahn. Beides zahlen wir in der nächsten Woche. Am nächsten Wochenende können wir wieder eine Einkaufsfahrt ins Alte Land machen. Sollen die den Lebertran mitbringen, von dem du gesprochen hast?" „Das wäre eine Möglichkeit. Der Apotheker sagte etwas von Cuxhaven, das würde passen, ich werde ihn am Samstag befragen, der kommt mit seiner Frau." „Das reicht hin, wir fahren nächste Woche wieder Fische, damit du informiert bist. Und da hätte ich etwas anderes: Du erinnerst dich doch an den Mann, der uns den alten Flugplatz in Broitzem öffnete?" „Ja klar, der mit seiner Frau Gemüse verkaufen wollte." „Genau der ist es, der hat mir ein Geschäft vorgeschlagen. Der ehemalige Flugplatz ist mittlerweile mit Flüchtlingen vollgestopft, aber es gibt dort eine Lagerhalle, die bisher nicht geräumt bzw. gar nicht entdeckt wurde. Er hat die Schlüssel dafür, wir könnten sie räumen." „Das macht er doch ganz bestimmt nicht umsonst, oder?" „Natürlich nicht. Der verkauft mit seiner Frau Gemüse und alles, was sonst geht. Was er dringend bräuchte, ist Brennstoff für den Winter zum Heizen. Daher habe ich mich mit ihm auf einen Kipper voller Holz und zwei Stangen Zigaretten geeinigt. Unabhängig davon verkaufe ich ihm demnächst Fisch, Sauerkraut und, wenn es passt, Äpfel." Hubert grinste. „Das sind zwei Geschäfte. Sieh zu, ob du ihm Kartoffeln liefern kannst, da hätten wir doch jemanden, der das gern verkauft." „Richtig, du bringst mich auf eine gute Idee. Das werde ich mit dem klären." „Aber zu der Halle. Was soll dort drin sein? Lohnt sich das überhaupt?" „Er hat mir gesagt, dass dort jede Menge Ausstattung für die Fallschirmjäger drin sei. Von Fallschirmen über Uniformen und sonstigem. Allerdings hätte er die Halle nicht ganz untersucht, da könnten auch andere Dinge drin sein." „Also gut, ein Kipper Holz und zwei Stangen Zigaretten tun uns nicht weh, das nehmen wir. Mach mit ihm einen Termin morgen früh aus, wir schauen uns das an. Das Holz können wir morgen Nachmittag liefern, mit den Zigaretten. Aber wenn wir den Schlüssel für die Halle haben, dann bleibt der bei uns, er geht dann nicht mehr dort hinein!" „Das werde ich ihm so sagen. Fahren wir beide morgen dahin?" „Ich und Richard mit einem Lieferwage, du holst den mit einem Käfer ab. 09:00 Uhr hier Abfahrt."

Gemeinsam ging er anschließend mit Gertrud die Gästeliste durch. Einige Absagen gab es, aber die Masse der Eingeladenen würde kommen. Pünktlich war er um 15:00 Uhr an der Laderampe, als er aufschloss kam Richard mit Ulla. „Lass uns zuerst die Sachen für Sänger zusammenstellen, später machen wir den Rest", sagte Ulla. „Gut, du hast die Liste, fang an." Ulla las vor und die beiden holten die entsprechenden Sachen, stapelten sie auf einen Tisch am Eingang.
Hauptsächlich waren es größere Teile, wie ein Sack mit Erbsen, Kartoffelmehl, Milchpulver und große Dosen mit Fleisch und Schmalz. Während dieses unproblematisch

verlief, war die Sache im Keller schon schwieriger. Alles, was hier an Zigaretten und Schnaps vorhanden war, kam hinaus und auf die Ladefläche des Opels. Tee und Kaffee waren dabei. Letztendlich folgten vier große Kartons mit Margarine. „Ist das alles, was wir davon haben?" fragte Ulla. „Nein, das ist noch das Lager im Keller des Wohnblocks, wo früher das Stabsgebäude war und zwei volle Anhänger, die wir aus Königslutter holen müssen." „Da können wir beim nächsten Mal drangehen." „Das müssen wir, nicht, dass da etwas schlecht wird." Drei Kartons mit Sekt stapelte Hubert in seinem Wagen, die würde nachher Gertrud bekommen. Dazu fand er zwei Kartons mit Korn und Weinbrand, die er für Jurka mitnahm. Ein Karton mit Zigarren und Tabak, sowie einer mit Kaffee kamen hinzu. Vor die Sachen, die Ulla für den Hof gedacht hatte, kamen die Sachen für Sänger. Richard würde die anschließend zum Lehrlingsheim bringen, um sie dort in den Keller für die Küche zu übergeben. Ulla wollte sich die Planung für das Fest vor Ort anschauen, daher fuhr sie mit Hubert in die Firma an den Ort des Geschehens. Heute war Schwarz mit dem Aufbau beschäftigt und glücklicherweise Rübke. Dem schaffte Hubert die Beladung eines Kippers von Schwarz mit dem Holz an. Ulla ließ sich alles erklären, hatte für die beiden Zelte, in denen ihre Leute arbeiteten, ein paar Änderungsvorschläge, die Schwarz umsetzte. Gemeinsam gingen sie durch den Bereich, Schwarz erklärte alles und beantwortete entsprechende Fragen. Jurka würde morgen Mittag mit seiner Bier- und Schnapsbar beginnen, die Bühne war für Samstag mit der endgültigen Dekoration vorgesehen. „Ich muss ins Büro, wenn du magst, komm mit, schau dir bei Gertrud die Gästeliste an und sag, wen wir zusammensetzten sollten." „Das mache ich, danach fahren wir gemeinsam zum Hof."

Während Ulla mit Gertrud sprach, brachten Monika und Anja die Kartons mit dem Sekt aus Huberts Auto in den

Keller. Viel war nicht mehr in seinen Mappen, die Rechnung wegen des Anbaus war bezahlt, also machte Hubert Feierabend und fuhr mit seiner Frau nach Hause. Hier hatte Richard die vorgesehenen Kartons in den Keller gebracht und war auf dem Weg zum neuen Anbau. Die beiden schlossen sich ihm an und besichtigten das Haus. Der Raum mit Holz und Kohle war wieder eingeräumt, die Innenarbeiten waren fast abgeschlossen. Der Fliesenlieger im Bad war nicht fertig, das sollte morgen vollendet werden. Aber sonst war alles geschafft, die Treppen in den ersten Stock zu den neuen Wohnräumen, sogar das Licht funktionierte bereits. Auf dem Rückweg sagte Hubert ihm, was er morgen vorhätte. Richard nickte: „Ich werde meine kleine Werkzeugtasche mitnehmen, man weiß ja nie!" Interessiert hatte Ulla zugehört: „Meinst du, dass dort viel zu finden ist? Eigentlich müsste das doch schon alles ausgeräumt sein." „Das dachte ich zuerst. Aber dann dachte ich mir: Holz haben wir jede Menge und Zigaretten, schauen wir doch einfach." Nachdem das Zeug im Keller eingeräumt war und die Kisten mit dem Schnaps zu den anderen im Kellergang gestellt waren, beschloss Hubert zu reiten. Im Stall traf er nachher Fritz, der mit Weber redete. Es ging um die Rüben- und Kartoffelernte. Für beide brauchte er dringend Hilfskräfte. Weber kannte genügend aus den Flüchtlingsunterkünften, er sagte zu, das dort bekannt zu geben. „Mit der Rübenernte fangen wir Mitte September an, da haben wir den Termin für die Ablieferungen und mit der Kartoffelernte warten wir bis zum Beginn der Schulferien Anfang Oktober." „Dabei können die Schulkinder mithelfen, stimmt!" sagte Weber. „Brauchst du von uns Geräte für die Ernte?" fragte Hubert. „Ja, zwei Traktoren mit Anhängern, um die Rübenblätter einzufahren für die Silage, das wird Winterfutter für die Kühe."
„Sprich das mit Weber ab. Hast du die Sachen für die Feier am Samstag?" „Das hole ich morgen ab. Wurst und Käse kommen bei mir in den Keller und die erste

Ladung Brot kommt morgen Nachmittag zu dir für den Schnittchenstand. Wir bekommen das Brot geschnitten. Die Bratwürste kommen am Samstagvormittag und dazu geschnittenes Weißbrot." „Hast du Senf und kleine Pappdeckel für die Wurst?"
„Die besorgt Doris, kommt alles am Samstagmorgen."
„Sänger hat das Zeug, um zwei Gulaschkanonen zu füttern." „Dafür bekommen wir kleingeschnittenes Bauchfleisch vom Schlachter und 100 Würstchen für den Eintopf. Unsere Mutter hat frisches Gemüse für ihn, das holt er morgen ab." „Wann bauen deine Leute auf?"
„Die packen morgen und bauen am Samstag in der Früh auf. Ach ja. Gert hat ein paar neue Ackersachen bekommen, zwei Traktoren und neue Anhänger. Die stellt er bei sich vor der Werkstatt aus." „Das rundet das Bild ab, zumal einige Landwirte kommen." „Die beiden neuen Laster stellt er dazu. Und Hubertus Müller hat etwas besorgt. Frag mich nicht woher, 30 Fahrräder hat er für Zigaretten und zwei Enten eingetauscht. Die verkauft er bei Gert." „Solange unser Dorfpolizist nichts sagt, soll mir das egal sein!"

Beide gingen nach Hause, hier erwartete Hubert Arbeit. „Lieber Hubert, du musst uns helfen die Margarinedosen mit einem Öffner aufmachen, wir beide bekommen das nur mühsam hin!" Der Bitte Ullas konnte er nicht widersprechen, also machte er sich an die Arbeit. Nachdem die Dosen offen waren, füllten Ulla und Sieglinde den Inhalt in eine große Steingutschüssel. Zum Backen brauchten sie Margarine und zum Schmieren für die Wurst- und Käsebrote. Letztendlich waren es zwölf große Dosen, die geöffnet wurden. „Wir fangen heute mit dem ersten Kuchen an und morgen Nachmittag geht das los mit dem Schmieren der Brote. Gut, dass wir vorhin ein paar Dosen mit Gurken mitgebracht haben, zur Verzierung." Hubert verschwand Hubert aus der Küche und setzte sich an seinen Schreibtisch.

Viel schaffte er gleich nach Dienstbeginn, anschließend
holte er Richard ab und beide fuhren hinter Fischer
nach Braunschweig zu dem Geschäft des ehemaligen
Platzwartes. Der stieg bei Fischer ein und mit ihm
fuhren sie durch den zerbombten Westen der Stadt.
Hinter dem Westbahnhof befanden sich mehrere
zerstörte Gewerbegebiete und schließlich erreichten sie
das Objekt. Hinter einer dichten Hecke und einem
hohen gesicherten Zaun lag ein einstöckiges Gebäude
mit Efeu bewachsen und von großen Büschen
eingerahmt. Das konnte man sehen, als der ehemalige
Angestellte an einem großen Schlüsselbund mehrere
Schlüssel ausprobierte, um die zwei Schlösser an der
dicken Kette zu öffnen. Endlich war es soweit und sie
fuhren an die Rampe vor dem Gebäude. Die
Eingangstür daneben war ebenfalls sehr stabil, aber
irgendwann hatte er die geöffnet. Als sie dort
hineingingen, erklärte der Mann: „Das war ein Lager,
was nicht täglich genutzt wurde. Hier wurde das
eingelagert, was man später einmal brauchen konnte
und wovon es zu viel gab. Ich habe mir hier einiges an
Bekleidung geholt, die liegt hier vorne." Insgesamt war
die Halle in mehrere Teilbereiche unterteilt. Ganz vorne
standen Regale mit Bekleidung. Luftwaffenuniformen,
Fallschirmjägerkombis, dazu die entsprechende
Unterwäsche und Hemden. Im zweiten Teil waren Stiefel
der Fallschirmjäger, normale Dienstschuhe,
Wintermäntel und passend zu den Kombis dicke
Feldjacken. Im dritten Teil lagen in Regalen Fallschirme
und Schlafsäcke.
Staunend betrachtete Hubert alles, der Mann neben ihm
sagte: „Die Fallschirme brauchte nachher keiner mehr
so richtig, denn gesprungen sind die ja am Ende
überhaupt nicht mehr."
In der Zwischenzeit war Richard allein in der Halle
unterwegs gewesen und Fischer hatte einen Verschlag
mit guter Büroausstattung entdeckt. Schreibmaschinen,
neue Ordner, Papier und Lampen für die Schreibtische
waren da gestapelt. „Ich muss jetzt los, meine Frau ist

allein im Geschäft", sagte der ehemalige Angestellte.
„Aber klar, hier sind die Zigaretten, das Holz kommt
gleich. Die Geschäfte mit Fischer sind in Ordnung",
sagte Hubert zu ihm. „Danke, das ist jetzt eure Halle.
Hier sind die Schlüssel, viel Erfolg."
Als die beiden weg waren, tauchte Richard grinsend auf.
„Hast du mehrere Schlüssel?" „Ja, warum?" „Da gibt es
weitere Türen, komm mit!"
Am Ende der Halle standen sie vor vier verschlossenen
Türen. Hubert probierte mehrere Schlüssel, schnell war
die Erste geöffnet, das Licht funktionierte. Zirka 20
Truppenfahnen standen hier, ordentlich verpackt in
Hüllen. In einem langen Regal lagen die entsprechenden
Zubehöre für die Fahnenträger und die
Fahnenbegleitoffiziere. In einer großen Kiste befanden
sich sechs kleine mit Samt umhüllte, darin lagen jeweils
eine Kollektion von Orden und Auszeichnungen für
Fallschirmjäger. In der nächsten Kammer waren, verteilt
auf Regale, in Kisten und Kartons, der eiserne Vorrat
des Kasinos und der Unteroffiziervereinigung. In der
Dritten lagen Ausrüstungsgegenstände für die Flieger,
von Sonnenbrillen über Kopfhauben, Handschuhen,
Stiefeln bis zur Fliegerkombi und pelzgefütterten
Fliegerjacke. Schließlich befanden sich in der vierten
kleineren Kammer die persönlichen Sachen von höheren
Offizieren, verpackt in Alukisten. Nachdem die Türen
wieder verschlossen waren, inspizierten sie die
restlichen Teilabschnitte der Halle. In einem Regal lagen
Geschirr, Tischdecken und ähnliches für das Kasino, in
einem weiteren Bettzeug und Decken in großer Menge.
Ganz zum Schluss fiel ihnen ein vergitterter Verschlag
auf. Schnell hatte Richard den Eingang geknackt und
sie konnten dort hinein. Mehrere große Kartons mit
Pervitin und anderen Medikamenten lagen hier, dazu in
einem langen Regal eine große Kollektion von
Rauchwaren. Fischer kam zurück.
„Als ich gerade fahren wollte, kam bei dem Laden der
Kipper mit dem Holz an. Das haben sie abgekippt hinter
dem Haus und den Kipper habe ich mitgebracht, um

hier etwas aufzuladen." „Sehr gut, schnapp dir den Fahrer, stell den rückwärts an die Rampe und verlade dein Bürozeugs. Vorne stehen Rollwagen, Sackkarren und Holzwagen." Sofort begann er mit dem Fahrer. Hubert erkannte ihn sofort, das war der Sohn der Schreibkraft aus dem RAW. „Richard, wir packen den Lieferwagen voll mit den Fahnen, dem Zubehör und den Ordenskisten." Während beide das taten, war Fischer fertig. „Nimm als nächste die großen Kartons mit den Springerstiefeln und den Kombis. Wenn du Platz hast, die Schuhe dazu." Zu dem Fahrer sagte er: „Da hinten liegt jede Menge Bettwäsche, Decken usw. Nimm dir für zuhause davon mit, so viel wie du brauchst."

Dessen Augen leuchteten auf und schnell hatte er mehrere Sachen in einem großen Karton, den er auf den Wagen brachte. Ihr Lieferwagen war voll, deshalb halfen sie bei den anderen Kartons. Da genügend Platz war, kamen die Kartons mit Unterwäsche und Hemden dazu. Sorgfältig wurde alles verschlossen, sie fuhren nach Hause. Vorher hatte Hubert dem Kipperfahrer gesagt: „Wenn ihr abgeladen habt, fahr mit dem Kipper zu mir auf den Hof und melde dich dort bei Richard!" Auf dem Heimweg erklärte er Richard, was er vorhatte.

„Ihr vier fahrt nachher mit dem Kipper und einem weiteren Laster hier wieder hin, räumt die anderen einzelnen Kammern aus, du persönlich kümmerst dich um den Verschlag mit den Medikamenten und dem Pervitin. Das kommt alles bei mir in den Hühnerstall. Nimm bitte die Tischdecken und alles für das Kasino mit, die können wir morgen sehr gut brauchen."

Im Technischen Bereich setzte er Richard ab, damit der einen Laster holen konnte und fuhr selber auf den Hof, um dort seinen Lieferwagen auszuladen und alles in die alte Bücherkammer zu stellen. Weber wurde grob informiert, um was es ging, der sagte sofort, dass sie den Opel, der unter dem Schauer stand, mitnehmen würden. „Wenn ihr Platz habt, nehmt die gute Winterbekleidung mit, die Schlafsäcke und was wir sonst für das Magazin brauchen können."

Er fuhr wieder ins Büro. Fischer hatte ein paar von Rübkes Männern organisiert, die gerade die geholten Sachen auf dem Boden brachten. Monika, Anja und Regina trugen die Bürosachen in den Keller.
Im Büro wartete Gertrud auf ihn. „Die Gästeliste ist fertig, ich habe Karten mit den entsprechenden Namen erstellen lassen, die können wir nachher mit Reißzwecken auf den Tischen befestigen." „Gut, das machen wir nach der Besprechung. Was läuft sonst?" „Die Sachen der Brauerei sind da, Jurka fängt heute nach der Besprechung an, aufzubauen. Die Bänke stehen, Sänger beginnt zu kochen."
„Gut, erst mache ich die Post und anschließend gehen wir beide hinüber zum Festplatz."

An seinem Schreibtisch aß Hubert ein großes Käsebrot, während er die Post machte, Mittag fiel heute aus. Beim Gang über den morgigen Festplatz wurden einige Sachen umorganisiert. Die Zelte standen, die Ausstattung für das Kaffeekochen war da und musste aufgebaut werden. Die Leute von Fritz waren an der Arbeit. Gertrud kümmerte sich um die Feinheiten an der Sekt- und Weinbar und er sprach mit Olbrich, schilderte dem das Problem auf dem Boden ihres Hauses. „Das sollte nicht das Problem sein. Ich weiß, wir haben im Lager jede Menge Steinwolle. Die bauen wir hinter ein Lattengestell. Und vor das Lattengestell montieren wir breite Bretter. Anschließend sollte das alles dicht sein." „Verstanden, wann könntet ihr das machen?" „Morgen früh komme ich gegen 09:00 Uhr zum Abmessen, danach müssen wir das Holz kaufen und ab Mittwoch nächster Woche kann das losgehen. Zwischenzeitlich bereiten wir dazu einiges in der Werkstatt vor und bis Freitagnachmittag können wir das fertig haben. Unsere Aufträge sind momentan erledigt, da kann ich alle mit beschäftigen." „Abgemacht, aber sage das bitte Lindner und Mielke, damit die das wissen und euch nicht woanders einteilen."

Vor der Sitzung kam Fritz, berichtete, dass Wurst und Käse für die Brotscheiben bei ihm im Keller seien und dass der Bäcker heute das Brot liefern würde. „Bratwürste und das Zubehör sind bei Gert, der bekommt morgen früh das Weißbrot dazu. Weißt du, ob wir in den Kellern im Depot Rosinen haben?" „Ich glaube schon, da wo das ganze Gewürz drinnen ist. Wozu brauchst du die?" „Ich nicht, aber der Bäcker braucht dringend welche für seine Teilchen." „Rede mit Ulla, ob die etwas braucht für den Kuchen. Der Schlüssel für den Keller ist bei uns im Schlüsselkasten." Als der weg war, rief er Doris an und berichtete ihr von den Sachen, die sie dort gefunden hatten. Auf die Frage, was sie davon bräuchte, sagte sie: „Die Luftwaffenuniformen und die Wintermäntel und was da sonst ist, würde ich nehmen. Wenn du Schuhe und Strümpfe hättest, die auch. Außerdem die Fallschirme, da könnten wir die Seide für alles Mögliche gut brauchen." „Gut, dein Fahrer soll mit dem Opel um 08:00 Uhr auf dem Hof sein und mit Richard dorthin fahren. Der nimmt einen Laster mit, falls nicht alles auf deinen passt."

Die wöchentliche Besprechung lief reibungslos, dieses Mal gab es keine größeren Punkte, sodass er anschließend mit Gertrud die entsprechenden Tische mit Namensschildern bestücken konnte. Wieder auf dem Hof waren nur Frank und Thomas im Stall, fütterten gerade, Junior half tatkräftig. „Wo sind die anderen beiden?" fragte er Frank. „Die sind mit vier Leuten von Rübke zu der Halle gefahren, mit dem großen Laster und dem Opel. Richard hat nämlich hinter der Halle zwei große Verschläge gefunden. In dem einen lagen 40 Biergartengarnituren und in dem anderen befanden sich eine Menge Kanister mit Benzin, Diesel und Betriebsstoff. Außerdem ist da eine Garage, in der zwei Käfer standen. Die Autos wollen sie morgen holen, den Rest sofort und gleich zum Platz bringen. Den Diesel für unsere Traktoren bringen sie hier hoch."

„Oh, das haben wir gar nicht bemerkt vorhin. Sind die
schon länger weg?" „Es geht, denke in einer Stunde sind
sie wieder zurück."

„Habt ihr den Rest abgeladen?" „So, wie du es gesagt
hast, der Rest steht unter dem Schauer. Ein paar
Funkgeräte haben wir gefunden und mitgebracht." „Die
bekommt Frings, das werde ich dem morgen sagen."
Bevor er sich die mitgebrachten Dinge anschaute, ging
er ins Haus und zog sich um. Anschließend ging er in
die Küche und bekam dort einen Teller mit
Wirsingeintopf. Einen zweiten nahm er gerne an,
danach verschwand er schnell, die drei Frauen waren
beschäftigt mit Backen. Im Esszimmer standen die drei
großen Kästen mit geschnittenem Brot, das Schmieren
war für morgen Vormittag geplant. Im Stall traf er
Hartig, der mit seiner Armeestute reiten wollte.
„Wenn du fertig bist, habe ich etwas für dich", sagte er
dem. „Bist du nachher hier im Stall?" „Ja, oder unter
dem Schauer, musst du schauen."

Jetzt machte er sich daran, die Sachen zu inspizieren.
In dem ehemaligen Bücherschuppen waren die Sachen
aus dem Drahtkäfig. Sechs größere Alukisten mit
Sanitätsmaterial waren da und fünf große Kartons mit
Pervitin. Das Pervitin würde er Hubertus Müller geben,
der sollte dafür etwas Sinnvolles eintauschen oder
Bargeld herausholen. Für Hartig hatte er die
Sanitätskisten vorgesehen, die mussten aber irgendwie
zu ihm transportiert werden. Da der ständig mit einem
Motorrad unterwegs war, könnte er eine Pilotenjacke gut
vertragen, überlegte er sich dabei. Zwei Kartons mit
Sonnenbrillen würde er bei sich im Arbeitszimmer
verstauen. Alles, was sonst an Fliegerausrüstung hier
lag und stand, wurde für das Zimmer im ersten Stock
vorgesehen, wo zwei Ledermäntel und vier weitere
Fliegerjacken hingen. Aber spontan änderte er seine
Meinung. Warum sollten eigentlich seine eigenen Leute
nicht welche bekommen? Die waren fürs Reiten und
Teckerfahren geeignet. Nachdem er vier der Jacken in

eine Schubkarre gelegt hatte, fuhr er damit zum Stall. Weber und Richard waren gerade zurück und unterhielten sich im Stalleingang. „Ich habe etwas für euch, probiert bitte an." Frank und Thomas kamen hinzu, die taten das gleiche. „Die könnt ihr behalten, nur die Hoheitsabzeichen an den Ärmeln müsst ihr abmachen, die darf man nicht mehr zeigen!" Frank holte sein Taschenmesser heraus und begann bei allen die Abzeichen abzutrennen. „Habt ihr alles unterbringen können?" fragte er dabei die beiden anderen.

„Die Garnituren sind unten am Platz, werden gesäubert und für morgen mit aufgestellt", erklärte Weber. „Den Diesel für die Traktoren haben wir ganz hinten unter das Schauer gestellt, sechs Kanister voll. Alle anderen Kanister hat der Betriebsstoffwart von Rübke unten ins Lager gebracht. Was machen wir jetzt mit der ganzen Tischwäsche?" fragte Richard. „Am besten ist es, du holst Ulla, die soll das entscheiden!"

„Morgen früh fährt Richard mit mir und einem Fahrer von Gert dorthin. Der Mechaniker hat Werkzeug und Batterien dabei, um die Käfer in Gang zu setzen." „Der Fahrer von Doris ist um 08:00 Uhr hier, der soll die Luftwaffenuniformen und Mäntel holen. Nehmt den bitte mit und was bei dem nicht drauf passt, nimmt Richard mit. Das geht alles an ihre Näherei auf dem Platz. Frank, stell dich bitte darauf ein, nach Cremlingen zu fahren und dort sechs Kisten für Hartig hinzubringen." „Klar, sag mir Bescheid, der kleine Laster steht unter dem Schauer." Ulla und Richard gingen über den Hof Richtung Garage, Hubert folgte ihnen mit seiner Schubkarre. Interessiert musterte die den Stapel mit Tischdecken. „Sehr gute Qualität, muss ich schon sagen. Für morgen nehme ich davon sechs Stück, drei für jeden der beiden Stände. Das sieht besser aus. Von den Servietten nehme ich zehn mit, die kann man da immer brauchen. Der Rest kommt in die Klamottenkammer!" „Was hältst du von den Fliegerjacken?" „Wieviel hast du davon noch?" „Zehn

Stück, eine bekommt Hartig und die vier vom Hof haben jeder eine."

„Die restlichen kommen auch dort hin. Richard kannst du mir dabei helfen?" Sie packten die Schubkarre voll und wollten gerade los, als Hubert sagte: „Richard, was ist das für ein Blechschrank dort?" „Der stand im Keller bei den Kisten, da haben wir den mitgenommen." Wohlweislich hatte Hubert einen Bolzenschneider mit, mit dem wollte er eigentlich die großen Kisten öffnen, aber das Schloss vor dem Schrank konnte er damit knacken. Fast hatte er es sich gedacht, es war ein Waffenschrank. Drei Gewehre waren darin: Ein Drilling, eine Schrotflinte und eine normale Flinte, dazu ein Revolver, Fernglas, zwei gute Messer und mehrere Schachteln mit Munition. Auf dem Boden lag eine Feldtasche mit einem Anhänger, auf dem stand: „Eigentum von Hauptmann Krüger". Neugierig öffnete er die Tasche und fand darin eine Todesanzeige. Der Offizier war bei Monte Cassino gefallen. Dahinter hing ein Lebenslauf, aus dem hervorging, dass dieser Hauptmann ledig war, Einzelkind von Eltern, die schon länger gestorben waren. „Aha, keine Erben, also werden wir das vereinnahmen!" murmelte er vor sich hin, nahm die Brieftasche und den Geldbeutel aus dem Stoffumschlag. Drei Schachteln mit Orden waren unten darin. Als er die betrachtete, nickte er anerkennend. Der Mann war hoch dekoriert worden. Die anderen Sachen steckte er ein, holte sich eine Sackkarre und transportierte den Schrank in den Hühnerstall. Nachdem er den fest verschlossen hatte, kam Hartig aus dem Stall zu ihm. „Ich soll mir etwas anschauen?" „Probiere erst die Jacke an, die könnte dir passen!" Das stimmte, sogar sehr gut. „Für`s Motorradfahren!" „Wunderbar, danke, sehr gut."

„Schau dir das mal an!" Er zeigte ihm die sechs Kisten. Hartig schaute hinein und sagte: „Jeweils drei Kisten sind die Sanitätsgrundausstattung für ein Bataillon. Was machst du damit?" „Die haben wir heute gefunden. Kannst du die brauchen?" „Aber klar." „Nimm sie! Ich hole Frank, der fährt sie dir nach Cremlingen!" Schon nach kurzer Zeit waren die Kisten verladen und Frank fuhr hinter Hartig nach Cremlingen.

Hubert holte sich die Schubkarre zurück und legte alle Rauchsachen hinein, die würde er in den Keller bringen. Vorher untersuchte er jedoch die Kästen aus dem Bestand des Kasinos. Drei Kartons mit Sekt entdeckte er und vier Kartons mit Korn und Weinbrand. Der Sekt kam in seinen Lieferwagen, der war für Gertrud. Die anderen vier Kartons stellte er auf den Holztisch vor dem Haus, Jurka hatte versprochen, heute mit einem Auto vorbeizukommen und den Schnaps zu holen. Als alles geschafft war, kam der mit einem Käfer und gemeinsam luden sie alle Kartons dort hinein.

„Das dürfte reichen", sagte Jurka, bevor er fuhr. „Falls es Probleme gibt, sag Bescheid, irgendetwas werde ich auftreiben!"

Zufrieden ging er ins Haus, es war schon fast dunkel. Dort holte er sich ein Bier und setzte sich an seinen Schreibtisch, überprüfte die Geldbörse und die Brieftasche. So richtig pietätvoll fand er sich dabei nicht wirklich, um das jedoch zu überwinden, steckte er das dort gefundene Geld, ca. 1.200 RM, in einem Umschlag und übergab den Ulla, als eine Spende für das Waisenhaus. Freudig nahm die das entgegen und setzte sich an ihren Schreibtisch. „Ich mache jetzt die Schichteinteilung an beiden Ständen. Am Anfang werde ich mich setzten und wenn ich am frühen Abend die Kleine gestillt habe, geht Susanne mit der hoch, füttert Milumil und betreut dazu die Zwillinge von Fritz und die Kleine von Dolle. Dafür bekommt sie von den Müttern Geld." „Das habt ihr gut geplant. Ich gehe davon aus, mit vielen Menschen reden zu müssen. Aber ich denke, das wird im Laufe des Abends weniger." „Das ist mir klar, du darfst das Geschäft dabei nicht vergessen."

Bereits um 08:00 Uhr war Fritz bei ihm im Büro mit seinen Notizen und sie stimmten sich ab. „Ich gehe jetzt zum Festplatz, schaue, was meine Leute machen und was sich da tut!" sagte Fritz und ging in den Technischen Bereich. Monika hielt die Stellung im Vorzimmer und bereitete ihr Wechselgeld vor. Mit Beginn der Lohnzahlung würde Gertrud sie ablösen. Bis dahin bereitete die mit ihren Helferinnen den Sekt- und Weinstand vor, hatte Anja dazu mitgenommen. Wie abgesprochen, würde dieser Stand jedoch erst gegen 18:00 Uhr geöffnet, wenn die Essensausgabe von Sänger beendet war und die Musik begann.

In aller Ruhe bearbeitete Hubert die Vorgänge in den vorliegenden Mappen und schrieb seine Rede sauber auf. Am Festplatz würde er erst um 12:30 Uhr auftauchen, um die Endabnahme durchzuführen. Nachdem er alles erledigt hatte, machte er einen Gang durch die einzelnen Abteilungen. Dolle und Mielke informierte er über den Auftrag für Olbrich auf seinem Boden, die das notierten und ihm sagten, dass der Bau im neuen Baugebiet des Ortes mit seinen Häusern am Mittwoch beginnen würde. Lindner informierte er über diese Arbeiten und bat ihn, einen Elektriker bereit zu halten, um das Licht auf dem Boden zu verlegen. Fischer hatte er vorher über dieses Vorhaben informiert und ihn gebeten, die Rechnungsstellung dafür durchzuführen. Mit dem hatte er ausführlich die Handelsunternehmungen durchgesprochen, die der mit Fleiß und Hingabe erfüllte. Mit Becker und Kokoschka besprach er die Option, die Halle von der Firma erwerben zu lassen. Becker regte dabei an, sie zu einem Teil an Doris zu vermieten. Dem stimmten beide zu, sogar Fischer hielt das für eine gute Idee, als er ihm das später sagte.

Bei Krummrich ging es um die Unterstützung der Briten bei Transporten. Bereits jetzt waren drei Tanker zur Betriebsstoffversorgung ihrer Stützpunkte im Einsatz und das würde so weitergehen. Ein weiterer Tanker wurde im Großraum Braunschweig, Hannover – Celle eingesetzt.

„Weiter bin ich im Gespräch mit denen, um im Winter Lebensmittel und andere Güter von den Seehäfen, die

langsam wieder benutzbar sind, in dem gesamten Norddeutschen Bereich der Briten einzusetzen." „Ich denke, da können wir unsere alten Wehrmachtslaster einsetzen. Wenn die laufen, tun sie das gut und wir können sie so ausnutzen." „Das können wir so machen, ich plane alle Neueren für die normalen Sachen ein." „Denk bitte daran, die Zugmaschinen und Langholzanhänger für die Arbeiten im Wald vorzuhalten. Wie viele Anhänger haben wir dafür jetzt?"
„Insgesamt sechs. Vier für die Zugmaschinen und zwei können wir an Kipper hängen. Gert ist dran, weitere zu besorgen." „Die werden wir brauchen. Wenn es richtig kalt wird, werden wir unsere Betonmischer nicht mehr einsetzen können, da hast du ein paar Fahrer in Reserve."
„Prima, daran habe ich gar nicht gedacht. Das werden wir einplanen."
Als er hinausging zum Bäcker, kamen ihm Richard und Frank mit einigen Kisten entgegen. „Was habt ihr damit vor?" fragte er sie.
„Das sind die Geschirrkisten des Kasinos aus der Halle. Ulla meinte, die sollten wir nach unten in den Besprechungsraum bringen."
„Ah ja, sehr gut. Da werden sie genutzt. Habt ihr Gläser dahingebracht?" „Die hat Gertrud abgenommen. Die beiden Käfer stehen bei Gert zur Überprüfung und die Sachen für Doris sind in ihrem Bereich." „Wunderbar. Die Halle werden wir jetzt für die Firma nutzen. Holt euch euren Lohn ab." Mit dem Bäcker plauderte er ein Weilchen. Der würde heute Nachmittag mit Ehefrau und Eltern kommen. Bevor er sein Auto zum Verkauf öffnete, sagte er Hubert, dass er und Fritz sehr gut zusammenarbeiten würden und sein Geschäft in Braunschweig ebenfalls gut liefe.
Beim Zurückgehen in das Verwaltungsgebäude lief ihm Hubertus Müller über den Weg. „Gut, dass ich dich treffe. Ich hätte ein Geschäft für dich", grinste er ihn an. „Geschäft ist immer gut, um was geht es denn?" Abseits von allen anderen erzählte Hubert ihm vom dem

Pervitin, welches bei ihm lag. „Oh, das können wir wunderbar loswerden. Hast du eine Idee, was du dafür haben willst?" „Naja, brauchen können wir immer Benzin und Diesel. Wenn das nicht geht, Bares." „Gut, das wird etwas dauern, aber das bekommen wir hin. Soll ich das Zeug heute gleich mitnehmen?" „Wenn du willst ja. Sei gegen 14:00 Uhr bei mir auf dem Hof, da kannst du die einladen."

Gertrud und Monika hatten sich abgelöst, einige Sachen hatte er zu überprüfen. Um 12:15 Uhr gab er ihr alles zurück. „Ich gehe jetzt in den Festbereich zur Endabnahme. Ist bei euch alles klar?" „Alles ist vorbereitet, jetzt haben wir eine Reserve an Gläsern. Wir öffnen unsere Bar ab 17:00 Uhr, alle Mädels wissen Bescheid." „Gut, wünsche euch viel Erfolg, wir sehen uns ganz bestimmt."

Am Festplatz stellte Hubert fest, dass sein Bruder Fritz ganze Arbeit geleistet hatte, alles was hier zu tun war, passte genau für sein Organisationstalent und seine Vorlieben für solche Feiern. Da war der ehemalige Batteriefeldwebel, die Mutter der Batterie, wieder voll in seinem Element gewesen. Alles stand so, wie sie es geplant hatten, einiges sogar besser als gedacht. „Ich mache das mit dem Spielmannszug der Feuerwehr und Becker regelt alles mit der Kapelle. Du brauchst nur mit mir nach dem Essen die Begrüßung durchführen, danach lassen wir es krachen." Hubert lachte. „Genauso hatte ich es mir vorgestellt. Lass uns durchgehen, anschließend fahre ich hoch zum Duschen und umziehen." Gegen 15:00 Uhr sollte die Essensausgabe beginnen, Sänger stand mit seinen zwei Gulaschkanonen schon bereit, der Eintopf köchelte vor sich hin. Bei Gert war der Grill aufgebaut, die Holzkohle brauchte nur entzündet werden. Geschlossen war die Wein- und Sektbar, aber komplett aufgebaut, wie die Buden für Ulla. Der Verkaufswagen von Malwine kam gerade vom Markt und wurde wieder befüllt. Bei Jurkas großem Bierzelt hielt einer seiner Männer Wache, der

Rest bereitete sich vor. Alle Biergartengarnituren waren aufgebaut, die Platzkarten für die Ehrengäste an ihren Plätzen. Die Brüder beschlossen, nach Hause zu fahren und sich vorzubereiten.

Auf dem Hof wurde Huberts Auto sofort in Beschlag genommen und mit Kuchen beladen. Er selber verschwand unter der Dusche und zog sich anschließend jagdlich gehoben an. Ulla und Sieglinde trugen hübsche Kleider, sogar Junior war gut gekleidet. Kurz vor dem abgesprochenen Termin erschien Hubertus Müller und holte die Kartons mit dem Pervitin ab.
Ulla hatte einen genauen Plan, wann welcher Kuchen und ab wann die Brote wo sein mussten. Das hatte sie gemeinsam mit Barbara ausgetüftelt. Da mischte sich Hubert nicht ein, beide besaßen ein hervorragendes Organisationstalent. Nacheinander wurde alles zum Festplatz transportiert und um 14:45 Uhr stand Hubert dort und begrüßte mit Fritz die ersten Gäste. Gert hatte mit zwei Bussen einen Fahrdienst nach Braunschweig eingerichtet, mit dem viele kamen. Rings um die Gulaschkanonen bildeten sich größere Schlangen, immer mehr Tische waren besetzt. Kurz vor 16:00 Uhr öffnete Ulla ihren Kaffee- und Kuchenstand und hatte sofort viel Kundschaft. Susanne fuhr mit einer weiteren jungen Frau aus dem Kindergartenbereich abwechselnd die Kinder spazieren. Mittlerweile trafen viele der Geschäftsfreunde, sowohl von Hubert als auch von Fritz und Gert ein. Sie holten sich vom Eintopf und verspeisten den an den Tischen. Fünf Lehrlinge waren eingeteilt, die leeren Teller einzusammeln, drei weitere halfen beim Spülen, das klappte alles sehr gut. Susanne Heimer gab ihr kleines Kind in die Obhut von Susanne, half bei Ulla und Barbara mit. Um 16:30 Uhr trat der Spielmannszug der Feuerwehr auf und erntete viel Beifall. Jetzt wurde es für die Brüder ernst, gegen 17:15 Uhr begrüßten Hubert, Fritz und Gert alle Anwesenden und bedankten sich bei den Ehrengästen für ihr

Kommen. Kurz darauf meldete Sänger Fritz, dass beide Gulaschkanonen leer seien, jetzt geschlossen und abgebaut würden. Ulla hatte das mitbekommen und öffnete kurz darauf den Stand mit den belegten Broten. Derweil drängten sich bei Jurka im Bierzelt die Leute, das lief gut an. Becker hatte die Musiker mit einem Bus abholen lassen, die bezogen die Bühne für ihren Auftritt. Bevor der jedoch erfolgte, informierte Becker die drei Brüder, dass sie mit ihren Frauen den ersten Tanz zu absolvieren hätten. Die ließen sich in ihren Tätigkeiten ablösen und hörten zu, wie Becker auf der Bühne die Kapelle ankündigte. Alle waren Studenten der Hochschule und hatten während ihres Studiums zueinander gefunden. Nachdem Becker den ersten Tanz der Veranstalter angekündigt hatte, spielten sie einen Walzer. Artig tanzen die drei Paare unter dem Beifall der anderen. Dabei sagte Ulla zu Hubert: „Nicht nur der Eintopf ist alle, sondern fast unser gesamter Kuchen. Sieglinde holt gerade den letzten."
„Das ist doch sehr schön, hast du gut eingenommen?"
„Sehr gut. In der Spardose, die Grings uns gemacht hat, ist schon eine Menge."
Nach ihrem Tanz war die Tanzfläche freigegeben, Hubert tanzte mit Malwine und Fritz mit seiner Schwiegermutter. Malwine war zufrieden mit ihrem Verkauf. „Das läuft sehr gut. Fast das gesamte Gemüse ist weg und wir haben Vorbestellungen für geschlachtete Kaninchen, Enten und Gänse. Da müssen wir jede Menge nachziehen." Mit seiner Tante tanzte er und natürlich mit Hilde Mahnke, deren Freundin.
Lächelnd sagte die dabei: „Es ist richtig schön, von dir geführt zu werden. Das möchte ich demnächst wieder genießen!"
Grinsend antwortete er: „Sehr gerne nichts lieber als das!" Beide wussten um die Doppeldeutigkeit ihrer Worte.

Ulla sagte ihm, sie würde jetzt mit der Kleinen nach Hause fahren, um sie dort zu stillen und fertig zu machen. Susanne und Frau Schmidt kamen mit, Barbara folgte mit ihren beiden, Susanne Heimer und Frau Dolle ebenfalls mit ihren Kindern. Für Hubert wurde es Zeit, sich um seine Leute und die Ehrengäste zu kümmern. Als er zu dem großen Tisch mit den Meistern und ihren Frauen ging, bemerkte er, dass Gertrud die Wein- und Sektbar geöffnet hatte und mit den anderen jungen Frauen gut im Geschäft war. Zwei Lehrlinge gab er den Auftrag für den gesamten Tisch für jeden ein Bier zu holen und gab denen das Geld dafür. Nachdem er sich dazwischengesetzt hatte, kam das Bier und er prostete allen zu. Fröhlich kam das „Prosit" zurück und er plauderte mit denen, die ihm gegenübersaßen und deren Ehefrauen. Baumann, der ihm gegenübersaß, sagte: „Es ist für mich nach wie vor überraschend, wie viele Menschen zum gesamten Betrieb gehören, das hatte ich gar nicht so überrissen." „Naja, das sieht so groß aus, weil die Ehefrauen oder Freundinnen dabei sind und die Betriebe meiner Brüder und unserer Eltern kommen mit dazu. Viele Ehrengäste und gute Kunden sind da und Geschäftspartner." „Ja schon, trotzdem ist das eine Menge." Seine Frau sagte: „Es ist überhaupt nicht selbstverständlich, dass man ein kostenloses Essen bekommt und offensichtlich herrscht hier überall eine richtig gute Stimmung, das ist bei uns in der Stadt nicht so. Wenn man sich umhört, kommen alle aus den unterschiedlichsten Regionen, kaum welche von hier aus der Gegend." „Ein ganzer Teil schon. Aber das ist nicht so wichtig. Wichtig ist mir, dass wir allen eine Art Heimat und Zusammengehörigkeit bieten." „Ich denke, das gelingt hier. Hier herrscht eine Art von Kameradschaft, wie ich sie bisher nicht erlebte." „Stimmt, da wird man richtig neidisch", fügte seine Frau hinzu. „Ist das bei Ihnen nicht so?" fragte Hubert sie. „Nein, gar nicht. Unsere Kinder sind bereits älter und ich beschloss, wieder zu arbeiten, fing bei der Firma an, bei der ich gelernt hatte. Aber das geht da momentan den Bach runter. Der alte Chef hat sich zurückgezogen und sein Sohn hat für alles andere Interesse, aber nicht für das Geschäft. Jetzt mussten wir wieder zwei Leute entlassen, weil der keine Aufträge an Land zieht." „Darf ich fragen, wo und was Sie arbeiten?" „Ich bin Sachbearbeiterin in einer Baustoffhandlung, bei mir über den Schreibtisch gehen alle Angebote von Zulieferern und Baufirmen." „Sehr interessant, da wissen Sie ja bestimmt, ob wir bei Ihnen Kunde sind?" Sie grinste: „Ich weiß, dass Sie bei uns kein Kunde sind, weil wir Ihnen zu teuer sind und zwei Lieferungen nicht geklappt haben." Ihr Mann tätschelte ihren Rücken. „Reg dich ab, irgendwann wirst du dir was Neues suchen müssen, das hat Bauer schon vor einem halben Jahr so prophezeit. Außerdem müssen wir eine andere Wohnung finden, das ist für die Kinder wichtig."

„Wie viele Kinder haben Sie?" fragte Hubert. „Ein Mädchen und einen Jungen. Das Mädchen ist im zweiten Semester des Lehrerstudiums, der Junge wird im nächsten Jahr mit der Schule fertig und will Automechaniker werden." „Zwei sehr gute und aussichtsreiche Berufe, wir bilden solche Lehrlinge aus. Er kann bei meinem Bruder hineinriechen, wenn Sie es wollen." „Das wäre gut, das sollten wir ihm raten", sagte er.

„Und wenn Sie Probleme mit der Wohnung haben, wir bauen gerade hier im Ort Reihenhäuser. Wäre das nichts für Sie?" Die beiden sahen sich an, sie sagte sie: „Ist das nicht zu weit weg von Braunschweig?" Hubert trank sein Bier aus. „Denke mal nein. Erstens haben wir einen guten Bahnanschluss und zweitens: Warum wollen Sie nach Braunschweig? Ihr Mann arbeitet hier und vielleicht bald Sie?" Beide sahen ihn völlig verblüfft an. „Wie meinen Sie das denn?" fragte sie. „Ich rede mit meinem Chef der Versorgung. Sie hören von mir. Wenn es gut läuft, heute Abend. Aber jetzt muss ich mich um die anderen Gäste kümmern." Er klopfte auf den Tisch, grüßte in alle Richtungen. „Amüsiert euch gut, der Winter kommt bald, da sitzen wir nicht mehr so fröhlich draußen!"

Suchend sah sich Hubert um und fand Kokoschka mit der Gärtnerin im Gespräch mit Dolle. Dorthin ging er. „Entschuldigung, ich störe euer Gespräch nur sehr ungern." „Kein Problem, wenn du so kommst, hast du ein Problem, was schnell gelöst werden soll", grinste Dolle. „Stimmt, du hast recht, habe nur eine Frage an den Chef der Logistik. Könnten wir eine Frau als Angestellte brauchen, die Erfahrung mit Baustoffhandel hat?" Kokoschka antwortete spontan: „So eine fehlt mir in der Besatzung, das macht immer der, der gerade frei ist. Wenn sie Ahnung von den Baustoffen und Preisen hat, sofort. Das würde uns sicher Geld sparen." „Geh zu Baumann, dessen Frau will sich etwas anderes suchen und ich habe denen eine Wohnung in den Reihenhäusern in Aussicht gestellt." „Das mache ich glatt, komm mal mit, mit denen gehen wir jetzt einen Sekt trinken", sagte Kokoschka zu seiner Gärtnerin und die beiden zogen los. Grinsend hatte Dolle zugehört: „Hubert das passt gut zu deinem Spitznamen." „Wie lautet der?" „Hubert Wedel, der Menschenfänger!" Beide lachten und Hubert klopfte ihm auf die Schulter. Nun steuerte er das Bierzelt an, in dem es sehr voll war. Gert und Doris standen an einem Stehtisch, aßen jeder ein Wurst -und ein Käsebrot, tranken ein Bier dazu. Jurka sah ihn kommen, schaute ihn an, hob ein leeres Bierglas und zuckte fragend mit den Schultern. Sofort nickte Hubert und kaum stand er bei den beiden als einer der Lehrlinge bereits das Bier brachte. Er zahlte und gab ein Trinkgeld dazu. „Das hat schon Vorteile, wenn man hier der Chef ist, so schnell war unser Bier nicht", lächelte Doris. Hubert lächelte zurück: „Hin und wieder muss man schon einen kleinen Vorteil haben!" Gert nickte und schluckte sein Brot herunter: „Stimmt, so geht mir das ebenso, bekomme immer einen frischen Kaffee, wenn ich ins Büro komme." „Ich sehe schon, so etwas sollte ich bei mir einführen," sagte Doris prompt. „Konntest du die Sachen aus dem Lager brauchen?" wechselte Hubert das Thema. „Ja, sehr gut sogar. Die Fallschirme haben wir nach Cremlingen gebracht, jetzt sind wir dabei, die Uniformen auf zivil zu ändern. Mit Frau Goldap haben wir ein Geschäft gemacht. 20 Paar Schuhe haben wir von ihr bekommen, dafür befreien wir die Fallschirmjägerkombis von allen militärischen Abzeichen und machen das ebenfalls mit den Sachen der Reichsbahn." „Das ist ein guter Handel, da profitieren beide von. Reicht denn deine Lagerkapazität aus?" „Nein, wenn wir die Sachen für den nächsten Sommer bekommen, habe ich Probleme, die unterzubringen." „Ich will versuchen, diese Halle zu kaufen, da könntest du anschließend einen Teil mieten. Was hältst du davon?" „Nicht schlecht, aber wenn ich mir das richtig überlege, wäre es gut, wenn ich die ganze Halle hätte, da könnte ich alles, auch aus Cremlingen, unterbringen. Die Feldhäuser dort sind nicht das Wahre auf Dauer." „Wenn du willst, rede ich mit Becker, der hilft dir dabei. Der Stadtbaurat ist heute hier. Lass deinen Charme und einige Gläser Sekt spielen, vielleicht bekommst du das heute unter Kontrolle."

Gert mischte sich ein. „Das könnten wir gemeinsam tun, denn ich bräuchte ebenfalls dringend Lagerkapazität." Doris nickte: „Wir teilen uns die Halle und greifen gemeinsam an!" „Schmiedet das Eisen, so lange es warm ist", sagte Hubert und ging zur Theke, um mit Jurka zu sprechen.

„Wie läuft es bei euch?" „Gut, die ersten 50 Liter sind bereits weg, der Schnaps geht gut." „Habt ihr genug Kleingeld?" „Das macht Monika sehr gut. Sie nimmt die großen Scheine mit, notiert, wieviel das immer ist." Beide Rechtsanwälte und Notare standen plötzlich neben ihm.

„Wir wollten mit dem Gastgeber ein Bier und einen Schnaps trinken", sagte der eine, sofort reagierte Jurka, schnell standen die Sachen vor ihnen. Der eine zahlte, sie prosteten einander zu. „So eine schöne und unbelastete Feier haben wir schon lange nicht mehr mitgemacht. Wir beide haben zusammen studiert und sind Freunde, keine Konkurrenten. Zum ersten Mal können wir wieder normal miteinander quatschen, das hat uns lange gefehlt", sagte der, mit dem sie bisher die meisten Verkäufe abgewickelt hatten. „Gefällt es Ihren Frauen?" „Ja sehr, die sind ebenfalls begeistert." Nett unterhielten sich die drei ein Weilchen, Hubert musste weiter, wollte sich die Wein- und Sektbar anschauen. Das war jedoch ein wenig schwierig, denn dieses Zelt war voll, nur mühsam kam er an die Theke. Dahinter standen Gertrud, Anne und Katrin. Alle drei waren wieder in ihren weißen Blusen, unter denen man leicht den dunklen Stoff ihrer BHs erkennen konnte. Gut und dezent geschminkt, waren sie alle drei eine Augenweide. Anja, das Küken, gehörte dazu, war aber züchtig angezogen und nicht geschminkt. „Meine Güte, ihr seht alle toll aus. Darf ich euch einen Sekt ausgeben?" „Eigentlich nicht, das lehnen wir sonst immer ab, aber wenn der Chef das möchte, machen wir gern eine Ausnahme", lachte Anne. Anja bekam nur ein halbes Glas voll, sie stießen gemeinsam an. „Wie läuft es?" „Sehr gut", antwortete Katrin. „Sowohl Wein als Sekt laufen beide gut. Bis jetzt haben wir genügend Reserven." „Lasst euch mal abwechseln, damit ihr ein wenig tanzen könnt." „Das klappt schon, ist genau eingeteilt. In einer halben Stunde ist die nächste Schicht dran", erklärte Gertrud. Der BKB Chef holte mehrere Gläser Sekt und Wein. „Sehr schöne Party, Hubert. Habe zum ersten Mal seit Jahren wieder ausgelassen mit meiner Frau getanzt." Gerade konnte sich Hubert für das Kompliment bedanken, da war der im Gedränge untergetaucht.

Die vier Mütter kamen ohne ihre Kleinkinder zurück. „Wir setzen uns zu unseren Freunden, kommst du nachher?" fragte Ulla. „Ja klar, muss erst einige andere begrüßen." „Du weißt ja, wo wir sind. Geh eine Bratwurst essen, damit du etwas im Magen hast. Und wenn du Hans-Wilhelm siehst, nimm ihn mit." Tatsächlich entdeckte er Junior, der mit Thomas durch die Menge tigerte. „Halt, ihr zwei. Ihr kommt jetzt mit, eine Bratwurst essen!" „Oh ja, ich habe schon wieder Hunger!" sagte Junior, nur Thomas blieb stumm. „Willst du keine?" „Ja, doch, aber ich habe kein Geld." „Ich lade dich ein, komm mit."

Einer von Gerts Monteuren stand mit den zwei Lehrlingen der Werkstatt hinter dem Grill und briet die Würste. „Gibst du uns bitte drei Stück?"

„Gerne, sind gerade fertig. Senf und Brot steht da vorn." Hubert zahlte, sie aßen gemütlich. Anschließend gab er den beiden Jungs jedem 2 RM.

„Kauft euch davon etwas zu trinken." Und schon waren sie weg. Dieter Kleinert kam Hand in Hand mit Elke Hase auf ihn zu. „Herr Wedel, dürfen wir Sie etwas fragen?" „Ja gern, nur zu!" Hubert wischte sich seinen Mund ab und steckte sich eine Zigarette an. Kleinert räusperte sich kurz, sie stupste ihn dabei lächelnd an. „Also, die Sache ist die, wir beide gehen ja schon ein paar Wochen zusammen, haben überlegt, uns zusammen zu tun!" „Schön, das freut mich für euch!" Sie stupste ihn wieder an. „Weiter!" „Ja doch. Also, wir wollen heiraten, aber für die zwei Mädchen wäre das ein wenig eng in den zwei Zimmern dort im Depot." „Das sehe ich völlig ein", antwortete Hubert grinsend, der schon ahnte, was die beiden wollten. Wieder stupste sie ihn an. „Frag doch einfach, ob er eine größere Wohnung für uns hat." „Ja genau, das wollte ich fragen." „Du bist sonst nicht so schüchtern, nur Mut, den zeigst du doch sonst. Also, wir bauen gerade hier im Dorf und wahrscheinlich werden Wohnungen in Ullas Blöcken frei. Das dauert aber ein paar Tage und Wochen. Am besten geht ihr zu Becker und lasst euch dort auf dessen Liste setzen!" „Danke Herr Wedel. Ich gehe jetzt mit ihm einen Schnaps trinken, damit er seinen Mut wiederfindet," lachte sie. Lächelnd nahm sie Kleinerts Hand und zog ihn hinter sich her zum Bierzelt.

Grinsend mischte sich Hubert wieder ins Getümmel und steuerte den Tisch mit den Förstern und deren Frauen an. Alle drei hatten ihre beste Forstuniform an. Dabei saßen seine Eltern, Onkel und Tante, sowie Hilde

Mahnke. Mielke mit seiner Freundin hatte sich ebenfalls dazu gesetzt. Hier war die Stimmung sehr gut und er wurde sofort in der Mitte aufgenommen. Kurz nachdem er saß, stand ein Weinbrand, wie bei allen Männern, vor ihm, die Damen bekamen Sekt oder Wein. „Auf dieses schöne Fest", sagte sein Onkel und hob das Glas. Alle taten es nach und tranken. „Das habt ihr sehr gut organisiert, ein sehr schönes Fest", sagte der Onkel. Bevor Hubert etwas sagen konnte, sagte sein Vater laut: „Hast du bei den Eltern etwas anderes erwartet?" Lautes Gelächter ertönte, die Biergläser wurden gehoben und leer getrunken. Von den Förstern bekam er einen Zettel mit vier Jagden, die sie planten. „Da fehlen welche. Eine in meinem Revier in Wittingen und eine beim Brauereibesitzer, der wollte uns einladen." „Die kann ich nachtragen, deine lege ich fest und den anderen Termin kenne ich schon", sagte der Förster aus Wittingen und schrieb zwei weitere Termine dazu. Den Zettel schob Hubert in seine Jackentasche. Sie plauderten, bis die Musik wieder einsetzte. Mittlerweile spielten die andere Musik, vor allem Swing. Sofort füllte sich die Tanzfläche, Hubert war mit seiner Tante mittendrin. Als er sie zum Platz zurückführte, sagte die lächelnd halblaut: „So ein Mist, dass ich deine Tante bin, sonst hätte ich mich ganz anders um dich gekümmert." Beide blieben kurz stehen und er erwiderte spontan: „Das wäre ja das erste Mal, dass du dich nicht einfach über etwas hinweggesetzt!" Sie blinzelte zurück: „Mein lieber Hubert, ich spiele gerne mit dem Feuer!" Beide grinsten sich an, er führte sie sittsam zum Platz zurück. Schließlich gelang es ihm, sich zu seinen Freunden durchzukämpfen. In seinem Schlepptau waren zwei Lehrlinge, einer mit einem Tablett Bier und einer mit Sekt. Als er neben seiner Frau saß, erhob er sein Glas. „Prost, so jung kommen wir nicht mehr zusammen." Als er sich danach umsah, bemerkte er, dass nicht nur der örtliche Arzt, sondern die beiden jüngeren Ärzte, seine Schwester mit Hartmut und Frau März, die Steuerberaterin, hier saßen. Als er kundtat, dass er bereits fünf Jagdtermine hätte, sagen der Schlachter und der Apotheker, sie hätten jeder einen dazu. „Sagt mir die Daten, ich lasse die schreiben, und sende sie euch zu." Gerade wollet er etwas hinzufügen, als zwei Hände auf seinen Schultern lagen. „Ich habe auch zwei Termine und brauche unbedingt Schützen dafür." Hubert drehte sich um, Lässig lachte ihn an. Er erhob sich und beide umarmten sich. „Bist du morgen früh da?" „Ich fahre erst am frühen Nachmittag, nach dem Kaffee, bin bei Schwester und Schwager." „Wollen wir morgen früh um 10:00 Uhr ausreiten und ein wenig plaudern?" „Das habe ich gehofft, habe alles dabei."

Später machte er einen weiteren Rundgang. Dieses Mal waren Regina, Dietlind und Louise Frahm hinter der Theke. Sie trugen das Gleiche wie die anderen und sahen ebenfalls sehr gut aus. Auch mit ihnen trank er einen Sekt und lobte sie, denn ihre Bestände hatten bereits drastisch abgenommen. Im Bierzelt stand Fritz im Gespräch mit einer großen, gutaussehenden Frau. Als Fritz ihn sah, winkte er ihn zu sich. „Du kennst Frau Majewski, oder?" „Aber natürlich, von ihr holten wir die Pferde der SS." Lächelnd begrüßten sie einander, schon damals hatte er sie als sehr anziehend empfunden. „Wir beide arbeiten gut zusammen, sie bekommt unsere Bullenkälber zur weiteren Mast und wir besorgen ihr weitere." „Sehr gut und von unserem Bruder haben sie einen Traktor mit Anhängern gekauft." „Genauso war es, heute habe ich von ihm einen zweiten gekauft." „Das scheint ja gut zu laufen bei Ihnen." „Es geht, ich bin zufrieden, habe ein Problem, das ich gern mit Ihnen besprechen wollte." „Nur zu, ich höre gespannt zu." Fritz verabschiedete sich, irgendjemand hatte ihn gerufen. „Also, wir fangen im Oktober an, im Wald zu arbeiten. Da wurde mehrere Jahre nichts gemacht. Aber wir werden Probleme bekommen, alle Stämme aus dem Wald zu holen, nicht überall kommen wir hinein mit den Traktoren. Ich brauche unbedingt ein paar Rückepferde, um die Stämme zu den

Sammelstellen zu bringen. Ihr Bruder sagte, Sie hätten
welche." „Ja, momentan zwölf Stück. Davon werden
sechs gerade ausgebildet. Das wäre gut, wenn die dort
ihren letzten Schliff bekommen könnten." „Die
Unterbringung der Pferde und der Männer wäre kein
Problem. Sie könnten bereits Ende September beginnen,
denn einiges an Holz liegt schon dort. Eine weiter Sache
wäre der Transport der Stämme zum Holzwerk. Das ist
knappe zehn Kilometer entfernt, da bräuchte ich
Transportmittel dafür." „Die haben wir, zwei
Zugmaschinen mit jeweils zwei Langholzanhängern."
„Mit diesen Sachen würde ich gern mit Ihnen ins
Geschäft kommen." „Das können wir machen. Die
Rückepferde bekommen sie gratis, das ist ein Teil deren
Ausbildung. Wenn sie wollen, können sie mir dafür drei
Kipperladungen Kronenholz geben. Allerdings die zwei
Züge müssten sie bezahlen." „Das ist ein sehr gutes
Angebot. Dafür möchte ich mich bei Ihnen revanchieren,
ich lade Sie ein zur Jagd auf einen unserer 14ender. Die
müssen wir unbedingt reduzieren, die fressen alles
kahl." „Wahnsinn, das nehme ich natürlich an." Er
beugte sich zu ihr, nahm ihre Hand, küsste sie leicht,
wie er es gelernt hatte. „Herr Wedel, Sie machen mich
schamrot, so etwas hat bisher nie ein Mann bei mir
gemacht!"
Er grinste sie an: „Dann wurde es Zeit." Kichernd nahm
sie zwei Biergläser von der Theke und gab ihm eines.
„Auf das Geschäft trinken wir jetzt. Wenn Sie bei mir
sind, wird daraus Rotwein!" Beide tranken ihre Gläser
leer, dann sagte sie: „Ich werde jetzt fahren, muss
morgen früh raus. Melde mich mit den genauen
Zeiträumen." „Tun Sie das, es war mir eine Ehre, dieses
Geschäft mit Ihnen zu machen!" „Herr Wedel, Sie sind
ein Charmeur, ich bedanke mich dafür." Sie lächelten
sich zu, sie ging in Richtung Parkplatz. Fritz kam
zurück. „Hat alles geklappt?"
„Ja sie bekommt die Rückepferde, die gerade
ausgebildet werden und wir fahren ihr Holz ins
Sägewerk." „Prima, das bringt Geld in die Kasse."

Mittlerweile war es dunkel, die Lichterketten, welche Frings Leute wieder instandgesetzt hatten, tauchten den ganzen Platz in ein warmes Licht.

Malwines Stand war schon länger geschlossen, da alles ausverkauft war, der Grill war fertig und die Bude mit den Broten lag in den letzten Zügen. Richard, Sigurd und deren Frauen hatten das gesamte Geschirr und die Kuchenplatten auf den Hof gebracht und abgewaschen. Einige Tische waren bereits leer, es wurde kühler, alle Frauen trugen mittlerweile Jacken. Es war 22:00 Uhr, sie hatten die Erlaubnis, bis 23:00 Uhr das Fest durchzuführen. Wieder im Bierzelt erklärte ihm Frau Jurka: „Es läuft das siebte Fass, die saufen wie die Wasserbüffel. Korn haben wir noch eine Flasche, vom Weinbrand drei. Ein neues Fass stechen wir nicht mehr an. Als Reserve haben wir drei Kisten Bier. Das muss reichen." „So soll es ein, um 23:00 Uhr müssen wir eh schließen." Gertrud im Weinstand sagte ihm ähnliches. „Sekt haben wir vier Flaschen und drei Kisten Wein, aber der geht jetzt nicht mehr. Wir fangen langsam an, abzubauen." „In Ordnung, um 23:00 Uhr ist Schluss." Zu seinen Freunden brachte er ein Tablett mit Bier und Sekt, sprach aber vorher kurz mit Paul. „Bist du morgen früh im Stall?"
„Ja, gegen 08:00 Uhr, muss zwei Pferde beschlagen."
„Gut, da erzähle ich dir von einem neuen Auftrag."
Gemeinsam gingen sie ins Bierzelt, wo reger Betrieb herrschte. In einer der Ecken hatte sich eine Gruppe aus Ehemaligen der alten Batterie gefunden, zu denen gesellten sich Hubert und Joachim. Fast alle Ehemaligen standen hier zusammen, teilweise mit Frauen oder Freundinnen. Karl hatte die letzte Flasche Sekt für die Frauen gekauft und Paul eine Flasche Weinbrand. Hubert bestellte sofort zwei Tabletts voll Bier.
Kurz darauf hörte er, wie Jurka rief: „Leute, es gibt nur Flaschenbier." Das störte sie nicht, jeder hatte zwei Gläser mit Bier vor sich stehen. Es wurde viel gelacht

und gefrotzelt, Geschichten aus dem Krieg machten die Runde. Alle sahen Fiete gespannt an, als der sein Glas hob und sagte: „Hubert, wir alle danken dir, dass du uns so toll durch die ganze Scheisse gebracht und uns gut nach Hause geführt hast. Ich erhebe mein Glas auf dich und auf alle Kameraden, die das leider nicht geschafft haben."

Schweigend tranken alle aus, Gertrud tupfte ihre Augen leicht, wie andere Frauen. Kurz herrschte Ruhe, bis irgendjemand die Geschichte von einem ehemaligen Unteroffizier im Bordell in Frankreich erzählte, der dort nicht an eine Frau, sondern an einen Mann gekommen war. Brüllendes Gelächter brach den Bann. Kurz darauf erschien Fritz mit einem Jagdhorn und blies „Jagd aus!" Mit lauter Stimme sagte er dazu: „Leute, es ist 22:55 Uhr, Zeit zum Austrinken, wir schließen, kommt alle gut nach Hause." Alle tranken aus, der allgemeine Aufbruch setzte ein.

Zu Hubert sagte Fritz: „Haut ab, ich bleibe hier, bis alles fertig ist und mache das Licht aus." Neben der Bühne stand Richard mit einem Käfer.

„Ulla meinte, es wäre besser, euch abzuholen. Sigurd ist mit dem Lieferwagen schon los, bringt das letzte Geschirr hoch." „Es ist doch schön, treusorgende Ehefrauen zu haben", sagte Hubert zu Joachim und beide krochen in den Käfer. Auf dem Hof werkelten die Frauen geschäftig in der Küche. Grinsend sagte Hubert zu Joachim: „Lass uns ins Reiterstübchen gehen, dort mit Richard und Sigurd einen Absacker trinken!" Natürlich kam der sofort mit, wie Richard und Sigurd. Zwei Bier und zwei Weinbrand später verschwanden sie in den Betten, in denen ihre Ehefrauen bereits schliefen.

Am nächsten Morgen ging es Hubert anfangs nicht so gut, aber die erst heiße, später kalte Dusche wirkte Wunder. Schließlich schmeckte das Frühstück. Mit Joachim fuhr er zur Firma und stellte fest, dass der Abbau unter der Leitung von Fritz, Schwarz und Jurka sehr gut lief.

„Geh eine Runde reiten, wir haben das hier alles im
Griff", grinste Fritz, und beide fuhren wieder zum Hof.
Dort sprach er kurz mit Paul.
„Das ist gut zum Üben. Wir nehmen alle sechs
Kaltblüter mit. Mein Lehrling macht das sehr gut, dem
können wir ein Gespann anvertrauen und Klavas
sowieso. Aber wir werden dort hoffentlich nicht die
ganze Zeit bleiben müssen, oder?" „Nein, ich regele das
so, dass ihr von Montag bis Freitag voll durchzieht, und
am Freitagnachmittag lasse ich euch abholen und
Sonntagabend wieder hinbringen. Um eure Unterkünfte
und die Verpflegung kümmere ich mich."
Joachims Frau wollte nach Hause, also fuhren die gegen
09:30 Uhr. Junior schien etwas gelangweilt zu sein, bis
Hubert ihm sagte: „Mach dein Pony fertig, du kannst
mit mir und Lässig ausreiten." Sofort war der in
Richtung Stall unterwegs, sollte Frank sagen, dass
Hubert seine Armeestute und seine Trakehnerstute
gesattelt haben wollte. Zu dritt ritten sie los. Junior
wusste, dass die beiden Männer beim Ritt etwas
besprechen wollten und mischte sich nicht in das
Gespräch der beiden ein, konzentrierte sich auf sein
Pony. Lässig erklärte seinen Plan für die Abholzungen
und den Transport der Stämme zu den Bahnhöfen
Goslar und Bad Harzburg, wobei Goslar der
Hauptumschlagpunkt war.
„Drei Kolonnen kann ich selber stellen, von dir werde
ich drei brauchen. Dazu deine zwei Zugmaschinen mit
jeweils zwei Langholzanhängern. Bis März werde ich
deine Leute brauchen, danach bekomme ich vier
Kolonnen, welche die Landesforsten aufstellen werden.
Mit den drei neuen Gespannen habe ich sechs
Gespanne Rückepferde, die aufgeteilt werden. Mitte
Oktober brauche ich die. Beginnen können wir erst
Anfang November, da die Briten vorher nicht genügend
Eisenbahntransportraum haben. Auf den Trassen
haben die Amis die Hände drauf und die denken erst
einmal an sich." „Das heißt bis Ende Oktober kann ich
meine Kolonnen einsetzen." „So ist es. Unterkunft und

Verpflegung sowie Transport deiner Leute sind klar, das habe ich mit Karl geklärt und die Abrechnung läuft über mich, die Landesforsten, später mit Fischer. Gestern Abend habe ich von Gert einen Geländewagen abgekauft, den kann ich sehr gut nutzen." „Das denke ich mir, vor allem, wenn Schnee liegt. Da muss ich nachfragen, ob wir für alle unsere Fahrzeuge genügend Schneeketten haben." „Es ist mit viel Schnee zu rechnen, so war es jedenfalls in den letzten Jahren." „Wir beginnen im Herbst mit einem Lehrgang für die Jägerprüfung." „Wie wollt ihr das mit dem Schießen machen?" „Wagner hat das mit den Briten verhandelt, wir bekommen den Schießstand in der Buchhorst, aber unter der Aufsicht der Briten. Ich glaube, die wollen selber ihre Gewehre überprüfen." „Das glaube ich fast, habt ihr einen Schießlehrer?" „Ja, Mielke macht das, der ist fit in Justierung und Einstellung der Gewehre." Als sie zum Hof zurückritten, sagte Lässig, er habe eine nette Frau in Goslar kennengelernt, die würde er demnächst vorstellen. Lächelnd erwiderte Hubert: „Das freut mich für dich, das hast du dir verdient, bist schon viel zu lange allein in deinem Forsthaus!"

Nachdem Lässig mittags gefahren war, kam gegen 12:30 Uhr Fritz auf den Hof. „Ich trinke einen Kaffee bei dir und gehe anschließend nach Hause, alles ist abgebaut. Jurka lässt gerade die beiden beladenen Anhänger zur Brauerei bringen." Beide setzten sich vor das Haus und tranken Kaffee. „Olbrich hat die Bühne und die Tanzfläche auseinandergebaut. Die Tanzfläche liegt jetzt in Einzelteilen trocken auf dem Dachboden bei Söhnke." „Die können wir ja wieder benutzen." „Das hat er so gesagt. Du musst nur sagen, wo die Kisten mit den Gläsern, die Lichterketten und anderes Zeug hinsollen." „Da habe ich eine Idee, das bespreche ich nachher mit Ulla. Ist Gert fertig?" „Bei dem ist alles erledigt. Gestern Abend hat er drei Traktoren und fünf Anhänger verkauft! Unsere Mutter ist gut herausgekommen und will etwas spenden. Die Verwandtschaft ist nach dem

Frühstück gefahren. Sänger wollte wissen, ob wir Platz für die Teller und das Besteck hätten." „Kläre ich nachher mit Ulla. Heute Nachmittag kommt Monika und trägt ihre Abrechnung vor. Das kann ich dir morgen Vormittag sagen." „Gut, ich will nach Hause, bei uns gibt es gleich Essen."

Heute hatte Ulla allein gekocht, es gab Truthahnfleisch aus den amerikanischen Beständen. Richard, Sieglinde und die beiden aus Wittingen waren damit beschäftigt, ihre Sachen in die neue Wohnung zu bringen, das taten sie seit heute Morgen. Am Freitagnachmittag waren die Wände bei ihnen gestrichen worden und bis heute Morgen gut getrocknet, so stand dem Umzug nichts im Wege. Nach dem Essen legte sich Hubert zu einem Mittagsschlaf auf die Couch, wurde rechtzeitig zum Kaffee geweckt. Monika konnte erst mit einem Zwischenergebnis aufwarten, denn die Getränke und der Kaffee mussten erst bezahlt werden. Aber trotz dieser ausstehenden Zahlungen stand ein ordentlicher Gewinn zu Buche. Gemeinsam zählten sie die Spendengelder der beiden Stände und kamen auf knapp über 1000 RM. Das Kleingeld nahm sie mit, würde es morgen bei der Bank gegen Scheine eintauschen. Unabhängig von dieser Abrechnung brachte Sigurd das Geld für verkaufte Gerste und das Geld, was er mit dem Einsatz der Maschine bei anderen Landwirten erzielt hatte, das waren 5700 RM. Als Dank gab ihm Hubert davon 200 RM. Ihren Lohn hatten beide bereits gestern von Monika erhalten, seit diesem Monat waren sie festangestellt in der Firma.

Mit Ulla besprach er, wo die Gläser, Teller, Bestecke und Tassen gelagert werden sollten. „Die Sachen von den beiden Ständen haben wir in vier Kisten gepackt und abgedeckt, die sollten nicht hier stehen bleiben." „Sehe ich genauso, was hältst du davon, wenn das morgen alles in unseren Lagerraum am Nordbahnhof kommt?"

„Hubert, das ist eine sehr gute Idee, da kann ich zwei Kisten mit neuer Kleidung dazugeben."

Während Ulla mit der Kleinen und Prinz einen Spaziergang durchs Dorf machte, holte Hubert die vier großen Alukisten vom Schauer in das Esszimmer, das würden sie heute Abend sortieren. Vorsorglich knackte er die Schlösser an den Kisten. Anschließend ging er in den Stall, um die Sache mit dem Geschirr zu klären. Da nur Junior als Helfer zur Verfügung stand, half er selber beim Misten und Füttern. Dabei gab es genügend Zeit mit Weber alles zu besprechen, Weber bekam den Schlüssel für den Lagerraum. Danach wechselten sie das Thema.

„Paul, sein Lehrling und Klavas sollen in den Südharz, um dort mit den Kaltblütern zu üben. Wie hast du dir das hier bei uns vorgestellt?"

„Ich habe die gesamte Waldaktion in vier Bereiche aufgeteilt. Karl geht mit drei oder vier Kolonnen nach Goslar, Fritz in den Elm zu Winterfeld, Olbrich nach Wittingen und du machst alles hier in der Gegend mit Cremlingen, Schandelah und Brunsrode." „Aha, ich habe damit kein Problem. Mit wem soll ich das machen?" „In Wittingen macht das Olbrich mit seinen Zimmerleuten und den Dachdeckern. Dir und Fritz wollte ich zwei Kolonnen geben, dazu die Gerüstbauer, jedem dieser Kolonnen zwei Rückepferde. Was an Lastern dazu kommt, müssen wir besprechen." „Darf ich dir einen Vorschlag machen?" „Ja gern, fang an." „Du solltest dir dafür den letzten VW Geländewagen sicherstellen und jedem der Verantwortlichen einen der Neunsitzer, die im technischen Bereich stehen. Damit kann man Personal und Material transportieren und geländegängig sind sie dazu." „Gute Idee, spreche ich morgen in der Stabsbesprechung an." „Dazu sollten wir für alle Motorsägen genügend Ersatzkette und fertiges Gemisch parat haben." „Das alles werden wir rechtzeitig besprechen und veranlassen. Du wirst dabei beteiligt."

Während er eine volle Karre zum Misthaufen fuhr, kam ihm ein Gedanke. Wem gehörten die großen Kisten, die er vorhin ins Haus gebracht hatte? Warum hatten die eigentlich dort gestanden? Er selber hatte private Sachen in der Kaserne gehabt, als er mit seiner Batterie ausrückte. Aber jeder von ihnen musste unterschreiben, dass diese Kisten von Verwandten abzuholen seien, oder sie wurden diesen zugestellt. Seine Sachen und die von Fritz hatten sie vor der Verladung auf die Bahn nach Hause gebracht und die hatten in ihren ehemaligen Zimmern gestanden. Als sie das erste Mal in dem ehemaligen Fliegerhorst waren, hatte er sich aus dem Zimmer des ehemaligen Kommandeurs die Chronik des Flugplatzes und der Fallschirmjäger mitgenommen. Da würde er nachschauen, ob die Namen der Offiziere, die auf den Kisten standen, vermerkt waren. Nach dem Abendessen nahm er sich diese Chronik aus dem Bücherregal und setzte sich an seinen Schreibtisch. „Wollten wir nicht die Kisten leeren?" fragte Ulla. „Ich will nachschauen, was mit diesen Offizieren geschehen ist, denen sie gehörten." Sie nickte. „Mach das, wäre furchtbar, wenn wir uns etwas aneignen von Menschen, die existieren und das brauchen würden. Ich mache die Kleine fertig."
Hubert hatte die vier Namen auf einen Zettel geschrieben und begann sie in dem Buch zu suchen. Dabei kam ihm entgegen, dass in der Chronik die verschiedensten Einsätze aufgeführt wurden und dabei viele Namen erwähnt wurden. Die ersten beiden fand er recht schnell. Einer war Flugzeugführer einer JU 52 beim Angriff auf Holland und dabei abgeschossen wurden, der andere ein Leutnant, flog einen Lastensegler und war nach der Landung in einem Gefecht gefallen. Den dritten fand er als Kompaniechef beim Angriff auf Kreta, dort war er mit einer vollbesetzten JU 52 getroffen worden und abgestürzt. Als letzten fand er den Major, der war als Kommandeur beim Gefecht an der Westgrenze hinter Aachen bei einem Luftangriff umgekommen. Er klappte die Chronik

zu und überlegte. Normalerweise waren die Sachen der Gefallenen an deren Verwandten übergeben wurden. Offensichtlich gab es hier keine Angehörigen und die Kisten waren hier stehen geblieben.

„Hast du etwas gefunden?" fragte Ulla, die von oben kam. „Ja, alle vier sind tot und offensichtlich hatten die keine Verwandten, an die diese Kisten geschickt worden wären." „Gut, dass du das herausgefunden hast, so brauchen wir uns keine Vorwürfe zu machen."
Die ersten zwei Kisten waren unspektakulär, jede Menge Zivilsachen, bei beiden allerdings ein Sparbuch, eines in Höhe von 18.400 RM und eines über 21.200 RM. Und zur Überraschung in der zweiten Kiste eine Geige. Ulla hatte von oben zwei Kartons mitgebracht, in die sie die Sachen legten. In der dritten Kiste fanden sie neben der Kleidung eine Briefmarkensammlung, drei Alben, die Hubert zu den anderen stellte. Die vierte Kiste erwies sich als Schatzkiste. Eine Familienchronik lag darin, aus der hervorging, dass er der Spross einer Adelsfamilie war, allerdings das letzte Glied in der Kette. Verheiratet war er gewesen, aber seine Frau war bei der Geburt des ersten Kindes verstorben. Ganz unten befand sich eine große Kassette, in welcher der Schlüssel steckte. Als beide die öffneten, lagen auf einem Samttuch zwei Sparbücher, eines mit 56.000 RM und eines mit 32.000 RM. Unter dem Samttuch befand sich eine Schmucksammlung. Offenbar der Familienschmuck der erloschenen Familie. Während Ulla die zivilen Sachen zu den anderen legte, platzierte Hubert die Sparbücher und die Kassette auf seinem Schreibtisch.
„Die beiden vollen Kartons kann sich Doris morgen abholen, was machen wir mit den Alukisten?" „Die nehme ich mit in die Firma, die können wir dort bestimmt brauchen. Eine behalte ich, darin kann ich Zigaretten aufbewahren." Nachdem sie die Namensschilder entfernt hatten, brachte er eine in den Keller und die anderen drei in seinen Lieferwagen. Als er

zurückkam, saß Ulla an ihrem Schreibtisch und überprüfte mit einer Lupe die einzelnen Schmuckstücke. „Wie sieht es aus?" „Soweit ich das richtig beurteilen kann, alles echt. Das sollte schnell in eines der Schließfächer." „Mache ich in den nächsten Tagen. Hartmut gebe ich die vier Sparbücher."

Erkundung im Südharz

Bis Dienstag waren alle Nachbereitungen des Festes abgeschlossen. In der Stabsbesprechung hatte er alles thematisiert, was er mit Lässig und Weber besprochen hatte und Gert hatte dem sofort zugestimmt. Schneeketten hatte er zu Genüge in seinem Lager. Mit dem Stadtbaurat hatten er und Doris am Samstag das Problem mit der Lagerhalle besprochen, Becker war informiert und würde sich um den Kauf kümmern. Kokoschka war sehr beeindruckt von der Fachkenntnis, die Frau Baumann an den Tag gelegt hatte und wollte die schnellstmöglich bei sich einstellen, was ihm genehmigt wurde. Alle Rechnungen waren bezahlt worden, es kam zu einem Reingewinn von 4.387,20 RM für die Waisenhausstiftung. In einem Schreiben an Hubert, Fritz und Gert bedankte sich Ulla für dieses Ergebnis. Dieses Schreiben wurde offiziell im Stabsgebäude neben der Zahlstelle hinter Glas aufgehängt.

Seit dem Morgen war Olbrich mit seinen Männern auf dem Boden des Wohnhauses auf dem Hof aktiv. Sieglinde kümmerte sich darum, den entstehenden Dreck sofort zu räumen. Da sich alle Beteiligten einsichtig zeigten und bemüht waren, durften sie ihre Mittagspause in der großen Küche verbringen, bekamen Kaffee und Tee. Als Ulla und Junior gemeinsam aus der Schule kamen, waren sie emsig an der Arbeit. Um die Kinder nicht weiter zu stören, verlegten sie bis zum Feierabend ihre Tätigkeit zu Huberts Eltern auf deren Hof. Während sie Korrekturen durchführte, machte

Junior seine Hausaufgaben und die Kleine schlief friedlich im Schlafzimmer ihrer Schwiegereltern. Nachmittags war Hubert mit Monika in Braunschweig zur Bank gewesen. Sie hatte Rechnungen bezahlt und Überweisungen getätigt, schließlich das Kleingeld gegen Scheine eingezahlt. Während sie das machte, war Hubert in der Begleitung von Hartmut zu den Schließfächern gegangen und hatte die Kassette dort eingeschlossen. Anschließend übergab er Hartmut, der im Vorraum gewartet hatte, die vier Sparbücher mit der Bitte, das Geld auf Ullas Sparbuch zu überschreiben. Zum Feierabend traf sich die Familie auf dem Hof zum Essen. Nachdem Hubert zwei seiner Pferde bewegt hatte, setzte Ulla einen Spieleabend mit Junior, Susanne und Thomas an. Dabei wurde ihnen erklärt, wie ihre Unterbringung in den ehemaligen Räumen von Richard und Sieglinde geplant sei. Unter der Leitung von Weber würden sie am Dienstag beginnen, diese Räume für beide herzurichten.

Ähnlich wie am Montag verlief der Dienstag. Die Arbeiten auf dem Boden gingen gut voran, Olbrich wollte am Mittwoch endgültig fertig sein. An diesem Vormittag rief Frau Majewski an und fragte, ob Hubert am Donnerstag kommen könnte, um mit ihr und dem Förster die Arbeiten im Wald zu besprechen. Hubert sagte zu, würde Paul mitbringen, damit er alles für die Rückepferde vorbereiten konnte. Bis dahin schaute er sich die Arbeiten im Neubaugebiet des Ortes an. Die Baugruben waren ausgehoben und am Mittwoch sollte bereits der Keller des ersten Reihenhauses gegossen werden. Während dieser trocknete, sollte es bei den nächsten zu bauenden Häusern weitergehen, Fink würde das machen. Am Mittwochmittag war Olbrich am Boden des Wohnhauses fertig, hatte sogar drei zusätzliche Dachfenster eingebaut.

Schon früh fuhren Hubert und Paul am Donnerstag los, trafen sich auf dem Hof mit Frau Majewski und fuhren

mit der zum Treffpunkt mit dem Förster in den nahegelegenen Wald. Der war ein älterer Mann und freute sich, als Hubert Grüße von Fietes Vater und dem Förster aus Wittingen bestellte. Er selber hatte eine eigene Truppe zusammengestellt, Leute von Frau Majewski waren dabei. „Habt ihr Motorsägen?" fragte Paul. Grinsend antwortete der Förster: „Wir schon. Nach Kriegsende ging es hier etwas hektisch zu, aber ich hatte mit den Forstleuten von der anderen Firma fachlich gut zusammengearbeitet, obwohl sie andere Abzeichen als ich trugen. Als sie plötzlich weg waren, habe ich meine Försterei mit deren modernen Sachen ausgerüstet. Die waren unbeaufsichtigt und ich wollte nicht, dass sich Unbefugte daran bedienten!" Kichernd zwinkerten sie einander zu, sie waren nicht die einzigen, die bestimmte Gelegenheiten am Schopf ergriffen hatten. Es handelte sich um zwei größere Waldstücke, die an einem Berghang lagen. Mehrere Stapelplätze entlang von recht gut ausgebauten Wegen konnten benutzt werden. Ein Drittel war Nadelwald, der Rest normaler Laubwald, hauptsächlich Buchen. „Wenn Sie die Transportmöglichkeit stellen, ist das gut. Wir haben einen alten, umgebauten Bagger, der die Stämme aufheben kann, das funktioniert gut. Von hier zum Sägewerk sind es ca. 11 Kilometer, die laden dort ab."
„In Ordnung, wir müssen die Zu- und Abfahrt so einrichten, dass die mit zwei Anhängern nicht drehen müssen", sagte Hubert. „Kein Problem, das klappt mit den Wegen hier gut, wir werden das am Anfang ausschildern." „Wann soll es losgehen?"
„Das Laub der Buchen beginnt schon zu fallen, aber erst nehmen wir die Nadelhölzer, danach Buchen und ähnliches. Ich wollte Ende September, Anfang Oktober anfangen, denn wir haben danach jede Menge zu tun, müssen für die Briten im Südharz arbeiten!" „Wir unterstützen dabei von Norden her, das Ganze ist schon sehr abenteuerlich." „Stimmt. Machen wir Nägeln mit Köpfen, 28. September!"

„In Ordnung, wir sind morgens mit den Pferden und den Zugmaschinen hier auf dem Hof bei Frau Majewski."

„Von dem Kronenholz der Laubbäume habe ich Herrn Wedel drei bis vier Kipper voll versprochen", sagte Frau Majewski. „Kein Thema, das machen wir, der Rest ist für den Gutshof."

Paul sah sich das Waldstück etwas näher an und die drei unterhielten sich über den Wald und die Jagd hier. „Wir müssen unbedingt mit dem Rot- und Rehwild aufräumen, die haben sich stark vermehrt und richten mittlerweile viel Schaden an." „Da helfe ich sehr gern, mein Bruder und Vater würden unterstützen." „Damit werden wir im Oktober anfangen", sagte Frau Majewski lächelnd. „Vor allem bei den kapitalen Hirschen müssen wir einige herausschießen." „Das ist wohl wahr, Sie werden das schon machen!" sagte der Förster und machte sich wieder auf den Weg. „Anfang Oktober ist Vollmond, haben Sie da Lust und Zeit?" fragte die Frau Hubert. „Ganz bestimmt, ich werde mir Zeit verschaffen."

„Ich rufe sie kurz vorher an. Die ideale Stelle dafür habe ich gefunden, ein Hochsitz steht da. Wir machen das zu zweit!" Auf dem großen Gutshof wurde Paul die Boxen gezeigt, die weiterhin leer waren. „Das Gesindehaus da drüben ist sehr gut ausgebaut. Mit wieviel Leuten kommen Sie?" „Wir kommen mit sechs Pferden und drei Mann, dazu zwei Fahrer der Zugmaschinen." „Ich lasse die Zimmer für Sie herrichten. Verpflegung gibt es für Sie in der großen Küche im Haupthaus, dort ist eine Dusche." „Das reicht uns völlig aus, danke." Hubert mischte sich ein. „Ich wollte meine Leute freitags am Nachmittag abholen lassen, damit die am Wochenende zu ihren Familien können. Am Sonntagabend sind sie wieder da." „In Ordnung, damit kann ich gut leben. Das Holz, was die am Samstag bis Mittag machen, können sie am Montag rausholen." Sie hatten alles geklärt und Paul holte ihr Auto. Hubert verabschiedete sich von ihr. „Ich freue mich darauf, mit Ihnen zur Jagd zu gehen." „Die Freude ist ganz auf meiner Seite", sagte sie lächelnd, hielt seine Hand zum Abschied dabei länger als nötig.

Auf der Rückfahrt plauderten die beiden. „Ist das eine Adlige?" wollte Paul wissen. „Ich glaube nicht. So weit ich weiß, lebte sie in Schlesien und führte dort ein Gut mit ihrem Mann, der ist dann mit einer anderen nach Südamerika abgehauen. Sie musste fliehen und hat das Gut hier von Verwandten übernommen. Auf alle Fälle gehört es ihr." „Das wäre ja eine lohnende Partie!" „Das kann schon sein, probiere mal dein Glück!"
Beide lachten: „Ne, das wäre nichts für mich. Ich liebe meine Frau und die Kinder!" Sie wechselten das Thema.
„Hubert, ich habe mich jetzt genauer wegen der Schmiede informiert. Der alte Schmied will zu seinen Kindern nach Helmstedt ziehen. Er schafft das körperlich nicht mehr, ist ja schon über 70. Dort hat er wohl vorgesorgt, mit seinen Ersparnissen ist dort ein Anbau auf dem Hof seines Schwiegersohnes gebaut worden für ihn. Seine Frau ist vor einigen Jahren gestorben. Die Schmiede, das alte Haus dahinter und den Garten würde er mir für 45.000 RM verkaufen. Als ich ihm sagte, das wäre sehr wenig, sagte er, das würde er deshalb machen, damit die Schmiede übernommen und weitergeführt würde. Das läge ihm am Herzen. Was soll ich jetzt tun? Wir haben das Geld nicht. Könntest du dabei helfen?"
Hubert überlegte, den anderen hatte er mit einer Summe geholfen, damit sie Häuser bauen konnten, Paul war davon nicht betroffen gewesen.
„Du bekommst das Geld von mir. Das brauchst du mir nicht zurückzahlen, wenn du weiter unsere Pferde beschlägst. Aber das Material wie Eisen und Nägel zahlen wir. Die anderen, die unsere Pferde reiten, sollten ihren Beschlag selber zahlen, dafür dürfen sie ja auf denen reiten."
„Das ist eine gute Lösung. Deine Sechs, Ullas drei und Juniors zwei. Was ist mit den Armeepferden?" „Die nehmen wir mit in den Unterricht, da werden wir uns

eine Lösung mit Weber einfallen lassen!" „Gut, das ergibt Sinn und bei den Privatpferden bleibt alles so, wie es ist." „Genau. Aber hast du dir das alles überlegt? Das Haus hinter der Schmiede sieht nicht sehr einladend aus, da muss eine Menge gemacht werden."

„Da habe ich schon mit einigen gesprochen, die mir dabei helfen würden Harald zum Beispiel, Tietz und Schwarz hätten einiges an Material für mich. Das wird etwas dauern, aber das bekommen wir hin." „Na gut. Den Anschluss an das Wasser- und Abwassernetzt übernehme ich, darum brauchst du dich nicht kümmern. Aber die Kaltblüter wirst du weiterfahren und dein Gehilfe, was ist mit dem?" „Der fährt selber. Wenn nicht die Kaltblüter, die schweren Warmblüter. Außerdem will ich den zum Hufschmied ausbilden."

Abends saßen Ulla und Hubert zusammen und stimmten ihre Termine ab. In der dritten Septemberwoche würde der Lehrgang für die Jägerprüfung beginnen. Da würde Ulla oft mit den anderen Lehrgangsteilnehmern und Wagner im Wald sein, vor allem an den Wochenenden. Außerdem war durch den zuständigen Schulrat für Anfang Oktober eine Aus- und Weiterbildung für die Schulleiter angesetzt.

Er notierte sich diese Termine und sagte: „Es kann sein, dass ich während deiner Tagung zur Jagd nach Bad Sachsa eingeladen werde. Da könnte ich zum ersten Mal in meinem Leben einen kapitalen Hirsch schießen."

„Da fährst du hin. In der Zeit werden sich Susanne und Sieglinde um die Kleine kümmern. Die ist bis dahin abgestillt, viel kommt ja jetzt nicht mehr. Die Aus- und Weiterbildung dauert drei Tage, da werde ich gleich in Braunschweig in unserer Wohnung schlafen. Birte kommt mit."

„Wenn du meinst, dass die Kleine von den beiden ausreichend betreut wird, sollte das kein Problem sein. Ich hoffe, ihr seid bis Mitte Oktober fertig, dann stehen einige Jagden an, an denen ihr teilnehmen könntet."

Rübenernte

Seit dem letzten Dienstag war Fritz mit der Ernte der Zuckerrüben beschäftigt. Dabei waren Weber und Richard mit den Traktoren eingespannt. Mit Fritz hatten sie sich dazu ein neues Verfahren ausgedacht. Am Freitag sah sich Hubert das zum ersten Mal an. Auf einem Rübenfeld der Eltern war die Kolonne beschäftigt, als er dort eintraf. Am Rand stand einer der Kipper mit Anhänger, bei beiden waren die Bordwände mit Brettern erhöht worden. Von einem Trecker gezogen, pflügte man die Rüben aus dem Boden, so dass sie nach rechts umfielen. Dahinter gingen zwei ältere Jungs, welche die Rübenblätter mit breiten Messern, die an Stielen befestigt waren, abtrennten. Einer der Leute von Fritz fuhr dahinter mit einem Traktor und sechs Leute warfen die Rüben mit Gabeln auf dessen Anhänger. Dahinter fuhr ein weiterer Traktor auf dessen Anhänger zwei Mann die abgetrennten Rübenblätter mit Gabeln warfen. Die wurden anschließend neben dem neuen Kuhstall gefahren, um dort als Silage für die Kühe gelagert zu werden. „Das sieht ganz gut aus", sagte Hubert zu Fritz, der auf der Kühlerhaube seines Autos saß und alles beobachtete. „Mit den Rüben geht das, mal sehen, wie das mit den Kartoffeln funktioniert. Da werden wir uns etwas einfallen lassen müssen", antwortete der nachdenklich. Ein weiterer Traktor, auf dem Richard saß, stand wartend an einer Seite des Feldes. Als der erste Anhänger voll war, wurde er neben den Laster gefahren und drei Leute warfen jetzt mit großen Gabeln die Rüben vom Anhänger auf den Kipper. Richard hatte mit seinem Gespann den Platz des ersten eingenommen. Ähnlich geschah das, als der Anhänger mit den Rübenblättern voll war und zum Hof fuhr. „Ihr habt doch so einen kleinen Bagger hinter dem Traktor, warum nehmt ihr den nicht?" „Der ist im Einsatz bei Peter. Dort ist der Traktor, um ihn anzutreiben, den Rest machen dort Pferdegespanne." „Das dauert zwar länger, aber Hauptsache, die Rüben werden rechtzeitig an die Zuckerfabrik geliefert. Wieviel müsst ihr machen?" „Bei Winterfeld sind wir fertig, jetzt hier, jetzt Brunsrode, Schandelah und zum Schluss in Cremlingen." „Ist das hier alles?" „Nein, ein weiteres Feld von Eltern und in Hordorf eines. Ab morgen will ich in Brunsrode anfangen." Ein zweiter Kipper fuhr mit seinem Anhänger hinter den ersten. Fritz nickte zufrieden. „Die Sache mit der Hubertusjagd habe ich an Jochen Bode abgegeben, kümmere mich aber um die Hindernisse." „Wann soll das sein?" „Erster Sonntag im Oktober. Jochen wollte heute bei dir vorbeikommen, um einiges dazu zu besprechen." „Wenn der Kipper voll ist und losfährt, fahre ich wieder rein. Vielleicht ist er bereits da."

Das war so, Gertrud sagte ihm, dass Jochen Bode im Hause bei Becker sei und sie ihn anrufen sollte, wenn er wieder da sei.

Als Bode kam, setzten sie sich in den Sessel und er breitete seine Unterlagen aus. „Ich habe alles vorbereitet, ohne dir etwas zu sagen, das war mit Fritz so abgesprochen, denn ihr hattet mit dem Sommerfest genügend zu tun." „Das stimmt, sag mir bitte, was du veranlasst hast."

„Termin ist der erste Sonntag im Oktober. Der Mann mit der Meute ist frei und war ganz erfreut dabei zu sein, denn es ist sein erster Einsatz, sechs Koppeln bringt er mit, zwei Gehilfen und einen, der mit mir die Spur legt. So ganz kann er nicht garantieren, ob es mit den Hunden hundertprozentig klappt, aber irgendwann muss er ja anfangen. Um 11:00 Uhr ist der Beginn geplant. Dazu habe ich einige andere angerufen, ob sie Lust haben, mitzureiten. Der Chef der Polizeireiter kommt mit zwei Mann. Reitverein Braunschweig mit vier Reitern, die Briten mit zwei Reitern, der Brauereibesitzer aus Wittingen kommt mit Tochter und 50 Liter Bier und dein Freund von Klagenheim mit Verlobter und zwei Pferden. Von unseren Leuten kommen fast alle mit,

Weber nimmt von seinen Schülern die sichersten mit. Hartig und Dr. März sind jetzt Mitglied im Reitverein, reiten beide mit. Sanitätsversorgung macht das DRK, das abschließende Essen bereitet Sänger vor und findet hier unten im Keller statt. Einiges an Sachen dafür braucht er von dir. Hier ist die Einladung, brauchst du nur unterschreiben, Gertrud macht alles fertig und verschickt sie. Dolle und Wagner blasen mit ihren Jagdhörnern. Das Einzige, was wir brauchen, ist ein Erinnerungsstück für alle. Außer dem Bruch zum Abschluss." „Ich bin beeindruckt, das hast du sehr gut organisiert, ich bin begeistert." Sie tranken Ihren Kaffee, Hubert unterschrieb dabei die Einladungen und besprachen diverse Details. Nach einer Stunde hatten sie die letzten Sachen geklärt und Gertrud bekam die Einladungen zum Versand.

Nachdem Hubert seine Post erledigt hatte, ging er zu Grings. Dem erzählte er von der Jagd und fragte ihn, ob er eine Idee hätte, was man den einzelnen Teilnehmern als Erinnerungstücke überreichen könne. Der zündete sich eine kleine Zigarre an und überlegte. „Du denkst dabei an etwas aus Holz, sonst wärst du nicht zu mir gekommen. Ich habe einen gut abgelagerten kleinen Stamm, komm mit." Sie gingen hinter die Werkstatt und dort zog er einen schlanken Eichenstamm aus einem Regal. Ca. drei Meter war der lang, mit sehr guter Rinde. Seine rechte Hand legte er auf das glattgesägte Ende des Stammes. „Du siehst meine Hand, die passt da locker drauf, wäre das die Größe?" „Ja, so habe ich mir das vorgestellt, aber wie bekommen wir dort etwas drauf?" „Wir machen eine Art Brandstempel, wie man den zum Brennen der Pferde nimmt und das brennen wir da drauf, lackieren es anschließend mit farblosem, nicht glänzendem Klarlack." „Und wer soll diesen Stempel herstellen?"
„Iwan ist der Künstler dafür, der sollte das schaffen. Nur zu lang sollte der Text nicht sein." „Verstehe, also ich denke, es reicht: Herbstjagd 1946 Lehre." „Gut, das

sollte in zwei Stempeln sein, die Ortsbezeichnung können wir vielleicht für etwas anderes benutzen." „Also da bin ich ja richtig gespannt, ob das klappt!" grinste Hubert, „aber wir probieren das!"

Nach der Freitagssitzung sagte Gert: „Hubert schau bitte morgen bei uns vorbei, der neue Bagger ist da." Zu Hause fand, nachdem er geritten war, die Besichtigung der Wohnung der beiden Jüngsten statt. Susanne und Thomas hatten mit der Hilfe aller die ehemalige Wohnung von Richard und Sieglinde sehr ordentlich und sinnvoll eingerichtet. Jeder hatte seinen eigenen Bereich, nur die große Küche und das Bad war für beide eingerichtet. In der Wohnküche stand der alte große Ofen, daneben zwei Blechkisten mit Holz und Kohlen. Geschirr und Töpfe hatten sie sich besorgt. Als alle sie für die gute Arbeit lobten, waren beide sichtlich stolz. „Was soll der Junge als nächstes machen?" fragte Ulla, als sie wieder in ihrem Haus waren. „Ab der nächsten Woche wird er ab mittags zum Schuster gehen und dort lernen, wie man mit Leder umgeht. Das wird Klatte ihm ganz sicher gut beibringen. Ich will erreichen, dass er später Zaumzeug und Geschirr reparieren kann." Anschließend erklärte er seiner Frau, was er heute mit Jochen Bode besprochen hatte. „Was meinst du, was Sänger kochen sollte?" Ulla überlegte kurz. „Es sollte nicht kompliziert sein. Vom Rindfleisch haben wir eine Menge großer Dosen. Ich denke, drei können es sein, die er zubereiten sollte." „Für ca. 30 Personen?" „Da ist jede Menge Fleisch drin. Das reicht. Dazu Kartoffelbrei oder frische Kartoffeln von Fritz und frischen Rosenkohl von Malwine. Die Soße wird er selber gut hinbringen. Als Nachtisch Vanillepudding, von dem haben wir im Keller drei Kartons voll, Milch bekommt er von Barbara." „Das hört sich sehr gut an. Geschirr haben wir genügend da unten. Ich könnte einige der weiblichen Lehrlinge fragen, ob sie bedienen wollen." „Lass mich das machen. Ich sorge dafür, dass alles eingedeckt und serviert wird."

„Das ist sehr nett, aber ich dachte, du könntest bei der Rückkehr der Reiter den Bruch und einen Schnaps überreichen." „Das kann ich machen. Dafür habe ich Helfer und so lange kümmert sich Helma um die Vorbereitung im Keller. Die rufe ich morgen an." „Noch schöner wäre es, wenn du mitreiten würdest!" Sie seufzte tief. „Das würde ich zu gerne tun, aber irgendwie traue ich mich nicht." „Keine Hektik, ich will dich nicht bedrängen." Wieder seufzte sie tief. „Hubert, du bist so rücksichtsvoll, danke dafür!" Er nahm sie in die Arme, spürte aber sofort, wie sie sich versteifte. „Keine Sorge, dass kriegen wir schon hin", sagte er leise.

Gartenparty bei Büssing

Bis zur Besichtigung und Vorführung der neuen Bagger beschäftigte ihn das Verhalten Ullas am gestrigen Abend intensiv, aber nach außen ließ er sich nichts anmerken, verrichtete seine Tätigkeit wie üblich. Erst als er zur Werkstatt ging, war das in den Hintergrund gerückt. Gert und Jurka erklärten ausgiebig die Technik der neuen Geräte und anschließend zeigte Jurka persönlich, wie der Bagger arbeitete. Schließlich stieg er aus und sagte: „Wir werden den zum Neubaugebiet bringen und da werde ich meine Baggerfahrer schulen. Dort haben wir genug zu tun und es ist schön nah!" „Was geschieht jetzt mit dem alten Bagger, den verschrotten wir nicht!" „Nein, Hubert. Den bauen wir etwas um und er kann im Winter zum Verladen von Holz eingesetzt werden." Mit Paul ging er zu Becker, hier besprachen sie zu dritt, wie der Kauf der Schmiede abzuwickeln sei. Käufer war Paul, das Geld dafür übergab Hubert Becker. „Alles andere wirst du erledigen. Informiere unseren Bürgermeister über den Kauf und darüber, dass Paul den Betrieb weiterführt." „Zum besseren Verständnis, es geht hier aber nicht nur um die Schmiede selbst, sondern um das gesamte Grundstück mit dem Wohnbau und dem Garten?" „Genauso ist es. Den

411

gesamten Ausbau und die Reparatur der Gebäude wird Paul selber erledigen." Der nickte dazu und Becker klappte seine Unterlagen zu „Da wünsche ich dir viel Glück dabei, Paul!" Als sie gemeinsam das Büro von Becker verlassen hatten, sagte Hubert: „Hast du schon mit Klavas gesprochen, wegen dem Einsatz der Rückepferde?" „Gestern habe ich das gemacht. Der hat damit keine Probleme. Wir nehmen die sechs Pferde mit, die in den Harz sollen. Die zwei Kaltblüter, die bei ihm stehen, können problemlos hier eingesetzt werden. Er hat mit denen geübt." „Somit haben wir drei Paare hier für den Einsatz, das muss reichen." Bei Fischer lieferte Hubert das Geld für den Bodenausbau ab, 8.750 RM.

Gegen 11:30 Uhr schaute Gertrud herein. „Du hast Besuch, Woods ist da." „Soll reinkommen!" Lächelnd gaben sich beide die Hände und setzten sich in die Sessel. „Was führt dich zu mir?" fragte Hubert. „Ich wollte dir etwas mitteilen. Du sollst das als einer der ersten erfahren. Zum 1. Dezember werde ich in den Ruhestand gehen, meine militärische Karriere beenden und zurück nach England gehen." „Oh, das ist ein echter Schlag. Wie kommt das so plötzlich?" „Nach dem Ende der Kriege in Europa und Asien beginnt Großbritannien seine Truppe zu reduzieren, aus Kostengründen. Nicht nur ich, sondern viele andere erhielten das Angebot in den Ruhestand zu gehen. Das kann man ablehnen, aber momentan versüßt man uns das mit einer Prämie, demnächst wird das einfach so möglich sein, ohne Prämie. Ich werde die Prämie nehmen und auf mein kleines Landgut in Mittelengland gehen. Das ist mittlerweile schuldenfrei und mit dem Geld kann ich mir etwas Neues aufbauen. Außerdem habe ich einiges in Reserve von unseren Geschäften. Wenn du etwas hast, was versilbert werden soll, müssen wir das bald machen!" „Verstehe. Da muss ich sortieren und schauen, was da ist, dann können wir das in der nächsten Zeit erledigen."

„Hier ist das Geld von den letzten Waffen und verschiedenem Kleinkram." Er gab Hubert einen Umschlag, den der ungeöffnet auf dem Tisch liegen ließ. „Das ist natürlich sehr bedauerlich, aber ich bedanke mich für die gute und kameradschaftliche Zusammenarbeit, die hat uns allen geholfen. Nächste Woche werde ich alles so weit gerichtet haben, dass du die letzte große Ladung bekommen kannst. Um ehrlich zu sein, in der nächsten Zeit wäre mein Keller leer gewesen und meine Quellen sind versiegt. Es wäre von mir aus auch ein Ende gewesen. Sei es drum. Sofort hätte ich für dich etwas sehr Lukratives bei mir auf dem Hof. Am liebsten wäre es mir, wenn du das gleich mitnehmen würdest." „Das kann ich schon, wenn es in den Landrover passt." „In Ordnung. Ich mache für heute hier Schluss und du fährst hinter mir her!" „Da bin ich jetzt aber neugierig", sagte Woods, als sie sich erhoben. „Es lohnt sich", grinste Hubert zurück. Im Vorzimmer hielt Woods an. „Es war sehr nett mit euch zu telefonieren, auf euch konnte man sich immer verlassen, deshalb ein kleines Dankeschön." Aus seiner Aktentasche holte er drei Pakete. Mit einem farbigen Bindfaden waren dort zusammengebunden: Drei Packungen mit Nylonstrümpfen, zwei große Tafeln Schokolade und vier Packungen Zigaretten. Jede der jungen Frauen erhielt solch ein Paket. Hocherfreut und völlig überrascht bedankten sich die drei und Gertrud sagte im Namen aller: „Ganz herzlichen Dank, das ist ein tolles Geschenk. Dafür möchte ich mich im Namen aller bedanken!" Sie ging auf ihn zu, reckte sich auf die Zehenspitzen und gab ihm einen Kuss auf die Wange. Woods lachte: „Wenn ich diesen Lohn früher gewusst hätte, wäre ich öfters mit Geschenken gekommen!" Er folgte Hubert, der lächelnd voraus gegangen war. Vor dem Hühnerstall stieg Hubert aus, Woods folgte ihm in den Stall. Dort zeigte er ihm die verhüllten Fahnen in einer Ecke des Stalles. „Was sind das für Fahnen?" fragte Woods. „Es sind die Fahnen von zwei Fallschirmjägerdivisionen und sieben Regimentern."

„Sind die echt?" „Ja, die sind original und hier ist das komplette Zubehör dafür!" Woods überprüfte alles genau.

„Alles fast wie neu und original, das hat was!" murmelte er. „Ich habe aber weiteres, was dir gefallen wird." Hubert klappte die erste der dunklen Kisten auf, holte eine der kleineren Kästen heraus und öffnete die. „Oh, ich glaube ich spinne, was ist das denn?"

Nacheinander gingen sie die kleinen Kästen durch. „Und was ist in dieser Kiste?" „Genau das Gleiche, schau es dir an." Kopfschüttelnd machte Woods das und sagte schließlich: „Das alles zusammen ist Gold wert. Kann ich es mitnehmen?" „Ja klar, ich helfe dir beim Tragen!" Gemeinsam luden sie alles in den Landrover, danach verabschiedete sich Woods. „Ich komme nächsten Freitag gegen 09:00 Uhr, hole den Rest, den du loswerden willst und bringe dir mit, was ich selber auf Lager habe." Zufrieden ging Hubert ins Haus, legte den Umschlag von Woods in die oberste Schublade seines Schreibtisches. Beim Essen berichtete er Ulla von der geplanten Pensionierung Woods. „Sieh zu, dass du bis dahin einiges aus dem Keller loswirst." „Da bin ich schon dabei, der Landrover war gut beladen!" „Lieber Hubert, wenn du heute einen Mittagsschlaf halten willst, mach das lieber gleich. Um 16:00 Uhr sollen wir auf der Gartenparty bei Büssing sein, da müssen wir spätestens 15:30 Uhr fahren. Frau Schmidt ist heute Abend hier und passt auf die Kleine auf." „In Ordnung, wo ist Junior?" „Der ist heute bei den Großeltern und fährt mit deinem Vater Traktor. Die sind in den Rüben."

Als Hubert um 14:30 Uhr aufstand, gönnte er sich einen Kaffee und plauderte dabei mit Frau Schmidt. Ulla war bereits im Bad und bereitete sich vor. Anschließend zog er sich um und holte um 15:20 Uhr den Opel. Als Ulla sich neben ihm setzte, bereitete sich im Auto ein sehr angenehmer Duft aus. „Ui, du riechst aber gut und schick aussehen tust du," lächelte er.

Sie trug ein Kostüm, hatte einen leichten Mantel auf den Rücksitz gelegt. „Ich habe so viel von den Parfüms, da muss man die einfach nutzen", lächelte sie zurück, „und danke für das Kompliment!"

Den Ort des Geschehens erreichten sie problemlos und pünktlich. Am Ende der Auffahrt wurden sie von den Gastgebern begrüßt, das Auto blieb dort stehen. Außer ihnen trafen ständig neue Gäste ein. Die große Veranda am Hintereingang war überdacht und an den Seiten geschlossen, so dass kein Wind hereinwehen konnte. Im Raum hinter der Veranda spielte ein Klavierspieler dezente Musik. Einen Teil der anwesenden Herren kannte Hubert bereits von Verhandlungen und Besprechungen. Artig stellte er seine Ehefrau vor, die das lächelnd mitmachte. Der Gastgeber stellte einige besondere Gäste vor, dann gab es Getränke. Man stand in Gruppen an Stehtischen und unterhielt sich. Der Investor, den Hubert in Bortfeld kennengelernt hatte, berichtete ihm anerkennend von der guten Arbeit seiner zwei Kolonnen, die derzeit für ihn arbeiteten. Später fügte er hinzu, dass er den Bau eines Bürohauses plane, ob Hubert daran Interesse hätte. „Aber gerne, meine Ingenieure könne das nach Ihren Ideen planen und zur Baureife bringen. Tatsächlich bauen können wir das natürlich ebenfalls." „Das freut mich zu hören, mein Büro wird sich mit Ihnen in Verbindung setzen in der nächsten Zeit." Parallel schilderte Ulla einigen Damen die Arbeit der Waisenhausstiftung und was sie bis dato dort gemacht hatten. Dabei stellte sich heraus, dass eine der Damen die Ehefrau des städtischen Dezernenten für soziale Bereiche war. „Ich weiß gar nicht, ob mein Mann darüber informiert ist, was sie dort tun. Aber das werde ich ihm mitteilen, denn sie machen dort Arbeit, die Aufgabe der Stadt wäre."
Es wurde im großen Saal der Villa ein Buffet aufgefahren, an dem sich jeder bedienen konnte. Ulla und Hubert saßen mit einem älteren Ehepaar am Tisch, welche sich als Besitzer eines Hotels in Hannover vorstellte. „Wir sind hier auf Einladung der Familie Büssing, mit denen wir entfernt verwandt sind", sagte

sie beim Essen. Kurz darauf ergänzte er: „Naja, nicht nur deshalb, wir wollten hier demnächst in der Stadt ein Hotel errichten und hatten heute Gespräche mit Investoren dazu." Bei Hubert gingen alle Alarmlampen an. „Planen Sie ein neues Hotel oder beabsichtigen Sie ein vorhandenes wieder zu eröffnen?" Der Mann biss in sein Brot mit Schinken, kaute und schluckte es herunter.

„Wir haben ein ehemaliges Hotel im Auge, was am Bahnhof steht, am Eingang zur Innenstadt. Das ist zwar schwer beschädigt, aber da könnten wir den ehemaligen Namen übernehmen und es liegt sehr zentral." „Das ist natürlich ein großer Aufwand, vor allem sollte man die Statik der vorhandenen Fassadenteile überprüfen." „Das ist richtig. Da bräuchten wir unbedingt Statiker, die das überprüfen. Wenn die sagen, das geht, kaufen wir den Trümmerhaufen und stellen da ein neues Hotel hin."

„Haben Sie denn schon jemanden gefunden, der das statisch überprüft?"

Der Mann lachte. „Wir haben das Gebäude heute zum ersten Mal gesehen und mit dem Anwalt des Vorbesitzers gesprochen, der das verkaufen will. Zu mehr sind wir gar nicht gekommen." „Ich würde Ihnen gerne meine Hilfe anbieten. Ich führe eine größere Baufirma mit einem Ingenieurbüro. Die können so etwas, das ist ihr Beruf. Und bauen, mit allem Drum und Dran, können wir ebenfalls." Der Mann sah ihn einen Augenblick an und lächelte. „Sieh an, so kann man sich täuschen. Das hätte ich jetzt nicht erwartet. Den Besitzer einer Baufirma habe ich mir immer wesentlich älter vorgestellt." Hubert grinste. „Ja, das habe ich schon einige Male erfahren, dass man mir auf Grund des Alters dieses nicht zutraute. Insgesamt haben wir eine junge und ehrgeizige Mannschaft, die sich auf dem hiesigen Markt einen guten Namen gemacht hat."

„Respekt, Respekt und ihre Firma haben sie erst nach dem Krieg gegründet?" „Ja, wir existieren jetzt ein Jahr, haben 14 Kolonnen im Baueinsatz, dazu eine

Maschinengruppe, ein Sand- und Kieswerk, ein Ingenieurbüro und eines, was sich mit den eigenen Mietobjekten und denen von Kunden beschäftigt." Mit großen Augen schaute ihn der Mann an. „Und Sie sind der Chef davon?" Bevor Hubert antworten konnte, ertönte hinter ihm eine weibliche Stimme. Hilde Mahnke stand hinter ihm und sagte lächelnd: „Entschuldigen sie bitte, dass ich mich einmische, mein Name ist Mahnke, ich bin die Vorsitzende der IHK Braunschweig und der junge erfolgreiche Mann ist mein Stellvertreter. Er wäre es nicht geworden, wenn er nicht die entsprechenden Leistungen erbracht hätte." Der Mann erhob sich. „Gnädige Frau, ich möchte mich vorstellen. Mein Name ist Josef Buchenholz, ich betreibe mit meiner Frau einige Hotels in Norddeutschland." „Herr Buchenholz, angenehm sie und Ihre Gattin persönlich kennenzulernen. Sie kamen Ende 45 aus Amerika zurück und bauten mehrere Hotels wieder auf. Das freut uns alle, solch einen Investor hier zu haben." „Sie sind sehr gut informiert, gnädige Frau. Dann wissen sie sicherlich, dass meine Eltern 1933 in die USA emigrierten und wir so der Vernichtung entgingen. Wir hängen aber an unserem Vaterland und möchten hier in der jetzigen üblen Situation einiges bewegen." „Das freut uns sehr, die IHK wird sie sehr gern unterstützen, da haben sie mein Wort drauf. Wir können nachher ein wenig plaudern, wenn sie mit Herrn Wedel handelseinig geworden sind." „Sehr gerne Frau Mahnke, ich werde sie mit Sicherheit finden, dann können wir weiterplaudern." Hubert hatte diesem Gespräch bewundernd zugehört. Sehr damenhaft rauschte Hilde Mahnke zu einem der Stehtische und ließ sich dort einen Sekt bringen. „Kommen wir zurück auf ihr Angebot. Ja, ich würde gern von ihrer Firma ein Statikgutachten haben wollen. Hier ist meine Karte, bitte nehmen sie Verbindung mit meinem Büro in Hannover auf." Er gab Hubert seine Karte und erhielt dessen. Das Ehepaar erhob sich und ging Richtung Hilde Mahnke. „Junge, Junge, da hat Frau Mahnke aber zum rechten Zeitpunkt eingegriffen", sagte Ulla leise zu Hubert. „Ja, dafür werde ich mich demnächst bei ihr bedanken. Aber so haben wir einen lukrativen Auftrag bekommen!" „Ich bewundere deine Ruhe und Gelassenheit bei solchen Gesprächen, ich kann sowas nicht." „Na ja, was willst du machen, es geht um unser Geschäft, da muss man mal was herunterschlucken, obwohl es schwerfällt."

Nach dem Essen trat ein Zauberer auf, der alle mit kleinen Kunststücken, die nicht nachvollziehbar waren, verblüffte und unterhielt.
Familie Wedel hatte das an einem Stehtisch mitverfolgt, als nach dem Ende der Vorführung der Prokurist der Firma Büssing zu ihnen trat und Ulla fragte, ob er ihren Ehemann zu einem Gespräch entführen könnte.
Lächelnd stimmte die zu und die beiden gingen auf die Terrasse.
„Herr Wedel, ich habe zwei Sachen. Fangen wir mit der einfachsten an. Unser Küchenchef sprach mich an. Er habe gehört, dass Sie regelmäßig Obst, Sauerkraut und Kohl aus dem alten Land holten. Dazu Kartoffeln und Fisch zum Verkauf hätten. Er bat mich, zu fragen, ob sie uns bedenken könnten."
„Das sollte das kleinste Problem sein. Ich gebe ihnen die Karte meines Geschäftsführers, mit dem kann er sich dazu in Verbindung setzen."
„Danke, jetzt das Wichtigste. Unsere Produktion läuft wieder sehr hoffnungsvoll an, so langsam kommen wir an unsere Kapazitätsgrenzen. Unsere ehemaligen Außenbetriebe haben wir leider nicht mehr, müssen hier den Schwerpunkt setzen. Zwei größere Werkhallen müssten wiederaufgebaut werden und mittelfristig werden wir eine weitere errichten lassen müssen, um weiter gut arbeiten zu können. Haben sie die Kapazitäten, uns dabei zu helfen?" „Ich denke schon, aber das hängt davon ab, wie der Winter verläuft, denn bei Frost und Schnee lässt sich kaum etwas bauen."
„Das ist mir klar." „Wichtig wäre für uns zu klären, um was es dabei genau geht. Was halten Sie davon, wenn

sich unsere Ingenieure das anschauen und ihnen sagen, wie groß der Aufwand ist und wie man so etwas macht?" „Das können wir sehr gerne machen, so bekommen wir eine vernünftige Grundlage für unsere Gespräche im Vorstand." „Wir können das gerne so machen, ab Montag werden sich unsere Leute bei Ihnen melden." „Hier ist meine Karte, mein Büro ist eingewiesen." „Nur zu ihrer Information, wir können in allen Bereichen helfen, auch in der Einreichung der Bauunterlagen beim Bauamt."

„Gut zu wissen, für so etwas haben wir keine Spezialisten. Abschließend habe ich eine Sache, die für sie interessant sein könnte. Wir haben zwei Lkw auf dem Hof stehen, die für eine ehemalige Spedition gebaut wurden. Nun ist sie leider pleite gegangen. Einen Teil des uns zustehenden Geldes haben wir erhalten, aber leider die Laster behalten. Ich würde sie Ihnen zu einem sehr, sehr günstigen Preis anbieten!"

„Darüber können wir selbstverständlich reden. Ich werde meine Leute befragen und ihnen am Montag Bescheid geben. Allerdings hätten wir die gerne in den Farben und mit der Beschriftung unserer Firma."

„Das können wir machen, ich freue mich auf den Anruf." Über einige andere Dinge sprachen sie, unter anderem über den Hotelinvestor.

„Gut, dass sie mich fragen. Die Familie des Mannes ist mit der unseres Gründers verwandt. Anfang der 30er Jahre gingen die rechtzeitig in die USA, hatten den größten Teil ihres Vermögens bereits dort deponiert. Da drüben waren sie sehr erfolgreich geschäftlich unterwegs und wollen jetzt hier wieder investieren. Das ist zwar mutig, aber die Zeichen für eine mögliche wirtschaftliche Erholung sind ja da. Zwar versteckt, aber es gibt sie. Grundsätzlich sind wir der Meinung, es lohne sich jetzt zu investieren, damit man gut am Start ist, wenn das Blatt sich irgendwann endgültig dreht. Die Familie hat einen sehr guten Leumund und tatsächlich das Geld so etwas zu machen." Beide hatten sich bei einem der Kellner einen Cognac bestellt und prosteten

einander zu. „Ich bedanke mich für Ihre Informationen!"
sagte Hubert, beide tranken sich zu.

Als sie zurück in den großen Raum kamen, sah Hubert,
wie sich Ulla mit einem jüngeren Mann eifrig unterhielt,
dabei wollte er sie nicht stören. Als er sich am Buffet
einen kleinen Snack holte, stand plötzlich Hilde Manke
neben ihm. „Den Auftrag hast du sicher, das habe ich
dem klargemacht." „Ganz großen Dank dafür, so etwas
ist nicht unbedingt selbstverständlich." „Keine Ursache.
Mein Lieber, du hast mir einen großen Gefallen getan,
den ich dir nicht vergessen werde. Im Übrigen habe ich
zwei halb zerstörte Häuser gekauft. Bisher nicht offiziell,
dafür benötige ich die Hilfe von Becker und von dir, zum
Kaufen und zum Wiederaufbau." „Nichts einfacher als
das. Er wird sich Montag bei dir melden und den Rest
bekommen wir wie üblich hin." „Ich sage dir jetzt etwas
im Vertrauen: Deine Tante wird sich demnächst mit dir
ganz allein unterhalten wollen." „Geht es dabei um
geschäftliche Dinge?" „Nein, um private Sachen. Sie
sucht einen männlichen Vertrauten, bei dem sie etwas
loswerden möchte." „Aber doch wohl nicht in einer
etwas delikaten Sache?" „Die Sache ist zwar delikat,
aber nicht so, wie du es gerade vermutest. Sie mag ihren
Neffen sehr, sehr gerne, aber als Tante und Schwester
deiner Mutter wird sie da überhaupt nichts
unternehmen. Wäre das verwandtschaftlich nicht so,
würde ich dir Recht geben." „Gut so, so können wir das
abhaken."
„Stimmt, aber sie hält von dir eine ganze Menge und
möchte mit dir sprechen." „In Ordnung, wenn du mit ihr
sprichst, ich bin bereit dazu."
„Darüber wird sie sich freuen. Deine Frau hat ja einen
interessanten Gesprächspartner, den neuen
stellvertretenden Schulrat!" „Prima, da ist sie ja voll in
ihrem beruflichen Element, da will ich nicht stören." Sie
nahm ein Glas Sekt von einem herumgehenden Kellner.
„Was immer passiert, mein lieber Hubert, ich stehe
immer hinter dir!" „Danke liebe Hilde, das weiß ich sehr

zu schätzen und werde das weder ausnutzen noch vergessen!" Lächelnd prosteten sie einander zu, schnell wurde sie in ein anderes Gespräch verwickelt.

Hubert gönnte sich einen weiteren Snack und wurde dabei von zwei Damen angesprochen. „Entschuldigen Sie bitte Herr Wedel, wir möchten uns gerne mit Ihnen über Pferde und Reitsport unterhalten." Hubert verneigte sich angedeutet. „Sehr gern, die Damen, das wäre etwas angenehmes als nur Gespräche über das Geschäft." Die eine war mittelgroß und etwas kompakt, die andere größer und schlank. Beide sehr gut gekleidet und gepflegt. Erkennbar trugen beide guten goldenen Schmuck, aber nicht aufdringlich, sondern sehr dezent. Die Kleinere hatte bisher gesprochen, die Größere lächelnd zugehört. „Ich denke wir stellen uns vor", begann die Kleinere wieder. „Mein Name ist Irmgart von Reiden und das ist meine Cousine Martha von Ingelheim. Wir beide sind über die mütterliche Seite verwandt mit den Büssings. Nach meiner Heirat zog ich zu meinem Ehemann auf dessen Gut bei Verden und meine Cousine kam im Januar 45 zu uns aus Schlesien und blieb. Ein halbes Jahr vorher hatten wir bereits ihre Pferde per Eisenbahn bei uns untergebracht." „Sehr angenehm meine Damen. Sie züchten?"
„Ja, wir beide. Vorher getrennt, jetzt gemeinsam, wir bewirtschaften gemeinsam das Gut. Mein Mann verstarb vor einigen Jahren und der Ehemann meiner Cousine fiel vor Stalingrad. Herr Wedel, Sie sind bekannt als sehr guter und erfolgreicher Reiter und Pferdekenner. Wir möchten sie zu uns einladen, damit sie sich unsere Pferde ansehen, wir haben nämlich zu viele und werden uns von einigen trennen müssen. Dafür brauchen wir den Rat eines Fachmannes." „Ihre Bitte ehrt mich. Meine Damen, ich bedanke mich für Ihr Vertrauen und komme sehr gern. Darauf sollten wir etwas trinken." Er hielt einen Kellner mit einem Tablett voller Sektgläser an und die drei nahmen sich jeder eines.

„Auf ihr Wohl und den Erfolg ihrer Zucht!" sagte er und hob sein Glas. Die Damen bedankten sich und tranken mit ihm. Natürlich wollte Hubert ein wenig mehr über die Zucht wissen und so entwickelte sich ein intensives Gespräch.

Langsam verließen die Gäste das Haus und die drei beendeten das Gespräch. Sie würden sich bei ihm telefonisch melden, den November hatten sie in ihre Planung aufgenommen. Ulla beendete ihr Gespräch und kam zu Hubert. Gemeinsam bedankten sie sich beim Gastgeber und fuhren nach Hause. Auf dem Weg dorthin erzählte sie von dem Gespräch mit dem neuen stellvertretenden Schulrat und er von dem Gespräch mit den Damen. Ihre Begeisterung für die Ideen des neuen Mannes in der Schulbehörde brachte sie umfassend zum Ausdruck. Interessiert hörte Hubert zu, stellte einige Fragen, so viel konnte er mit den Themen nicht anfangen, aber das wollte er ihr nicht sagen. Ein wenig wunderte er sich aber doch über die Begeisterung, die Ulla an den Tag legte, dabei beließ er es.

Diese Begeisterung hatte einen einfachen, aber wirkungsvollen Grund. Der Mann war äußerst charmant, sah gut aus und besaß exzellente Manieren. Und das alles, zusammen mit neuen in die Zukunft weisenden Erziehungs- und Lerntheorien hatte in Ulla eine Begeisterung geweckt, die fast ins Schwärmerische ging. Irgendetwas hatte tief in ihr geklingelt. Daheim brachte Hubert Frau Schmidt nach Hause und gab ihr den vereinbarten Geldbetrag. Anschließend setzte er sich an den Schreibtisch und notierte alles, was er heute an wahrscheinlichen Aufträgen erfahren hatte. Ulla stillte und fütterte die Kleine, war aber nicht so ganz bei der Sache, öfters gingen ihre Gedanken wieder zurück zu dem Mann, mit dem sie gesprochen hatte. Irgendwie merkte das die Kleine und reagierte sehr ungnädig und lauthals. Als sie die endlich beruhigt hatte, war Hubert bereits im Bett und schlief fest. So müde sie war, ihre Gedanken kreisten, bis sie endlich in den Schlaf fiel.

Der Sonntag verlief sehr ruhig, Hubert und Junior waren mit den Pferden unterwegs, Ulla arbeitete Sachen für die Schule auf. Es gab ein gutes Essen und später sogar Kuchen. Mit der Kleinen unternahmen sie einen Spaziergang ins Neubaugebiet, um zu schauen, was dort geschah.
Fünf Baugruben waren ausgehoben und drei davon bereits betoniert. Bei den Baugruben ihrer Reihenhäuser lagen die Materialien für die Kellerdecken. Das sollte in der nächsten Woche geschehen. Auf dem Weg zurück überlegten sie gemeinsam, wer von ihren Leuten dort einziehen könnte. Erst war Baumann mit seiner Familie dran, beide dachten an Weber und seine Familie, schließlich Graf und Regina, die demnächst heiraten wollten. Das würde Hubert an Becker morgen so weitergeben.
Abends kamen Jochen Bode und seine Frau Ursel auf ein Stündchen, sie stand kurz vor der Geburt, war heiter und freute sich auf das Kind. Aus dem Gespräch mit den beiden hörte Hubert heraus, dass Jochen gut dabei war, sich eine sichere Existenz aufzubauen. Das freute ihn besonders, vor einem Jahr hätte kaum jemand darauf einen Pfifferling gesetzt.

Die Stabsbesprechung am Montag nutzte er dazu, seine Erkenntnisse vom Samstag wiederzugeben. Dolle und Mielke notierten eifrig mit, Krummrich und Gert wollten sich die entsprechenden Laster bei Büssing ansehen und eine Empfehlung abgeben. Fritz war dieses Mal nicht dabei, er steckte mit seiner Mannschaft voll in der Rübenkampagne. Von Paul hatte er erfahren, dass sie bereits am morgigen Tag verladen würden und in den Südharz mit den Rückepferden gehen. Es gab genug Holz aus dem Wald zu holen, bevor die eigentliche Fällung begann.

Lindner berichtete vom Einsatz, den Schwarz gerade in der Stadt durchführte. Der war erweitert worden, so dass die Aufgaben sich dort bis Ende Oktober hinziehen würden. Hubert beschloss spontan, die Mannschaft morgen zu besuchen, um sich ein Bild von deren Tätigkeit zu machen. Becker erhielt die Informationen über die mögliche Vermietung der ersten Reihenhäuser und über die Kaufabsicht von Hilde Mahnke. Weiter ging es um die Beschaffung von Baumaterial. Ganz zum Schluss berichtete Hubert über die anstehende Hubertusjagd am übernächsten Wochenende. An diesem Freitag war der Beginn des Lehrgangs für die Jägerprüfung geplant.

Diese Termine waren für alle wichtig. Nur für Hubert war es sehr wichtig, dass Ulla ab morgen bis Donnerstag in Braunschweig war, zu der geplanten Weiterbildung der Schulleiter. Es war so abgesprochen mit Frau Schmidt, dass die Dienstag- und Mittwochnacht bei ihnen im Gästezimmer übernachten würde, um auf die Kleine aufzupassen. Ulla würde in ihrer Wohnung in Braunschweig übernachten, denn das jeweilige abendliche Ende der Schulungen war nicht absehbar. Birte würde sie zumindest am Dienstag und Mittwoch begleiten. Tagsüber würde Susanne für die Kleine da sein. Das gestaltete sich etwas einfacher, da Ulla in Absprache mit Christina seit dem Wochenende abgestillt hatte und die Kleine auf Milumil angewiesen war.

Als er nach der Sitzung mit Fischer zurück ins Büro ging, sagte der: „Ich muss dir was sagen. Du bist der ideale Chef für dieses Unternehmen. Du weißt immer, was passiert, erfährst alles und kannst so schnell eingreifen. Du lässt deine Fachleute eigenverantwortlich arbeiten, was sie dir mit Fleiß und Loyalität zurückzahlen. Und du nutzt deine Hobbys und Beziehungen exzellent, um uns Aufträge zu beschaffen. Das finde ich richtig gut. Kein Mensch kommt auf die Idee, dir übel nachzusehen, wenn du nicht da bist. Alle akzeptieren das, weil sie genau wissen, du kommst mit vollen Händen zurück."

Hubert lächelte. „Wenn du das so siehst, machen wir das ja richtig, danke für deine netten Worte, sie gehen runter wie Öl. In den nächsten Tagen bin ich möglicherweise unterwegs, um einen kapitalen Hirsch zu schießen, aber außer einem tollen Geweih bringe ich da leider dann nichts mit." „Quatsch, der Hirsch steht doch in engem Verhältnis zu den Holztransporten, die wir bezahlt bekommen. Ich werde jetzt mit der Kantine von Büssing reden, was man da machen kann."

Derart gelobt, fiel Hubert die Erledigung der vorliegenden Vorgänge nicht mehr so lästig, die erledigte er heute mit Schwung und Akribie. Einiges gab es anschließend zu besprechen, aber sonst war alles ruhig, so kam er pünktlich nach Hause, konnte sogar zwei seiner Pferde bewegen. Nach dem Essen begann Ulla ihre Sachen zu packen. Eine große Aktentasche war mit schulischen Sachen gefüllt und ein kleiner Koffer mit Kleidung. Sie selber würde den Opel nehmen und Birte, die am Mittwoch in der Schule gebraucht wurde, hatte sich einen der neuen Käfer organisiert, um am Dienstagabend wieder zurückzufahren.

Hubert sortierte gerade seinen Schreibtisch, als das Telefon klingelte. Grete Majewski war dran.

„Übermorgen ist Vollmond, das sollten wir nutzen. Der Hirsch, um den es geht, ist standfest, da ist ein guter Hochsitz, von dem man einen guten Blick hat." „Also soll es losgehen, wie schön. Wann soll ich da sein?" „Ich denke so gegen 10:00 Uhr, dann kann man ein zweites Frühstück nehmen und wir hätten die Chance einige der Wildschweine, die uns viel Ärger machen, vorher zu erlegen." „Da bin ich dabei, bin pünktlich da. Danke für die Einladung." Es war das allererste Mal, dass er auf einen kapitalen Hirsch ansitzen durfte, es freute ihn sehr. Ulla hatte halb mitgehört. „Ist es so weit mit dem Hirsch?"

„Ja, es ist Vollmond, damit gute Sicht, ich bin ganz gespannt drauf." „Da hast du Glück. Willst du danach nach Hause fahren?"

„Kommt drauf an, wie es mit der Jagd geht. Falls es bis in die Nacht hinein geht, kann ich in einem der Räume des Gesindehauses schlafen, wo Paul und die anderen untergebracht sind." „Nimm dir genügend Zeit mit. Das Aufbrechen des Hirsches wird bestimmt nicht ohne sein."

„Mache ich, dass kann eine richtige Sauerei werden." Aber soweit war es bisher nicht. Am Dienstag fuhr er zu Schwarz und schaute sich an, was der machte. Der war dabei, eine größere Fläche zu planieren, um ein Planum für die Aufstellung der Baracken zu haben. Dort wo das geschafft war, fuhren Kipper Kies heran, auf dem die Behelfshäuser aufgestellt werden sollten. Neben seinen Maschinisten waren große Teile von Rübkes Mannschaft und fünf Männer aus dem Flüchtlingslager an der Arbeit, bereiteten die erste Aufstellung der Behelfsunterkünfte vor. Schwarz erläuterte ihm mit Hilfe einer großen Zeichnung, was hier geplant war. Die Holzbauten wurden im Zuge einer behelfsmäßigen Straße nacheinander aufgebaut. Je Haus sollten dort zwei Familien untergebracht werden. „Haben die Strom- und Wasseranschluss, wie soll das mit den Toiletten gehen?" fragte Hubert.

„Strom für jedes Haus ja, das ist bereits vorher verlegt worden, aber kein Wasser oder Toilette. Das gibt es nur in Extrahütten." „Für wie viele Häuschen soll das sein?" „Jeweils für drei Häuser, also sechs Familien." „Und wie sieht es mit der Heizung aus?" „Jede Familie hat einen kleinen Kanonenofen." „Das kann aber ganz schön kalt werden." „Man hat mir erklärt, das wäre besser, als in kaputten Gartenhäusern oder feuchten Bunkern zu wohnen. Das stimmt, aber toll ist das nicht."

„Nicht wirklich, aber ich denke mir, die Wohnungen hier sind so groß, da hilft das ein wenig." „Ja, wenn man bedenkt, wie viele Menschen bisher in den Trümmern ihrer zerbombten Häuser gelebt haben, da gab es so etwas gar nicht." „Wie bekommen unsere Klempner das hin?"

„Bis jetzt gut, ich helfe mit Maschinen und Jurka hat einen Bagger im Einsatz. Wenn das fertig ist, kommt der Bereich mit den Wellblechhütten dran, den sogenannten Nissenhütten." „Wie viele Häuser schafft ihr am Tag?" „Wenn die Versorgung mit den entsprechenden Holzteilen klappt, vier. Aber jetzt hatte die Stadt bereits ein Problem mit dem Transport. Ich hatte denen gesagt, sie sollen von uns Autos mieten, um das Zeug heran zu bringen. Das haben sie heute Morgen getan und Krummrich hat wohl die letzten Kipper in Cremlingen mit Anhängern flott gemacht und fährt jetzt mit denen. Den ersten habe ich gesehen, bevor du kamst."
„Dann sind wir wohl hier für alles zuständig!" „Das kann man so sagen, der Kies kommt ebenfalls von uns." „Das werde ich nachher Fischer sagen, nicht, dass bei der Abrechnung etwas übersehen wird." „Der Fahrer von Krummrich hat mir gesagt, dass Gert sein Sonderkfz zur Verfügung gestellt hat. Das ist goldwert, damit haben wir einen zusätzlichen Kran." „Wie sind deine Leute eingesetzt?"
„In zwei Gruppen zu je sieben Mann. Jede ist immer für den Aufbau eines Hauses zuständig. Am Anfang dauerte das länger, aber von Haus zu Haus klappt das immer besser." „Na gut, ich schaue mir das an, haltet mich bitte auf dem Laufenden."
Gerade hatte er ein paar Worte mit Rübke gewechselt, als der Stadtbaurat auf das Gelände kam. Beide begrüßten sich freundlich.
„Das ist ein gewaltiges Programm, was ihr aufgelegt habt!" sagte Hubert und deutete über die geplante Anlage. „Das ist es, aber das kann nur der Anfang sein, um die Menschen vernünftig unterzubringen. Du kannst dir nicht vorstellen, wie viele Menschen in Löchern ohne Heizung hausen. Wenn wir diese geplanten Hütten alle voll belegen, es ist nur ein Tropfen auf den heißen Stein." „Ich habe das jetzt schon oft gehört, wie viele Menschen in kleine Wohnungen gestopft werden. Das

wird nicht gutgehen auf lange Sicht." „Das wissen wir, klar! Aber wir haben einfach zu viel zerstörten Wohnraum und von dem zu wenig. Durch die Flüchtlinge ist die Situation schlimmer geworden, wobei wir manches gar nicht erfassen können." „Da ist ja gut, dass diese Baracken gebaut wurden."

„Die Briten merken gerade, was sie mit der Versorgung der Menschen jetzt für einen Klotz am Bein haben, denn ihnen selber geht's auf der Insel nicht gut." „Das merke ich ständig. Mir ist völlig schleierhaft, wie man die ganzen Leute im Winter mit Brennstoffen versorgt. Ein Ofen hilft dir nur, wenn da was drin brennen kann." „Du meinst, das fällt den Briten jetzt erst auf?" „Vielleicht schon ein paar Tage früher, aber das ist ja egal. Ich befürchte, im Winter wird das alles zu erheblichen Problemen kommen. Denk an meine Worte, wenn täglich Leute bei dir auf dem Land anklopfen und was Essbares haben wollen."

„Das geht schon los. Kaum waren die Rüben draußen und abgefahren, als schon die ersten die abgeernteten Felder untersuchten, um vielleicht etwas Essbares dort zu ergattern, hat mir mein Bruder gesagt." „Und das ist erst der Anfang, das wird schlimmer." „Das sind keine guten Aussichten, aber ändern können wir daran nicht viel. Wir geben gerne, aber wir wollen ebenso überleben." „So geht uns das ähnlich, das wird erst besser, wenn wir eine neue politische Ordnung haben und die Währungsreform gelaufen ist. Dann erst ist der Spuk mit dem Schwarzmarkt vorbei!"

Eine Zeit lang plauderten sie, aber der Baurat musste sich um die Arbeit vor Ort kümmern und Hubert fuhr nach Hause, hielt bei seinen Eltern an. Junior war da, bis Donnerstag würde er bei den Großeltern bleiben. Nach den Hausaufgaben würde er mit Onkel Fritz nach Brunsrode fahren, um zu schauen, ob dort die letzten Rüben aus dem Boden heraus und verladen worden waren. Mit Fritz und seinem Vater besprach er die Problematik des Hamsterns auf dem Land. „Ich lasse bei der Kartoffelernte immer welche im Boden, die wurden im letzten Jahr ganz schnell herausgeholt, so mache ich es jetzt wieder", sagte Heinrich. „Trotzdem hat Hubert Recht, dass wir uns da etwas überlegen müssen, wenn das im Herbst wieder vermehrt losgeht," ergänzte Fritz, „ich habe keine Ahnung von den Preisen und Werten auf dem Schwarzmarkt. Und wenn ich etwas eintausche, will ich nicht betrogen werden." „Du hast völlig Recht, das geht uns alle an. Ich habe eine Idee. Wir setzten uns zusammen und holen dazu Hubertus Müller, Doris und Frau Goldap. Wenn es um Wertsachen geht, hat sie die meiste Ahnung. Die sollen uns erklären, wie alles funktioniert und wie die Preise sind." Die beiden anderen nickten zustimmend, Hubert würde das in Angriff nehmen.

Trotz des leichten Nieselregens bewegte Hubert drei Pferde und machte sich dann daran, seine Sachen für den morgigen Jagdausflug zusammenzusuchen. In eine große Reisetasche packte er Wechselwäsche und einen gefüllten Kulturbeutel. Die gesamte jagdliche Ausrüstung überprüfte er, hatte alles dabei, dazu genügend Reservemunition. Als das geschafft war, setzte er sich zu Frau Schmidt ins Wohnzimmer. Die saß dort im Sessel und strickte. Gut versorgt war Hannelore von ihr, Hubert hatte in ihr Bettchen geschaut, sie schlief tief und fest. Auf das Angebot, mit ihm ein Glas Rotwein zu trinken, ging Frau Schmidt gern ein. Gemütlich saßen sie dort, tranken den Wein und plauderten, bis er ins Bett ging. Sie schlief oben im Gästezimmer, war so der Kleinen sehr nah.

Währenddessen saßen die Schulleiter mit dem Schulrat und dessen Vertreter gemeinsam in gemütlicher Runde zusammen und redeten über die neuen Richtlinien für den Unterricht. Der junge Stellvertreter hatte sich neben Ulla gesetzt und genoss, wie alle anderen, den Eintopf, der gereicht wurde. Den ganzen Tag hatte er sich unauffällig um sie bemüht. Das war niemanden aufgefallen außer Ulla, die das wohlwollend genossen

hatte. Schließlich war sie unter den vielen männlichen Schulleitern eine der wenigen Frauen. In dieser abendlichen Runde brachte er ihr unaufgefordert eine Tasse frischen Tees. Als er ihre Hand dabei länger als nötig hielt, nahm sie das interessiert hin. Als sich die Runde später auflöste, begleitete er sie zur Tür und fragte sie dort: „Verehrte Frau Wedel, darf ich sie morgen Abend auf ein Glas Wein im Hotel nebenan einladen?" „Mein lieber Herr Hupp, ja, das dürfen sie. Nach der Veranstaltung hier?" „Ja, anschließend, es sind ja nur ein paar Schritte." „Danke, das können wir gerne machen."
Sie fuhr in ihre Wohnung und gönnte sich einen Cognac. Es war schon ein schönes Gefühl von solch einem gutaussehenden Mann hofiert zu werden, das tat ihr sehr gut. Lächelnd schlief sie ein. Am nächsten Morgen nahm sie sich extra Zeit bei der Auswahl ihrer Kleidung, legte Lippenstift auf, fuhr zur Weiterbildung.

Fast zur gleichen Zeit saß Hubert in seinem Lieferwagen und fuhr Richtung Harz. Im Büro hatte er seine Mappe erledigt und sich bei Gertrud und Fischer abgemeldet. Pünktlich erreichte er das Gut, wurde dort zu einem zweiten Frühstück in der großen Küche gebeten. Dabei erklärte ihm Grete Majewski, was sie vorhatte. „Ich möchte heute zwei Sachen jagdlich erledigen. Als erstes möchte ich eine Rotte Wildschweine, die im Westen des Gutes ganz ungeniert tagsüber die Felder verwüstet, dezimieren. Da müssen wir ein paar Sauen und wenn es geht, einen Keiler herausschießen. Das können wir ab Mittag machen. Der Förster und mein Verwalter sind dabei." „Gut, das können wir machen."
„Anschließend essen wir hier und fahren dann in unseren Forst am Harz. Dort steht ein Zwölfender, den ich die letzten Tage beobachtet habe. Das ist ein reiner Einzelgänger, hat dieses Jahr bei der Brunft alle seine Kämpfe verloren. Wir haben genügend andere kapitale Hirsche, der ist über und wird sich nicht vererben. Aber er ist ein echter Kapitaler." „Da freue ich mich drauf.

Können wir bei unseren Rückepferden vorbeifahren?"
„Das liegt auf dem Weg, da halten wir an und du kannst
dir das anschauen. Ich sage jetzt einfach „du", weil das
so üblich ist bei der Jagd." „Grete, da habe ich gar keine
Probleme mit, finde ich sogar sehr gut."
Nach dem Frühstück fragte Hubert: „Wo soll ich meine
Sachen hinbringen?" „Also, ich dachte mir, es ist
angenehmer für dich, in einem der Gästezimmer zu
übernachten, die sind wesentlich komfortabler." „Ach,
von der Armee her bin ich Einfaches gewöhnt, das wäre
kein Problem."
„Quatsch, die Zimmer sind leer, außerdem ist eines
schon vorbereitet. Fahr mit dem Auto vor den
Haupteingang, ich hole dich dort ab."
Sie stand in der Tür, als er mit seinen Sachen die
wenigen Stufen hinauf ging und von ihr das
Gästezimmer gezeigt bekam. Ein großes Bett war darin,
ein paar alte Schränke und Stühle standen im Raum.
Hubert stellte seine Reisetasche ab. „Die Toilette ist
gleich gegenüber und daneben ist das Bad. Wir haben
dort sogar eine Dusche. Diesen Luxus, mit warmem
Wasser, hat man vor ein paar Jahren erst eingebaut!
Nach einer Jagd kann man so etwas immer brauchen."
„Jetzt können wir los!" „Klar, der Rest ist im Auto."
Sie war bereits entsprechend gekleidet, trug Stiefel und
eine Lederhose, darüber eine dicke Jacke. Mit ihrem
Gewehr und einem Rucksack, in dem ihre anderen
Utensilien waren, stieg sie zu Hubert ins Auto und
dirigierte ihn zum Treffpunkt mit dem Förster und
ihrem Verwalter. Wie der Förster war der schon älter.
Beide saßen auf einen Holzstapel und rauchten Pfeife.
Ihre Gewehre standen neben ihnen. Sie wurden
freundlich begrüßt und der Förster wies beide ein. „In
ca. 400 Metern ist der Waldrand, dahinter beginnt ein
Kartoffelfeld. Das scheint seit einiger Zeit der
Lieblingsfressplatz der Rotte zu sein. Bisher waren sie
täglich dort in der Mittagszeit. Sie fühlen sich hier völlig
ungestört, weil weit und breit kein Mensch wohnt.
Üblicherweise ziehen sie bis in die Mitte des Feldes und

beginnen dort zu wühlen und zu fressen. Wir verteilen uns am Waldrand, dort sind vier Stände provisorisch hergerichtet und mit einem dicken roten Faden gekennzeichnet. Wenn die anfangen zu wühlen, schießen wir auf mein Kommando, ich blase auf einem Grashalm. Der erste schießt von links in die Rotte, der vierte von rechts, die anderen beiden in die Mitte. Zuerst die Sauen und Keiler, danach die Überläufer."

„Was machen wir danach?" fragte Grete. „Wenn wir geschossen haben, gehen wir raus, schauen uns das Ergebnis an. Achtung, die können schwer verletzt noch gefährlich werden." Er teilte ein, Hubert stand an zwei, Grete an drei und der Verwalter an vier, so bezogen sie ihre Stellungen. In einem dicken Gebüsch war ein stabiler Querbalken um zwei Bäume befestigt, der diente als Auflage. Daneben war ein kleines Brett angebracht, dort konnte man weitere Munition stapeln. Nachdem er sein Zielfernrohr angebaut und die Waffe fertiggeladen und gesichert hatte, legte er sie griffbereit ab und holte sein Fernglas heraus. Aufmerksam beobachtete er den Waldrand gegenüber, nichts tat sich dort. Nachdem er den Wind geprüft hatte, der kam von vorne, zündet er sich eine Zigarette an und wartete. Es wurde Zwölf, der Zeiger kroch weiter, halb eins. Alles war ruhig. Bevor der Zeiger auf Eins sprang, meinte Hubert am anderen Waldbrand eine Bewegung gesehen zu haben. Eine große Bache stand am Waldrand und witterte auf das Kartoffelfeld vor ihr. Lange und ausgiebig tat sie das, endlich trat sie heraus. Ihr folgten sechs weitere Bachen und zum Schluss ein großer Keiler, später einige Überläufer.

Zielstrebig gingen sie in die Mitte des Feldes, dort, wo sie wohl gestern bereits gegraben hatten. Dort verteilten sie sich, das große Graben und Fressen begann. Durch sein Zielfernrohr visierte Hubert die Kette der Schweine an, blieb bei der dritten und vierten Bache stehen und entsicherte sein Gewehr. Sicher hatte er die Bache im Visier, die andere war knapp daneben. Als der Förster auf dem Grashalm zirpte, fielen fast gleichzeitig vier

Schüsse, vier weitere unmittelbar danach. Fieberhaft lud er nach und erwischte einen verwirrten Überläufer und eine Bache, die stark hinkte. Ähnlich fiel eine weitere Bache, die ebenfalls kaum laufen konnte. Plötzlich war Ruhe, der Rest der Schweine war verschwunden, der Förster rief: „Sammeln bei mir." Alle trafen sich bei ihm und jeder sagte etwas, um die Spannung abzubauen. „Ich denke, wir waren sehr erfolgreich, aber wir gehen das jetzt vernünftig an, es kann immer etwas ganz Unverhofftes geschehen." Er und Hubert holten ihre Revolver heraus, hielten sie schussbereit. Die beiden anderen hielten ihre nachgeladenen Gewehre im Hüftanschlag, als sie sich vorsichtig der Feldmitte näherten. Dabei gingen sie in einer breiten Kette vor, so, wie sie geschossen hatten. Während Hubert die vor ihm liegenden Tiere beobachtete, bemerkte er eine schnelle Bewegung, etwas mehr rechts und prompt krachte ein Schuss. Grete rief: „Der Keiler wollte sich aufrappeln jetzt liegt er endgültig." Rechts außen und links knallte es kurz hintereinander. In seinem Bereich lagen drei Sauen bewegungslos, aber der Überläufer kurz dahinter richtete sich plötzlich auf und versuchte aufzustehen, er gab ihm den Gnadenschuss, jetzt lag er zwischen den Kartoffeln. Nun war es ruhig, alle sicherten ihre Waffen, steckten sie ein oder nahmen sie auf den Rücken. Hinter ihnen kamen zwei Pferdefuhrwerke aus dem Wald und fuhren vorsichtig im Verlauf der freien Rinnen zwischen den Kartoffelreihen zu ihnen vor. Auf einem saßen zwei Forstgehilfen, auf dem anderen ein Fahrer, der zum Gut gehörte. Der Verwalter dirigierte sie kurz hinter die gefallenen Tiere. Von dem Wagen wurden drei große Wannen abgeladen, darin kamen die Innereien der Schweine nach dem Aufbrechen. Jetzt begann diese schwere Arbeit. Beide Forstgehilfen unterstützten Hubert und Grete, so ging das recht flott von der Hand. Kurz nach 14:00 Uhr waren sie fertig. Sieben Sauen, ein Keiler und drei Überläufer lagen auf dem Wagen, die Wannen mit den Innereien waren verladen. Mit Wasser

aus einem großen Kanister hatten sich alle die Hände gereinigt und die Messer gesäubert. Grete holte aus ihrem Rucksack eine Flasche Schnaps und kleine Schnapsbecher. Als jeder einen in der Hand hielt, bedankte sie sich bei allen für die erfolgreiche Jagd und wünschte Weidmannsheil, was die anderen dankend annahmen. Während jeder berichtete, was er meinte, getroffen zu haben, gab es eine zweite Runde. Hubert hatte die beiden Bachen, die angeschossene und den Überläufer auf seinem Konto. Sie den Keiler und einen Überläufer. Den Rest teilten sich die anderen. „Da liegt jetzt eine Menge Fleisch", lachte Hubert. „Das ist für die Angehörigen des Gutes und der Försterei. Ein paar Stücke werde ich einlagern lassen", entgegnete sie fröhlich. „Wir kümmern uns um den Abtransport des Wildbrets und die weitere Behandlung. Die Kartoffeln könnt ihr jetzt anfangen zu ernten!" grinste der Förster und der Verwalter nickte: „Das geht morgen los!" „Ich wünsche euch beiden viel Erfolg bei dem Hirsch, den ihr jagen wollt."
Grete dankte dem Förster und den Helfern, beide sammelten ihre Sachen ein, gingen zum Auto und fuhren zum Gut. Hier gab es eine heiße Suppe, danach fuhren sie zum Platz, wo das Holz gesammelt wurde. Sie hatten genügend Zeit. Grete hatte ihm gesagt, der Hirsch käme in der Abenddämmerung heraus zum Äsen, das hatten ihre Beobachtungen ergeben.

An der großen Fläche, wo das Holz gesammelt wurde, trafen sie Klavas, der gerade mit einem der Holsteiner und einem Stamm dahinter aus dem Wald kam. Ca. 20 oder 30 Stämme lagen hier bereits. Sichtlich erfreut löste er den Stamm, legte dem Pferd eine Decke auf und band es neben dem anderen an einen Baum fest. Als er zu ihnen kam, erschien Pauls Lehrling ebenfalls mit einem Stamm im Schlepptau. Kurz darauf Paul. Alle drei kamen zu Huberts Auto und bekamen von Grete Majewski aus einer Thermoskanne heißen Tee eingeschenkt. Paul berichtete von ihrer bisherigen

Arbeit. „Wir haben gestern Mittag hier angefangen und ziehen zuerst die Stämme aus dem Wald, die im Frühjahr geschlagen worden sind. Bis Freitagnachmittag werden wir das geschafft haben. Am Samstag beginnen die Vorbereitungen für den neuen Einschlag. Da greifen wir am Montag zu dritt an. Alle sechs Pferde machen das bisher recht ordentlich, das eine mehr, das andere weniger. Unterbringung und Verpflegung sind sehr gut. Wenn das Wetter so bleibt, brauchen wir zwei Wochen." „Das hört sich gut an und freut mich. Mit Lässig werde ich reden, dass er am Wochenende in 14 Tagen die Gespanne abholen kann. Am Freitag lasse ich euch gegen 16:30 Uhr hier abholen. Sind die Pferde am Wochenende gut versorgt?" Grete mischte sich ein. „Das macht ein Mann von mir, der früher auf dem Gut die Pferde betreut hat, der kann das." „Sehr gut, dann ist das sichergestellt. Euch habe ich etwas mitgebracht, Moment!"

Aus seinem Auto holte er eine Stange Zigaretten, eine Flasche Rum und für jeden eine Tafel Schokolade. Eine vierte überreichte er Grete.

„Für die gute Versorgung meiner Männer und der Pferde." Lachend nahm sie die entgegen. Gemeinsam rauchten sie eine Zigarette, schließlich sagte sie: „Wir müssen los, damit wir rechtzeitig auf dem Hochsitz sind!"

Die drei wünschten ihnen viel Jagdglück, fuhren weiter. Mehrere Waldstücke und dazwischen liegende Felder durchquerten sie, es wurde hügelig. An einem Holzladeplatz hielten sie schließlich. „Da drüben ist eine Hütte, da machen die Waldarbeiter im Winter Pause, um sich zu wärmen. Wir müssen ein Stück gehen, um den Hochstand zu erreichen." Mit all ihrer Ausrüstung taten sie das und erreichten schließlich eine große Lichtung, die nur mit Gras und kleinen Büschen bedeckt war. Der Hochsitz war etwas im Waldrand und gut getarnt. In aller Ruhe rauchten sie eine Zigarette, nachdem sie vorher den Wind geprüft hatten. „Bevor wir hinaufgehen, verschwinde ich kurz in den Büschen, wer weiß, wie lange das dauert", sagte sie grinsend und verschwand hinter einem großen Busch. Hubert machte das Gleiche hinter einem Baum, da kam sie schon wieder. Mit allem, was sie benötigten, kletterten sie hinauf, machten es sich dort bequem. Die Waffen waren schussbereit, lagen entsichert auf der Brüstung, beider Ferngläser standen daneben. Nun begann das stumme Warten.

Nach einiger Zeit tippte Grete ihn leicht an und beugte sich nahe an sein Ohr, flüsterte: „Bisher kam der Hirsch dort bei der alten Buche heraus und zog äsend über die Lichtung." Er sah die alte Buche an und nickte.

Langsam verging die Zeit. Ein Sprung Rehe zog äsend über die Lichtung, später lief ein Dachs am Waldrand entlang, eine Bache zog weiter hinten durch die Wiese. Es wurde langsam dunkel.

Wieder beugte sie sich zu ihm: „Wir haben Glück, es ist Vollmond, der scheint gleich auf die ganze Wiese." Hubert nickte leicht. Sie setzte sich wieder gerade hin, ließ aber ihre Hand auf seinem Oberschenkel. Durch den Stoff seiner dicken Hose spürte er ihre Wärme, vorsichtig legte er seine Hand auf ihre. Ganz leicht streichelte sie mit einem Finger seine Hand. Plötzlich durchbrach ein Knacken im gegenüberliegenden Wald die Idylle. Ganz vorsichtig nahm Hubert sein Glas und sah in die Richtung des Knackens. Am Waldrand stand der Hirsch und rieb sich an einem Baum. Er hob seinen linken Daumen zu Grete, die das gleiche mit dem rechten Daumen zeigte. Mit aller Vorsicht hob er sein Gewehr an und visierte den Hirsch durch das Zielfernrohr an. Noch stand er im Schatten, die Wiese vor ihm war durch das Mondlicht beleuchtet, da war die Sicht viel besser. Sie warteten bis der Hirsch heraustrat und im Mondlicht gut zu erkennen war. Allerdings stand er mit der Front zu ihnen, so war kein sauberer Schuss möglich. Erst als er mehrfach nach allen Seiten gewittert hatte, trat er ganz auf die freie Fläche und begann zu äsen. Dabei drehte er sich nach links und zeigte endlich sein Blatt, das war der Moment. Hubert zog langsam durch, der Schuss brach. Der Hirsch bäumte sich auf, machte zwei Fluchten und brach zusammen. Dabei brach ein zweiter Schuss, Grete hatte geschossen. Verblüfft sah Hubert sie an. Grinsend sagte sie: „Waidmannsheil, ich habe den Fuchs da links am Waldrand mitgenommen!" Hubert lachte: „Dir auch Waidmannsheil!" Gemeinsam kletterten sie herunter, stellten ihre Gewehre an die Leiter und gingen in Richtung des Hirsches, der im hohen Gras lag. Dem steckte Hubert zwei abgebrochene kleine Kiefernzweige nach alter Sitte ins Maul, es war der angesprochene Zwölfender. „Ein ganz sauberer Blattschuss, meine Gratulation!" sagte Grete anerkennend. Hubert nickte und betrachtete das gestreckte Tier ausgiebig. „Na jetzt wollen wir mal", sagte er und holte einen kleinen Spaten heraus. „Ich mache ein Loch, um die Innereien zu vergraben." „Mach das, ich gehe hinüber und hole den Fuchs."

Schnell hatte er ein Loch ausgehoben und nahm sein großes scharfes Jagdmesser, um den Hirsch aufzubrechen. Grete war zurück, legte den geschossenen Fuchs ab und half ihm dabei. Es war keine leichte Arbeit, aber schließlich hatten sie es geschafft. Schnaufend standen sie schließlich neben dem ausgeweideten Hirsch und rauchten eine Zigarette. „Ich mache den Fuchs fertig, dabei kannst du schon das Auto holen."
„Gute Idee, ich nehme unsere Gewehre gleich mit!" Kurze Zeit später kam er mit dem Wagen, fuhr den soweit es ging an die Wiese heran. Dann kam das Schwerste. Gemeinsam schleiften sie den Hirsch an seinem Geweih zum Auto und wuchtete ihn auf die Ladefläche. Mit Mühe und Not passte er hinein. Etwas erschöpft standen sie am Auto, sie holte die Schnapsflasche heraus und füllte zwei Becher. „Auf deinen Jagderfolg, nachher gibt es einen guten Rotwein!" „Ah, was für eine gute Aussicht."

Etwa zur gleichen Zeit war Ulla nach dem offiziellen Teil des Seminars mit dem stellvertretenden Schulrat in das benachbarte Hotel gegangen. Dort gab es in einer Bar die Möglichkeit Wein zu trinken. Formvollendet hatte er sich um sie bemüht, ihr aus dem Mantel geholfen. Dabei waren sie unabsichtlich zusammengestoßen und er hatte seine Hände kurz auf ihre Hüften gelegt. Unangenehm war ihr das nicht, aber er hatte sie schnell zurückgenommen und sie zu einem reservierten Tisch geführt. Dort kam es zu einem sehr netten persönlichen Gespräch. Er erzählte, dass er während der Kriegszeit in der Schweiz war, denn man hätte ihn gewarnt, er würde auf einer schwarzen Liste stehen. Nebenbei erwähnte er, dass er aus einem nicht unvermögenden Elternhaus käme und sich da bereits von Jugend an auf dem großen gesellschaftlichen Parkett bewegt hatte. All das kannte Ulla nicht, sie war schlicht und einfach sehr beeindruckt. Der zweite Wein kam, und er sprach von Bällen und Empfängen. Auf ihre Frage, ob er das alles allein machen wolle, lächelte er sie an, schaute ihr in die Augen und sagte: „Natürlich nicht, ich suche eine Frau wie sie!" Ulla zog ihre Hand zurück, die er ergriffen hatte, und brachte mühsam heraus: „Herr Hupp, ich bin verheiratet und habe zwei Kinder." „Das wäre mir egal, sie wären die Frau, die ich suche." Sie lehnte sich zurück und atmete tief durch.

„Herr Hupp, Sie haben mich durcheinandergebracht. Ich gehe jetzt, muss Ordnung in meinen Gedanken bringen, sie hören morgen von mir."

Sie erhob sich, nahm ihre Handtasche, zog ihren Mantel an und ging hinaus. Nebelig war es, als sie zum Auto ging, aber das tat ihr gut. In der Wohnung warf sie den Mantel auf einen Sessel, die Handtasche dazu und goss sich einen Cognac ein. Dazu rauchte sie mit tiefen Zügen eine der Zigaretten, von denen viele im Barfach lagen. Durch das große Fenster sah sie hinaus in den dahinziehen Nebel. Ihre Gedanken schlugen Rad. Eine Stimme im inneren kicherte:

„Was regst du dich eigentlich so auf? Wer weiß, was
geschehen wäre, wenn er das nicht mit der Ehefrau
gesagt hätte. Du warst doch schon bereit, Alles
mitzumachen heute Abend, das hast du doch gedacht
und hättest dich mühelos zu allem überzeugen lassen."
Sie schüttelte ihren Kopf und überlegte war das wirklich
so? Und immer klarer wurde ihr, das hätte sie
vermutlich getan in ihrer derzeitigen Gefühlslage. Ein
Cognac und eine weitere Zigarette folgten. Immer klarer
wurde ihr, sie hätte sich dem Mann hingegeben, in ihrer
blinden Verliebtheit. Sie ging zur Balkontür, öffnete die
und ging hinaus in die feuchte Kälte. Tief sog sie die
Luft ein. Wie konnte ihr das passieren? Ihr war
vollkommen klar, wenn er das nicht gesagt hätte, wäre
sie mit ihm in einem Bett gelandet und zwar freiwillig
und in voller Absicht. Und jetzt schaltete sich eine
andere Stimme in ihr Gehör.
„Warum hast du alles bisher so konsequent geschafft?
Wenn du dich jetzt so einfach aus der Bahn werfen
lässt? Du hast mit einem Kleinkind den Betrieb in
Ostpreußen in Schwung gehalten, hast für alle dort die
Flucht und den Treck vorbereitet und durchgeführt.
Hast die hilflose Familie in Sicherheit gebracht. Später
hast du dich in einen pfiffigen Mann verliebt, der dich
und den Jungen ohne irgendwelche Probleme
aufgenommen hat. Du bist Schulleiterin und darin völlig
anerkannt, bist in einer großen, tollen Familie, in der
man auf dein Wort hört. Dein Mann sorgt für dich, was
du haben möchtest, bekommst du, jetzt eine gesunde
Tochter, bist gesellschaftlich auf hoher Ebene und hast
tolle Freunde. Und das alles willst du wegschmeißen für
einen der dir schöne Augen macht?" Sie trank das
Cognacglas leer und zündete sich eine weitere Zigarette
an. Wieder meldete sich die Stimme: „Denk an deine
Kinder und deinen Mann. Den hast du immer
zurückgewiesen. Was meinst du, wie lange macht er das
mit?"
Sie schüttelte den Kopf. Ja, das stimmte, sie hatte sich
ihm ständig verweigert, obwohl sie ihn immer genossen

hatte, seine Zärtlichkeit, seine sexuellen Aktivitäten. Sie löschte die Zigarette und brachte das leere Glas in die Küche. So ging es nicht weiter, Ulla, du bist eine dumme, blöde Pute. Auf dem Weg ins Schlafzimmer zog sie sich schon aus, warf dort alles auf einen Sessel, zog ihr Nachthemd an, stellte den Wecker und vergrub sich in die Kissen, ungehindert ließ sie ihre Tränen laufen, schlief dank des Cognacs ein.

Nachdem Grete und Hubert alle Utensilien und die Gewehre im Auto verstaut hatten, fuhren sie zurück zum Gutshof.
„Ich denke, es ist kalt genug, ich lasse den Hirsch im Auto und bringe ihn morgen zum Förster Wagner in die Wildkammer." „Das ist sinnvoll. Aber jetzt hinein in die warme Stube, ich habe Hunger und Durst." Die Gewehre nahmen sie mit hinein. Dort sagte Grete: „Lass dir etwas Zeit, ich dusche als erste und kümmere mich ums Essen und den Wein." „In Ordnung, ich öle meine Waffe ein, dann schaue ich, ob die Dusche frei ist." Sie ging einige Türen weiter und beide verschwanden in ihren Zimmern. Frisch geduscht ging er später hinüber in das große Wohnzimmer. Im Kamin brannte ein helles wärmendes Feuer, der Tisch war gedeckt mit edlem Porzellan, auf dem jagdliche Motive waren. Farbige Römer standen daneben. Sie brachte gerade Brot und Sauerfleisch herein. „Könntest du bitte die Rotweinflasche öffnen?" Natürlich tat es das. Sie trug ein schlichtes Strickkleid und ein leichtes Jäckchen, Darin kam ihre großartige Figur sehr gut zur Geltung. Beide nahmen am Tisch Platz, genossen das frische Brot und das Sauerfleisch. Dabei prosteten sie einander zu und genossen den Rotwein. Als sie das Essen beendet hatten, entkorkte Hubert bereits die zweite Flasche. Er half ihr beim Hinaustragen, beide setzten sich in die großen Sessel vor dem Kamin, zwischen ihnen stand auf einem Tischchen die Rotweinflasche mit ihren Gläsern. Genüsslich rauchten sie ihre Zigaretten, plauderten über die Jagd und die Bewirtschaftung des Gutes. „Ich

habe so etwas von klein auf gelernt und später studiert. Danach in Schlesien klappte das gut." „Hast du da ein Gut dieser Größe geleitet?" „Das war sogar etwas größer, unsere Größe hier ist sehr fordernd, aber mittlerweile bin ich hier so weit drin, dass wir wieder profitabel werden. Ja, es läuft gut, ich brauche dazu keinen Ehemann, der, wenn er mal da ist, alles besser weiß. So war das damals in Schlesien." „War dein Ehemann denn so oft weg?"

„Er war im Diplomatischen Dienst im Außenministerium und heute weiß ich, dass er in dem Haus in Berlin ein zweites Leben führte. Das führte er dort, gut getarnt, mit der mexikanischen Frau eines Staatsekretärs vom Ministerium. Zwei Kinder hat er mit der gezeugt und ich durfte mich allein in der schlesischen Provinz vergnügen, als fleißige und sittsame Ehefrauen eines hohen Diplomaten. Ende 44 brachte er die Frau und die Kinder nach Spanien und im März 45 flog er mit einem Auftrag nach Madrid und verschwand dort. Sein ehemaliger Fahrer und Faktotum besuchte mich vor ein paar Wochen und erzählte mir das alles. Auch, dass er dort unter anderem Namen die Frau heiratete, ohne von mir geschieden zu sein. Er ging mit ihr nach Mexiko auf die Ländereinen ihres Vaters. Als ich das erfuhr, half mir ein befreundeter Rechtsanwalt, dass unsere offiziell bestehende Ehe geschieden wurde und ich dieses Gut bekam. So wars."

Hubert nahm einen tiefen Schluck. „Dein Schicksal ähnelt vielen anderen. Bei mir im Betrieb arbeiten viele, die ähnliches mitgemacht haben, ich kann das nachvollziehen. Aber entscheidend ist ja wohl, dass du deine Aufgabe hier sehr gut angefasst hast und erfolgreich bist. Das merkt man schnell, wenn man den Menschen, für die du verantwortlich bist, zuhört." Sie lächelte fein.

„Schön, so etwas von einem Außenstehenden zu hören. Vor allem von dir, da du erfolgreich arbeitest. Das Kapital, was ich hier habe, sind die Menschen und dieses Kapital werde ich weiter pflegen und so weiter erfolgreich bleiben, hoffentlich!" Sie prosteten einander zu, lächelnd sagte sie: „Lassen wir diese unerfreulichen Sachen weg. Bei dir möchte ich mich für diesen wunderschönen Tag bedanken. So glücklich und zufrieden war ich schon lange nicht, danke, gieß bitte nach." Lächelnd tat er das und wieder prosteten sie einander zu. Langsam brannte das Feuer herunter, die zweite Flasche war geleert. „Ich denke, wir sollten uns in die Federn begeben, bevor es richtig kalt wird." „Der Idee schließe ich mich gerne an." Sie stellte ein metallenes Gitter vor die Glut des Kamins und beide verließen den gemütlichen Ort. Auf dem Flur blieben sie stehen, er musste nach rechts, sie nach links. „Ich wünsche dir eine angenehme Nacht", sagte er zu ihr. „Dasselbe wünsche ich dir." Kurz stockte sie, sagte leise: „Nimmst du mich mit?"

Ohne zu zögern, nahm er ihre Hand, gemeinsam gingen sie in seinen Schlafraum. Vor dem Bett blieben sie stehen, umarmten und küssten sich leidenschaftlich, gierig pressten sie sich aneinander, alle Hemmungen hatten sich in Luft aufgelöst. Während er ihr Kleid auf dem Rücken öffnete, schob sie seinen Pullover hoch und öffnete seine Hose. Ohne ihre wilden Küsse zu unterbrechen, rissen sie ihre Kleidung vom Körper und sanken nackt in die Federn. Sie dirigierte ihn mit einer Hand treffsicher, dann versank alles um sie herum, in wilder gieriger Lust, der sich beide laut und kräftig hingaben. Als sie später nach Luft schnappend nebeneinander im Bett lagen, küssten sie sich wieder und sofort kam wieder die pure Lust in beiden hoch. Mit geschlossenen Augen, den Kopf in den Nacken geworfen, saß sie auf ihm, ritt ihn ausdauernd und gekonnt, während er ihre Brüste bearbeitete. Wieder glitten sie in einen Tunnel der gegenseitigen Erfüllung und Befriedigung. Erschöpft lagen sie später nebeneinander genossen die Wellen der Befriedigung. Er nahm sie in die Arme, küsste sie.

„Grete..." „Psst, nichts sagen, das hat uns beiden gefehlt, lass es uns einfach genießen."

Am nächsten Morgen wachte er auf, als sie von der Toilette kam. Nackt stand sie neben dem Bett, suchte ihr Höschen. „Grete!" „Ja?" „Ich kann nicht zuschauen, wie du nackt vor mir stehst, komm bitte zu mir!" Lächelnd ließ sie alles fallen und kam zu ihm unter die Decke, wieder erwachte und entlud sich ihre Leidenschaft. Kurz schlummerten sie ein wenig anschließend, bis aufstand. „Ich muss hoch, sonst fragt mich die Köchin, ob ich nicht geschlafen habe", sagte sie grinsend.
Hubert ließ sich Zeit, ging erst in das Bad, als er hörte, dass sie es verließ. Nachdem er sich angezogen und seine Sachen gepackt hatte, ging er hinüber ins Wohnzimmer. Dort sammelte sie gerade die leeren Gläser ein. Zwinkernd sagte sie: „Oh, Guten Morgen, Herr Wedel, haben Sie gut geschlafen?" Hubert wusste genau, dass sie dieses sagte, um die Neugier der Köchin zu entschärfen. „Danke, Frau Majewski, es war sehr angenehm nach den Anstrengungen der Jagd." „Mir ging es ähnlich, ich habe tief und traumlos geschlafen!" Beide gaben sich einen Kuss und sie bat ihn zum Frühstück in die Küche.

An diesem Morgen wachte Ulla auf und fühlte sich völlig erschlagen. Erst unter der kalten Dusche erwachten ihre Lebensgeister wieder. Nachdem sie sich angezogen hatte, trank sie einen Kaffee, dabei wurde ihr endgültig klar, wie sie handeln würde. Sie würde ihm sagen: „Danke für den Wein, alles andere ist für mich nicht akzeptabel. Bitte kommen sie mir nie wieder so nah mit solchen Angeboten!"
Es wurde Zeit zu fahren, sie fühlte sich wieder besser. Als sie den Opel vor dem Seminargebäude parkte, sah sie überrascht zwei britische Landrover vor dem Gebäude stehen. War hier etwas passiert? Auch die anderen Seminarteilnehmer wussten nichts, waren aber verblüfft, als der Schulrat ihnen den vorgesehenen Vertreter eines Schulbuchverlages vorstellte und den

Raum verließ. Die Bombe platzte nach dieser Einheit. Der Schulrat kam allein herein und setzte sich.

„Meine verehrten Schulleiter, ich habe Ihnen etwas mitzuteilen. Heute Morgen ist mein Vertreter Herr Hupp von den Briten verhaftet und mitgenommen worden. Anschließend wurde ich ausführlich informiert und das möchte ich ihnen nicht vorenthalten. Es ist so, dass Herr Hupp unter einer falschen Identität lebte, unter der Identität eines Mannes, der bei einem Unfall ums Leben kam. Er selber war bis 1945 Leiter des SD, dem Sicherheitsdienst der SS, in Frankfurt am Main. In dieser Funktion war er verantwortlich für Verschleppung der jüdischen Bürger dieses Großraums in die entsprechenden KZs. Darüber hinaus ist er verantwortlich für diverse Verurteilung zum Tode von vermeintlichen Verschwörern und Gegnern des Nationalsozialismus. Darüber wird ihm jetzt von den Alliierten der Prozess gemacht. Die Faktenlage ist eindeutig, davon konnte ich mich überzeugen. Er war Mitglied der SS und dort geschätzt wegen seiner Unnachgiebigkeit und Konsequenz. Es tut mir leid, das Seminar ist vorzeitig beendet. Ich hoffe, dass sie trotzdem vieles für Ihren täglichen Dienst in Ihren Schulen mitnehmen konnten, ich werde sie in der nächsten Zeit an ihren Schulen besuchen!"

Erstarrt saß Ulla auf ihrem Stuhl, fragte sich, ob sie in einem schlechten Film war. Langsam löste sich ihre Verkrampfung, dafür meldete sich ihr Magen immer stärker. Gerade schaffte sie es bis zur Damentoilette, stellte Tasche und Aktentasche dort auf den Boden und lehnte sich an die Wand, plötzlich geschah es, ihr Magen revoltierte, sie übergab sich in die Toilettenschüssel. Als das vorbei war, wischte sie sich den kalten Schweiß von der Stirn und wusch ihr Gesicht mit kaltem Wasser. Tief holte sie Luft und spürte dabei etwas ganz anderes in ihrem Unterleib. Wieder stürzte sie auf die Toilette, ihre Regel war da, mühsam versuchte sie alles aufzufangen, brauchte aber länger bis sie sich so präpariert hatte, dass sie wieder unauffällig unter Leute gehen konnte. Wie benommen fuhr sie zurück in die Wohnung, räumte dort auf, packte ihre Sachen. Völlig zerschlagen legte sie sich auf die Couch im Wohnzimmer und schlief ein. Gegen 13:00 Uhr erwachte sie wieder, fühlte sich zwar völlig kaputt, aber jetzt kam ihr Kämpferherz durch.

„Ich habe mich blenden lassen, das hätte ich nie von mir so gedacht. Und von einem Typ, der andere kaltblütig ans Messer geliefert hat. Ursula du bist ein blödes Schaf. Hast alles, was andere in dieser Zeit nicht haben und setzt das in blödsinniger Weise aufs Spiel. Unfassbar!"

So redete sie mit sich selber, als sie nach Hause fuhr. Spontan kam ihr ein ganz anderer Gedanke. Ihren Mann, der bisher immer zu ihr gestanden hatte, den hätte sie fast für dieses Scheusal aufs Spiel gesetzt. Damit musste jetzt Schluss sein. Egal wie es nach der Regel aussah, sie musste sich wieder mehr um ihn kümmern, ihm endlich das geben, was er jetzt nahezu ein halbes Jahr nicht durfte, als sie ihn immer wieder abgewiesen hatte. Plötzlich war ihr klar, wenn sie sich jetzt nicht ihm anbot, könnte das eine andere ganz schnell erfolgreich ausnutzen.

Unterdessen war Hubert ebenfalls auf dem Weg nach Hause. Nachdem die Köchin gegangen war, hatten sie sich zärtlich verabschiedet.

Schließlich hatte sie ihn liebevoll an der Nase gefasst und gesagt: „Du fährst jetzt nach Hause, da gehörst du hin. Komm mir nicht plötzlich hierher und sagst du willst bei mir bleiben, ich setze dich vor die Tür. Irgendwann gehen wir wieder jagen und wenn es erneut geschieht, ist es halt so, aber keine Bindung an mich. Ich mag dich sehr und das reicht. Wenn es Probleme gibt, kannst du immer mit mir reden. Weißt du jetzt Bescheid?" Er tätschelte ihren knackigen Hintern. „Ja, absolut. Trotzdem war es wunderschön mit dir." Sie lächelte kurz: „Habe ich etwas anderes gesagt? Kann ich mich nicht dran erinnern. Jetzt aber los, komm gut nach Hause." Das tat er, fuhr aber vorher bei Paul und Co vorbei. Es regnete, aber das störte niemanden. Bewundernd besah Paul den Hirsch. „Und was machst du jetzt mit dem?" „Der kommt zu Wagner in die Wildkammer. Wenn er abgehangen ist, werden Fell und Geweih abgetrennt und beide aufbereitet. Den Rest spendiere ich der gesamten Familie." Genau so macht er es, fuhr als erstes bei Wagner vorbei. Der war beeindruckt von dem Hirsch. Er hatte Glück, dass Purzer gerade hier war, um die Pfote von Wagners Bracke zu behandeln, in die der sich einen Dorn getreten hatte. Zu dritt brachten sie den Hirsch in die Wildkammer und hängten ihn dort auf. Purzer besah ihn sich und erklärte ihn anschließend für sauber und essbar. Wagner würde sich um die Präparierung von Fell und Geweih kümmern und Sänger würde Hubert am Samstag vorbeischicken, um den Hirsch zu zerlegen.

Gegen 15:00 Uhr war Hubert im Büro, zur Überraschung von Gertrud.
„Ich habe erst morgen mit dir gerechnet, aber eine volle Mappe kannst du gleich erledigen." Während er das tat, kam Fischer und beglückwünschte ihn zum Abschuss des Hirsches. „Mit Büssing habe ich gesprochen, der wird ab sofort von uns beliefert. Am Freitag fährt der erste Lastzug hoch. Der bringt den Lebertran für den Apotheker mit. Der Doktor rief mich an, es geht um eine Schutzimpfung gegen TBC. Soll ich den Termin mit dem ausmachen?" „Ja, am besten an einem Samstag, da haben wir alle hier." Abends wollte er unbedingt mit Jochen Bode wegen der Hubertusjagd sprechen, da brauchte er die letzten Informationen. Vorher sagte ihm Gertrud einen ganz anderen Termin. Am 10. Oktober sei die Hengstauswahl in Einbeck, ob sie zusagen solle. „Aber klar, mit zwei Personen, ich nehme Richard mit."

Gegen 16:30 Uhr war er daheim und wurde von Ulla herzlich begrüßt. Etwas verblüfft nahm er das zur

Kenntnis, freute sich aber darüber. Nach dem Essen traf er sich mit Jochen Bode. Der hatte mit Fritz, schließlich mit Weber und Gertrud, alles sorgfältig vorbereitet und zeigte ihm den Verlauf der Strecke auf einer Karte.

Dabei stellte Hubert fest, die Strecke war nicht zu lang, mit verschiedenen natürlichen Hindernissen, die keine Probleme bringen sollten

Erschienen sind bisher:

Band 1   Wedel, der Anfang

Band 2   Wedel, erste Erfolge

Band 3   Wedel, Wachstum und Integration

Band 4   Wedel, neue Seilschaften

Band 5   Wedel, Gute Beziehungen

Band 6   Wedel, Nachwuchs und Probleme

Band 7   Wedel, unerwartete Erfolge
                  (erscheint Dezember 024)